KB141670

맥과 급소를 아우르는 사주 해석, 통변(通辯)

통변-말 문
터트리기

관심(觀心)법을 터득하는 지름길

한 명호 엮음
(법사.원담)

📖 도서출판 두원 출판미디어 📖

프롤로그-1

사람들은 정상의 대권을 차지하기 위해 분주히 움직인다. 내가 국민을 위해 열과 성을 다해 봉사할 것입니다. 무엇을 봉사한다는 말인가? 문화, 복지증진, 인간다운 삶의 질, 국민을 더 나은 환경에서 살 수 있도록 최선을 다하겠다. 누구나 다 능력과 실력은 갖추었다. 생각하지만 결과는, 지난 후에 보아야 아는 것이다.

아무리 떠들어봐야 공염불이다. 시간이 지난 후 역사가 평가하는 것이다. 모든 일이 다 그러하듯 사주 상담에 있어서 과거보다는 미래지향적인 판단과 대처를 바라는 것이 사람들의 심정이다. 과연 어떻게 어떠한 방법으로 전개할 것인가? 무엇을 중심으로 어떻게 해석하고 풀이할 것인가? 물론 각자의 능력에 의한 것은 맞다.

상담을 하면서 제일 후회하고, 걱정하는 것이 무엇일까?

아마추어나, 프로나 차이야 있겠지만 공통적(共通的)으로 느끼는 점도 많을 것이다.

상담에서는 아마나, 프로나 그 차이라는 것은 생각하기 나름이다.

그러나 그러한 점을 떠나 상담하고 난 후, 조용히 다시 한번 그 사주를 들여다보면서 아! 하는 자그마한 탄식이 나올 것이다.

물론 그에는 아, 내가 이 점에 부족했구나 !

아, 내가 왜 이것을 이야기 하지 못하였을까?

아!, 참, 참 하면서 스스로 분발을 촉구하는 경우가 많았을 것이다.

그러나 다 지나간 다음이요, 이미 흘러간 일인 것을———.

그것은 본인 스스로 밖에 모르는 것이다. 물론 당사자와 대화(對話)가 진행된다면 어림잡아 짐작한다거나, 서로 간의 의견을 나누면서 알 수는 있을 것이다.

그래도 깊숙한 부분은 다 알 수는 없다.

사주를 놓고 보면서 많은 이의 공통점이 어떻게 하면 족집게처럼 딱 짚어서 볼 수는 없을까? 하는 것이다. 우리가 한 번 생각 해보자. 과연 그런 사람이 몇이나 있을까? 어느 정도 유명세가 있다는 사람들을 찾아가 보아도 뭐 생각보다 별로네! 하는 사람도 있고, 그래도 뭔가 다르긴 다르구먼! 하는 사람도 있을 것이다.

남을 평가한다는 것은, 다 자기의 안목(眼目)이다.

물론 다른 대다수—의견도 종합이 되겠지만 말이다.

중요한 것은 잘 맞추고, 못 맞추는 것이 아니다.

원숭이도 나무에서 떨어진다고 목에 힘을 주고 으스대고 뽐내던 사람도 실수하고, 서툴다던 사람도 우연히 맥을 짚는 경우도 있다. 중요한 것은 얼마나 정확하게 근접을 하는가 하는 것이다. 그러기 위해서는 많은 세상사의 경험이 필요하다.

아무리 좋은 신약(新藥)을 개발해도 임상실험(臨床實驗)을 거치지 않으면, 그 약의 효능에 대한 검증을 할 수가 없다.

한두 사람이 실험으로 효과가 없으면 별 볼일이 없는 것이라고 단언한다면 그것 또한 문제다. 그렇다고 일단 효과가 보이지 않는 약을 무작정 대다수의 많은 사람에게 마구잡이식으로 임상—실험을 할 수는 없는 일이다.

그렇다고 안 할 수도 없고, 그것도 다 경우에 따른 사정이다.

무엇이던, 어느 분야이든 몇 번씩의 고민(苦悶), 회의(懷疑), 회한(悔恨)이 따르는 것이 당연하고, 그러면서 일취월장(日就月將) 그 분야에서 개안(開眼)이 된다.

사주에 대한 적중률이 적다며 자신이 부족한 것인지? 잘못 임자를 만나 제대로 못 배워서 그런 것인지? 아니면 명리 자체가 문제가 있는 것인지? 어떨 때는 무엇 하러 이것을 배워서 이 고생인지 모르겠다! 전화로 이야기를 하시는 분도 계셨다. 아마도 이런 생각을 하셨던 분들이 많을 것으로 생각한다. 사람의 욕심은 한이 없다. 이러한 욕구가 더욱 발전의 동기를 부여하는 것 또한 사실이다.

프롤로그-2

흐른다는 것은 변화(變化)다. 사주를 본다는 것은 그 흐름의 변화를 감지(感知), 예측(豫測)하고, 그에 대한 대책(對策)을 강구(講究) 하는 것이다.

그런데 그 흐름을 잘못 짚으면, 일기예보가 빗나가 낭패를 보듯, 여러 사람이 곤욕(困辱)을 치르기도 한다. 기본적(基本的)이면서도, 가장 많은 흐름은 어디에서 이루어지는가? 이것만 정확히 알아도 일단, 이런 고민(苦悶)에서는 해결책이 될 수 있다. 그것이 바로 육친(六親)의 변화(變化)다. 상담 시 사주 좀 보러왔습니다! 하는 말이 처음 대하는 말일 것이다. 본다는 것은 무엇인가? 흐름을 모르니 제대로 짚어서 알려달라는 말이다.

물론 여러 가지 볼 것이야 많겠지만 중요한 것은 당사자가 필요로 하는 흐름이다. 그런데 그 흐름이 어떤 흐름인가? 원하는 부분을 알아야 한다. 때로는 당사자가 직접 이야기도 하지만, 머뭇머뭇하면서 당신이 얼마나 잘 맞추나 한 번 봅시다! 하는 식으로 눈치를 살피는 상담자도 있고, 그 형태는 각양-각색이다.

어떻든 일단 흐름을 잡으면 강물인지, 바닷물인지, 개울물인지, 시궁창 물인지 흘러가는 속도나, 가는 곳을 알 수는 있다. 개울물이 흘러가면 얼마나 빨리 흘러가겠는가? 겨울이면 얼어서 밑으로밖에 흐르지 못할 것이 아닌가? 강가에 도착하려면 많은 시간이 필요할 것이 아닌가? 깊지 않으니 아무나 갈 수 있고, 폭도 그리 넓지는 않을 것이고, 그 외 여러 정황은 직접 보지 않아도 어느 정도는 짐작할 수가 있다. 육친(六親)의 변화(變化)를 알면 이처럼 흐름을 잡을 수 있다.

변화를 알려면 일단 그 각각의 기본적(基本的)인 분석(分析)이 필요할 것이요, 그 다음은 각각의 흐름을 알고, 변화에 따른 그 작용(作用)이나, 결과(結果)에 대한 분석이 나온다. 우리는 일반적으로 나무에 열매가 너무 많이 열리면, 나뭇가지가 부러지거나, 꺾어진다고 생각한다. 물론 맞는 말이다.

그러나 그것은 통상적(通常的)인 설명이다.

실제로 당신은 열매가 많이 열려서 가지가 부러지거나, 꺾어지고, 휘어지는 나무를 얼마나 보았는가? 생각보다는 많이 못 보았을 것이다.

나무라는 자체는 풀과 달라서 그 기둥이 힘이 보통 강한 것이 아니다. 작은 나무라 할지라도 사람이 그 중심을 이루는 기둥을 꺾으려면 힘든 것이다. 그리고 실질적으로 열매가 매달리는 거기에서 뻗어난 가지도 만만치 않다. 그럼 흔히 볼 수 있는 것은 무엇일까? 벼를 보면 알 수 있다. 구경 못 한 도시의 아이가 "쌀 나무"라는 표현을 하여 웃어야 할 것인지? 당연하다고 할 것인지는 나도 모르겠다.

벼는 이삭이 다 패야 숙이기 시작한다. 그 이전에는 파란색으로 고개를 뻣뻣이 들고, 나도 이제는 열매를 만들었습니다. 하고 폼만 잡고 있다. 벼는 풀에 속하지만, 오행(五行) 상으로 분명히 목(木)에 속한다. 그러니 그렇게 이야기해도 하자는 없다. 열매는 열렸지만, 가지가 부러지고, 휘어지고, 꺾이지도 않는다. 익을 때가 되어야 그런 현상이 나온다. 이런 상황을 비유하여, "벼는 익을수록 고개를 숙인다." 말이 있지 않은가? 흐름을 잡아도 이런 상황을 정확하게 잡아야 한다. 무조건 열매가 많으니 휘어지고, 부러진다는 것은 틀린 설명이다. 상황(狀況)적인 설명은 맞는 말이지만, 그에는 익어서 결실(結實)을 볼 수 있어야 한다는 조건(條件)이 가미되어야 한다. 통변에서의 중요한 것이 바로 이 부분이다. 그것을 육친(六親)의 변화(變化)에서 찾아야 한다. 이 책에서 강조, 설명하는 것이 바로 이 부분이다.

육친(六親)이 변화한다고 하여 "아!, 합이 되어 변했으니 합(合)의 결과물이 나오는구나!" 하고 판단하면 안 된다. 그래서 이차 방정식(二次方程式)이란 용어를 쓴 것이다. 여기서 더 나간다면 삼차, 사차 도 될 것이다. 그것은 원리(原理)를 이해한 다음 독자 여러분의 능력이다. 기타 추명 시 필요한 사항들도 많지만, 그것은 차후 문제고, 일단 큰 줄기를 먼저 잡아야 한다는 것이 본인 생각이다.

많은 것을 한 번에 다 이루려 하지 마시고, 일단 흐름을 잡는 것에 성공하시면 나머지 부분은 "이럴 수가" 하는 식으로 쉽게 해결되리라 생각합니다.

　　　2022년 정월에

　　　　　　춘천에서　(법사. 원담)　한 명호 올림.

□ 사주 통변술(通変述)이란 무엇인가?

사주(四柱)를 살펴 추명(推命) 함에 있어, 변화(變化)되는 모든 과정(過程)을 설명하는 것, 그에는 변(變)하는 이치(理致)에 대한 올바른 해석(解析) 과정(過程)에서부터 결과(結果)까지를 논리적(論理的)으로 설명하는 것이다.

여기에 부수적으로 따르는 것이 그 표현방법이 문제가 되는데, 그것은 개인의 능력(能力)에 따른 것이다. 이에는 실력문제도 있고, 표현력(表現力)의 문제, 경험(經驗)의 문제, 감각적(感覺的)인 문제, 영(靈)적인 능력, 기타 나름의 각자 장단점(長短點)에 따른 차이가 나오는 것일 뿐이다. 기본적이면서도 제일 중요한 것이 육친(六親)의 변화, 오행(五行)과의 상관관계(相關關係)이다. 통변이란 있는 그대로, 변화하는 그대로 설명하는 것이다. 말이야 그대로이지, 그 수많은 변화를 정확하게 짚어낸다는 것이 참으로 어렵다.

✪ 통변(通辯)

통변(通辯)이란 통(通)하여 이루어지는 과정을 나누면서, 그 세부적인 면을 분명(分明)히, 그로 인한 결과에 대해 길흉(吉凶)을 논리적(論理的)으로 표현, 세세(細細)히 설명하는 것을 말한다.

✪ 통변(通變)

통변(通變)이라는 것은 통(通)하여 즉 만나거나, 부딪힘으로 인하여 변화(變化)하는 그 자체다. 이것은 눈에 나타나는 현상이지만, 생각하는 그 자체 즉, 눈에 보이지 않는 현상도 포함된다. 형이하학적(形而下學的)인 면, 형이상학적(形而上學的)인 두 가지 면을 포함하는 것이다.

무슨 특별한 비법이 있는 것이 아니다. 핵심적(核心的)인 변화(變化)를 제대로 읽어

나가는 것이 올바른 추명(推命)이요, 통변(通辯)이다.

큰 덩어리로 본다면 음(陰), 양(陽)이요, 갈래로 보면 오행(五行) 이다.

오행의 변화를 육친(六親)의 변화(變化)로 읽어나간다면 흐름을 읽어가는 것이다.

통변이란 쉽게 생각하면 아주 간단한 것이다.

□ 통(通)하는 것은 무엇을 의미할까?

통(通)이란 일반적인 해석을 보면 서로가 통(通)하는 것이다.

서로의 연관(聯關)—관계가 순리적(順理的)으로 이루어져, 밀고 당기고, 아무런 탈 없이 서로의 가고자 하는 뜻을 방해(妨害)하지 않고, 통(通)하게 하여 급할 때는 도움도 주고, 필요할 때는 지원(支援)을 받기도 하여 서로가 왕래(往來)하며 오가는 것이다.

여기서 요구하는 것은 일단 양보가 필요하다. 그리고 상대의 심정을 헤아려 "나의 처지다." 하고 생각하면서 항상 동병상련(同病相憐)의 마음을 갖는다. 자연 상부상조(相扶相助)다.

막힌 곳이 있는 경우, 통하는 곳이 생긴다면, 환한 빛이 비치는 것이고, 어둠 속에서 광명을 얻는 것이다. 결국, 그 혜택은 고루고루 나누어진다.

막힌 것을 꿰뚫는 것이다. 얼마나 시원하겠는가?

눈빛만 봐도 통한다고 하지 않는가? 그만큼 통하면 편하다는 이야기다.

통(通)하면 정지(停止)되는 것이 아니라, 전진(前進)이 이루어진다.

그것도 속 시원하게 말이다. 아무런 장애물도 없는 것처럼 순탄하게 매사 진행된다.

□ 통(通)하지 않을 경우는 어떤가?

통(通)하지 않는다는 것은, 일단 막혀있다는 것이다.

전진(前進)이 어렵다. 방향(方向)을 수정(修整)해야 한다.

편한 길을 빤히 보면서 눈물을 머금고 힘들고, 시간도 걸리고, 어려운 길을 택해야 한다. 그러다 보면 억울한 생각에, 분한 생각에, 홧김에, 참지 못하고 그 억울한 심정이나, 분한 마음을 밖으로 표출(表出)하게 된다.

자연 불상사(不祥事)가 생긴다. 이때는 기운이 강(强)한 자가 이기기 마련이다. 자의(自意)든 타의(他意)든 충돌(衝突)이다.

승자(勝者)가 있으면 패자(敗者)가 있고, 실(失)을 하면 득(得)을 보는 사람 또한 있는 것이다. 어떤 경우는 차라리 없었다면 하고 아쉬워하는 자가 있을 것이고, 어떤 경우는 오히려 잘 되었다고 하는 자도 있을 것이고, 득(得)을 취해도 결국 상처(傷處)가 남으니 그 흔적(痕迹)은 남는다.

재물(財物)을 많이 모은 소위 말하는 부자(富者)요, 갑부 소리라도 들을 정도 되는 사람들은 항상 욕을 많이 듣게 되어있다. 물론 좋은 일도 많이 하여 칭송받는 사람도 많지만, 결국 욕 듣는 사람이 더 많다. 생활(生活)은 편할지 몰라도 마음은 항상 공허(空虛)하다. 일반적으로 가족사의 문제점이 많이 생기는 경향이 강하다.

이처럼 항상 득(得)을 취한다 해도 쟁취(爭取)하여 취할 경우는 항상 기본적인 문제점이 발생한다는 것을 알아야 한다.

통하지 않는다고 무조건 아! 별 볼일이 없는 운(運)이요, 사주(四柱)구나 단언(斷言)하지 말라. 일반적으로 이런 경우가 언제인가 하면, 운(運)은 분명히 안 좋은 경우인데, 어떻게 별문제 없이 무난히 지나가는가? 할 경우다.

물론 문제는 없는 것이 아니다. 무엇인가 있기는 있다.

그러나 사람도 다 환경(環境)이 다르고, 성격(性格)도 다 다르듯이 오히려 그것이 전화위복(轉禍爲福)이 될 수도 있다.

흔적(痕迹)은 항상 남는다. 자취는 없어지지 않는다.

□ 변(變)한다는 것은 무엇을 의미하는가?

변(變)한다는 것은 원형(原形)에서 다른 형태(形態)로 형질(形質)이 변형(變形)되는 것을 말하는데, 그에는 여러 원인(原因)이 있다.

❂ 좋은 의미에서 이루어지는 변화(變化).
변화(變化)하여 길(吉)로 작용할 경우를 설명하는데, 귀인(貴人)을 만나거나, 도움을 받거나 자신의 취약한 부분을 보강하는 의미이고, 좋은 것이 더 좋아지는 경우다.

❂ 나쁜 의미에서 이루어지는 변화.
변화(變化)하여 흉(凶)으로 작용(作用)하는 경우다.
약점을 잡혀 괴롭힘을 당하는 형국(形局)이요, 아픈 곳을 더욱더 아프게 핍박당하는 것이요, 불난 집에 부채질하는 것이요, 해는 서산에 지는데 갈 길은 먼 형국이요, 가도 가도 끝이 없는 항로(航路)다.
그리고 처음부터 끝까지 가는 것으로 전부들 착각하고 있는 경우가 많은데, 결코, 그렇지만은 않다. 그 부분이 더 많아 전체인 것처럼 느껴지고 심신(心身)으로 고통(苦痛)이 심하다. 똑같은 상황이라도 평균적(平均的)인 면에서 기준을 넘는다.

차례

제1장
인수(印綬)

제2장

비견(比肩), 비겁(比劫)

◈ 통변(通辯)의 일반적 경우.　139

제3장
식신(食神), 상관(傷官)

제4장

재성(財星)

제5장

관성(官星)

제1장

인수(印綬)

❏ 인수(印綬)

인수(印綬)는 정인(正印)과 편인(偏印)으로 구분, 보통 통칭(統稱), 인수(印綬)라 한다. 그것은 오행(五行)이 같으므로 편의상 그렇게 분류한다. 오행(五行) 자체가 음(陰), 양(陽)으로 구분, 정인(正印)과 편인(偏印)이라 나누어 사용(使用).

◉ 정인(正印)

일간인 나와 음양(陰陽)이 다른 것으로, 나를 생(生) 하는 오행(五行)이다. 갑(甲)목 일 경우를 예로 든다면 ➔ 천간(天干)으로는 계(癸)수요, 지지(地支)로는 ➔ 해(亥)수 이다. ➔ 갑(甲)이 양(陽)이므로 음(陰)을 선택.

❏ 정인(正印)도 지나치게 많으면 편인(偏印)과 같다.

○ 　甲　癸　癸　　　⤷　해(亥)월의 갑(甲)목 일간이다.

○ 　子　亥　亥　　　　정인(正印)이 지나치게 많다.

⤷ 인수(印綬)인 ➔ 수(水)가 지나치게 많아 물이 범람하고 있다.

● 갑(甲) 목 일간이 부목(浮木)되어 아무 쓸모 없다. 인수가 병(病)이다. 정인(正印)은 좋은 의미로 열심히 생(生) 해주었는데, 지나치다 보니 오히려 화근(禍根)이다. 긁어 부스럼이다. ➔ 배부르다는 데 자꾸 먹인다.

● 정인(正印)이 편인(偏印) 역할을 한다. 사랑이 지나치니 공주(公主)병이요, 왕자(王子)병에 걸린 상황(狀況)이다. 이쁘다! 이쁘다! 하니 할배 수염 잡고 까분다.

◉ 편인(偏印)

편(偏)이란 나와 음양(陰陽)이 같은 편(便)이다. 갑(甲)목일 경우, 예로 든다면, ➔ 천간(天干)으로는 임(壬)수, ➔ 지지(地支)로는 자(子)수.

□ **편인(偏印)도 편인(偏印) 나름이다.**

○ **丙** ○ ○   ⇨ 자(子)월의 병(丙)화 일간이다.

○ **寅 子 子**   수생목(水生木), 목생화(木生火)로 흐른다.

⇨ 년(年), 월(月)의 자(子)-수(水)가 일지(日支)로 흘러간다.

● 일지(日支)가 일간(日干)을 생(生) 하는 그림. 병(丙)화 일간에게 ➜ 자(子)수는 관(官)이다. 관(官)이 ➜ 인수(印綬)를 생(生)하고,➜ 인(寅)목 인수는 병(丙) 화 일간을 생(生) 한다. ➜ 동짓달의 태양이라, 겨울의 따뜻한 햇볕이다. 흐름의 귀결이 아름답다.

● 시간(時間)으로 보면 한밤중의 불과 같은 존재(存在)다.

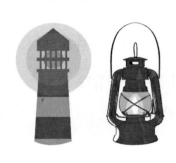

암흑(暗黑)을 밝히는 환한 불빛이다. 설중(雪中) 매화(梅花)다. 여기에서 그 빛과 태양이 계속 되려 면 뒷받침이 항상 따라야 한다. 그런데 인(寅)목인 편인(偏印)이 그 중간에서 한기(寒氣)를 다스리며 따스함을 더해 주고 있다. 인(寅)목이 용신(用神) 이다.

□ **모자멸자(母慈滅子)**

어머니의 사랑이 지극하다 보니 그것이 오히려 자식을 스스로 자멸(自滅)시키는 결과가 되었다. 지나친 사랑과 보살핌에 의타심, 나태함만 가득 차 스스로 살길을 찾지 못하고 항상 남에게 의지(依支), 의탁(依託)하는 신세로 전락한다.

❂ "미운 놈 떡 하나 더 준다." 배 터져 죽으라는 말과 같다. 사랑하는 자식에게 사랑을 베푼 것이, 떡 하나 더 준 결과로 나타난다. 사랑의 매가 필요한 것인데, 그것이 부족하였다.

□ **일반적(一般的)인 다자무자(多者無者).**

● 사주(四柱) 상, 오행(五行) 중 어느 한 오행(五行)이 몰려서, 군락(群落)을 이루는 형태를 유지할 경우 ➜ 균형(均衡)을 상실, 병(病)을 유발한다. 이런 경우 일반적

으로 다자무자(多者無者)라 한다.

● 다자무자라 해도 많은 오행(五行)이 용신(用神)에 해당할 경우, 병(病)이 되지 않는다. → 내가 얼마든지 쓸 수 있고, 관리(管理)가 가능하기 때문이다.

● 이럴 경우는 다자무자(多子無子)가 아니다. 모자멸자(母子滅者), 다자무자는 일맥상통하는 의미도 있으나, 엄연히 다르므로 반드시 구별해야 한다.

□ 다자무자의 사주로 무화과(無花果)이다.

乙 甲 壬 壬　　　↦ 자(子)월의 갑(甲)목 일간이다.

亥 子 子 子　　　인수(印綬)가 지나치고, 병(病)이다.

↦ 인수(印綬)인 어머니가 너무 많으니, 어느 분을 진짜 어머니로 모셔야 할 것인가? 걱정이다. 분란 (紛亂)을 없애기 위해, 그 누구도 어머니라고 안하면 속은 편하다. 그러나 어머니를 어머니라 부르지 못하니, 없는 것이나 다름없다.

● 학업(學業)으로 연관 지어보자. 전공과목(專功科目)이 너무 많다 보니, 과연 어느 분야로 나가야 할지 모르겠다. 사람도 재주가 너무 많다 보면 선택에 있어 어려움이 많이 생긴다. 다방면(多方面)으로 재주가 필요한 분야로 진출해야 하나, 오히려 전문적(專門的)인 면을 요구하는 분야보다는 처우(處遇)가 약하다.

● 재주가 많아 쓰임새는 있으나, 다 겉으로 발린 소리지 요구하는 것은 한 가지라도 깊은 전문성이다. 현세(現世)에서 요구하는 것은 좁아도 깊은 것을 요구한다.

✪ 신약(身弱)의 사주에서 인수(印綬)가 길(吉)로 작용할 때도 있지만, → 신왕(身旺)에서는 흉(凶)으로 작용한다.

✪ 정인(正印)이 없을 경우 → 편인(偏印)으로 대신(代身).

사주에 정인(正印)이 없고 편인(偏人)만 있을 경우는 어떨까? 정인(正印)이 없으니 어머니가 없을까? 그렇다면 어찌 태어났겠는가? 어머니가 있어도 친어머니 같지 않

고 계모(繼母) 같다.

• 어머니가 마치 남의 어머니 같다. 친근감이 덜하고, 정성껏 해주어도 가식(假飾)으로 느껴지고, 마음 깊숙이 닿지 않는다. 길을 걸어도 저만치 떨어져 걷는 모습이다. 아버지 경우를 본다면, 정재(正財)가 없고 편재(偏財)만 있을 경우다.

□ **인수(印綬)가 안 보이는 경우, 관성(官星)이 잘 구비(具備) 되었다면?**

❖ 인수(印綬)가 아예 보이지 않는다고 어머니가 없는 것은 아니다.

❖ 이럴 경우, 관(官)의 구성(構成)을 잘 살펴야 한다.

❖ 관성(官星)은 인수(印綬)를 생(生) 한다. 관(官)의 구성이 잘 되었다면 인수(印綬)는 불로소득(不勞所得) 한다 . → 저절로 인수(印綬)가 형성(形成).

같은 원리(原理)로 다른 육친(六親)의 경우를 보자. 일반적으로 통변(通辯)시 당황하는 이유 중 하나다. → 없다 하여, 없는 것이 아니다.

❖ 식상(食傷)이 잘 구성되어 있다면————재(財)가 저절로 형성.

❖ 견겁(肩劫)이 잘 구성되어 있다면————식상(食傷)이 저절로 형성.

❖ 재성(財星)이 잘 구성되어 있다면————관(官)이 저절로 형성.

❖ 관성(官星)이 잘 구성되어 있다면————인수(印綬)가 저절로 형성.

❖ 인성(印星)이 잘 구성되어 있다면————견겁(肩劫)이 저절로 형성.

□ **기능(機能)과 역할(役割)로 살펴보는 인수(印綬)**

인수(印綬)는 아(我)인 나를 생(生) 해 주는 귀인(貴人)과 같은 존재(存在)다. 보살펴주고, 아껴주며, 격려하며 힘을 북돋워 주는 힘의 원천(源泉) 같은 존재(存在)다.

□ **인수(印綬)는 견겁(肩劫)을 생(生) 한다.**

견겁(肩劫)은 아(我)인 본인이다. 엄밀한 의미로 본다면 또 다른 여러 면이 있지만 간단하게 해석해 보자. 나라는 존재를 더욱 확실하게 부각 시키는 존재로 나의 원천(源泉)이요, 근본이라 탄생의 근원(根源)이다. 산파(産婆) 역할을 한다. 육체적(肉體的)인 면, 정신적(精神的)인 부분이 다 포함(包含).

□ 인수(印綬)는 식상(食傷)을 극(剋).

♣ 도식(倒食)

도(倒)란 넘어지고, 뒤집고, 거꾸로, 죽는다. 라는 뜻을 내포하고, 식(食)이란 밥이고, 먹을거리요, 양식(糧食)이다. 문제는 여기서 식신(食神)이 용신(用神)일 경우에 통용(通用). ✪ 밥그릇을 뒤엎는 것이요, 밥줄을 끊는 것이요, 활동(活動)중지다.

능력(能力)을 발휘하지 못하는 것이요, 누적이 계속 반복되는 것이요, 대인관계에서 포용력(包容力)을 상실, 벌 줄만 알고 쓸 줄은 모르는 것이요, 쓰지 못하게 하고, 친가(親家)에서 장모(丈母)님에게 험담(險談)하고, 장인(丈人)이 장모(丈母)를 구박하는 것이다. 빼앗을 줄 알아도, 주는 것은 모른다. 도둑놈 심보.

• 극단적인 설명을 한다면 ➡ 돈을 벌기 위해 별짓 다 할 사람이다.

인수(印綬)가 지나치게 강(强)하고 ➡ 식상(食傷)이 극히 약(弱)할 경우다.

➡ 남성의 경우는 행동으로 나타나고, ➡ 여성의 경우는 뒷구멍으로 호박씨 까는 대표적인 경우다.

✪ 동냥은 주지 못할망정, 바가지는 깨지 말아야 한다. 그런데 그것조차 용납 안 한다. ➡ 참으로 무서운 일이다. 돈이란 돌고 돌아서 돈이라 한다. 그런데 그것이 묶여서 잠자고 있다면 그것도 큰 문제다. 물이란 흘러야 하는데 고여서 썩으니 악취를 풍긴다.

□ **신왕(身旺) 사주에서 식상(食傷)이 필요한데 인수(印綬)가 있다면 어떨까?**

丙	甲	癸	癸
寅	子	亥	亥

甲 乙 丙 丁 戊 己 庚 辛 壬

寅 卯 辰 巳 午 未 申 酉 戌

←목(木) ←화(火) ←금(金) ⇦ 대운

⇨ 인생(人生)의 전반(前半)부에서는 빛을 못 보는 사주.

해(亥) 월의 갑(甲) 목 일간이다. → 인수(印綬)인 수기(水氣)가 왕(旺) 하다. 수기(水氣)가 지나쳐 → 일간인 갑(甲) 목을 용도폐기하고 있다. 그나마 다행인 것은 중년(中年)이 지나면서 운의 흐름이 좋고, 원국 자체에서 그것이 그대로 나타나고 있다. 이처럼 인수(印綬)가 용신(用神)인 식상(食傷)을 수극화(水剋火)로 방해(妨害)하고 있는 경우, 이를 도식(倒食)이라 한다.

□ 상관상진(傷官傷盡)

상관(傷官)이란 → 정관(正官)을 극(剋) 하는 기운(氣運)이라, 부득이한 경우 필요하지만 정상적(正常的)인 경우, 그다지 반갑지 못하다. 어찌 보면 필요악(必要惡) 같은 존재(存在)다. 그런데 그 상관(傷官)을 지나치게 억압하고, 꼼짝 못 하게 하여 마치 숨통을 조이는 형상이면, → 상관(傷官)의 기운이 기진맥진(氣盡脈盡)한다면 이것 또한 문제다.

● 사람의 욕심(慾心)이 지나치면 항상 화근(禍根)을 만든다.

많으면 많을수록 그것을 베풀고 선의(善意)의 활용 해야 하는데 지나친 이기심(利己心)으로 욕심부리다 패망(敗亡)의 길로 들어선다.

● 기업이 비자금을 조성, 법망(法網)을 교묘히 이용, 부(富)를 축적하는 수단으로 엉뚱한 행동을 하다 법의 심판대에 오르는 것을 보면 그것과 진배없다. 화천대유가 요즈음 화제인데 참 왜 하필 화천대유라는 명칭을 사용했을까? 참되게 사용할 단어인데─인수(印綬)가 지나치면 그 본래의 성정(性情)이 없어지고, 자멸(自滅)한다. 이 경우 역시 상관(傷官)이 용신(用神) 역할을 할 때 쓰인다.

□ 상관(傷官)인 정(丁)화가 곤욕(困辱)을 치르고 있다.

丁　甲　癸　癸　　⇨　　해(亥)월의 갑(甲)목 일간이다.

卯　子　亥　亥　　　　정(丁)-계(癸)→충(沖)이다.

⇨ 사주(四柱) 자체가 수기(水氣)가 강(强)해, 용신(用神)인 정(丁)화가 상(傷)하고 있다. 정(丁)화는 → 갑(甲) 목에게는 상관(傷官)인데, 왕한 수기(水氣)를 억제, 중요한 업무를 행하기에는 역부족이다. 오히려 벌집만 건드리는 형상이다.

● 인수(印綬)인 수기(水氣)가 지나치게 왕(旺) 해 스스로가 주인 노릇 하려고 한다. 지나치게 왕(旺) 하면 어느 정도 설기(泄氣)가 이루어져야 극(極)을 향해 치닫지 않는 것인데 배가 지나치게 나와서 아래를 보아도 발이 보이지 않는다.
결국은 헛걸음에 스스로 자빠진다. 이것이 → 상관상진(傷官傷盡)이다.

□ 도식운(倒食運), 상관상진(傷官傷盡) 운(運)의 통변(通辯).
도식운(倒食運)이던, 상관-상진(傷官傷盡)운이든 전부 인수(印綬)운이다.

✪ 도산(倒産)이요, 몰락(沒落)의 운(運).
◎ 살림을 엎으니 망가진다.
● 그로 인해 가족이 뿔뿔이 흩어진다. 정신적(精神的), 물질적(物質的)인 고통으로 서로 원망하고 비관적(悲觀的)인 기운이 강해져 한집에 있어도 단결(團結)과 조화(調和)가 이루어지지 않는다. 부모의 잘못된 보증(保證)이나, 과도한 대출(貸出), 체납(滯納)액의 증가, 빚이 눈덩이로 불어나고 등의 사연(事緣)이 발생한다.

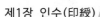

◈ **학업(學業)과 필화사건(筆禍事件)**

• 능력(能力)−발휘(發揮)에 문제가 생긴다. 수험생이나 구직자, 기타 입시생의 경우 평소에는 그렇게 잘했는데 꼭 결정적인 순간이면 실수하고 어처구니없는 일로 망치는 경우다.(시험 보는 날 차가 막히거나, 사고로 신변(身邊)에 일이 생기거나, 흉사(凶事)가 발생한다. 이런 사람은 면접에서 꼭 떨어진다.

다 아는 문제인데도 엉뚱한 답을 한다. 시험문제가 잘 보이지 않는다. 꼭 시력문제가 아니다. 꼭 홀린 것 같다. 결국 시험(試驗) 운(運)이 없다는 이야기다.

◈ 요즈음은 메일을 많이 보내니 그쪽과 연관 지어보자.

별 내용도 아닌데, 오해(誤解)받기 일쑤다. 잘못 온 메일을 보고 일에 지장(支障)을 받는다. 메일을 보내다 오해를 받는다.(부적절한 관계로 오해, 부도덕한 것으로 오인 받기도 하고, 쓸데없이 처신한다는 (오해, 기타.)

❑ **성격적(性格的)인 면으로 살펴보는 인성.**

인성을 성격적(性格的)인 면으로 분석(分析)해 본다면 잔잔한 바다와 같고, 조용히 흐르는 시냇물과도 같다. 순박함의 상징이요, 청순(淸純)함이요, 온화(溫和)하면서도 또한 화려(華麗)함이다.

• 깨끗하고, 속되지 않고, 인격(人格)과 수양(修養)의 덕(德)을 겸비한 채로 고고하고, 유유자적(唯唯自適)하는 한가로움, 보이지 않는 은근과 끈기를 갖추고 명예(名譽)를 존중하고, 숭상(崇尙)하는 선비다.

✪ 고집스러운 면이다.

얼핏 보면 유(柔)하고, 조용한 것 같아도, 의외로 끈질긴 고집이다.

나름대로 확고한 이치(理致)와 이론(理論)에 근거(根據), 쉽사리 꺾기 힘들어진다.

선비의 고집이다. 차근차근 다가서서 실타래를 풀듯이 해결(解決)해야 한다.

✪ 창조적(創造的)인 면과 기획(企劃)성

창조적(創造的)인 면에 두각(頭角)을 나타낸다. 가끔 엉뚱한 면도 보이지만 나름대로 가치관, 확실한 비전을 갖고 있는 경우다. 남들이 소홀히 하는 것도, 깊은 관심(觀心)과 추진력(推進力)으로 깜짝쇼를 한다. 발명 특허, 실용신안 특허. 및 지적(知的) 재산과 연관된 부분이다.

✪ 감각적(感覺的)인 면의 패션.

유행(流行)에 민감하다. 외형적(外形的)인 면에 치중한다.

깔끔한 면도 보인다. 가끔은 그것이 지나치다 보니 안 보이는 면에서는 상상외로 지저분한 경우가 나타나기도 한다. 미녀는 잠꾸러기!

☐ **인성(印星)은 재성(財星)으로부터 극(剋)을 당한다.**

인성(印星)은 ➜ 재(財)의 극(剋)을 받으므로, 재성(財星)을 만나면 무너진다.

◉ **탐재괴인(貪財壞印), 학마(學魔)**

● 재성(財星)을 탐(貪)하다 보면 ➜ 인성(印星)이 파괴(破壞).

학마(學魔)- 학업을 파(破)하도록 하는 악마와 같은 존재인데, 재(財)는 인성을 극(剋), 파(破)하는 존재라 인성(印星)인 공부를 방해한다. 재(財)가 괴인(壞印)과 학마(學魔)의 기능을 하지만 인수(印綬)가 있어도 재(財)가 용신(用神)일 경우, ➜ 이것이 해당은 아니다. 인수(印綬)가 용신(用神)일 경우, ➜ 해당.

✪ 남성(男性)의 경우.

● 어머니는 인성(印星)인데 ➜재(財)는 처(妻)다. 여성에서, 시어머니는 며느리의 눈치를 살핀다. 여기에서 인성이 강(强)하면 그런대로 버티는데, 약(弱)할 경우 며느리의 눈치 살피기 바쁘다. 늙어 기운이 쇠약해지는 것도 사주와 상관이 없는 것이지

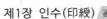

만, 기운이 떨어진다. 그나마 운(運)의 도움을 받거나 인성이 강(强)하면 자손의 병간호나, 주변의 도움을 받지만, 사정이 여의치 않을 경우, → 쓸쓸한 여생(餘生)을 보내야 한다.

❂ 인성(印星)이 약(弱)한 경우 → 재성(財星)이 극성(極盛)을 부린다면 ?

● 극성을 부린다는 것은 인성을 극하고, 천방지축(天方地軸)으로 날뛴다.

재(財)가 인성(印星)을 극(剋) 하니 일간(日干) 입장에서는 침착성, 사고력, 평정(平正)심을 잃어버린다. 모든 판단에서 실수 연발이다.

● 처(妻)가 시어머니를 우습게 알고 가권(家權)을 휘두르며, 남편 또한 쥐고 흔들고, 집안을 좌지우지(左之右之)한다. 망아지가 날뛰니 집안이 엉망이다.

● 일간(日干)이 약(弱)하니 강(强)한 재성(財星)의 요구에 응해 주다 보니 흐름이 이상하게 진행된다. 치맛바람에 휩싸여 공부는 뒷전이요, 잡기(雜技)와 주색(酒色)에 놀아난다. 조상도 무시(無視)하고, 자기의 고향(故鄉)도 등지게 된다. 패가망신(敗家亡身)하니 고향을 떠난다.

❂ 인성(印星)이 강(强)할 경우는?

● 인성(印星)이 강(强)할 경우는 →재성(財星)의 난동을 충분히 응징(膺懲)한다. 오히려 재성(財星)이 굴복(屈伏)하고 복(福)을 안겨주고, 순응(順應)하며, 일간(日干)의 뜻에 따라 움직인다. 매사 순리(順理)대로 일사천리(一瀉千里) 진행된다.

□ 인성(印星)이 강(强)한 형국.

壬 戊 丙 丁 ⇨ 인성(印星)과 재성(財星)이 대치하고 있는 형국.

子 申 午 未   오(午)월의 무(戊)토 일간이다.

⇨ 인성(印星)이 재성(財星)보다 강(强)한 형국인데, 오히려 재(財)의 활동이 필요한 경우가 되어버렸다. 인성(印星)인 화(火)가 지나치게 왕(旺) 하다 보니 무(戊)토가 조토(燥土)가 되어 쓸모없는 흙으로 화(化)하여 버리고 말았다.

● 재(財)인 수(水)가 시급한 경우다. 내가 살기 위해서는 물인 재(財)가 필요하다. 전반(前半)부 인생에서는 재(財)인 아내를 천대(賤待)하다, → 후반부(後半部) 들어

기력이 쇠하자 아내에게 굴복하고 "당신이 최고야" 하면서 꼬랑지 내리고 사는 인생이다. 아내의 고마움을 느끼는 것이다. 수(水)인 재(財)가 귀성(貴星)인 사주다. 인수(印綬)가 병(丙)화인 사주(四柱)다. 부족해도 탈, 많아 넘쳐도 탈이다.

❂ 신약(身弱)이라 인성(印星)이 필요한데, → 재(財)가 있으면 어떨까?

● 신약(身弱)이면 인성(印星)이 필요한 것은 당연하다. 그런데 재성(財星)이 있을 경우, 어떤 영향을 미칠까? 가정(家庭)으로 보자.

● 인성(印星)은 일간(日干)을 도와주려 애 쓴다. 즉 어머니는 자식을 위해 모든 것을 다 희생(犧牲)하며 도와주려 한다. 그저 "자나 깨나 우리 새끼들"이다. 그런데 아버지가 하도 엄하고, 과격하다 보니 어머니가 제대로 그 생각을 행동으로 옮기기 힘들어진다. 어느 부모인 들 자식 안 귀엽고 사랑하지 않는 부모가 있겠는가? 사주(四柱)를 보면서 그 연유(緣由)를 살펴보자.

□ 재성(財星)이 강(强)한 남성(男性)의 사주(四柱).

○	丙	辛	○
寅	申	酉	酉

⇨ 재(財)인 금기(金氣)가 강(强)하다.

신(辛)금이 월간(月干)에 투출(透出) 하였다.

⇨ 여기에서 두드러진 특징(特徵)을 찾아보자.

인성(印星)이 약하다. → 재성(財星)이 지나치게 강(强)하다. 아들이 아버지 눈치 보기 바쁘다. 주눅 들어있다. 어머니 역시 남편 기세(氣勢)에 눌려 기(氣)를 펴지 못하고 있다. 아버지인 재성의 지나친 독단으로 학업도 제대로 할 수 없다.

● 재력(財力)이 지나치게 강(强)하다 보니 오히려 금전적(金錢的)인 어려움이 작용(作用). 유(酉)월생이라 가을인데, 7, 8, 9월(月) 생은 → 인(寅)-술(戌)이 급각(急刻)살이라 → 거기에 인(寅)--신(申) → 충(沖)이니 영락없는 장애자(障碍者)다.

● 인(寅)목이 용신(用神)인데, 용신(用神)이 상(傷)하였으니 어찌 도와줄 것인가?

용신(用神) 자체(自體)도 본인(本人)이 추스르기 어렵다.

● 재(財)가 지나치게 설치고 있다. 인수(印綬)가 지나치게 그리우니, 누가 조금만 도와준다면 맛이 간다. 말만 들어도 그저 정신이 없다. 침착성이 부족하다. 조금만의 가능성(可能性)만 있어도 벌써 다 이루어 놓은 양 떠든다. 복권 한 장 사놓고 일등 당첨이 된 것 같은 기분이다. 지나치게 김칫국물을 마시는 형이다.

✪ 이러한 사주(四柱)를 ➜ 탐재괴인(貪財壞印)의 전형(全形)이라 말한다.

계산은 빠르다 항상 재(財)가 많으니, 보면 다 돈으로 바뀌는 일들이다. 손만 데면 나자빠진다. 지갑에 돈이 남아나지 않는다. 돈이 손에 있으면 쓰지 못해 안달난다.

● 자금(資金)에 대한 파악과 세무, 회계가 약하다. 세금계산서 발행 및 기타 관련(關聯) 업무에 생각은 있어도 정리(整理)가 제대로 되지 않는다. 이런 사주의 사람은 필히 꼼꼼히 정리하고, 챙기는 사람을 우선적으로 채용해야 한다.

❏ 천간(天干)에 재성(財星)이 당권(當權)하고 있다면 어떨까?

재성(財星)이 당권하고 있다 함은 일간(日干)이 신약(身弱). ➜ 재다신약(財多身弱)이다. 이럴 때 인수(印綬)-운이 온다면 변화(變化)가 가능할까?

❏ **정재(正財)인 계(癸)년(年)이 왔다. 하자.**

戊 甲 戊 戊   ⇨ 갑(甲)목 일간이다. 재성(財星)이 강(強)하다.

◯ ◯ ◯ ◯   천간(天干)에 편재(偏財)인 무(戊)토가 투출.

⇨ 인수를 필요로 하는데, 인수(印綬) 운이 왔을 때, 제대로 다 받아먹을 수 있을까?

✪ **계(癸)-년이 오면**

편재(偏財)인 무(戊)토와, 무(戊)--계(癸)➜합(合)해 버린다.

● 수생목(水生木)이라 꿈에 부풀어있던 갑(甲) 목으로써는 "닭 쫓던 개 하늘 쳐다보는 격"이다. 그것도 정재(正財)라 그리 믿었건만, 믿는 도끼에 발등 찍히는 격이다.

정재(正財) 운(運)에는 아무도 믿지 말아야 한다.

● 일단 내 손에 들어와야 내 것이다. "언제 들어오겠지, 약속한 날이 언제이니까" 하는 식으로 미리 계획을 세워 일을 진행한다면 분명히 낭패 보는 것이다. 정해진 수순(手順)이다. 빚을 내서 일을 하거나, 추진한다면 연쇄부도다. 기다려보고 확인(確認)한 후 "돌다리 두들겨 보고 건너는" 식의 처신(處身)이 필요하다.

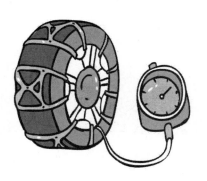

❏ 인수(印綬)는 관(官)의 생(生)을 받는다.

● 관(官)은 인수(印綬)를 생(生) 한다. 인수(印綬)는 또한 일간(日干)인 본인(本人)을 생(生) 한다. 그리하여 흐름이 원만하게 이루어져 일간(日干)에 힘이 된다.

✪ 그런데 여기서 문제가 되는 것이 있다.

일간(日干)이 어느 정도 기운이 충분할 경우는, ➡ 관인상생(官印相生)이다.

❏ **관인상생(**官印相生**)이 이루어지는 경우.**

○　　己 ← 丙　　○　　　▷ 해(亥)월의 기(己)토 일간이다.

○　　○ ↑寅 ← 亥　　　삼각관계(三角關係)를 살펴보자.

▷ 년지(年支)의 해(亥)수 ➡ 월지(月支)의 인(寅)목 ➡ 월간(月干)의 병(丙)화 ➡ 일간(日干)의 기(己) 토 흐름이 이어진다.

✪ 중요한 것은 ➡ 일간(日干) 으로의 흐름이다.

인(寅)목과 해(亥)수가 합(合)하여 목(木)을 형성(形成)하고,➡ 다시 병(丙)화를 생(生)하고, 병(丙)화는 일간인 기(己) 토를 생(生) 한다.

● 목(木)인 관(官)이 ➡ 인수(印綬)인 병(丙)화를 생(生)하고, ➡ 다시 일간인 기(己) 토를 생(生) 해 기운(氣運)이 왕성하도록 한다.

✪ 기운(氣運)의 핵(核)인 일간(日干)으로 집중(集中)이다.

□ 문제는 중간에 있는 병(丙)화다. 이 역시 관인상생(官印相生)이다.

○ 己 丙 甲   목생화(木生火) ➡ 화생토(火生土) ➡ 토생금(土生金)

○ ○ ○ ○   기(己)토가 여성이다. 남성인 갑(甲)목의 합이 그립다.

⇨ 장모(丈母)가 될 병(丙)화의 선택(選擇)이 중요하다.

● 갑(甲) 목이 기(己) 토인 여성을 합(合)하려면 병(丙)화인 기(己)토의 어머니라는 산맥을 넘어야 한다. 관인상생(官印相生)도 분위기 파악을 하고, 초점을 맞추라.

⬇ 재(財)➡관(官)➡인(印)으로 연결되어, 일간에게 연결된다.

○ 丙 壬 壬   금(金)···수(水)···목(木)···화(火)로 흐름이 이어진다.

○ 寅 子 申   그런데 문제가 보인다.

⇨ 그런데 중간에서 재(財)가 사라진다.

● 자기 존재(存在)를 알린 후 관(官)으로 변해 버린다.

관(官)의 기운이 커진 것이다. 본래 기운이 강한데 더 강해진 것이다. 천간(天干)으로 임(壬) 수가 투출(透出) 했으니, 병(丙)화 일간 에게는 편관(偏官)이 된다. 살(殺)이다. 칠살(七殺)이다.

□ ① 관인상생(官印相生)과 ② 살인상생(殺印相生)의 특징.

① 관인상생(官印相生)
관(官)과 연결이 이어지는 것이므로 국가(國家)의 덕(德)을 입는 것이요, 직장(職場)의 덕을 입는 것이요, 윗사람의 덕을 입는 것이다.

② 살인상생(殺印相生)
적(敵)이 오히려 은인(恩人)으로 둔갑하고, 노사협상처럼 극한 대립상태에서도 수완

(手腕)을 발휘하는 것처럼 매듭을 풀어간다.

① 과 ② 의 연결이 길(吉)로 작용을 할 경우, 민생 고충을 해결하는 국민, 국가(國家) 간의 해결사(解決士) 역할을 할 수도 있다.

그러나 일간(日干)이 ➜ 신약(身弱)할 경우는 그렇지 않다.

● 관(官)이 우선 일간(日干)을 극(剋) 하는데 기력(氣力)이 약하니 버티지 못하고, 그 영향(影響)을 받는다.

● 어느 정도 일간이 강(强)하면 충분히 견디면서 인수(印綬)를 통해 그 기운(氣運)도 접수하는데 기다릴 여력(餘力)이 없다. 이럴 경우, 관(官)이 살(殺)이 되어 일간(日干)을 괴롭힌다. ➜ 살인상생(殺印相生)이 된다.

✪ 일간이 약(弱)할 때와, 강(强)할 때의 표현(表現).

❑ 인수(印綬)와 다른 육친(六親)과의 상호관계(相互關係).

✪ 식상(食傷)이 많을 경우,

식상(食傷)이 많다는 것은 ➜ 나의 기운(氣運)을 빼앗아가는 기운이 많은 것이라, 당연히 기운을 보충해야 하니 일차적(一次的)으로 ➜ 인수(印綬) 도움이 필요하다.

● 인수(印綬)는 나의 기(氣)를 보충해주기도 하지만 식상(食傷)의 기운을 강압적으로 삭감하는 세력(勢力)이라 ➜ 식상이 많을 때는 당연하다.

● 종(從)-하는 경우는 문제가 다르다.

✪ 관(官)의 기운(氣運)이 강(强)할 경우.

● 인수(印綬)는 ➜ 관살(官殺)로부터 기운(氣運)을 생조 받는다. 관살이 지나치게 많으면 인수 역시 포화상태(飽和狀態)가 되어 비만, 온갖 병으로 시달려 부실해진다.

❑ **여기에서 인수(印綬)는 ➜ 일지(日支)의 자(子)-수(水)가 된다.**

○　　甲　庚　○　　　▷ 신(申)월의 갑(甲)목 일간이다.

○　　子　申　申　　　살인상생으로 이어진다.

▷ 금(金)인 관성의 기운이 강(强)한데 과연 인수(印綬)는 어찌 될 것인가?

✪ 먼저 일간(日干)의 입장에서 보자.

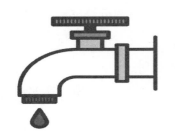

금(金), 수(水)인 음(陰)의 기운이 지나치니 → 목(木), 화(火)인 양(陽)의 기운(氣運)이 필요하다. 그런데 인수(印綬)는 수(水)이다. → 관(官)인 금(金)의 기운이 지나치니 인수(印綬)의 성향이 지나치게 탁해져 버린다.

● 물이 식수(食水)로는 용도(用度)가 아니다. 철분(鐵分)이 과도해 나무가 자랄 수 없다. 수온(水溫)도 적절하지 못하다.

● 인수(印綬)의 기운이 약(弱)해 → 관(官)의 흐름에 편승(便乘)한다.

대체로 관(官)인 정치(政治)나 관계(官界)로의 유혹에서 자유롭지 못한 학자나 교수들을 볼 것 같으면, 흙탕물에 입문하나 결국, 정치(政治)판에 이용당하고 오히려 입문(入門)하기 전(前)보다 거의 못 한 상태로 말년(末年)을 보내기 마련이다.

● 그들이 볼 때는 한 수 아래로 보이나, 녹녹지 않은 것이다.

관(官)이란 칼날의 맛이 달콤한 정치판에 빠져있을 때는 이미 고귀함이란 사라진 것이다. 관(官)이란 재(財)를 자기의 손과 발로 사용하기 때문에 항상 인수(印綬)인 학자들은 항상 위험 부담을 안고 있다. 언제 관(官)이 재(財)를 카드로 들고 나올지 모르기 때문이다.

● 어느 재벌총수와 정치인과의 결합(結合)도 결국에는 갈라서고만 정치이야기를 상기하여 보면 알 것이다.

✪ 인수(印綬)가 많아 태왕(太旺) 할 경우.

인수(印綬)가 기운이 강(强)할 경우는 관살(官殺)이 맥을 못 춘다. 관(官)의 기운을 흡입하는 능력이 탁월, 관(官)의 사전(事前) 움직임을 미리 파악하여 일간(日干) 에게 알려주니, 이로 인해 술수(術數)가 통(通)하지 않는다.

● 중간에서 이미 관(官)의 기운을 빠지도록 하고, 인수(印綬)의 남는 기운을 일간에게 보태주니 관(官)으로써는 죽을 맛이다. 공염불(空念佛)이다.

□ **관(官)이 작용(作用)하지 못한다.**

○ 乙 ○ ○   ⇨ 자(子)월의 을(乙)목 일간이다.

○ 亥 子 申   인수(印綬)의 기운(氣運)을 보자.

⇨ 인수의 기운이 강(强)하다. 그러다 보니 관(官)의 기운(氣運)을 아예 흡수(吸收)해 버린 경우다. 금(金)이 물속에 잠기어버리니, 그 형태를 찾기 힘들다. 해중금(海中金)이다. 철분(鐵分)의 성분(性分)이 있다는 것뿐, 아무런 영향(影響)을 미치지 못한다.

□ **유명한 여성교육자의 사주이다.**

○ 丙 ○ 己   ⇨ 인(寅)월의 병(丙)화 일간이다.

○ 寅 寅 亥   지나친 목화통명(木火通明)이다.

⇨ 여성(女性) 사주이니 관(官)인 해(亥) 수가 남편이다.

• 남편(男便) 해(亥)수가 인(寅)-해(亥)➔합(合)하여 목(木)으로 화(化)하였다.

너무 일찍이 관(官)의 기운이 사라져 버린 것이다. 지지에 역마, 지살 이라 그것도 해(亥)수라 바다를 건너가고, 합(合)하여 목(木)이니 인수(印綬)요, 학업(學業)과 연관이 있는 것이라 유학도 가고, 지나치게 인수(印綬)가 강(强)하니 자존심이 보통 아니고 ➔ 병(丙)화 일간이라 나서지 않으면 직성이 풀리지 않고, 주변의 기운이 나를 위하여 존재하듯 일간으로 다 몰려버린다.

● 관(官)인 음(陰)을 양(陽)으로 만들어버리니 그 조화(造化)가 대단하다. 자연 혼기(婚期)가 늦어지고, 어지간한 남성(男性)은 거들떠보지도 않는다. 성공(成功)은 하였으나, 극히 인간적(人間的)인 면에서는 아쉬움이 남는 사주다.

● 이것을 유가(油價)와 비교하여보자. 유가(油價)를 ➔ 관(官)이라고 보자. 일간

(日干)인 내가 차를 굴려야 하는데 관(官)인 유가(油價) 폭등(暴騰)을 하니 인수가 약한 서민들은 차를 두고 대중교통 수단을 사용. 반면에 인수가 강한, 즉 그 정도야 하면서 여유가 있는 사람들은 그래도 눈 깜짝 안 하고 차량을 사용한다. 변화(變化)에 대해 워낙 강(强)한 사람은 그로 인한 변화(變化)에 개의치 않고, 그에 대처(對處)하고 극복(克復).

❑ 육친(六親)으로 보는 인성(印星)의 통변.(정인, 편인 포함)

● 모계(母系)와의 연관(聯關)을 지어보는 것이 빠르다.

어머니와 연관된 사항은 다 나온다. 양육(養育)에 연결, 어머니의 역할을 하던 사람은 전부 해당 된다. 특히 직접(直接), 간접적(間接的) 연결되는 관계다. 젖을 물리고, 뒤치다꺼리 하고, 아플 때 옆에서 잠을 못 자면서 나에게 헌신적(獻身的)이던 사람들이다.

● 상황이야 어떻든 나를 양육하는데 일조(一助)한 사람이다.
여기에는 나를 낳아준 생모(生母)요, 직접 낳지는 않았어도 친자식 이상으로 길러주신 계모(繼母)도 되고, 아무 연관(連關) 없어도 보살핌을 극진히 하는 어머니의 역할을 하신 분들이 해당.
● 어느 정도 성장(成長), 사춘기(思春期) 시절 교육적(敎育的)으로 가르치고 길러주신 선생님 들도 이에 해당. 초등교육과정도 해당되고, 성인(成人)이 되어 선생(先生)도 해당. 요즈음에는 평생교육 과정도 해당.
● 인척(姻戚) 관계로 보면 외가(外家) 쪽이 많다.
그리고 백모(伯母)-(백부의 아내, 큰어머니), 숙모(叔母)-(숙부의 아내. 작은어머니.),장인(丈人)도 이에 해당.

◉ 직종(職種)

인수(印綬)는 연구, 학업과 연관 있는 직종이 어울린다.

● 인수가 용신일 경우 이와 같은 분야에 심혈을 기울이면 항상 마음이 편하다. 내가 직접 하지 못해도 항상 동경하는 경향이다. 어릴 때 너의 꿈이 무엇인가 ?

● 물으면 대체로 적중한다. 그만큼 순수하고 때 묻지 않은 상태이기 때문이다. 간혹 어릴 때는 꿈 이 무엇이라고 하던 어린이가 성장해서 엉뚱한 업 에 종사하는 경우도 많다. 이것은 환경에 의한 탓 이요, 아무 생각 없이 그저 군중심리(群衆心理)에 의한 답변이다. 우리는 흔히 이런 소리를 많이 듣 는다. 아! 어릴 때의 꿈이 무엇이었는데, 어찌 살다 보니 그리되었어! 하는 이야기를 말이다.

● 해당하는 직종은 많지만 간략하게 소개한다면 언론, 출판 등 문화와의 연관성이 많고, 교직, 종교, 철학, 학원, 설계, 의류, 패션, 장신구, 문서나, 증권 등과 연관된 직종, 학술, 번역, 어학 쪽에 두각을 많이 나타낸다.

● 새로운 직업군에 속하는 속기사라든가, 컴퓨터 응용 부분에도 그 능력을 발휘한 다. 그 외에 많은 분야가 있으나 유사한 업종을 택한다.

❑ 인수(印綬)가 태왕(太王)하고 혼잡할 경우는?

인수(印綬)는 할아버지, 장인, 어머니 등 여러 관계로 해석한다. 특히 정인(正印), 편인이 혼잡해 있을 경우는 이복(異腹) 간이 많다.

● 인수가 많은 팔자는 고집이 유난히 센데, 융통성(融通性) 없는 고집이라 어지간해 서는 설득(說得)하기 힘들다. 이론적(理論的), 논리적(論理的) 근거(根據)가 없이는 꺾기 힘든 사항이다. 특히 인수(印綬)가 용신(用神)일 경우, 매사를 본인 위주로 사 는 사람이다.

● 사주 자체가 일주로 기운이 몰리는 형상이라 나를 위해 모든 것이 형성되고, 처리 되어야 하는 것으로 착각하고 사는지라 무사안일하고, 골치 아프거나 피곤한 것을

싫어한다. 배운 것이 좀 있다 하여 남을 무시하는 경향이 강하고, 지나치게 이론(理論)을 앞 세운다.

✪ 인수(印綬)가 왕(旺)하면 어머니가 똑똑하여 며느리 얻기 힘들어진다.

어머니의 입김이 워낙 강하다 보니 며느리 얻기가 힘들어진다.

● 아들인 본인의 눈에는 들어도 그것으로는 안 된다. 어머니의 마음에 들어야 한다.

간섭이 지나치다 보니 결혼(結婚)이 늦어지고, 며느리가 복종하거나, 무조건 예, 예하는 스타일이 되어야 한다.

❑ 당사자들은 좋은데, 시어머니 될 사람이 문제다.

己	甲	癸	癸
○	○	亥	亥

▷ 갑(甲)목 일간인데 여성은 기(己) 토이다.

시어머니인 인수(印綬)의 기운이 지나치다.

▷ 갑(甲)목 일간인 남성, 기(己)토인 여성은 둘이 좋아서 어쩔 줄을 모른다.

● 그러나 인수(印綬)인 어머니의 기(氣)가 워낙 강(强)하다. 갑(甲) 목은 부목(浮木) 형태라 인수(印綬)인 수(水)가 흐르는 데로 흐를 수밖에 없다. 며느리 기(己) 토 여성도, 물에 휩쓸려 흔적(痕迹)도 없을 상황이다. 어머니의 허락 없이는 이루지 못할 사랑이다.

● 시간(時干)의 기(己) 토는 → 해(亥) 중 갑(甲)목, 일간(日干)의 갑(甲) 목 하여 관(官)이 많다. 마누라 단속하라는 소리를 듣는 사주다. 그것도 인수(印綬)인 해(亥) 수, 즉 어머니에게 듣는다.

● 해(亥) 중의 갑(甲) 목으로 인수(印綬)인 해(亥)수의 권역에 있기 때문이다. 어머니의 간섭과 교사(敎唆)로 인해 결혼생활을 영위하기 힘들어진다.

계(癸)수가 천간(天干)으로 둘이나 투출(透出) 되어 기(己) 토 입장에서는 시어머니가 두 분이라 인수의 숫자로 본다면 더 많지만, 결국 대표자가 우선이다. 해로(偕老)

하기가 힘들다. 기(己)토의 입장에서는 정관(正官)인 갑(甲) 목이 많다 보니 편관(偏官)의 역할을 한다.

● 갑(甲) 목은 인수(印綬)인 수(水)의 생(生)을 받아 그 기운(氣運)을 기(己) 토를 극(剋) 하는 것으로 방향을 바꾼다. 사랑으로 맺어진 결합이 미움과 증오로 돌변. 서로가 갈라설 때는 이처럼 매정하게 갈라선다. 이때 시어머니는 남편의 편을 들면서 더욱 기승을 부린다. 특히 인수(印綬)인 지지(地支)에 관(官)을 포함할 경우는 그 기세가 무섭다.

✪ **여자 경우, 인수(印綬)가 왕(旺) 할 때는?**

● 인수는 친가이니 ➜ 여성에게 친정(親庭)이다. 친정(親庭)의 기운이 강하니 시집 알기를 우습게 안다. 시집보다는 친정에 더 신경을 쓰고, 재(財)가 약하니 시어머니 모실 생각은 안 하고 오로지 친정만 신경 쓴다. 남편의 말도 잘 안 듣는다.

➜ 관(官)이 인수의 강(强)한 기운(氣運)에 가려 빛을 못 보니까.

✪ 인수(印綬)가 왕(旺)하여 ➜ 잔병치레 할 경우.

● 병치레를 많이 한다는 것은 일단 사주가 조후, 강약 등 여러 면에서 편협(偏狹)되어 균형을 상실한 것이다. 치우치면 항상 탈이 나는 법. 왕(旺) 해도 균형을 이루면 무탈하다.

✪ **인수(印綬)는 유산(遺産)도 되는데 그에 대한 해석(解析)은?**

● 인수(印綬)가 월(月)에 있다면 친정(親庭)에서 재산(財産)을 물려받을 수 있다. 반대로 월(月)에 상관(傷官)이 있고, 시(時)에 인수(印綬)가 있을 경우는 어떤가? 대체로 시(時)에 인수(印綬)가 있어 그 역할이 좋을 때가 많은데, ➜ 월(月)에 있으므로 일단 사주가 좋지 않아 부모(父母)-대(代)에 업(業)을 파하였다 볼 수 있다.

● 그런데 인수가 시(時)인 말년(末年)에 있으므로, 그야말로 오갈 데 없는 신세로 전락(轉落). 결국, 내가 모시고 살아야 한다.

□ 부모(父母)를 모시고 살아야 하는 팔자(八字)

| 壬 | 丁 | ○ | ○ |

↳ 축(丑)월의 정(丁)화 일주이다.

| 寅 | 亥 | 丑 | 子 |

지지에 수국(水局)이 형성, 목국(木局)도 보인다.

↳ 결국, 흐름은 수(水)에서 목(木)으로 흐른다.

● 년(年)과 월(月)이 합(合)하여 관국(官局)을 형성한다. 일(日)까지 가세하여 삼합(三合)국을 이룬다. 일지(日支)와 시지(時支)가 합(合)하여 목(木)을 형성한다. ● 인수(印綬)인 인(寅)목이 일지(日支)로 합하여 들어온다.

어머니가 안방으로 오신다. → 정(丁)화 일간은 관(官)이 지나치게 강(强)하다 보니 오히려 남편(男便)이 귀(貴)한 사주다.

● 늦게 배운 도둑질 날 새는 줄 모르는 사주로 변화(變化).

중년이 지나면서 사주가 화색(和色)이 돌게 된다.

✪ 인수(印綬)가 태왕(太旺) 하면 어머니에 의해 아버지가 무력화(無力化).

─────────────────────────────

□ 인수(印綬)인 어머니, 재(財)인 아버지가 서로 원진(元嗔)에 상충(相沖)으로 대립(對立)하고 있다.

| ○ | 戊 | ○ | ○ |

↳ 미(未)월의 무(戊)토 일간이다.

| ○ | 午 | 未 | 子 |

아버지와 어머니를 찾아보자.

↳ 무(戊)토 일간(日干)에게 인수(印綬)는 화요, 어머니인데 → 오(午)-미(未)→ 합(合)으로 화(化)하여 조토(燥土)가 되어버렸다.

● 자(子)수인 아버지는 조부모(祖父母) 자리에 가 있다. 안방에는 어머니와 형제가 있다.

아버지와 어머니 사이에 미(未) 토인 자식(子息)이 있어 문제가 되는데, 아버지 입장에서는 자식과 어머니가 한통속이 되어 버린다. 결국, 아버지는 왕따다.

수명(壽命)에 있어서도 년(年)에 있으니 일찍 돌아가시고, 어머니는 나중에 가신다.

✪ **인수(印綬)가 득국(得局) 하는 경우.**

득국(得局) 한다는 것은 국(局)을 형성(形成)한다는 것으로 길(吉)로 보는데, 이에 도 양(陽)과 음(陰)의 구별을 요 한다.

◗ 양(陽)일주의경우－－－－－－－－－양국(陽局)－－－－－－－제일 좋다.

◗ 음(陰)일주의경우－－－－－－－－－음국(陰局)－－－－－－－제일 좋다.

❏ **지지(地支) 전체가 국(局)을 형성(形成)하고 있다.**

○	癸	○	○	(一)		○	甲	○	○	(二)
丑	丑	酉	巳			子	辰	子	申	

⇨ (一) 은 계(癸)수가 음(陰)인데 ➜ 지지(地支)에 사(巳)–유(酉)–축(丑)하여 음 (陰)의 지지(地支)로 국(局)을 형성(形成)하였다. (二) 는 양(陽) 일간(日干)이 ➜ 양(陽)의 지지(地支)로 하여 국(局)을 형성(形成)하였다.

❏ **인수가 득국(得局)을 하면 좋은 가문(家門), 교육자(教育者) 집안, 선비가문.**

甲	癸	辛	癸
寅	亥	酉	丑

⇨ 지지(地支)에 금국(金局)을 형성(形成).

년(年), 월(月)에 있어 선대(先代)의 덕(德)이다.

⇨ 지지(地支)가 순국(順局)을 하고 있다.

● 순국(順局)이라는 것은 ➜ 순리대로 흐르며 국(局)을 형성(形成)하고 있다.

년지(年支)의 축(丑) 토가 ➜ 월지(月支)의 유(酉) 금을 생(生) 하면서 금국(金局) 을 형성. 천간(天干)으로 월간(月干)에 신(辛) 금이 투출(透出). 정도(正道)가 아니 면 가지 아니하고, 행(行)하지 아니하는 사람이다. 명예(名譽)를 우선으로 하는 사람 이다. 인격(人格)과 인품(人品)이 맑고, 청아(清雅)한 사람.

❏ **인수(印綬)가 잘 구성 되어 있으면 흉액(凶厄), 재앙(災殃)이 따르지 않는다.**

● 인수(印綬)는 관(官)의 생(生)을 받는다. 관이 일간을 극(剋) 하면 인수는 중간에

서 관(官)의 생(生)을 받아 극(剋)하는 기운을 잠재운다.

● 관(官)에게서 기운을 상납 받는다. 그런데 인수가 변변치 못할 경우, 관(官)이 우습게 생각하고 상납(上納)을 제대로 하지 않는다. "울지 않으면 젖을 안 주는 것"과 같다.

● 인수(印綬)가 기운이 제대로 갖추어져 있으면 관(官)이 함부로 행동(行動)하지 못하고 인수의 종용에 따른다. 순리대로 관인(官人)-상생(相生)의 길을 택해 간다.

● 흉액(凶厄)과 재앙(災殃)이 길을 비켜 간다. 인수(印綬)는 의복(衣服)이라 관(官)과 연결이 잘 된다면 관복(官服)이라 제복(制服)이 어울린다.

✪ 인수(印綬)는 필체(筆體)와도 연결되는지라, 필력(筆力)도 같이 추리(推理)한다. 글씨를 보면 그 사람을 알 수 있다. 반듯반듯하나? 힘이 들어있는가? 균형은 어떤가? 지속성이 있는가? 글씨체(體)의 종류는 어떠한가? 그에 따른 해석은 어떻게 하는가? 를 제대로 살펴보는 것이다.

▢ **인수가 많으면, 여자(女子)가 자식(子息)이 없다.**

● 인수(印綬)는 식상(食傷)을 극(剋)한다. 식상은 여자에게 자손(子孫)이다. 자손이 왕(旺)한 인수(印綬)의 기운에 극(剋)을 당하니 자손이 제대로 잉태(孕胎)되기 힘들어진다. 식상(食傷)은 여자 생식기(生殖器)에도 해당.

▢ **자(子)-축(丑) 수국(水局)으로 지지가 완전 얼음판이다.**

丙	甲	○	○	⇨ 축(丑)월의 갑(甲)목 일간(日干)이다.
子	子	丑	子	지나치게 냉(冷)한 사주(四柱).

⇨ 동지, 섣달의 캄캄한 밤에 얼음 속에 갇혀 있는 나무다.

● 움직이려 해도 꼼짝 않는다. 등불 하나 밝혀놓고 독수공방(獨守空房)으로 지새운다. 여자의 사주가 지나치게 금(金), 수(水)가 많으면 딸이다. 남자의 경우, 화기(火氣)가 지나치면 또한 딸이다. 병(丙)화인 자손(子孫)이 시간(時干)에 뚜렷이 있는데, → 왜 자손이 없다고 보는 것일까? 불이 꺼져버린다. 꽃이라면 조화(弔花)요, → 불이라면 건전지를 사용하는 전기용품이다.

• 남편이 있어도 성(性)-기능(機能) 문제가 있고, 여자 또한 마찬가지다. 어렵게, 어렵게 되어도 유산(遺産)이요, 그것이 반복되니 있는 돈, 없는 돈 남아나지 않는다. 그래도 늦둥이라도 얻으려면 묘책(妙策)을 강구 해야 한다. 병(丙)화가 용신(用神)이니 → 남편은 안중(眼中)에도 없다. → 자식(子息)만 있으면 산단다.

✪ 신약(身弱)-사주인데, → 인수(印綬)가 약하면 어떨까?

● 사주가 신약(身弱) 하다는 것은 일단 인수가 약하다. 물론, 아닌 경우도 있겠지만 대체로 인수(印綬) 역시 약(弱)하다. 이럴 경우 그 특징을 보자.

◑ 사람이 한없이 착하고 순하기만 하고 인내(忍耐)력, 지구력(持久力)도 약하고 줏대 없어 남에게 이용당하기 잘하고, 매사 하는 일이 용두사미다. 인수(印綬)인 열매와 결실(結實)이 약(弱)하니 끝맺음이 확실하지 않다

□ **식상(食傷)이 왕(旺)하니, 자기 꾀에 자기가 빠진다.**

○ 甲 丁 ○   ⇨ 해(亥)월의 갑(甲)목 일간이다.

午 午 亥 午   식상(食傷)의 기운(氣運)이 왕(旺)하다.

⇨ 식상이 왕(旺) 하다고 무조건 자기 꾀에 빠지지는 않는다.

인수(印綬)가 적당하면 균형을 이루니 그 또한 아름다운 것이다.

● 일간이 신약(身弱)한데 인수 또한 허약해 침착성이나, 사고력이 부족, 인내력이 모자라 끈기도 없으니, 일을 처리해도 졸속처리한다.

● 용신(用神)인 해(亥)수가 제발 잘 좀 해 성공해보라고 도와주고 밀어주고 해도,

신중하지 못하고 항상 경거망동, 일을 자주 그르친다. 그리고 하는 말이 많이 배우지 못해, 밑천이 부족해, 그저 이런저런 핑계만 된다. 자신의 부족함을 아직 깨우치지 못하는 것이다.

✪ 결정적(決定的)인 순간을 맞아도 기회를 무산시키고, 망설이다가 시간만 다 보낸다. 빈자리가 있어도 앉을까? 말까? 망설이는 사이 다른 사람이 앉아버린다.

● 아줌마들의 힘이 틈새를 이용해 순식간에 나온다. 그저 내 마음만을 생각하고 있다 당하는 사람이다. 지나치게 안전 위주요, 완벽함을 지향한다. 이런 사람은 고스톱을 해도 쓰리고 못 한다. 새가슴이다.

▢ 우물 안 개구리다.

庚 丙 庚 ○　　▷ 인(寅)월의 병(丙)화 일간이다.

子 辰 寅 子　　　금(金), 수(水)의 기운(氣運)이 강(强)하다.

▷ 병(丙)화 일간이 월(月)에 인수(印綬), 지지(地支)에 수국(水局)을 형성. 재(財)와 관(官)의 기운(氣運)이 강(强)하다.

● 목생화(木生火)하여 추수하려 활동하나 역부족(力不足)이다. 옷을 얇게 입고 찬 바람 부는 곳을 돌아다니니 감기 자주 걸린다. 옷이라도 두꺼운 것을 걸쳐야 하는데, 그것도 여의치 않다.

● 일간(日干)인 병(丙)화는 양쪽의 경(庚)금을 다스리자니 힘에 부친다. 역(逆)으로 당한다.

▢ 조성모파 (朝成暮破).

"해가 뜰 무렵 시작해서, 해가 질 무렵에 끝을 낸다." 말로 시작한 지 얼마 되지도 않아 벌써 접어버리는 것을 비유하는 것인데, 심하게 이야기하면 시작하나 싶더니 끝내버리는 것이다.

● 일을 행함에 있어 준비된 사항이 부족하고 없으니 계속 진행이 어려운 것이고, 계획 자체에 일관성이 없으니 흐지부지 끝난다. 인수(印綬)가 없거나, 인수가 있어도

심(甚)히 약(弱)한 경우다.

✪ **자기 밥도 못 찾아 먹는 사람.**

● 흔히들 못났거나, 처신에 있어 문제가 심한 사람, 자기의 앞가림도 못 하는 사람, 어딘가 모르게 모자라 덜 떨어진 듯 칠칠맞은 사람, 자기 소지품을 자주 분실하거나, 관리(管理)-부실(不實)로 소유물을 죽 쒀서 개-주듯 하는 사람 등등을 가리켜 하는 말이다. ● 자기 마누라도 관리하지 못해 남이 훔쳐가거나, 놓치는 사람이다.

☐ **신약(身弱)이면 내 것도 다 마누라가 가져간다.**

○ 丙 辛 ○   ⊨ 유(酉)월의 병(丙)화 일간이다.

卯 辰 酉 丑   지지(地支)에 금국(金局)이 돋보인다.

⊨ 병(丙)화 일간(日干)의 남자다. 아내가 도로 남이다.

● 일주(日柱)와 월주(月柱)를 살펴보자. 천간(天干)과 지지(地支)로 합(合)이 이루어진다. 그것도 재성(財星)이니 부모(父母)에게서 어느 정도의 재물(財物)은 물려받는다. 그런데 문제가 생긴다. 아내인 신(辛) 금과는 합이 드니 연애결혼이요, 일단은 잘 만난 것 같다. 지지(地支)로도 합(合)을 이루니 좋기는 하다만 아내가 나보다 생각하는 것이나 파워 면에서는 월등(越等)히 나를 앞선다.

● 특히 병(丙)화 일간 에게 인수(印綬)인, 묘(卯)목이 병(丙)화에게 별로 도움이 되지 못한다. 습(濕)-목이라 생(生)을 못 하기 때문.

● 처궁(妻宮)에 있는 진(辰)토가 ➔ 자손궁(子孫宮)에 있는 묘(卯)목을 꼬드겨 합(合)하자 유인(誘引)한다.

● 병(丙)화 입장에서는 어느 정도 인성(印星)이 강화(強化)되는 것 같이 보이지만 결국 그것은 ➔ 진(辰)-유(酉) 합(合) ➔ 금(金)으로 화(化)하고 신(辛)금인 아내의 치마폭으로 들어간다.

● 금(金)인 재(財)의 기운이 강(强)하니 묘(卯)목을 마음대로 갖고 논다.

결국, 마누라가 모든 것을 소유(所有)하고, 남자(男子)는 그저 바지 노릇이나 하고 있다. 인수(印綬)가 약(弱)하고 사주(四柱)가 신약(身弱) 하니 모든 것이 결코 나의 것이 될 수 없다.

❑ **인수(印綬)를 공부로 본다면?**

● 인수(印綬)의 위치(位置)에 따라 판단(判斷)이 나온다. 일(日)과 시(時)에 있을 경우, ➔ 늦깎이인 경우다. 늦게 공부하고 늦게 철이 든다. 년(年)이나 월(月)에 있을 경우 일찍 철이 든다. 공부도 남보다 빠르다.

✪ 인수(印綬)가 많아 ➔ 재(財)가 용신(用神)일 경우는? 재(財)가 용신(用神)이므로 ➔ 아내인 처의 말을 잘 듣는다. 그리고 아끼고 사랑한다. 아내가 똑똑한 경우다.

● 재성(財星)과 인수(印綬)가 서로 상전(相戰)을 하는 경우, 재(財) ➔ 인(印)이 투쟁(鬪爭)한다.

❑ **모처불합(母妻不合).**

○ **丙** ○ ○   ⤇ 인(寅)월의 병(丙)화 일간(日干)이다.

○ **申** **寅** ○   지지(地支) ➔ 인(寅)신(申)➔ 충(沖)다투고 있다.

⤇ 어머니와 아버지를 일단 살펴보자.

● 어머니는 인(寅)목이다. ➔ 아버지는 재(財)이니 신(申) 금이 된다.

그런데 아버지가 안방에 계시니 아버지가 어머니보다 자녀에게 더 신경을 쓴다. 시시콜콜 잔소리가 심한 아버지다. 그러다 보니 부모님의 사이가 말썽이 많다. ● 자손(子孫)인 병(丙)화에게 불편(不便)함 이다. 장가갔다고 하면 아내와 어머니를 보자.

아내는 ➔ 재(財)인 신(申) 금이요, ➔ 어머니는 인수(印綬)라 인(寅)목이다. 고부(姑婦)간 사이가 원만하지 못하다. 남편 병(丙)화는 강(强)한 쪽으로 흘러간다. 그것이 팔자(八字)다.

✪ **인수(印綬)와 재(財)가 암합(暗合)하면 어떨까?**

● 인수(印綬)와 재(財)가 암합(暗合) 한다는 것은 ➔ 인수인 어머니가 재(財)인 남성과 부적절한 관계를 한다. 암합(暗合)이므로 몰래하는 사랑이다.

좋게 본다면 어머니가 정실부인인 본(本)-부인(婦人)이 아니고, 재가(再嫁)-하였거나, 후처(後妻)라는 설명. 화려한 경력으로 본다면, 이성 관계가 복잡한 말썽만은 여성이다. 정부(情夫)가 있는 여성이다.

🗆 **지지(地支)에 감추어진 지장간(地藏干)을 살펴보자.**

〇	戊	〇	〇
午	申	〇	〇

➪ 신(申)금은 무(戊), 임(壬), 경(庚)이고,

　　오(午)화는 병(丙), 기(己), 정(丁)이다.

➪ 무(戊)토 일간이다. 감추어진 인수(印綬)와 재(財)를 찾아보자. ➔ 일지의 신(申)금은 지장간(地藏干)➔ 무(戊), 임(壬), 경(庚)이다.

● 시지(時支)의 오(午) 화는 지장간으로 병(丙), 기(己), 정(丁)이다. 여기에서 나오는 것이 정(丁)-임(壬) 합(合)이다. 묘하게 음란(淫亂)-지합으로 이어진다.

● 암합(暗合)인데, ➔ 무(戊)토 일간 에게는 각각 인수(印綬), 재(財)가 된다.

🗆 **사주가 약간 다르다. 무엇이 다를까?**

〇	戊	〇	〇
午	申	亥	申

➪　각각의 지장간(地藏干)을 살펴보자.

　　합(合)이 다(多)한 사주로 변하고 있다.

➪ 오(午)중 정(丁)화가 인수(印綬)다.

● 암합(暗合) 되는 임(壬) 수는 어디 있을까? ➔ 일지에 신(申)중의 임(壬) 수,➔

월지에 해(亥) 중의 임(壬) 수, ➔ 년지에 신(申) 중의 임(壬) 수가 있다.

● 자(子)-년이 운(運)에서 올 경우는 어떨까?
자(子) 년이 오면 ➔ 자(子)-오(午) ➔ 충(沖) 하여 인수(印綬)와 문제가 생긴다.
● 오(午) 화인 인수(印綬)를 ➔ 충(沖) 하니 어머니에게 문제가 생기는데, 자(子)수는 오(午) 화 에게는 관(官)이라 남(男), 여(女) 간의 문제가 생기는데, 충(沖)이니 이별 수다.

❑ **반대로 어머니가 혼자 살고 있는데, 어느 운(運)에 연애(戀愛)를 할까?**

| 〇 | 戊 | 丁 | 〇 |

무(戊)토 일간,➔ 인수(印綬)는 정(丁)화다.

| 〇 | 〇 | 巳 | 〇 |

임(壬) 수가 필요하다.

⇨ 나의 사주를 갖고도 어머니의 사주를 본다.

　천간(天干)으로 정(丁)화가 있으니 ➔ 임(壬)수가 오는 해이다.

　임신(壬申), 임자(壬子)---

✪ **인수(印綬)가 ➔ 인수의 역할(役割)을 못 한다는 것은?**

인수(印綬)가 약(弱)할 때 ➔ 합(合)이나, 충(沖)이 된다면 기능(機能) 정지(停止)라 역할을 못 한다. 그 예를 사주를 통해 보자.

❑ **합(合)과 충(沖)의 진정한 의미(意味).**

| 〇 | 丙 | 〇 | 〇 |

⇨　신(申)월의 병(丙)화 일간이다.

| 〇 | 申 | 申 | 寅 |

지지(地支)로는 인(寅)-신(申) 충(沖)이다.

⇨ 가을의 인(寅)목이다. 인(寅)-신(申) ➔ 충(沖)을 당하니 나무가 잘려진다.

☞ 충(沖)으로 인해 제거(除去)된다.--충거(沖去)-매 맞고, 밀려난다.

☞ 합(合)으로 인해 제거(提擧)된다.--합거(合去)-눈 맞아 떠나간다.

➲ 충(冲)을 당해도 떠나고, → 합(合)해도 떠난다.

❑ 합(合)은 → 자의(自意)에 의한 것이요, 충(冲)은 → 타의(他意)에 의한 것이다.

➲ 어머니가 인(寅)목이다. → 세상을 떠나신 것은 언제였을까?

원국 자체에서 인(寅)--신(申)→ 충(冲)이라, 인(寅)-사(巳)-신(申) → 삼형(三形)살이 형성된다면 흉(凶)으로 이어진다.

※ 인(寅)과 연관(聯關)이 되므로 신(申)년-----인(寅)-신(申) → 충(冲)이요,

사(巳)년---인(寅)-사(巳)-신(申)

→ 삼형(三形) 살로 연결.

※ 초년(初年)에 일찍 돌아가셨는데 어떻게 돌아가셨을까?

☞ 역마(驛馬)요, 지살(地殺) 이라 거주하는 곳에 계시다 돌아가신 것이 아니라, 밖에서 돌아가신 것이다. 요즈음으로 친다면 여행 갔다가 사고로, 외출(外出) 중 지병(持病)이 발작(發作) 병원(病院)에서 돌아가셔도, 나들이 가서 그리되어도 결국은 역마(驛馬), 지살(地殺)이다.

❑ 인수(印綬)에 급각(急刻)살이나 단교관살(斷橋關煞)이 있으면 어머니의 건강 이상이다. 특히 장기적인 고통으로 신음하게 된다. 수족(手足)에 이상이 생기거나 신경통(神經痛), 풍질(風疾) 등으로 고생하는 것이 특징이다. 건강 면으로 살펴보자.

※ 가을에 출생하셨으니 → 추생인술(秋生寅戌)이 급각(急刻)살이다,

※ 역마(驛馬), 지살(地殺)에 → 충(冲)을 받고 있으니 객사(客死)다.

※ 신경통(神經痛)에 풍질(風疾)로 고생하신다. 여기에 탕화(湯火)까지 연결된다.

신(申) 금인 아버지에게 쫑코만 먹으니 죽으려고 자살(自殺)도 생각해본다.

✪ 인수가 귀문(鬼門)-관살(官殺)과 연관되면 어떤가?

인수(印綬)인 어머니가 귀문(鬼門)이면 치매(癡呆)요, 정신(精神)이상이다.

✪ 어머니가 탕화(湯火)로 연결된다면 ➔ 비관(悲觀)에 음독자살(飮毒自殺)도 생각하고 심하면 실제로 행하기도 한다.

✪ 인수(印綬)가 백호(白虎)-대살이면 어머니의 흉변(凶變)이 두렵다.

✪ 인수(印綬)가 공망(空亡)이면 ➔ 덕(德)이 없고, 학업(學業)도 연관이 약하고, 내 이름으로 재산(財産) 하기 힘들고, 아이가 그럴 경우는 엄마의 젖이 부족하다. 우유(牛乳) 먹고 자란다.

✪ 인수가 삼합을 형성하면? ➔ 어머니 신변에 변화가 많고, 여행수요, 기쁨이 생기고, 부동산의 매매 수가 성립하고, 역마, 지살에 인수이면 주로 양쪽으로 환경이 바뀌고 (음식을 먹어도 양식이요, 집을 지어도, 사도 양옥(洋屋)집이요, 여행을 가도 물 건너가고, 의상을 챙겨도 양장에, 양복)

• 임(壬)
  신(申)➡신(申), 자(子), 진(辰) ➔ 년(年)에 해외 출입, 여행.

• 병(丙)
  인(寅)➡인(寅), 오(午), 술(戌),➔ 인 년(年)에 해당

❑ 인수(印綬)-운에 생기는 변화(變化)에 대한 통변.

육친(六親) 간 변화(變化)에 있어서 한 다리 건너는 것, 옆에서 그 영향이 바로 전달이 되는 것과 차이가 생긴다.

● 인성(印星)과 식상(食傷)은 → 일간과 바로 옆에 있다. 재성(財星)과 관성(官星)은 한 다리 건너이고, 직접 적으로 내가 관리하고, 관리를 받는다는 면에 있어서 또 차이가 생긴다. 통해서 영향을 받는 것, 직접 적으로 영향받는 것과 차이다.

→ 점차적인 영향과 급속한 변화에 의한 영향이다. 물론 중간에서의 완충(緩衝) 역할은 항상 이루어진다. 모든 것이 상관관계에 의해 이루어지지만, 그것이 균형(均衡)을 잃었을 때는 직접적(直接的)으로 영향이 온다. 그런데 대체로 보면 그런 영향이 직접 적으로 오는 사람이 더 많다. 그래서 인성(印星)과 식상(食傷)이 더 피부에 와 닿는 것은 바로 옆에 있기 때문이다.

❒ 새집을 짓거나, 증축(增築), 개축(改築)이 이루어진다.

庚	壬	丙	丁		戊	己	庚	辛	壬	癸	甲	乙
子	申	午	未		戌	亥	子	丑	寅	卯	辰	巳
					80	70	60	50	40	30	20	10

▷ 음(陰)과 양(陽)이 균형을 이루고 있다.

● 재국(財局)이 단단하게 잘 구성(構成)되어 있는 사주다. 대운(大運)의 흐름도 좋다. 2008년 현재 지금은 임인(壬寅) 대운(大運)에 들어와 있다. 가정적인 문제나 기타, 다른 문제는 일단 접어두고 인수(印綬)-운에 대한 사항을 설명해보자. 충족한 부(富)를 누리고 있다.

● 계묘(癸卯) 대운, 경진(庚辰)-세운에 집을 장만하였다. 이럴 때 우리는 무엇을 보아야 할 것인가? 집을 짓는 것과 구입 하는 것은 차이가 있다. 나이로 보아도 건물을 크게 올리는 것은 아니다. 새로 구입 하는 것이다. 물론 부모의 덕으로 그 돈을 활용해 올릴 수도 있다. 그러나 구입 하는 것으로 보자.

● 사주의 전반(前半)부를 보면 재(財)에 종(從) 하는 격이다. 재(財)의 모든 덕(德)을 만끽하는 사주(四柱)다.

☞ 인수(印綬)의 운(運)에는 새집 짓는데, 그것이 흉(凶)으로 작용하면, 준공검사도 제대로 떨어지지 않아 속 썩인다. 다지어도 임대도 잘 안 된다.

☞ 땅을 파다 보면 물이 나오고, 옛날에 묘지도 있던 자리다.

☞ 공동소유(共同所有)에 대한 시비가 벌어지고, 조망(眺望)권 문제도 생긴다.

☞ 건설회사의 경우 지어도 분양이 잘 안 된다.

☐ 매매(賣買) 운의 성립(成立)에 대하여.

보통 인수(印綬)운 이라 하면 매매(賣買)가 성립되는 것인데, 파는 것인가? 사는 것인가? 가 선택의 기로다. 가장 기본적인 방법은 운(運)이 좋으면 사는 것이요, 운(運)이 나쁘면 파는 것으로 귀결(歸結)된다.

❖ 첫차를 타는가? 막차를 타는가?

❖ 지금의 인수(印綬)운 이전에 몇 년간을 본다.

❖ 지금 상황이 어떠한가? 정확히 알고 결정한다.

❖ 동기(動機)가 무엇이고, 원인(原因)이 무엇인가?

✪ 인수(印綬)는 귀인(貴人)으로. 인수(印綬)는 나를 생(生) 해 주는 존재(存在)다. 오는 손님은 지금 내가 어떠한 상황인 줄 모르고 온다. 내가 초대(招待)해서 오는 수도 있고, 아무런 생각 없이 궁금해서 올 수도 있다.

❖ 정인(正印)은 틀에 짜여서 이루어지는 귀인이다. 내가 부탁하고 쫓아 다녀서, 상황 설명하고 도움을 청해 그에 응답하는 귀인(貴人)이다.

❖ 편인(偏印)은 생각지도 않은 손님이다. 설마 그런 경우가 할 정도로 우연하게 이루어지는 귀인(貴人)이다.

❖ 매매에 있어서 운이 안 좋을 경우.

● 손해 보고 파는 것이요, 집을 구입 시 속아 구입하게 된다. 손님이 상담을 왔는데 이와 같은 사정을 이야기하면 사주 볼 것도 없이 알아차려야 한다.

✪ 운이 좋을 때는?

겹경사(慶事)가 생긴다. 직장인은 승진이요, 건강은 더욱 좋아지고, 수입도 늘어나고, 인수는 "어머니"라 고향을 찾는 기분이요, 모국방문도 이루어지고, 나의 본향(本鄕)을 찾기도 하고, 수입과 지출 면에서는 수입(收入)이라 금고(金庫)가 불어난다.

✪ 보증(保證) 일에 관한 사항.

요즈음은 예전과 같이 보증(保證) 잘못하여 모든 것을 날리는 경우가 별로 없다. 그러나 간혹 이와 유사한 일로 피해(被害) 보는 경우는 종종 생기기도 한다. 보증하는 경우는 운(運)이 인수(印綬) 운에 해당.

● 여기서 문제는 또 생긴다. 필요에 의한 보증인가, 아닌가? 인수(印綬)운 다음에는 반드시 비겁(比劫)—운이 오니 손해(損害) 수다. 보험으로 다 처리되지만, 인수(印綬)—운에는 절대로 책임진다는 소리 한다거나 서명날인, 기타 보증과 유사한 행위는 조심.

● 인수(印綬)—운이 도래(到來)하면 일단 여기저기서 많은 도움도 받고, 기운이 좋아지므로 호기로 실수하는 경우가 많다. "까짓 거————" 하다 "꺼질 꺼"가 된다.

❑ 연령(年齡)에 따른 인수의 통변(通辯)법.

● 똑같은 인수(印綬)라도 상담자 나이에 따른 해석(解析)이 필요하다. 다른 육친(六親)의 경우도 마찬가지지만, 항상 분위기 파악을 잘해야 한다.

☞ 어렸을 경우는 자녀가 3일이 되어도 엄마를 찾지 않는다면, 엄마와는 연이 박한 것이다. 잠시라도 떨어지지 않는 아이는 엄마와의 연이 강한 것이다.

☞ 학생(學生)—시절 경우는 학업과 연관 지어진다. 인수가 약하거나 없다면 공부하는 환경이 열악하다. 항상 등록금과 경제적인 여건으로 여러모로 핍박이 심하였다. 하다못해 자기의 공부방 하나 없이 학창시절을 지낸다.

☞ 군제대 후는 취업 관계다. 자격증이나, 기타 시험 운도 작용이 이루어진다.

☞ 결혼(結婚) 후는? 가정(家庭)과 연관(聯關) 지어진다. 승진(昇進)도 연관(聯關)되고, 주택(住宅) 구입 이라던가, 자녀 양육 문제 등 많은 사안(事案)이다.

☞ 중년 접어 들면서 부터는?

경사(慶事)와 흉사(凶事)가 겹치기 시작하는 시기다. 부모님 상(喪)을 당하기도 하고, 자녀 결혼문제가 대두.

☞ 말년(末年)에 들면서는? 자녀의 잘되는 모습이 경사(慶事)로 인수 역할이다. 재산문제로 가족 간 분쟁, 다툼 문제도 생긴다.

✪ 사주에 인수(印綬)가 없으면 내 집하나 간수(看守)하기도 힘들다.

종교인의 경우, 인수(印綬)가 없을 경우, 자기 이름으로 절하나, 교회 하나 갖지 못한다. 미리미리 하다못해 포교원이나, 정사라도 차리는 것이 났다. 한 걸음, 한 걸음 천천히 걸어가는 것이 순리다. 욕심은 파계요, 개종으로 이어진다. 개척교회라도 하나 든든히 지켜라.

❐ 시지(時支)에 인수(印綬)가 보인다. 그런데 그것은 비견(比肩)이다.

戊	戊	○	○
午	申	子	子

⇥ 자(子)월의 무(戊)토 일간이다.

지지에 재(財)의 기운(氣運)이 강(强)하다.

⇥ 시간(時干)의 무(戊)토가 자기 뿌리라고 떡 버티고 있다.

소유(所有)로 보면 자기 동생이다. 좋게 본다면 회사명의 집이요, 땅이고, 다른 면으로 본다면 공동(共同)명의 재산(財産)이고, 그러나 나의 지분(持分)은 별로 없다.

❐ 인수(印綬)가 흉(凶)으로 작용(作用)을 할 때.

✪ 투자로 볼 경우는 어떨까?

운(運)이 흉(凶)할 경우 ➜ 투자(投資)를 무리하여 부도다. 도식(倒食)-운 이다.

✪ 매매 할 경우는 → 무조건 손해를 본다. 주식도 깡통이 된다.

✪ 귀인(貴人)이 아니라 원수와 같은 존재로 변한다.

있는 것 없는 것, 온갖 정성을 다해 준비해 놓았더니 바빠서 못 온단다.

✪ 시험을 보아도 낙방의 연속.

✪ 보증 서주고 집 날리고 패가망신. 수표도 부도라 휴지 조각.

✪ 소식이 와도 돈 갚으라는 소식이요, 범칙금 납부통지서다.

거기에 내용증명까지 온다. 애인이 절교하자는 메일을 보낸다.

✪ 펀드에 투자한 돈이 보이지 않는다. 전부 손해다(요사이 죽 쓰는 모-펀드 처럼 말이다.)

✪ 빌려준 돈 받는 것이 아니라 전부 다 날린다. 눈뜨고 사기 당한다.

채무자가 도망가거나, 파산(破産)신청 하여 자기 살길을 찾는다.

❐ 인수(印綬)와 다른 육친(六親)과의 변화(變化) 관계.

◉ 육친(六親)으로 살펴보는 인수(印綬).

● 어머니요, 이모(姨母)요, 주로 외가(外家)와 연관 지어 관련된 사람들이다. 계모(繼母)요, 유모(乳母)요 어머니와 연관된 사람들을 전부 부르기도 한다.

● 선생님이요, 스승과 관련된 사람들, 백모(伯母)요, 장인(丈人)이요, 부모(父母)를 함께 인수(印綬)로 보는 경우도 있다.

● 단순한 인수(印綬)라고 하면 정인(正印)과 편인(偏人)을 포함한 설명이다.

여기에서 한 단계 올라가면 정인(正印)과 편인(偏印)을 구별하고, 또 한 단계 올라가면 사주의 강(强), 약(弱)에 따라 길(吉)인가? 흉(凶)인가? 를 구별, 상담한다.

● 그것이 다른 육친(六親)에 미치는 영향까지도 파악한다. 그 영향이 어느 정도 갈 것인가? 그것도 내다보아야 한다. 운(運)의 흐름이 어떠한가? 도 보아야 한다.

□ 육하원칙(原則)을 세워라.

언제, 어디서, 누가, 무엇을, 어떻게, 왜? 항상 이것을 생각하면 통변은 큰 문제가 생기지 않는다. 이같이 조목조목 그에 대한 근거(根據)와 상황(狀況) 파악을 확실하게 하라.

● 육친(六親)의 변화(變化)는 오행(五行)의 변화(變化)와 같다.

그에 따른 판단을 하는 것이요, 그에 대한 구체적인 설명.

● 실제로 상담하다 보면 더 자세히 설명할 수가 있었는데도 지나치고 놓치는 경우가 많다. 손님이 가시고 난 후 자세히 들여다보면 아! 하고 탄식을 한 경험을 누구나 다 하였을 것이다. 그것이 다 과정이다. 아무리 오래된 사람도 항상 이런 경우를 느끼는 것이다.

● 실로 한 점 후회 없이 사주를 감명하였다면 그는 도인(道人)의 경지에 다다른 사람일 것이다. 주머니 털어서 먼지 안 나는 사람은 없다. 한 걸음, 한 걸음 소걸음 일지라도 이치(理致)와 근본(根本)을 파악하며 나아가는 사람이 진정한 도인(道人)의 경지를 향하여 가는 사람일 것이다.

□ 인수(印綬)가 변해, 인수(印綬)가 되는 경우.

통변(通辯)에서의 기본원칙이다.

● 중요한 것은 본인(本人)이다. 일간(日干)을 기준, 비교(比較)하고 판단(判斷)하는 것이다. 천간(天干)은 시작되는 것이요, 지지(地支)는 끝.

● 2021년이 신축(辛丑)년 이므로 신(辛) 금의 기운(氣運)이 들어오고 축(丑) 토의 기운(氣運)으로 끝이 난다. 처음에는 신(辛) 금이던 것이 변화(變化)하여 축(丑) 토로 활동하고 끝난다는 것이다.

□ 실전의 사주로 판단을 하여보자.(남성)

丁	戊	甲	戊
未	子	子	子

▷ 자(子)월의 무(戊)토 일간이다.

년주(年柱)와 일주(日柱)가 똑같다.

↦ 일주(日柱)가 무자(戊子) 일주인데, 년주(年柱)가 똑같이 무자(戊子)이다.
무엇을 먼저 볼 것인가? 아내? 돈? 여자? 형제 관계? 자손? 모두가 불운(不運)이다.
매사가 쪼개진다. 그것도 삼 등분으로 말이다.

___

□ **여성(女性)의 사주다.**

癸 戊 壬 壬　　↦ 인(寅)월의 무(戊)토 일간이다.

丑 子 寅 子　　　재(財)의 기운이 강(強)하다.

↦ 무자(戊子) 일주이다. 이 여성 역시 올 해 운(運)은 어떨까?
재살(財殺)이 왕(旺)한데 과연 운(運)이 어떨까?
남편은 어떨까? 인(寅)중의 갑(甲) 목인데 사방이
물로 쌓여 운신의 폭이 매우 적다. → 수(水)는 남
편에게 인수(印綬)라 그런데 지나치게 많으니 많
이 배워도 써먹지 못한다. 결국, 긴 세월 고시 공부
에 매달리다가 결국 직장생활로 전환한 사람이다.

➥ 무(戊) 토 일간(日干)일 경우는 예를 들어 무자(戊子)년 이라면 나와 똑같은 사람
이 들어오니 일단, 나누어야 하니 손해(損害)인 것 같으나, 결국 → 재(財)인 자(子)
수로 변화하니 나에게 힘이 되어 돈 벌어준다. 물론 신약(身弱), 신강(身強)에 따라,
사주 전체의 구성에 따라 길(吉), 흉(凶)이 다를 수는 있다. 그것은 펼쳐진 사주(四
柱)의 구성(構成)을 보고 판단해야 하나, 이러한 방법으로 해석(解析).

□ **인수(印綬)가 변(変)해 → 인수(印綬)가 되는 경우.**

➥ 인수가 변해, 인수가 된다는 것은 → 작은 덩어리가 더 커진다는 설명.
● 과연 일간 에게 얼마나 길(吉)이 되어 도움이 되는지? 아니면 흉(凶)이 되어 악영
향을 끼치는지는 전체적인 흐름을 읽어야 한다. 많은데 많으면, 다자무자(多者無者)
가 될 수도 있다. 필요한데 그 기운이 커지면 더 고마울수 없는 것이고, 인수(印綬)의
특성(特性)을 잘 살피자.

日干 일간	갑(甲),을(乙)	병(丙),정(丁)	무(戊),기(己)	경(庚),신(辛)	임(壬),계(癸)
	① ⇓	② ⇓	③ ⇓	④ ⇓	⑤ ⇓
印綬 인수	수(水)	목 (木)	화(火)	토(土)	금(金)
	↓	↓	↓	↓	↓
印綬 인수	수(水)	목(木)	화(火)	토(土)	금(金)
가능성	◎	◎	◎	◎	◎

❏ **① 목(木) 일간(日干)일 경우**

● 목(木)일간 이면 갑(甲), 을(乙)이다.

오행(五行)은 목(木)으로 동일. 다만 음(陰)과 양(陽)으로 양(陽)의 목(木), 음(陰)의 목(木)의 구분이 생긴다.

➲ 목(木)일간 일 경우, 천간(天干)에 갑(甲), 을(乙)이 오는 경우다.

● 지지에 인수(印綬)이면 ➔ 수(水)인데 해(亥), 자(子)가 되는데 성립 가능한 것은 갑자(甲子), 을해(乙亥)다.

　① 　② 　③ 　④
　甲 　甲 　乙 　乙
　亥 　子 　亥 　子　　⊨ 갑자(甲子), 을해(乙亥)만이 성립이 된다.

⊨ 천간(天干)에 목(木)일간이 오고, ➔ 지지(地支)에 인수(印綬)가 오는 경우다. 여기서 성립 가능한 것은 ➔ 갑자(甲子), 을해(乙亥).-(육십갑자)

⊨ 이제는 지지(地支)의 변화다.

● 과연 어떻게 변화가 될 것인가? 어느 부분이 가능하고, 어떤 부분이 안 되는 것인가? 각각 대입하여 판단한다. 여기에서 설명 주체는 일간(日干)이다. 일간(日干)의 변화(變化)다. 그러기 위해, 일지(日支)를 본다.

● 일지(日支)에 인수(印綬)가 있을 경우의 변화, 또 다른 육친(六親)일 경우도 마찬가지다. 항상 일간(日干)을 기준으로 일지(日支)의 변화, 그것이 일간에 미치는 영향, 그리고 일간(日干)이 사주 전체에 미치는 영향, ➔ 이렇게 보는 것이다. 앞으로의 모든 설명도 이에 기인.

➔ 예를 들어 일주가, 을해(乙亥)-일주라 하자. 그런데 해(亥)-년이 왔다하면?

을(乙)　　　　지지(地支)로는 인수(印綬).

해(亥) ⇨　　　을해(乙亥) 일주는 을(乙)목 일간(日干)에, 지지(地支)로는 해(亥) 수인데, 지지에 똑같은 해(亥)수인 수(水)의 운이 온 것이다.

● 인수(印綬)가 합(合)해도 인수(印綬)이니, 인수가 변해도 인수(印綬)다. 이것은 지지(地支)만 본 경우다.

➔ 운(運)에서 계해(癸亥)년이 왔다 하자.(항상 일간(日干)을 기준.)

❖계(癸)-- 인수(印綬)--을(乙)　　을(乙)목에게 계(癸)수는 인수(印綬)다.

❖해(亥)-- 인수(印綬)--해(亥)　　해(亥)수는 일간에게 인수(印綬) 그 자체다.

⇨ 을해(乙亥) 일주에, 계해(癸亥) 운이다.

　❖ 천간(天干)과 지지(地支)로 다 인수(印綬)-운이 온 것이다.

　❖ 인수(印綬)로 시작하여 인수(印綬)로 끝나는 운(運)이다.

☐ **화(火) 일간(日干)일 경우를 보자.**

➔ 화(火)는 천간(天干)으로 ➔ 병(丙), 정(丁)이다.

● 각 일간(日干)에 지지(地支)에 인수(印綬)를 놓고 본다. 지지(地支)에 인수(印綬)인 목(木)은 인(寅)과 묘(卯)다. 성립 가능한 것은 ➔ 병인(丙寅)과 정묘(丁卯) 다. 이제 이 병인(丙寅)과 정묘(丁卯)를 놓고 지지에 있는 인(寅)과 묘(卯)가 과연 어떤 변화가 가능한가?

➔ **인(寅)의 변화를 살펴보자.**

● 합(合)의 관계를 살펴본다. 그래야 변화가 이루어지므로 ➔ 인(寅)은 인(寅)-오(午)-술(戌)하여 화(火)로 변화하고, ➔ 인(寅)-해(亥)하여 목(木)으로 변화한다. 방합(方合)은 ➔ 인(寅)-묘(卯)-진(辰)이다.

➔ 목(木)과 화(火)의 변화다.

병(丙)화 입장에서 보면, 인수(印綬)인 목(木)과 견겁(肩劫)인 화(火)의 변화다.

➲ 묘(卯)의 변화.

● 묘(卯)는 해(亥)-묘(卯)-미(未), 묘(卯)-술(戌), 방합으로 인(寅)-묘(卯)-진(辰)이다. 결국 목화(木火)의 변화다. 정(丁)화에는 인수(印綬)와 견겁(肩劫)이다.

▢ **병인(丙寅) 일주(日柱)를 살펴보자. ➲ 인수를 집으로 하여 살펴보자.**

○	**丙**	○	○

지지(地支)에 인(寅)목이니 내가 사는 집이다.

卯	**寅**	○	○

그런데 인수(印綬)가 또 있다. 집이 두 채다.

▷ 시지(時支)의 집은 내가 사는 집보다 못한 집이다.

● 음(陰)이므로 양(陽)보다는 못하다. 습(濕) 목이라 화(火)를 생(生) 하지 못한다. 혼자서는 행동 못 한다. 옆에서 부추겨야 역할을 하는 집이다.

➲ 저당이 잡혀있던가, 전세를 놓았던가, 시지(時支)에 있으니 자손(子孫)이 살고 있는 집도 된다.

▢ **정(丁)화 일간에게는 현재(現在) 내가 살고 있는 집보다, 시지(時支)에 있는 집이 더 좋다.**

○	**丁**	○	○

▷ 정(丁)화 일간(日干)인데, 지지(地支)에는 묘(卯)목이다

寅	**卯**	○	○

시지(時支)의 인(寅)목이 더 크다. 화(火)를 생(生)한다.

➲ 양(陽)이 음(陰)보다 강(强)하고, 큰 것이다. 세를 준 집이요, 자손의 집이요, 아직은 여력(餘力)이 없어 내 집인데도, 여건상 들어가 못 산다.

➲ 위의 설명을 시지(時支)의 인수(印綬)가 들어오는 운(運)이라고 생각해보자. 일지(日支)의 인수(印綬)가 원래의 인수(印綬)이고, 새로 들어오는 운(運)에 따른 변화(變化)가 된다. 합쳐지니 더 커지는 것이요, 큰집이 마련이 되니 이사(移徙) 가는 것이요, 변동(變動) 수, 이사(移徙) 수다.

➲ 인수(印綬)를 어머니라 보자.

● 어머니가 일지(日支)에 있으니 가권(家權)을 쥐고 살림을 도맡아 하신다.

그런데 운(運)에서 외삼촌(外三寸)이나 이모(姨母), 외가(外家)에서 노고(勞苦)가 많다며, 도와주겠다고 물심양면(物心兩面)으로 힘을 보태준다. 가뜩이나 강(强)한 어머니의 기운(氣運)이 더 강해진다. 입김이 그만큼 더 강해진다.

□ 토(土) 일간(日干)을 살펴보자.

➔ 토(土) 일간은 무(戊), 기(己)인데 성립 가능한 것은 무오(戊午), 기사(己巳)이다. 각각 오(午), 사(巳)의 변화다.

❖오(午)의 경우 ⊨〉 인(寅)-오(午)-술(戌), 사(巳)-오(午)-미(未)--화(火)국

❖사(巳)의 경우 ⊨〉 사(巳)-유(酉)-축(丑) ⊨〉 금(金)국,

　　　　　　　　　사(巳)-오(午)-미(未) ⊨〉 화(火)국

➔ 토(土) 일간의 인수(印綬)인 지지의 변화는 → 금국(金局), 화국(火局)변화로 귀결(歸結)된다.

□ 운(運)에서 오는 변화는 어떠할까?

● 운(運)에서 오는 변화는 천간(天干)으로 시작, 지지(地支)에서 끝난다.

무(戊) ⇨ 운(運)에서 병오(丙午), 정사(丁巳) 운이 온다면 어떨까?

오(午) 무(戊)토 일간에게는 인수(印綬)운이다. 인수(印綬)가 변해서 인수(印綬)가 된다.

□ 신(神)은 강(强)한데, 정(精)이 약(弱)한 사주다.

庚　戊　己　壬　　⊨〉 유(酉)월의 무(戊)토 일간이다.

申　午　酉　子　　인수(印綬)는 일지(日支)의 오(午)화 뿐이다.

⊨〉 인수(印綬)운이 오니 정(精)이 강(强)해져 한껏 강(强)해지는 사주(四柱)로 변해가고 있다. 인수(印綬)는 어머니다. 어머니 경우로만 보자. 어머니가 건강해지고, 강해지고 바쁘게 활동하신다.

□ 금(金) 일간.

➲ 금(金)일간 일 경우. → 지지(地支)에 인수(印綬)인 토(土)가 오는 경우. 진(辰), 술(戌), 축(丑), 미(未)다.

●금(金)일간 이므로 경(庚), 신(辛) 인데 성립 가능한 것은 경진(庚辰), 경술(庚戌), 신축(辛丑), 신미(辛未) 이다.

□ 무술(戊戌)-운(運)이 온다면 어떨까?

경(庚)　　⇨　　경(庚)금 일간(日干)이다. 인수(印綬)는 자연 토(土)가 되는데,

진(辰)　　　　⇨ 인수(印綬)로 시작하여 인수(印綬)로 끝난다.

 ● 그런데 문제가 생긴다. 지지(地支)에서 인수(印綬)가 서로 진(辰)-술(戌)로 충(沖)이다. 학생(學生)일 경우는? 학업(學業)이다. 그와 연관된 일을 살펴보자. → 과(科)를 옮긴다. 그런데 입시를 앞둔 학생이라 할 경우는 ? → 문제가 심각해진다. 학업(學業)에 시달린다.

□ 수(水) 일간(日干).

➲ 수(水) 일간의 경우는 임(壬), 계(癸)가 , → 지지(地支)로는 인수(印綬)인 금(金)이 오므로 신(申), 유(酉)다. 성립 가능한 것은 임신(壬申), 계유(癸酉)다.

□ 임(壬)수 일간(日干)일 경우. → 인수(印綬)인 금(金)운이 온다.

임(壬)　⇨　　경신(庚申), 신유(辛酉)년이 인수(印綬)로 이어지는 운이다.

신(申)　　　　간지(干支)가 금(金)이다.

　　　　　　지지(地支) 역시 금(金)이라, 인수(印綬)가 잔치한다.

임(壬)　⇨　임술(壬戌) 일주다. 그런데 경신(庚申)년이나, 신유(辛酉)년이

술(戌)　　　　온다면 어떨까?

⇨ 술(戌)은 임(壬) 수, 일간(日干) 에게는 관(官)이다. 그러나 술(戌) 토는 가을이라, 금(金)의 기운이 그윽한 관(官)이다. 성향이야 어떻든 일단 관(官)은 관이다. 인수로 시작해 인수로 끝나는데, 지지(地支)와 합(合)하여 또다시 인수(印綬)로 화(化)하여 버리니 ➜ 관인상생(官印相生)으로 이어진다.

☐ **인수(印綬)는 책으로도 해석(解析)한다.**

● 업무(業務)로 모자라는 부분을 보충(補充)하려 책을 구입하여 공부하는데, 아예 전공(專攻)을 그 분야로 전향(轉向)을 하듯 몰입(沒入)한다. 그리하여 책을 구입 하는데 서가에 책이 꽉 찬다.

● 술(戌)-중, 정(丁)화가 있<u>으므</u>로 돈만 생기면 책을 구입한다.

정(丁)-임(壬) 합(合) ➜ 목(木)이 되므로 식상(食傷)이라 지출(支出)이다.

화(火)는 재(財)로 돈이라, 그것도 정재(正財)니 월급 타면 곧장 책을 산다. 물론 일부분이지만 이 경우는 도(度)가 지나치는 경우다. 다른 사항으로 해석해도 마찬가지다. 주식이라면 계속 묻어버린다.

● 부동산을 구입 할 경우, 돈만 생기면 저축하는 것이요, 투자하여 구입한다. 식상(食傷)일 경우는 투자(投資)지만, 인수(印綬) 경우는 소유(所有)의 개념이 강(强)하다. 좋게 해석하면 장기전으로 들어간다. 기회를 노리는 경우다. 사주에 따라서는 평생 가는 경우도 발생.

➲ 인수(印綬)가 역마(驛馬)에 해당되면 이사 가는데, 일지(日支)와 합(合) 되는 경우, 그것도 인수(印綬)가 되니 장만해서 간다.

❏ **인수(印綬)가 변(変)해서 → 견겁(肩劫)이 되는 경우.**

● 인수가 변해 비견(比肩)과 비겁(比劫)이 되는 경우, 일반적 해석(解析)을 한다면 득(得)이 될 줄 알았는데, 혼자 취하는 것이 아니고 나누고, 손해(損害) 보는 경우다.
● 또 다른 경우는 득(得)이 되어 결국(結局) 그것이 나의 힘이 되는 것이다. 전체적인 사주 상황을 보고 판단, 여러 상황이 나올 수 있으므로 하나, 하나 풀어나가자.

❏ 인수(印綬)가 변해서 → 견겁(肩劫)이 되는 경우, 오행(五行)과의 관계.

日干 일간	갑(甲),을(乙)	병(丙),정(丁)	무(戊),기(己)	경(庚),신(辛)	임(壬),계(癸)
	① ⇓	② ⇓	③ ⇓	④ ⇓	⑤ ⇓
印綬 인수	수(水)	목 (木)	화(火)	토(土)	금(金)
	↓	↓	↓	↓	↓
肩劫 견겁	목 (木)	화(火)	토(土)	금(金)	수(水)
가능성	◎	◎	◎	◎	◎

❏ **목(木)일주의 상황(狀況)에서 살펴보자.**

➲ 목(木)일주면 → 인수(印綬)는 수(水)가 된다.
  목(木)일간 일 경우, 천간(天干)에 갑(甲), 을(乙)이 오는데, 지지(地支)에 인수(印綬)면, 수(水)인데 → 해(亥), 자(子)가 되는데, 성립 가능한 것은 갑자(甲子), 을해(乙亥)다.
➲ 운(運)에서 인(寅)-년이 온다면 ?
을(乙)   ⇨ 을해(乙亥) 일주(日柱)이다.
해(亥)
● 지지(地支)의 해(亥)수가 인(寅)-목과 합(合)하여 인수(印綬)가 견겁(肩劫)으로 변(變)해 버린다. 견겁(肩劫)이 와서 인수(印綬)가 견겁(肩劫)으로 화(化)한다.

➲ 계묘(癸卯)-운이 온다면 ?

계(癸) ⇨ 을(乙)   을(乙)목 일간(日干)에 계묘(癸卯)운이라 인수로 시작
묘(卯) ⇨ 해(亥)   하여 견겁(肩劫)으로 끝나는 운(運)이다.

● 지지(地支)인 인수(印綬) 해(亥)가 → 견겁(肩劫)으로 변화(變化)한 것이다.
그리하여 을(乙)목 일간(日干)에게 견겁(肩劫)의 작용(作用).

● 그것이 일간(日干)에 길(吉), 흉(凶) 어느 쪽으로 작용하는가? 는 전체적(全體的)
인 상황(狀況), 운(運)을 종합해 판단(判斷).

➲ 운(運)에서 을묘(乙卯)년을 만난다면 ?

을(乙) ⇨ 을(乙)   운(運)에서 인묘(寅卯)년이 오면 ?
묘(卯) ⇨ 해(亥)   견겁(肩劫)에서 견겁(肩劫)으로 운(運)이 끝난다.
⇨ 지지(地支)의 인수(印綬)인 해(亥)수가 → 묘(卯)와 합(合)하여 목(木)으로 화
(化)한다.

➲ 인수(印綬)가 견겁(肩劫)으로 변(変)하는 운(運)이다.

❑ 화(火) 일주(日柱)일 경우.

➲ 화(火)는 → 천간(天干)으로 병(丙), 정(丁)이다.

● 각 일간(日干)에, 지지(地支)에 인수(印綬)이다. 지지(地支)에 인수(印綬)인 목
(木)은 → 인(寅)과 묘(卯)다. 가능한 것은 → 병인(丙寅)과 정묘(丁卯)다.

➲ 병(丙)화 일간인데, 오(午)-운이 온다면 ?

병(丙)
인(寅) ⇦ 오(午)   인(寅)-오(午)하여 화(火)로 화(化)한다.
⇨ 견겁(肩劫)이 인수(印綬)와 화(化)하여 견겁(肩劫)으로 변(変)하는 운(運)이다.

● 지지(地支)의 인수(印綬), 인(寅)목은 오(午)-운이 와서, 병(丙)화 일간에게 인
수(印綬)였던 자신의 본분(本分)을 망각하고 견겁(肩劫)으로 화(化)해 버린다.
이런 경우는 운(運)이 지나가고 나면 다시 자기 역할을 하게 된다.

➲ 병인(丙寅) 일주에, 갑오(甲午) 운이다.

갑(甲)

오(午) ––년 운(年運)　　⇨　이 경우는 병(丙)화 일간(日干)에게는 인수(印綬)
　　　　　　　　　　　　　　　　　로 시작하여 견겁(肩劫)으로 끝나는 운(運)이다.

⇨ 지지(地支)에 인(寅)목인 인수(印綬)가 있으나, 그 역시 견겁(肩劫)으로 변(変)한 것이다. ➔ 인수(印綬)가 없어져 버린다.

❑ **토(土) 일간(日干)일 경우.**

➲ 화(火)인 인수(印綬)가 변(變)해 ➔ 견겁(肩劫)이 되는 경우는 거의 없다.

● 예외의 경우가 있는데, 기억하여 참고로 하는 것이 좋다.

토(土) 일간의 인수(印綬)는 화(火)다. 지지에 화(火)가 있는 경우. ➔ 사(巳), 오(午)다. 인수(印綬)인 화(火)가 온다 해도, 결국 변화(變化) 없이 ➔ 화(火)인 인수(印綬)가 된다.

● 비견(比肩), 비겁(比劫)으로 화(化)하지 않는다.

이제는 천간(天干)으로 인수(印綬)인 화(火)가 오는 경우를 보자.

● 병(丙)화, 정(丁)화인데, ➔ 지지(地支)로 견겁(肩劫)이 오는 경우.

➔ 진(辰), 술(戌), 축(丑), 미(未)인데 그 성립을 보자.

병(丙)　　병(丙)　　정(丁)　　정(丁)

진(辰)　　술(戌)　　축(丑)　　미(未)

　①　　　②　　　③　　　④　　　⇦　왼쪽의　4 경우 외는 성립이 안 된다.

⇨　각각의 경우를 보자.

① 병진(丙辰)이라 인수로 시작 ➔ 진(辰)토가 변화 없이 그대로 비견, 비겁의 작용(作用)을 한다. 지지(地支)에서 아무런 변화(變化)가 일어나지 않는다.

② 병술(丙戌)이라 인수(印綬)로 시작 ➔ 술(戌) 토가 토(土)의 성질 (性質)을 그대로 유지한다. 지지에서 변화가 일어나지 않는다.

③ 정축(丁丑)이라 ➔ 인수(印綬)로 시작, 비견(比肩), 비겁(比劫)이 되는데 지지

(地支)에 사(巳)화가 있을 경우. → 사축(巳丑)하여 금국(金局)을 이루어 식상(食傷) 으로 변화한다. → 해당 안 된다.

④ 정미(丁未) 운(運)이면 → 인수로 시작, 비견(比肩), 비겁(比劫)이 되는데 지지에서 변화(變化)가 생긴다. 사(巳), 오(午), 미(未) 하여 → 화(火)로 변하니 → 인수(印綬)가 된다. → 해당 안 된다.

➡ 운(運)에서 병진(丙辰), 병술(丙戌)-운이 오면 인수(印綬)가 변해서 견겁(肩劫)으로 화(化)한다. 인수(印綬)가 변해 견겁(肩劫)이 되는 경우를 간단히 설명한다면 보증(保證)의 관계로 설명하자.

● 인수(印綬)인 보증을 섰는데 견겁(肩劫)으로 바뀌니 탈재(奪財)-현상이라, 내가 손해다. → 보증 서준 사람에게 문제가 생겨 홀랑 뒤집어쓴다.

→ 그런데 토(土)일주 에게는 그런 일이 없다.

● 병진(丙辰), 병술(丙戌)운 에는 그런 일이 생긴다.

도장을 잘못 찍어주고 생긴 일이다. 인수는 보증, 문서, 도장이다. 문서관리와 도장(인감)의 문제다. 요새는 다 전자시대니 이런 일이 있으려만 그래도 일이 생긴다.

❑ 인수(印綬)는 관리(管理)다.

○ 戊 ○ 甲   ㈜ 갑진(甲辰)생, 여성(女性)이다.

○ 戊 ○ 辰   갑(甲)목이 관(官)이라 남편(男便)이다.

㈜ 병술(丙戌)년이라 하자.

● 남편과는 지지(地支)가 진(辰)--술(戌)→ 충(冲)이라 해로(偕老)하기 힘든 사주다. 이미 별거에 들어간 지가 꽤 된 경우다.

● 이혼(離婚)하기로 하고 서류에 도장 다 찍고 모든 것을 순리(順理)에 맡기기로 한 경우다. 그래도 그간의 정(情)이요, 자식(子息)이 있으므로 위자료(慰藉料)의 경우 부동산이 처분되면 어느 정도는 주기로 서로의 믿음으로 약속한 경우인데, 믿는 도끼에 발등을 찍힌 경우다.

● 인수(印綬)가 변해 견겁(肩劫)이 되는 경우다.

남편이 아내인 여성에게는 말도 없이 혼자 병술(丙戌)년에 서류정리를 다 해버리고 이미 남이고, 다 끝낸 상태인데 줄 것도 없다며 오리발을 내민다. 오히려 갖은소리 다하며 험담(險談)하는 경우다. 또 다른 인수(印綬)-년을 대입해 비교하자.

◻ 금(金)일주 일 경우.

➲ 금(金)일간 일 경우 → 지지(地支)에 인수(印綬)인 토(土)가 오는 경우다.
진(辰), 술(戌), 축(丑), 미(未)다.
● 금(金)일간 이므로 경(庚), 신(辛) 인데 성립 가능한 것은 → 경진(庚辰), 경술(庚戌), 신축(辛丑), 신미(辛未)다. → 비견(比肩), 비겁(比劫)을 찾아 대입(代入)한다.

◻ 경진(庚辰) 일주라 하자.

경(庚)   ➾   인수(印綬)가 변(變)하여 금(金)이 되는 운(運)을 보자.
진(辰)   일간(日干)이 금(金)이므로 인수(印綬)는 토(土)다.
● 이에 해당하는 운(運)을 골라보자. → 무신(戊申), 기유(己酉) 운(運)이다.
ᄓ 무신(戊申)-운은 지지(地支)의 진(辰)과 경(庚)금 일간의 지지(地支)가 합(合)하여 수국(水局)을 형성, 식상(食傷)으로 변한다. → 해당 안 된다. → 기유(己酉)다.
➲ 인수(印綬)인 기(己) 토가 시작, 유(酉) 금이 결과(結果)인데 진(辰)--유(酉)→ 합(合)→금(金)하여 → 견겁(肩劫)으로 화(化)한다.

◻ 수(水)일간 일 경우는 ?

➲ 수(水) 일간의 경우 → 임(壬), 계(癸)가 되는데, 지지(地支)로는 인수(印綬)인 금(金)이 오므로 → 신(申), 유(酉). 성립 가능한 것은 → 임신(壬申), 계유(癸酉).
◻ 임신(壬申)-일주 일 경우.

임(壬)　　⇨　여기에서 견겁(肩劫)을 찾아보자. 견겁은 지지로는 해(亥), 자(子)

신(申)　　　(子) 인데 → 해(亥)는 그 자체로 견겁(肩劫)이라, 임신(壬申)일주

　　　　　　　의 지지와는 아무런 관련이 없다. → 변화가 안 생긴다.

⇨ 여기에서 원하는 것은 인수(印綬)가 변화(變化)→견겁(肩劫)이 되는 것이다. 결국 → 자(子)-년이 와야 변화(變化)가 생긴다.

➲ 신(申)-자(子) → 수국(水局)이 된다.

● 인수(印綬)인 신(申)금은 사라지고, 견겁(肩劫)만 자리를 지킨다.

금(金), 수(水)로 연결되는 육십갑자(六十甲子)를 찾자.

● 경(庚)금과 신(辛) 금의 지지(地支)에 신(申), 자(子), 진(辰)을 대입해 그중 성립(成立)되는 것을 찾으면 되는데, 경진(庚辰)을 보자.

● 경진(庚辰)은 운(運)이 인수(印綬)로 시작 → 관(官)으로 끝나는 운(運)이나 임신(壬申) 일주의 지지(地支), 신(申) 금이 진(辰) 토와 합(合)해 신(申)--진(辰) → 수국(水局)으로 변화(變化).

● 여기서 중요한 것은 지지(地支)의 인수(印綬)가 → 견겁(肩劫)으로 변화(變化)하는 것이다. 그것을 찾아내는 것이 통변(通辯)의 목적(目的).

☐ 인수(印綬)가 변(變)하여 → 견겁(肩劫)이 되는 경우의 통변(通辯).

☐ 일지(日支)에 → 견겁(肩劫)인 형제(兄弟)가 있을 경우.

○　壬　○　○　　⇨　신(辛)금 월(月)의 임(壬)수 일간(日干)이다.

○　子　申　○　　　　지지(地支)에 견겁(肩劫)이 있다.

⇨　안방에 형제(兄弟)가 있으니 한 자락 깔고 사는 인생(人生)이다.

● 인수(印綬)인 신(申)금이 월지(月支)인 제자리에 있다. 그런데 문제가 생긴다. 합(合)하여 → 견겁(肩劫)이 되니 항상 신경 쓰이게 한다.

● 일단 일지(日支)로 합(合)하니 사사건건 간섭이요, 피곤하다. 신강(身强) 하여 좋은 것 같으나 가권(家權)은 이미 물 건너간 상태다. 아내 자리를 다 차지해 버리니

아내가 설 곳이 없다. 그것도 어머니와 형제(兄弟)가 힘을 합해 고립(孤立)시켜버린다. 이 역시 인수(印綬)가 변해 → 견겁(肩劫)이 되었다.

□ **여자(女子)의 경우를 보자.**

○ 辛 ○ ○　　↦ 축(丑)월의 신(申)금 일간(日干)이다.

○ 酉 丑 ○　　유(酉)축(丑) 금국(金局)을 형성한다.

↦ 여성 경우라도 인수(印綬)는 어머니인데, → 지지(地支)로 합(合)해 온다. 위 경우와 마찬가지다. 탈재(奪財)라, 항상 돈이 없고 모자란다.

➲ 신(辛)금 일간의 경우 항상 서명날인 하거나, 계약서에 사인해도 항상 내가 손해다. 물건을 사도 항상 비싸게 사거나 바가지다.

➲ 시작(인수)은 좋으나 결과(견겁)가 만족스럽지 못하니 결국 남 좋은 일만 시킨다. 물건을 구입해도 남의 명의(名義)로 구입, 취득(取得)한다.

➲ 인수(印綬)는 문서(文書)요, 시작이니 비견(比肩), 비겁(比劫)은 동업(同業)과도 연관된다.
• 사주가 신약(身弱)한 경우 → 비견과 비겁이 보태지면, 강(强)한 사주로 변모되니 득(得)이다. 그러나 강(强)한 사주일 경우, 제 살 깎아 먹는 결과.
• 신약(身弱)한 사주는 동업해야 성공하고, 강(强)한 사주는 동업하면 실패.(신약(身弱)도 신약 나름이다.)

➲ 인덕(人德)에 관한 사항을 보자.
인덕이 많다는 것은 여러 사람의 도움을 받아 뜻한 바를 손쉽게 이루거나, 어려운 처지에서 벗어나는 경우인데, 신약일 경우, 도움을 받으면 받을수록 편해지나, 신강(身强)일 경우는 받으면 받을수록 더 손해(損害)다.
• 결국 약(弱)한 사람은 인덕(人德)이 있는 것이요, 강(强)한 사람은 인덕(人德)

이 없다. 인수가 왕(旺) 해 사주가 강해진 경우도 인덕이 없는데 그것은 인성(印星)이 아랫사람인 식상(食傷)을 극(剋) 하기 때문이다.

➲ 문서(文書)의 권리자가 늘어나는 것이니 잘못되면 사고로도 연결된다. 얼마 전에 발생한 사건을 상기해보자. 세입자가 집주인 인양 행세하며 여러 채의 집을 사기로 전세를 놓은 경우가 그것이다. 등기부 등본을 열람하여 항상 확인해야 한다.

➲ 인수(印綬)는 또한 귀금속(貴金屬), 중금속(重金屬)으로도 본다.
● 견겁(肩劫)으로 화(化)하니 잃어버리는 것이요, 빌려주고 못 받는다. 여기에 재(財)와 형(刑), 충(沖)이 더해지면 중금속(重金屬)으로 인한 식중독(食中毒)이나, 다른 질환으로도 연관된다. 요즈음 많이 발생하는 불임(不姙)의 원인도 이에 기인(基因).

➲ 지구력이니 노력이라 열심히 한다 해도 견겁(肩劫)으로 결과가 나오니 보람이 없고, 허망한 경우다. 재주는 곰이 부리고, 돈은 사람이 갖는다. 진급(進級)에서 누락, 승진(昇進)에서 탈락한다. 공(功)은 다른 사람이 취한다.

❑ **인수(印綬)가 변(變)해 → 식상(食傷)이 된다.**

❑ **인수(印綬)가 변해 식상(食傷)이 되는 경우**

인수(印綬)는 시작, 배움, 수입(收入)이다. → 식상은 써먹는 것, 지출이다. 배우더니 그것을 곧바로 활용한다. 하나를 둘, 셋으로 활용한다. 움직임으로 본다면 들락날락 이다.

日干 일간	갑(甲),을(乙	병(丙),정(丁	무(戊),기(己	경(庚),신(辛	임(壬),계(癸
	① ⇊	② ⇊	③ ⇊	④ ⇊	⑤ ⇊
印綬 인수	수(水)	목 (木)	화(火)	토(土)	금(金)
	↓	↓	↓	↓	↓
식상	화(火)	토(土)	금(金)	수(水)	목 (木)
가능성	⊗	⊗	◎	◎	⊗

□ 목(木)은 ➜ 금(金)으로, 금(金)은 ➜ 목(木)으로, 수(水)가 ➜ 화(火)로,

● 화(火)가 ➜ 수(水)로 변화(變化)가 이루어지지는 않는다.

➲ 목(木)일주 이면 인수(印綬)는 ➜ 수(水).

● 목(木)일간 일 경우, 천간(天干)에 갑(甲), 을(乙)이 오는 경우인데, 지지에 인수(印綬)이면 ➜ 수(水)인데 ➜ 해(亥), 자(子)가 되는데 성립이 가능한 것은 ➜ 갑자(甲子), 을해(乙亥)다.

을(乙) ⇨   목(木)–일간(日干)의 지지(地支)인 수(水)가 화(火)로 바뀌려면 ?

해(亥)   화(火)는 사오미(巳午未), 인오술(寅午戌) 인데 해당 안 된다.

□ **화(火) 일간(日干)일 경우.**

➲ 화(火)는 천간(天干)으로 ➜ 병(丙), 정(丁)이다.

● 각 일간(日干)에 지지(地支)에 인수(印綬)를 놓고 보는 것이다. 지지(地支)에 인수(印綬)인 목(木)은 ➜ 인(寅)과, 묘(卯)이다. 성립이 가능한 것은 ➜ 병인(丙寅)과 정묘(丁卯)이다.

병(丙) ⇨   화(火)일간의 경우 ➜ 목(木)이 토(土)인 ➜ 식상(食傷)으로 변화(變

인(寅)   化) 하려면 토(土)는 ➜ 진(辰), 술(戌), 축(丑), 미(未)인데 변화(變化)

           란 없다.

❑ 토(土)일간 일 경우의 변화(變化).

➲ 토(土)일간이 지지(地支)에 ➜ 화(火)를 놓고 있는 경우.

　무(戊), 기(己) 일간 ➜ 지지에 사(巳), 오(午)를 갖추고 있는 경우.

　무오(戊午)와 기사(己巳)가 성립.

➲ 화(火)가 변해 ➜ 금(金)이 된다.

　지지(地支)에 화(火)는 ➜ 사(巳), 오(午)이다.

사(巳)의 변화----사(巳)-오(午)-미(未), 사(巳)-유(酉)-축(丑)

　　　　　　　　화(火), 금(金)의 변화가 성립.

❑ 기(己)-토에게 인수(印綬)는 ➜ 화(火).

기(己)　　↦　사(巳)화가 ➜ 금(金)으로 변화(變化)하려면 ➜ 사(巳)유(酉)하여

사(巳)　　　　금국(金局)이 형성 ➜ 식상(食傷)이 된다.

➲ 인수(印綬)가 변화(變化) ➜ 식상(食傷)이 되는 일주(日柱)를 찾아보자.

　그 중 ➜ 정유(丁酉) 일주다.

정(丁))　⇨　기(己)　↦ 기(己)토 일간(日干)에게 정(丁)화는 인수(印綬)이다.

유(酉))　　　사(巳)　　유(酉)금은 식상(食傷)이 된다.

↦ 지지(地支)로는 ➜ 사(巳)유(酉)하여 ➜ 금국(金局)이 된다.

❑ **천간(天干)은 시작인데, 지지(地支)는 끝이다.**

이 설명을 자주 반복하는 것은 그만큼 머리에 남도록 위함이다.

● 본인은 이 간단한 것을 알기 위해 제법 시간을 허비하였기 때문이다.

아주 간단한 것인데도, 미련하여 많은 시간, 머리를 싸맸던 기억이 있다. 통변의 기본이다. 위(하늘)에서 ➜ 아래(땅)로 흐르는 것이다.

● 시작은 양(陽)이요,➜ 끝은 음(陰)인데, 그것을 깨닫지 못하고 우둔(愚鈍)하였다는 이야기다.

● 인수(印綬)는 ➜ 들어오는 것이요, 식상(食傷)은 ➜ 나가는 것이다. ➜ 수입(收

入)이요, 지출(支出)이다.

● 기(己)토 일간에 정(丁)화 운(運)이 들어오니 수입이 하나 불어나는데, 그것이 결국 ➔ 식상(食傷)으로 나간다.

● 기(己) 토 일간(日干)이 갖고 있는 사(巳)화, 인수(印綬)도 덩달아 같이 나가니 하나가 들어오고, 둘이 나가는 형상(形象)이니 ➔ 손해(損害)다. 수입(收入)보다 지출(支出)이 많다.

● 좋게 본다면 하나를 배워서, 둘 이상으로 써먹는다. 활동적(活動的)이고, 포용력(包容力) 등 대외적(對外的)인 능력(能力)을 발휘한다.

☐ **금(金) 일간(日干)의 경우.**

경(庚)   ⇨ 경진(庚辰) 일주다. 경(庚)금 일간(日干)이 지지(地支)에 인수

진(辰)   (印綬)인 진(辰)토를 놓고 있다.

➔ 식상(食傷)인 수(水)가 형성(形成) 되려면 어떤 운(運)이 와야 할 것인가?

진(辰)과 수(水)가 이루어지려면 ? ➔ 신(申), 자(子), 운(運)이 와야 하는데 신(申)은 금(金)이라 ➔ 견겁(肩劫)이 되어 해당 안 된다.

● 해당은 ➔ 자(子) 운(運)이다.

자(子)운이 오면 자(子)--진(辰) 수국(水局) ➔ 식상(食傷)이 국(局)을 이루어 인수(印綬)인 진(辰)토가 변해 ➔ 식상(食傷)이 된다.

➔ 인수(印綬)가 변(變)해 식상(食傷)이 되는 것은 배워서 바로 활용(活用)하는 것을 말하는데 고장(庫藏)으로는 ➔ 식상(食傷)-고(庫)가 이에 해당.

➔ 오행(五行)별로 구분(區分)하면 식상(食傷)이 없어도 잘 써먹는 일간(日干)은 화(火)일간(日干)이다. 화(火) 자체가 말, 언변(言辯), 화술(話術)이기 때문.

➔ 목(木) 일주가 운(運)을 만나는데----------

임(壬)　　　⇨ 목(木) 일간(日干)에게 임(壬)은 수(水)요 인수(印綬)이다.
오(午)　　　　지지(地支)에는 오(午)화라 목(木)에게는 식상(食傷)이 된다.
　　　　➲ 인수(印綬)로 시작 ➜ 화(火)인 식상(食傷)으로 마무리.

임(壬)　　⇨ 임(壬)은 ➜ 인수(印綬)요, 술(戌)은 ➜ 토(土)라 재(財)가 된다.
술(戌)　　　　인수(印綬)로 시작하여 ➜ 재(財)로 끝난다.
　　　➲ 공부하면서 돈 벌어야하니 과외(課外)-선생(先生) 한다.
➲ 화(火)일주(日柱)가 ➜ 갑술(甲戌)-운(運)을 만나는데
갑(甲)　　⇨ 갑(甲)목 인수(印綬)로 시작, 술(戌) 토인 식상(食傷)으로 술(戌)
　　　　➜ 끝을 낸다. 이 역시 배워서 써먹는다.

➲ 기(己)　　⇨ 기사(己巳) 일주가 ➜ 유(酉)년을 만난다면 ➜ 사(巳)--유(酉)
　사(巳)　　　　금국(金局)하여 식상(食傷)-국(局)을 형성(形成).

⇨ 자격증(資格證)을 취득해 곧바로 활용(活用)하는 경우.

● 취업이 된다던가, 면허를 취득하여 곧바로 운전
하는 경우 등이 예다. 요즈음은 자격증 시대다. 공
부해도 필요한 분야로 진출, 자기의 재능을 발휘.
천간(天干)으로 ➜ 충(沖)이 되고, 지지(地支)로
➜ 식상(食傷)-국(局)이 형성된다면 전공 분야를
바꾸어 다른 방면으로 진출, 재질을 발휘.

❏ 재능(才能)도 유전(遺傳)이다.

丙　甲　癸　○　　⇨　해(亥)월의 갑(甲)목 일간(日干)이다.
寅　○　亥　○　　　　천간(天干)을 살펴보자.

⇨ 천간(天干)으로 월(月)에서 ➜ 일(日)로, 일(日)에서 ➜ 시(時)로, 그 흐름이 원

만하다. 가족관계로 본다면 부모(父母)의 성향(性向)이 자손(子孫)에게 그대로 전달되는 것이요, 재능(才能)으로 본다면 배워서 잘도 써먹는다. 벌기도 잘 벌고, 쓰기도 잘 쓴다. 흐름의 막힘이 없다. 미래를 생각하는 사람은 저축은 기본.

☐ 기유(己酉)일주 인데, → 사(巳)일이 되었다.

기(己)　　　⇨ 기유(己酉)일주인데 사(巳)일이 되었다.

유(酉)　사(巳)화는 인수(印綬) → 손님이다. 손님이 왔는데 선물을 가지고 왔다.

● 과연 어떤 선물일까? 화(火)는 → 꽃이라 빨간 장미를 들고 왔다.

귀인(貴人)이 왔는데 → 손에는 빨간 장미를 잔뜩 갖고 온 것이다.

사랑을 고백하기 위해 말이다. 그런데 사(巳)-유(酉)하여 → 금국(金局)을 형성(形成)하니 어떻게 될까? 나에게서는 나간다.→ 식상(食傷)이니까, 그런데 무엇이 나가야 하는가? 사랑의 고백을 받아들였으니 이제는 내가 그에 대한 답을 해야 하는데, 행동(行動)으로 해야 한다. → 사랑을 베풀어야 한다.

● 너그러움과 포용력(包容力)이다. 그런데 그것이 그리 쉽지만은 않다. 하나를 받고 몇 개가 나간다. 수(數)적으로는 하나에, 둘이지만 실제로 눈에 안 보이는 것을 계산(計算)하면 참으로 많다. 이것은 상황(狀況)으로 판단해야 한다.

➲ 다른 의미로 해석한다면, 하나 갖고 와서 몇 개나 뜯어가려고 왔을까?

걱정이다. 갑작스런 호의(好意)가 부담되고, 의심(疑心)된다. 개수작인가?

➲ 왔다가 그냥 가는 것도 해당.

인수(印綬)니 어머니다. 나에게 왔다, 그냥 간다. 왜? 인수(印綬)는 정신인데 사(巳)-유(酉) 금국(金局)으로 화(化)하여 → 인수(印綬)가 사라져버린다. 깜빡 잊어버린다. 정신(精神)이 없다. 우왕좌왕하다, → 식상(食傷)은 관(官)을 극(剋) 하니 실수다. 또 다른 면을 본다면 돈 번다고 정신없이 일만 한다. 가정은 뒷전.

➲ 귀인(貴人)이 아니라 오히려 내가 도와주어야 한다.

• 아래와 위가 바뀌고, 주객(主客)이 전도(顚倒)되고, 인수는 ➔ 윗사람이요, 선생인데 식상인 ➔ 아랫사람이요, 제자로 바뀐다. 실제로 있었던 일을 소개한다면 학창시절 은사님께서 댄스–책을 보시고 나서, 친구를 통해 이제 정년도 얼마 안 남았는데 부부동반 하여 댄스를 배우고 싶으니 어렵다고 생각 말고 시간을 할애하여 가르쳐달라는 부탁을 받은 적이 있었는데, 참 난감하기도 하여 망설이다가 그럭저럭 시간이 흘렀는데, 어느 날 지병(持病)으로 세상을 떠나셨다는 소식을 듣고 가슴이 저린 적이 있었는데, 바로 이런 경우다.

● 희비(喜悲)가 교차(交叉)한다. 인수(印綬)는 기쁨이요, 즐거움인데 기쁨이 슬픔인 식상(食傷)으로 바뀌니 쌍곡선(雙曲線)이다.

● 장인(丈人)이 돌아가시고, 아내가 재산을 물려받는 경우다. 유산분배로 인해 장모(丈母)님과의 분쟁(分爭)이 발생하고 중간에서 입장 난처해다.

➲ 여자(女子)는 ➔ 인수(印綬)가 친정(親庭)이요, 식상(食傷)은 ➔ 자손(子孫). 친정에 갔다 오면 식상인 자손(子孫)이 생기니 삼신할머니가 점지하여 주었는가 보다. 그런데 그 식상(食傷)이 흉(凶)하게 작용하면 자식이 속 썩인다.

● 인수(印綬)는 퇴직(退職)이라, 식상(食傷)은 써먹는 것이니 재취업이다. 공기업 임원 출신이나, 관련 부처에 근무하였던 공무원들 퇴직하면 총알같이 모셔가는 곳들이 있다. 서로 간의 이익(利益)을 위한 야합(野合)이다. 바로 대장동처럼 말이다.

● 몇 년 써먹다가 효용 가치가 하락하면 사정없이 내친다. 두뇌의 회전이 빠르다. 되로 받고 말로 돌려준다. 먹을 때는 좋지만 필요 없거나 문제가 생기면 개망신이다.

➲ 요즈음 나오는 기업 비밀 누출 사건 및 기업정보 빼내어 팔아먹다 걸린 사람들. 인수(印綬)가 변(變)하여 ➔ 식상(食傷)으로 화(化)하지만, 그것이 흉(凶)으로 작용

한다. 형(刑), 충(沖), 파(破), 해(害), 원진(元嗔) 및 귀문(鬼門) 기타 작용을 할 경우다.

➲ 카드가 새로 발급이 되었다. 한도가 얼마 되지는 않지만, 범위 내에서 몇 달 신나게 사용한다. 허나 이제는 결제일 만 다가오면 전전긍긍이다.

● 문서인 카드가 생기니 ➜ 기쁨이요, 수입이다. 그러나 지나치게 사용하다 보니 ➜ 식상(食傷)이 과하여 압박받게 되어 나에게는 흉(凶)으로 작용. 완급조절이 안 되는 경우다. 운(運)을 벗어나려면 이것을 알아야 피해간다.

● 길(吉)로 작용한다면 ➜ 급할 때 요긴하게 쓰는 것인데, 중요한 것은 ➜ 자신을 다스릴 줄 알아야 한다. 인수가 식상으로 변한다는 자체는 역발상이라 위험요소는 항상 존재한다. 조금만 아차 하면 그냥 당하고 만다. 변화가 없음이 좋다. 허나 마음대로 되지 않는 것이 순환(循環)이다. 순리적이면서 비 순리적인 변화다.

❏ 인수(印綬)가 변해 ➜ 재성(財星)이 될 경우.

인수(印綬)가 변해 재성(財星)이 된다는 것은 쉽게 설명한다면 ➜ 명예(名譽)보다는 금전(金錢)이 앞서는 것이요, ➜ 어머니 보다, 처(妻)가 더 앞서는 것이고, 목구멍이 포도청이라고 ➜ 체면(體面)이나 겉치레 보다 실리적(實利的)인 면을 더 중요시한다.

日干 일간	갑(甲),을(乙)	병(丙),정(丁)	무(戊),기(己)	경(庚),신(辛)	임(壬),계(癸)
	① ⟱	② ⟱	③ ⟱	④ ⟱	⑤ ⟱
印綬 인수	수(水)	목 (木)	화(火)	토(土)	금(金)
	↓	↓	↓	↓	↓
재성	토(土)	금(金)	수(水)	목 (木)	화(火)
가능성	⊗	⊗	⊗	⊙	⊗

▶ 여기서도 유념(留念)할 사항이 있다.

● 금(金)은 ➜ 화(火)로 변화(變化)하지 않는다. 그러나 ➜ 화(火)는 금(金)으로

변화(變化). 여기에 해당하는 사항은 → 금(金)일주의 해당 사항만 살펴본다.

❏ 금(金) 일간(日干)일 경우. 금(金) 일간(日干)일 경우. → 인수(印綬)가 토(土).

● 재성(財星)으로 변화(變化)하는 것이니, 토(土)가 → 목(木)으로 변화(變化).

❏ **금(金)일간(日干)이, 인성(印星)을 지지(地支)로 갖는 경우.**

庚　庚　　　辛　辛　⇨ 금(金)일주가 성립되는 것은

辰　戌　　　丑　未　　경진(庚辰), 경술(庚戌), 신축(辛丑), 신미(辛未)
　　　　　　　　　　　　일주(日柱)다.

⬆ 이중 인수(印綬)인 토(土)가 → 목(木)으로 화(化)할 수 있는 일주는?
과연 무엇일까?

❏ **경진(庚辰)의 경우.**

● 진(辰)-토는 → 인(寅)-묘(卯)-진(辰) → 방합(方合)이 가능하다.
그러나 신(申)-자(子)-진(辰) → 수국(水局)도 가능하다.

● 진(辰)-유(酉)하여 → 금국(金局)으로도 변한다. 지금 필요로 하는 것은 인수(印綬)인 토(土)가 변(變)하여 → 목(木)인 재성(財星)으로 변화하는 것이다.

● 진(辰)토 → 습기(濕氣)를 간직한 습토(濕土)다. 목(木)으로 변화(變化)가 가능하므로, 자체(自體)로 사용이 가능. 그러나 그것이 → 목(木)으로 변(變)할 때 한한다. ※ 인(寅)년, 묘(卯)년이 오면 → 목국(木局)이 형성(形成), 재성(財星)으로 그 역할을 한다. 2년 동안은 좋다. (단 사주(四柱)에서 재성(財星)이 필요할 경우.)

❏ **경술(庚戌)의 경우.**

술(戌)은 → 조토(燥土)이고, 인(寅)-오(午)-술(戌)→ 화국(火局)으로 변(變)하고, → 신(申)-유(酉)-술(戌)하여 금국(金局)으로 변화(變化), 여기서 요구하는 재성(財星)으로의 변화(變化)는 없다. 고로 → 사용이 불가(不可)한 것이다.

❏ **신축(辛丑)의 경우.**

● 축(丑)은 습토(濕土)인데 → 사(巳)-유(酉)-축(丑)하여 금국(金局)이 되고, 해(亥)-자(子)-축(丑)하여 → 수국(水局)이 되고, → 재성(財星)인 목(木)과는 연관

(聯關)이 없다. 고로 제외하고.――

□ 신미(辛未)의 경우.

● 미(未)-토는 조토(燥土)다. 변화(變化)를 보면 ➔ 사(巳)-오(午)-미(未) 하여 화국(火局)이요, ➔ 해(亥)-묘(卯)-미(未)하여 목국(木局)으로 변화(變化)다.

● 실생활과 연관 지어보자. 미(未)-토는 ➔ 조토(燥土)라 건조하여 쓸모없는 땅이다. 마치 황무지와도 같은 척박한 땅이다. 쓸모 있는 땅으로 하려면 임자를 만나야 용도에 맞추어 쓸 것인데, 일반적인 토지(土地)가 아니라 별로 찾는 사람이 없다.

● 골프장으로 한다 해도 제대로 구색을 갖추려면 경비가 배 이상으로 드니 누구 하나 선뜻 나서지를 않는다. 그런데 운(運)에서 묘(卯)-년이 온다고 하면 묘(卯)-미(未)하여 목국(木局)을 형성하니 금싸라기 땅으로 변한다. 나무가 자라는 것이다. 습(濕)한 기운을 간직한 초목(草木)이라 자기가 알아서 잘도 자란다. 황무지가 갑자기 옥토(沃土)로 변한다.

● 묘(卯)-년의 몇 년 전을 보자. 우선 자(子)-년 부터 살펴보자. 동지(冬至)라 꽁꽁 언 물인데, ➔ 그다음은 축(丑)이라 흙도 얼어붙었는데 ➔ 인(寅)년이 들어 해동(解凍)이 되면서 싹이 움트더니 ➔ 묘(卯)-년에 와서 금싸라기 땅으로 변한다.

● 여기에서 해(亥)-년을 만나도 해(亥)――미(未) 목국(木局) ➔ 재성(財星)으로 되어 돈방석에 앉는다. 해(亥)-년은 물이라 ➔ 바로 그 즉시 효과(效果)가 나온다.

● 그리고 다시 자(子), 축(丑), 인(寅)을 거쳐야 되어, 또 시간이 필요하다. 물론 사주(四柱)의 성격(性格)에 따라 판단이 다르지만 이러한 경우, 주식(柱式)으로 친다면 상한(上限)가일 때 빨리 처분(處分)하는 것이 옳다.

❂ 인수가 변해서 재성으로 바뀐다는 것은, 머리를 잘 써야 하고 판단도 빨라야 한다.

장기(長期)전인가? 단기(短期)전인가? 빠른 판단(判斷)이 요구된다.

● 사주 성향이 이런 기운이 강(强)한 사람은 재물에 대한 판단이 빠르고, 항상 관심이 많다. 재테크, 펀드—매니저를 한다면 두각(頭角)을 나타내는 사람이다.

✪ 인수(印綬)가 변(變)해 ➔ 재(財)가 되는 운(運)은 공부하며 돈 벌어야하고, 돈 벌면서 공부하는 식으로 처신(處身)해야 한다. 해당하는 통변(通變)을 살펴보자.

※ 승진(昇進)하려 돈을 썼으나 결과가 없다.(흉(凶)으로 작용.)

　　또 여자가 설치면 될 일도 안 된다.

※ 승진(昇進)하려면 마누라를 내세워 로비를 해라.(길(吉)로 작용을 할 경우.)

　　금전(金錢)도 아끼지 말라.

※ 사놓으면 그것이 돈으로 둔갑.(길(吉)로 작용을 할 경우.)

※ 잘못 사놓으면 ➔ 돈이 묶여 금전(金錢)의 압박이 심해진다.(흉(凶)작용.)

　　재개발 지역의 집을 샀는데 계획이 연기되거나, 무한(無限) 보류중.

※ 여자의 경우 ➔ 친정(親庭)—재산(財産)을 시댁(媤宅)에서 관리한다.

얼마 전 재산압류조치로 인해 미리 빼돌려 명의(名義)를 바꿔놓고 관리(管理) 하는 경우가 있었는데, 이런 경우가 이에 해당. 일종의 타인 관리다. 사회적으로 문제가 되고 있는 차명계좌 역시 이러한 경우다.

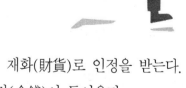

● 사위가 잘 나갈 때 장인 명의로 건물을 사놓았다. 사위의 사업이 기울자 사위는 장인에게 건물을 처분해 자금을 융통하려 하였으나, 장인이 자기 건물이라며 못 팔겠다고 하는 바람에 소송으로 번졌으나 결국, 장인이 승소 아내와 이혼까지 가는 상황으로 치달아 많은 여운을 남긴 경우다.

※ 문서나 증서, 골동품, 서화(書畵) 기타 물품이 재화(財貨)로 인정을 받는다. 문서(文書)인 인수(印綬)가 나가고 재(財)인 금전(金錢)이 들어온다.

● 매매(賣買)가 이루어져야 현금(現金)화 되는 것이요, 실질적(實質的)인 재화(財貨)가 된다. 돈이란 돌고 돌아야 하듯 문서나 증서도 그렇고, 골동품도 그것이 동(動)

하여 교환(交換)이라는 행위(行爲)가 이루어져야 한다.

● 설사 그만한 가치가 있더라도 그것을 교환(交換)하지 않고 그대로 보관(保管)만 한다면 가치가 오를 수도 있고, 가치가 하락할 수 있고, 소유권(所有權)이 자손(子孫)에게 넘어가는 수도 있다. → 추명(推命)시 이러한 상황이 발생할 경우는 → 그것이 동(動)하는 것을 전제(前提)로 한다.

● 그리하여 운이 좋을 경우는 그것이 큰 힘이 되는 것이요, 나쁠 경우는 손해다. 팔 것인가? 말 것인가?

※ 인수(印綬)란 명예(名譽)요, 순진(純眞)하고, 청렴(淸廉)하고, 고상(高尙)하고, 학(學)을 숭상(崇尙)하는 타입 인데 세상이 험악해서인지, 재물(財物)을 탐해서인지. 금전에 대해서는 인색(吝嗇)하고, 구두쇠가 된다.

※ 인수(印綬)가 → 재성(財星)으로 변(變)하니 어머니가 처(妻)의 역할을 대신.

※ 인수(印綬)는 학업(學業)이요, 공부다.

흔히 대학교에 다니면서 항시 연애(戀愛)나 하고 사랑 놀음에 정신이 없으면, 공부하러 가는 것인지 연애질하러 가는 건지 모르겠다는 말을 한다.

● 양수(兩數)겸장을 두는 것인데, 공부하면서 연애하는 것이요, 알바로 공부 계속하는 것이요, 임도 보고, 뽕도 따는 상황(狀況)이다.

※ 연상(年上)의 여인(女人)과의 사랑도 연결한다. 어머니의 감정을 느끼면서 따르다가 나중에는 여보, 당신! .

❑ 인수(印綬)가 변해서 관살(殺)이 된다.

관(官)은 정관(正官), 편관(偏官)으로 구분하는데, 정관(正官)은 좋은데 편관(偏官)으로 되면 살(殺)이 되어 문제가 발생한다.

● 항상 낙하산은 착지(着地) 시에 문제도 생기지만 흔적을 없애기가 힘이 든 것이

단점이다. 많은 시간과 변화가 필요하다.

● 남들이 걸어가고, 뛰어갈 곳을 날아서 소리소문없이 차지하고, 생각지도 않은 사람이 자리를 먼저 선점(先占)하니 다른 사람들은 얼마나 약이 오르겠는가?
● 접수한 후(後)에는 기존의 사람들에게 복종을 강요(强要)하니 부작용(副作用)이 많이 생기고, 주어진 목적(目的)을 달성하고, 자기의 자리를 지키기 위해서는 온갖 방법을 다 동원한다.
● 그래서 편관(偏官)은 ➔ 강압과 억압이요, 편법(便法)이요, 휘두르는 완장(腕章)의 위력이다. 자연 ➔ 정도(正道)에서는 벗어나는 것이 그들의 생태(生態)다.

日干 일간	갑(甲),을(乙)	병(丙),정(丁)	무(戊),기(己)	경(庚),신(辛)	임(壬),계(癸)
	① ⇓	② ⇓	③ ⇓	④ ⇓	⑤ ⇓
印綬 인수	수(水)	목 (木)	화(火)	토(土)	금(金)
	↓	↓	↓	↓	↓
관살	금(金)	수(水)	목 (木)	화(火)	토(土)
가능성	⊗	⊗	⊗	◎	◎

▢ **유념(留念)할 사항(事項).**
⇨ 수(水)는 금(金)으로➔ 변(變)할 수 없다.
　목(木)은 수(水)로 ➔ 변(變)할 수 없다.
　화(火)는 목(木)으로 ➔ 변(變)할 수 없다.
⇨ 토(土)는 화(火)로 ➔ 변(變)할 수 있다.
　금(金)은 토(土)로 ➔ 변(變)할 수 있다.
➔ 금(金)일주일 경우. ⇨ 관(官)인 화(火)로 변한다.

□ 금(金)일주일 경우를 살펴보자. 지지(地支)는 인수(印綬)인 토(土)가 된다.

庚　庚　辛　辛

辰　戌　未　丑

⇨ 왼쪽의 일주(日柱) 넷 성립.

이중 성립(成立)이 확실한 것을 찾아보자.

❂ 진(辰)토는　신(申)－자(子)－진(辰)－－수국(水局)－－－(성립 불가(不可).

　　　　　　인(寅)－묘(卯)－진(辰),－－목국(木局)－－－(성립 불가(不可).

　　　　　　진(辰)－유(酉) 하여－－－－금(金)이다.－－－(성립 불가(不可).

★ 술(戌)토는　인(寅)－오(午)－술(戌),－－화국(火局).－－－성립 가능(可能)

　　　　　　신(申)－유(酉)－술(戌),－－금국(金局)－－－－성립 불가(不可).

　　　　　　묘(卯)－술(戌)－－－－－－－－화(火)－－－－－성립 가능(可能)

★ 미(未)토는　사(巳)－오(午)－미(未)－－－화국(火局)－－－성립 가능(可能)

　　　　　　해(亥)－묘(卯)－미(未)－－－목국(木局)－－－성립 불가(不可)

❂ 축(丑)토는　사(巳)－유(酉)－축(丑)－－－금국(金局)－－－성립 불가(不可).

　　　　　　해(亥)－자(子)－축(丑)－－－수국(水局)－－－성립 불가(不可).

⇨ 성립(成立)이 가능한 것은 경술(庚戌)과 신미(辛未) 일주다.

□ 경술(庚戌) 일주일 경우.

○　庚　○　○

酉　戌　午　午

⇨ 지지 술(戌)토가 인수(印綬)가 관(官)인 화(火)로 변(變)해 일간 경(庚)금을 잡아먹는다. 흉 작용.

⇨ 좋게 작용하는 경우.

○　庚　○　○

戌　午　酉　丑

• 인수(印綬)인 술(戌)토가 일지의 오(午)화와 합(合)하여 관국(官局)을 형성. 이 경우, 용신(用神) 역할을 한다. 출세하려면 열심히 배워야 한다. 관(官)이 직장이요, 배울수록 승승－장구.

□ 인수(印綬)가 관(官)으로 변(變)한다면 어떠한 반응이 나올까?

✪ 인수(印綬)는 어머니인데 인자(仁慈)하고, 너그러우시던 어머니가 관(官)인 호랑이로 변한다. 엄해지신다. 평상시에는 너그러우시다가도 잘잘못을 따지실 때는 냉철하시고 정확하시다. 사람이 순한 것 같아도 원리(原理)—원칙(原則)에 입각한다. 잘못하면 회초리도 든다. 용서가 없다.

✪ 인수(印綬)는 공부인데, 관(官)으로 결과가 나오니 공부하는 목적(目的)은 자리를 지키기 위해 즉 명예와 감투에 있다.

✪ 인수(印綬)는 어머니요, 관(官)은 외할머니다. 어머니 손에서 외할머니의 손으로 넘어가니 외할머니의 손에서 자랐다.

□ 아버지와의 인연(因緣)이 어려서는 없었다.

○	壬	○	○
○	戌	戌	午

⇨ 술(戌)월의 임(壬)수 일간이다.

아버지와 외할머니의 자리가 바뀌었다.

⇨ 할머니인 술(戌) 토가 그 역할을 대신하였다. 술(戌) 중 신(辛) 금이 어머니이나 그 역시 오(午) 중 병화와 합(合)하여 일간(日干)을 피곤하게만 하였다. 어린 시절 모든 것을 외할머니가 감싸고 키워주신 것이다. 인수(印綬)인 신(辛) 금이 관(官)인 토(土)의 영역(領域)에 있었다. 신(辛) 금이 둘이라 어머니가 두 분.

□ 기타 인수(印綬)와 관(官)의 상관관계(相關關係).

✪ 인수(印綬)와 관(官)이 화합(化合)하는 경우.

● 인수(印綬)는 친정(親庭)이요, 관(官)은 서방님이라 남편(男便)이 처가에 잘하고 사이가 좋다. 오히려 친정인 인수(印綬)가 관(官)인 남편에게 고자질하여 일간(日干)인 여성 본인을 남편(男便)인 관(官)이 극(剋) 하도록 한다.

✪ 인수(印綬)는 → 이동(移動)이라, 미혼인 여성의 경우는 애인(愛人) 따라 이사 가는 것이요, 남자는 → 직장 따라 이사 가고, 발령(發令)받고 승진(昇進).

✪ 관살(官殺)이 많다는 것은 → 오갈 데가 없다.

일간(日干)을 극(剋) 하니 견디지 못하는 것이요, 그것은 내가 발붙일 자리가 불편한 것이니 주거(住居)가 불분명하다. 직장을 얻어도 죽어라 일하는 자리요, 구박은 받고 대우도 시원치 않고, 월급도 제대로 못 받는다.

✪ 인수(印綬)는 도와주는 것이다. 관살(官殺)은 나를 억압하고 통제(統制)하려 하는 것이니, 지나쳐 심해진다면 협박(脅迫)이 된다.

● 경술(庚戌) 일주를 살펴보자.

일지(日支)의 술(戌)이 토생금(土生金) → 인수(印綬) 역할을 잘한다.

● 그런데 얼마 가지 않아 본색을 드러낸다. 도와주기에 고마운 분으로 알았더니 이제는 화(火)인 관(官)으로 변(變)해 공갈(恐喝), 협박(脅迫)한다.

✪ 어린이 유괴, 납치, 여자 유인, 강도, 강간 등의 불법행위, 도와주는 척하며 접근하여 몽땅 털어가는 못된 인간들의 행동이 다 이에 속한다.

✪ 인수(印綬)가 → 관(官)이 되는 것은 흐름상 거꾸로다.

● 관(官)은 인수(印綬)를 생(生) 하는 것, → 정상적인 흐름이다. 그런데 그것이 역(逆)행하니 일이 거꾸로, 울화(鬱火)가 치밀어 피가 거꾸로 흐르는 기분이다.

✪ 인수(印綬)는 문서라, 관재(官災), 송사(訟事)가 발생한다.

● 보증이나, 인감, 서류 오류 등 기타 유사한 문제로 인한 흉사(凶事)가 생기는 것. 길(吉)로 작용한다면 → 송사(訟事)에서 이기는 것이요, 좋은 흐름으로 해석.

제2장

비견(比肩),
비겁(比劫)

□ 비견(比肩)과 비겁(比劫).

비견(比肩), 비겁(比劫)은 견겁(肩劫)이라 합하여 칭(稱)하기도 하는데, 오행(五行)이 나와 같은 것으로, 비견(比肩)은 음양(陰陽)으로 구별해도 나와 오행(五行)도 같고, 음양(陰陽)도 같다.

● 비겁(比劫)은 오행(五行)은 같으나 음양(陰陽)이 다른 것을 말한다.
정(正), 편(偏)을 구분(區分)한다면 정(正)은 ➔
비견(比肩), 편(偏)은 ➔비겁(比劫)이다.
비견(比肩)은 ➔ 오행(五行)과 음양(陰陽)이 같으므로 나와 같은 존재(存在)나 다름없다. 신약(身弱)일 경우, 더없이 기쁜 존재나, 신강(身强)일 경우는 지나치게 강해 오히려 해(害)가 된다. 비겁(比劫)은 ➔ 겁재(劫財)라 하여 탈재(奪財) 현상을 더욱 가속 시킨다.

✪ 우선 갑(甲)목과, 을(乙)목의 예를 들어보자.

오행(五行)은 목(木)으로 같다. 갑(甲) 목은 양(陽)이요, 을(乙) 목은 음(陰)이다.
● 갑(甲) 목은 큰 나무요, 을(乙) 목은 작은 나무다. 상호간에 보완, 협조 관계가 유지되지 않고 서로 경쟁(競爭) 관계로 발전, 대립(對立)한다면 한쪽은 기울기 마련이다. ○ 공생(共生)이라는 개념으로 보면?
● 갑(甲) 목은 상향(上向) 위주의 정신(情神)이라 항상 위를 보며 뻗어남을 지향한다. 그러다 보면 아래가 허술하여 문제가 생기기 마련이다. 그러한 단점을 을(乙) 목이 밑에서 보완하면서 자라간다면 큰 숲도 만든다.
● 반대로 독립하여 살길을 추구한다면 을(乙) 목은 갑(甲) 목의 그늘에 가려 더 자라지 못하고 추위와 어려운 환경을 혼자 감내하기 힘들 것이다. 결국, 고사(枯死).

☐ 운(運)에서 경(庚)금을 만난다면 어떻게 될까?

乙 甲 ◯ ◯   ⇨ 갑(甲) 목에게 을(乙) 목은 보좌관(輔佐官)

◯ ◯ ◯ ◯   역할을 충실히 한다.

⇨ 여기에서 뭉치면 살고 흩어지면 죽는다.

● 을(乙) 목이 없고, 갑(甲) 목만 있다면 → 갑(甲) 목은 경(庚) 금의 극(剋)을 받아 그 타격이 심할 것이다. 그러나 을(乙) 목과 같이 있다면 합쳐진 기세(氣勢)에 눌려 오히려 움츠러든다. 함부로 공격하지 못한다. 가시덤불에 근처 접근도 어려워진다. 온갖 벌레들이 집중공격한다. 뭉쳐진 결과물이다.

☐ 비겁(比劫)이다. 을(乙)목도 제법 하는데, 갑(甲)목에게는 안 된다.

◯ 乙 甲 ◯   ⇨ 을(乙) 목 일간이 월간 갑(甲) 목을

◯ ◯ ◯ ◯   만나고 있다. 나보다 항상 앞서 있다.

⇨ 항상 선수를 빼앗긴다. 세일을 계획 하면 벌써 진행 중이다.

✪ 사주가 신왕 할 때는 비겁(比劫)은 한신(閑神)과 같은 존재다.

신왕(身旺)할 경우는 → 지정−좌석이 이제 다 찬 것이다.

● 또다시 승객이 온다면 누구인가 내리거나 노약자가 올 경우는 좌석을 양보해야 한다. 단거리도 아닌, 장거리 여행인데 말이다.

● 밥상으로 비교 그릇, 수저를 인원수에 맞추어 놓았는데, 초과하여 밥상에 앉는다면 누구를 빼어야 하는가? 난감한 경우다.

➲ 을(乙) 목이 기(己)년을 만났다고 하자.

● 을(乙) 목에게는 편재(偏財)다. 일확천금(一攫千金)이요, 횡재(橫財)수다.

그런데 갑(甲) 목이 있다 하면 어떨까? 을(乙) 목은 "이게 웬일!" 하면서 굴러온 복을

챙기려 하는데, 갑자기 갑(甲) 목이 나타나, 기(己) 토와 합(合)하여 총알같이 채가 버린다. 을(乙) 목의 입장에서는 닭 쫓던 개 지붕만 쳐다보는 격(格)이다.

• 경쟁자가 정당한 경쟁(競爭)을 하는 것이 아니다. 나의 것을 빼앗아가며 경쟁한다. 심판도 다 매수하여 완전히 불공정한 게임이다. 이길 수 없는 게임이다. 이것이 신왕(身旺)할 경우다.

✪ 신약(身弱)할 경우는 어떨까?

신약(身弱)할 경우는 도움이 필요한 경우니, 같은 편이 있으면 의지처가 되고 힘이 되니 있으면 좋다. "제발 가지만 말아다오" 다.

• 50이 넘은 노총각의 눈에는 "그저 치마만 둘러도 좋다!"는 식으로 못나도 좋으니 우리나라 사람이면 최고다. 제발 선이라도 봤으면 좋겠다!

☐ 식상(食傷)의 기운이 강(强)하니 관(官)이 견디기 힘들다.

辛 戊 癸 庚   ⇨ 미(未) 월의 무(戊) 토 일간이다.

酉 申 未 子   식상의 기운이 강하다.

⇨ 의지(依支)처는 → 월간의 미(未) 토이다. 그런데 사주 자체에 관(官)의 기운이 시원치 않다. 관고(官庫)로 월지(月支)에 있다. 금(金), 수(水)인 음(陰)의 기운(氣運)이 강(强)하다. 본인에게는 양(陽)이 기운이 필요하다. 오라 하는 딸은 안 오고, 미운 애꾸눈 며느리만 오는 것이다. 무(戊) 토 일간에게 → 재물(財物)은 수(水)다.

• 그런데 지하수(地下水) 찾으려 아무리 땅을 파도 돌만 나온다. 어쩌다 물이 나와도 광물질(鑛物質)이 지나쳐 식수(食水)로는 못 쓴다.

✪ 견겁(肩劫)의 특성(特性)은?–(기본적인 사항.) ☞ 인수(印綬)에게 생(生)을 받는다.

☞ 견겁(肩劫)은 일단 식신(食神), 상관을 생(生) 한다.

☞ 재성(財星)을 극(剋) 한다.

☞ 관성의 극(剋)을 받는다.

✪ 견겁(肩劫)이 태왕 한 사주에 인수가 더 힘을 실어준다면?

제2장　비견(比肩), 비겁(比劫)

인수(印綬)가 견겁(肩劫)을 생(生) 한다는 것은 인수(印綬)가 설기(泄氣) 한다는 설명. 비만인데, 자꾸 육식(肉食)과 각종 산해진미(山海珍味)를 권한다.

☐ **어머니인 계(癸)수가 년간(年干)에 있으니, 연로(年老)하시어 일찍 운명하신다.**

○　甲　乙　癸　　⇨ 묘(卯)월, 갑(甲)목 일간. 나무가 빽빽하다.

○　寅　卯　卯　　적당히 벌목해야 하는데 방법이 없다.

⇨ 자손(子孫)이 하도 많으니 자식들 때문에 일찍 세상을 등진다.

● 일찍 기력이 약해진다. 견겁(肩劫)이 많으니 형제(兄弟)가 많다. 누가 더 잘살고 있을까? 형님들보다는 동생인 일간이 더 잘살고 있다. 왜일까? 일간보다 위에 있으니 월(月), 년(年)이 형님이다. 그런데 왜 못살까? 음(陰) 목이요, 습(濕) 목이니 아우만 못한 것이다. 꽃을 피우지 못하니 동생인 갑(甲) 목만 못하다.

✪ 견겁(肩劫)이 약할 때 식상(食傷)의 역할은?

견겁(肩劫)이 왕(旺) 할 때 일간은 지나치게 비대하다. 다이어트를 해야 몸의 균형이 유지되고, 기능이 원활해진다. 도로(道路)의 체증이 풀리는 것이다. 이때 그 역할을 하는 것이 바로 식신(食神), 상관(傷官)이다. 지나친 것을 해결하는 돌파구다.

➲ 식상(食傷)은 응용력, 추리력, 활동성, 상상력, 갖고 있는 능력을 발휘하는 요소다. 이것이 발달해야 남보다 앞서고 인정받는다. 무엇이든 항상 지나치면 흠이라, 이것 역시 마찬가지다.

☐ **식상(食傷)인 화(火)의 기운(氣運)이 지나치게 강(強)해진다.**

○　甲　丁　○　　⇨ 묘(卯)월의 갑(甲)목 일간이다.

○　午　卯　午　　목생화(木生火)가 잘 이루어지고 있는데,

갑(甲) 목 일간은 신약(身弱)으로 된다. 보기에는 번듯해 보여도 실속 없고, 기운도

허약하다. 먹은 것은 별로 없는데, 일만 많이 하다 보니 체력이 딸려 더이상 버티기 힘든 것이다. 벌어들이는 것은 쥐-꼬리만 한데, 쓰기는 물 쓰듯 한다.

✪ 견겁(肩劫)이 왕(旺) → 재(財)가 약(弱)할 경우,
군겁쟁재(群劫爭財)의 경우다. 처녀는 한 명인데,
장가갈 총각은 넘쳐난다. 이때 처녀는 어느 총각을
선택해야 할 것인가? 동물의 세계에서 싸움을 통해
경쟁, 최후의 승자(勝者)가 처녀를 맞이하여 자기
의 아내로 삼는다.

● 승부(勝負)의 세계는 냉정(冷情)하다. 삶, 그리
고 인생(人生) 그 자체 역시 경쟁(競爭)이다. 처절
한 전투(戰鬪)다.

☐ 갑(甲)목 일간인데 사방에 널린 것이 견겁(肩劫)이다.

乙	甲	己	乙
亥	寅	卯	亥

➪ 묘(卯)월의 갑(甲)목 일간이다. 재(財)를 보자.

견겁(肩劫)의 상태는 어떠한가?

⇨ 그런데 인수(印綬)마저 견겁(肩劫)으로 변화(變化)해 넘치다 못해 터지기 일보
(一步) 직전(直前)이다. 재성(財星)을 살펴보자.

● 여기에서 재(財)는 → 월간의 기(己) 토다. 재(財)도 천간에 노출되어있으니 길거
리 여자요, 길바닥에 떨어진 돈이다. 줍는 사람이 임자다.

● 강가에 매어놓은 배는 타는 사람이 임자다. 나중에 소유권(所有權)을 주장(主張)
할망정 일단은 먼저 올라탄 내가 우선권(優先權)이 있다.

✪ 군겁쟁재(群劫爭財)는 → 천간(天干)위주.
싸움을 붙이려면 일단 경쟁자(競爭者)들이 모두가 알고 있어야 한다.

● 일일이 찾아다니며 알릴 수도 없고 제일 좋은 방법은 전부가 다 볼 수 있도록 하는

것이다. 견물생심(見物生心)이라 하였던가! 일단은 보아야 무엇인가 이루어진다. 이처럼 천간(天干)에 노출된 것은 사냥감이다. 만천하(滿天下)에 공개(公開)되어 지명수배를 받는다. 좋은 의미의 전국구요, 나쁜 의미의 전국구도 될 수 있다.

● 기본적으로 누구나 재(財)의 달콤함과 편안함에는 사람이라면 속세든 아니던 지위(地位), 상하(上下), 노소(老小), 귀천(貴賤) 없이 다 침을 흘리는 것이 재(財)다.

● 그만큼 형언(形言)할 수 없을 만큼 위력을 지닌 것이다.

그러한 재(財)를 여럿이 나누어야 하니 그 쟁투(爭鬪)가 얼마나 처절하겠는가?

형제도 없고, 친구도 없고, 부모도 없는 것이요, 의리도 없고, 정의도 없다.

● 인간 자체의 본성(本性)을 망각(妄覺) 하도록 만드는 것이 바로 재(財)로 인한 싸움이다. 일단 천간(天干)으로 투출(透出) 되어야 경매에 나온 물건처럼 그 반응이 나온다.

● 지지에 있어서 또는 감추어져 있으면 군겁쟁재(群劫爭財)라고 보기는 문제다. 그러나 재(財)로 인한 싸움은 일단 군겁쟁재(群劫爭財)로 보는 것이 편할 때가 많다. 단 견겁(肩劫)이 많을 때다.

그리고 그에 대한 부수적(附隨的)인 설명한다면 "벼룩이 간을 내먹는다." 는 말이 있다는 것을 한 번 상기하면 될 것이다. 이것 역시 쟁재(爭財)에 관한 사항인데 경우가 다른 사항이 많다. 견겁(肩劫)과 연관이 있는가? 판단해야 한다. 그 외에 다른 경우로 인해 재(財)가 연관되는 경우도 많다.

□ **견겁(肩劫)의 쟁탈.**

○	辛	○	○
申	卯	申	○

➪ 신(申)–월의 신(辛)–금 일간이다.

일지(日支)에 재(財)인 묘(卯)가 있다.

➪ 천간(天干)으로 재(財)가 투출(透出) 한 것이 아니라 지지(地支)에 재(財)가 있

다. 이럴 경우, 지지에 있으므로 군겁쟁재(群劫爭財)가 안 되는 것일까? 이 경우는 군겁쟁재(群劫爭財)다. 견겁(肩劫)의 쟁탈이기 때문이다. 비견(比肩)과 비겁(比劫)이 지나치게 많으면 혼자서 똑똑 한 것이다.

● 집에 금송아지 있으면 무엇 할 것인가? 남에게 보이고 그것을 사용해 상대방의 마음이 움직이도록 해야 빛을 본다. 이 경우 혼자 북치고, 장구치고 다하는 것과 구별되어야 한다.

● 비견과 비겁이 많으면 의처증(疑妻症)이 기본적으로 있다. 사랑도 지나치면 병이 되듯 상대방을 피곤하게 만든다.

✪ 득비이재(得比理財)의 경우.

이 경우는 군겁쟁재(群劫爭財)와는 반대 경우다.
● 비견(比肩)과 비겁(比劫)이 있음으로 재(財)를 취하고, 이용(利用), 나에게 득(得)이 되도록 하는 경우다. 주변 도움을 받아 활기를 찾고, 자기 본분을 다해 재(財)를 관리, 이용 전체적으로 모든 상황을 본인에게 유리하게 하는데, 흔히 배은망덕이라는 말도 이런 후에 생기는 것이다.

● 그리고 한국 사람들은 화장실 가기 전(前)과, 후(後)가 다르다고 하는데, 그것도 이에 해당한다. 대체로 사주가 신약일 경우다.

● 모르면 묻고, 어려우면 도움을 청하면 열 중 하나라도 도움이 될 것이라는 말이 딱 떨어지는 사람이다. 인덕(人德)이 있다고 보는 것이다.

● 도움을 받으면 받는 만큼 자기가 잘 처신해야 하는 것이 이런 성향의 사람이 명심해야 할 일. 기회란 항상 오는 것이 아니다.

● 단점으로는 견겁(肩劫)이 용신(用神)이므로 의존(依存)하는 경향이 많다. 형제가 별로 없다. 재다신약(財多身弱)일 경우, 남자라면 일찍 군대에 보내 인생(人生)이라는 것에 대한 생각을 좀 더 확실히 하는 것이 좋다.

● 나름대로 한다고 하지만 다 헛고생이다. 뭐 하나 제대로 이루지 못한다.

경험은 많지만 깨달음이 필요하다. 진정한 깨달음 말이다. 회계 분야가 약하다. 항상 누가 옆에서 거들어주어야 하고, 붙어있어야 성공한다.

☐ **오매불망(寤寐不忘) 오로지 도움만 바라는 처지다.** ──────────

○ **丙 辛** ○   ⇨ 유(酉)월의 병(丙)화 일간인데,

午 申 酉 ○   화(火)의 기운이 약(弱)하다.

⇨ 일간인 병(丙)화가 금(金)인 재(財)의 기운에 대항(對抗)할 여력(餘力)이 모자란다. 말년(末年)이나 되어야 제대로 자기 몫을 할 것 같다.

그러나 운(運)에서 뒷받침이 된다면? 사람 팔자 알 수 없다. 조금만 옆에서 누가 거들기만 하여도 확 바뀔 수 있다.

● 병(丙)화가 오(午) 화의 도움을 받아 그런대로 재(財)인 금(金)을 다스린다지만, 약간 부족하다. 이때 운(運)에서 화(火) 운만 온다면 편안해질 사주다. 이것이 바로 득비이재(得比理財)다.

✪ 운(運)에서 오는 경우.

운(運)이란 글자 그대로 옮겨지고, 돌아가는 것이다. 불규칙 적인 것 같아도 그 기운이 오는 것은 항상 일정하다. 다만 그것이 많은 변화(變化)를 동반, 흐름이 달라지는 것뿐이다. 통변(通變)은 그 변화의 흐름을 정확하게 파악하는 것이다.

☐ **엎친 데 덮친 격(格)이요, 군겁쟁재(群劫爭財)다.**

乙 甲 己 乙   ⇨ 앞서 설명을 하였던 사주다. 여기에서 운(運)의

亥 寅 卯 亥   변화(變化)를 살펴보자.

⇨ 기묘(己卯)-운(運)이 도래(到來)하였다고 보자.

기묘(己卯)니 재(財)로 시작, 견겁(肩劫)으로 끝나는 운(運)이다. 더구나 월주와 같

은 운(運)이니 더욱 정확한 판단이 요구된다.

● 지지(地支)가 목(木)으로 되어있는데 또 목(木)이 들어온다. 천간(天干)으로 재(財)가 미니스커트 차림으로 나타난다. 시선이 집중. 가뜩이나 골치 아픈데, 엎친 데 덮친 격(格)이다. 군겁쟁재(群劫爭財)다.

✪ 기사(己巳)년일 경우는 어떤가?

기사(己巳) 자체를 분석하자. 기사(己巳)는 ➡ 천간(天干)으로 기(己) 토요, 지지(地支)로는 ➡ 사(巳)화다. ➡ 기(己) 토는 재(財)라, 여자라고 친다면 지지(地支)에 인수(印綬)인 화(火)를 놓고 있으므로 자체적인 근거지는 확보하고 있다. 배움도 있고, 성실, 근면한 사람이다. 금방 사라질 사람은 아니다.

□ **군겁쟁재(群劫爭財)시 유의할 사항.**

➪ 들어오는 재(財)의 생사(生死), 유무(有無)를 살핀다.

☞ 재(財)가 살아있는 경우.　➪ 군겁쟁재(群劫爭財)가 안 된다.

　　　　　　　　　　　　　　(말을 잘 안 듣는다.)

☞ 재(財)가 무기력 할 경우　➪ 군겁쟁재(群劫爭財)가 된다.

　　　　　　　　　　　　　　(복종(僕從)을 잘 한다.)

□ **견겁(肩劫)이 태왕(太旺), 관(官)이 몰(沒)할 경우는 어떨까?**

견겁(肩劫)이 태왕 한 것은 기(氣)가 지나치게 센 것이다. 지나치게 왕(旺) 할 경우, 공연히 건드리면 벌집을 쑤시는 결과가 발생한다.

화(禍)를 자초(自招). 관(官)이 어느 정도 기력(氣力)이 있어 견겁(肩劫)을 다스릴 정도면 좋으련만 그것이 어디 그리 쉬운 일인가? 그런 경우라면 신왕-관왕(身旺官旺)한 경우라, 이야기가 또 달라진다.

● 관(官)이 몰(沒) 하였으니, 있으나 마나 존재(存在)요, 찾아보기 어려운 관(官)이다. 이럴 경우는 견겁(肩劫)을 살살 달래 기운을 밖으로 내보내도록 하는 것이 상책이다. 식상(食傷)을 이용하는 것이다.

● 그것은 상대방을 칭찬하고, 이해심을 갖고, 항상 상대방 입장에서 모든 것을 생각하며 양보하는 것이다. 견겁(肩劫)에게 왈 "견겁(肩劫)님 기운이 천하장사 라면서요? "저는 몸이 약해 항상 그런 분이 부럽습니다." 하여보라. 그의 행동은 많은 시간이 필요 없다. 가진 것도 별로 없는 주제에, 추겨 세우니 좋다고 뽐내며 개폼 잡고 힘자랑을 한다. 자기 자신이 죽는 줄도 모르고 말이다. 이렇게 단순한 면도 있다.

ㅁ 거목(巨木)을 작은 톱 하나로 자르려니 무리가 생긴다.

庚　甲　辛　○　　⇨ 묘(卯)월의 갑(甲)목 일간, 기운이 강(强)하다.

午　寅　卯　○　　　관(官) 인 신(辛) 금은 뿌리도 없이 흔들린다.

⇨ 이런 경우는 원래 종(從)-하는 것이나, 지금의 관점(觀點)은 견겁(肩劫)이 왕(旺)하니 그것을 어찌 다스리는가?.

● 갑(甲) 목 일간의 이 사주는 무화과(無花果)나무다. 요소는 갖추고 있어도 오로지 쭉쭉 빵 빵만 생각한다. 나무에 잎만 무성하다. 꽃이 그리운 사주고, 필요한 사주다. 꽃향기의 진한 냄새가 얼마나 아름다운가를 상기시켜야 한다. 꽃이 없는 나무는 땔감이요, 잘리어서 재목(材木)으로 사용되는 것이다. 그것 역시 커다란 역할이지만, 조화(調和)를 못 이루니 아쉬운 것이다.

● 열매가 열리는 것을 사치로 아는 사람이니 우습게 안다. 법(法)을 필요 없다고 생각하는 사람이다. 마치 주먹이 법이라 여기는 사람이다. 중년(中年)이 지나면서 깨달으며 그 소중함을 느낀다. 관(官)이 몰(沒)하는 것이 아쉬운 것이다.

❂ **견겁(肩劫)이 약(弱)하고, 관(官)이 왕(旺)할 경우.**

관(官)이 지나치게 강(强)하면 항상 위축되어 기(氣)를 못 펴고 사는 사람이다.

● 항상 의기소침하고, 박력도 없고, 자식들에게도 부모 노릇을 제대로 못 해 항상 죄책감에 얼굴도 제대로 못 드는 사람. 자식-복도 없는 사람. 뭐 빠지게 일해도 자기 밥도 못 챙기는 사람.

▢ **신약(身弱)한 사주인데 관(官)이 왕(旺)하여 병(病)이다.**

庚 乙 辛 戊   ⇨ 유(酉)월의 을(乙)목 일간이다.

寅 丑 酉 辰   관(官)인 금(金)의 기운이 강(强)하다.

⇨ 우선 의지(依支)할 곳을 찾아보자. 을(乙) 목은 신약(身弱)이다. 시지(時支)의 인(寅) 목이 가깝고 확실한 나의 편(便)이다. 그다음은 병(病)을 치료하는 방법(方法)을 찾는다. 풀포기 하나 뽑는데 전기톱을 들이대고 있다. 금극목(金克木)이다.

● 뜨거운 화기(火氣)가 필요하다. 그것도 아주 무덥게. 태양 볕이 뜨거워야 더워서 일을 못 한다. 산에 불이 난다면 벌목을 할 이유가 없다. 문제는 을(乙) 목인 나무도 타버린다. 그것이 인생이다.

● 말년(末年)에 살만하니 죽는다. 일찍 세상을 떠 나는 것이다. 미리 준비한다면 화(火)로써 금(金) 을 억제한다. 식상(食傷)이 필요하다. 통관(通關) 의 방법을 택한다면 → 왕(旺)한 금(金)의 기운을 설기(泄氣) 시켜 → 금생수(金生水)하여 → 수생 목(水生木)으로도 이어지나 → 조후(調候)로 본다 면, 너무 냉(冷)해지는 점도 있다.

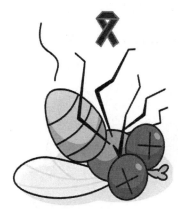

❂ **신왕재왕(身旺財旺)은 어떠한가?**

己 庚 辛 癸   ⇨ 유(酉)월의 경(庚)금 일간이다.

卯 寅 酉 丑   신왕재왕(身旺財旺)한 사주다.

⇨ 일간(日干)이 강(强)하고 재(財) 또한 건강(健康)한 사주.

● 견겁(肩劫)이 많으니 형제(兄弟)가 많다. 그럼 이들 형제(兄弟) 중 누가 제일 잘 살까? 재(財)를 깔고 있는 경(庚) 금 일간이 제일 잘 산다. 그런데 여기서 한 가지 알아야 한다. 재(財)인 목(木)이 목생화(木生火) 못하면 재(財)인 → 금전(金錢)의 돌파구가 없어 나가지 못한다. 막히니 답답해진다. 쓸 줄 모르고 모으기에만 집착(執着)한다.

❂ **신왕관왕(身旺官旺)은 어떠한가?**

丙 庚 辛 癸　　⇨ 유(酉)월의 경(庚)금 일간.

戊 午 酉 丑　　　신왕(身旺)-관왕(官旺)한 사주.

⇨ 초년(初年)에 고생하나 자수성가(自手成家)한다.

● 경(庚) 금 일간(日干)이 견겁(肩劫)이 많고, 관(官) 또한 기운이 왕(旺) 한 사주다. 재(財)가 보이지 않고 관(官)이 왕(旺)한데 과연 재물(財物)복은 어떨까?

● 재(財)가 보이지 않으니 → 인연(因緣)이 없다 보면 안 된다. 견겁(肩劫)은 재(財)를 극(剋) 한다. 관(官)이 왕(旺) 하면 함부로 재(財)를 다스리지 못 한다. 관(官)의 입장에서 보면 인수(印綬)가 재(財)인데, 왕(旺) 한 관(官)이 자기의 보급로(補給路)가 파괴(破壞)되는 것을 그냥 내버려 두지 않는다. 는 이야기다.

화(火)인 관(官)이 금(金)을 극(剋) 하여 재(財)를 보호하는 것이다. 재(財)는 편안히 지낼 수 있다. 관치금융(官治金融)이란 말을 상기해보라. 금융사고가 나면 언론에 재갈을 물리거나, 왜곡 사실 유포, 축소 덮어버리는 경우다. 대장동 사건은 보나마나 뻔한 결과다.

❂ **견겁(肩劫)이 왕(旺)하고 식상(食傷) 또한 왕(旺)할 경우는 어떨까?**

己 庚 辛 癸　　⇨ 금(金)수(水)가 왕(旺)한 사주인데,

亥 子 酉 酉　　　경(庚)금 일간이다.

▷ 견겁(肩劫)이 왕(旺)하고, 식상(食傷) 또한 기운이 강하다.

● 경(庚) 금 일간 사주인데, 이러한 사주의 특징은 무엇을 하던 경쟁자가 많고, 항상 손 벌리는 사람이 많다. 항상 ”자수성가해야 한다!“는 사고방식으로 세상을 사는 것이 편하다. 인덕이 없다. 생각하라.

● 년(年)과 월(月)에 양인(羊刃)과 비겁(比劫)을 놓고 있으니 초년에 많은 설움을 받고 자란 사주다. 매우 인색(吝嗇)하였으나 중년(中年)에 접어들면서부터 옛날-생각하며 어려운 사람에게 베푸는 것이 즐거움이 된 사람이다. 베푸니 그 덕으로 복(福)을 누린다.

✪ 견겁(肩劫)이 태왕(太旺)-한데 관(官)이나, 식상(食傷)이 없어 사주가 균형(均衡)을 잃어버리면 어찌 될까? 균형(均衡)이란 중도(中道)를 말함인데, 잃었다는 것은 실도(失道) 하였다는 설명이다.

▢ **자기의 기운만 믿고 남을 무시하고, 무조건 나를 따르라 하는 식이다.**

乙 甲 己 戊   ▷ 묘(卯)월의 갑(甲)목 일간. 월에 양인을 놓고,
亥 子 卯 寅   자(子)-묘(卯)형(刑)을 이루고 있다.

▷일(日)과, 시(時)가 합(合)을 이루어 수국(水局)을 이루어도, 그 기운(氣運)이 결국 수생목(水生木) 하여 목(木)의 기운으로 흡수된다. 가뜩이나 기운이 왕(旺)-한데 더더욱 기승을 부린다. 년-간(年干)의 무(戊) 토는 아예 멀리서 보기도 싫단다.

➲ 처세(處世)가 원만하지 못하니, 대인관계(對人關係)가 부실(不實), 사람들이 기피-한다. 따돌림받아 왕따다. 항상 시기와 질투 중상 묘략이 늘 앞을 가로막는다. 인(人)의 장벽이요, 금전(金錢) 어려움이 항상 발목을 잡는다.

● 가진 것도 없으면서 있는 척, 자존심(自尊心)만 살아 잔소리는 죽기보다 싫어한다. 사람을 못 믿어 남을 지나치게 의식해 의심은 많다.

● 부부(夫婦)간에도 항상 불신이 앞선다. 사사건건 의심이요, 트집을 잡는다. 이해심(理解心)이 부

족하다.

주변의 가까운 사람이라 믿었지만, 알고 보니 뒷전에서 엉뚱한 일하고 배신한다. 심지어 나를 곤경에 빠뜨리는 경우다. 견겁(肩劫)년이 올 때 이와 같은 작용이 더욱 가중–.

✪ 비견(比肩), 비겁(比劫) 년 에는 또 어떤 영향이 나타날까?

⇨ 일간(日干)이 강(强)해 → 극(剋)을 당하는 재(財)는 맥을 못 춘다.

● 재(財)는 가깝게 아버지요, 처(妻)요, 재물(財物)이다. 부모의 말 잘 안 듣고, 부모를 모시지 않으려하고, 부모님이 편찮으셔서 고생, 처(妻)를 구박, 돈을 잘 안 갖다 주니 집안이 궁핍해지고, 처(妻)가 죽는다고 악을 쓰고, 당신하고는 못 살겠다고 따지니 건방지다며 날아가는 것이 주먹, 손찌검이다. 그러니 아내가 보따리를 싼다.

● 항상 주변(周邊)에 같은 사람이 우글거려 내가 한 번 먹으면 똑같이 먹으려 드니 항상 모든 것이 분배의 원칙에 입각, 쪼개야 하니, 내 손에 쥐어지는 것은 점점 적어진다. 늘어나는 것이 짜증이요, 불평과 불만이다. 결과적으로 도둑놈을 항상 달고 다니는 것이다. 재물(財物)이 소리 없이 줄어들고, 잃어버리는 경우다. 도둑이 들고, 분실(紛失)과 도난(盜難)이 그치지 않는다.

⇨ 일간(日干)이 신약(身弱)할 때는 친구, 형제, 지인, 주변의 도움으로 성공(成功) 한다. 주변에 인맥을 넓히고, 대인관계를 활성화할수록 나에게는 큰 힘으로 작용한다. 내 사람이 많을수록 나의 폭이 넓어진다. 마당발이 되어야 한다.

☐ 일지(日支)와 시지(時支)를 보자.

○ 戊 ○ ○   ⇨ 오(午)월의 무(戊)토 일간.

子 辰 午 寅   월지(月支)에 인성(印星)인데 년지(年支)와 합,

↳ 인성(印星)이 더 커졌다. 일지와 시지가 합(合) → 자(子)--진(辰) 수국(水局)으로 재(財)가 더 강해졌다. 일지(日支), 진(辰)은 비견(比肩)인데, 재(財)인 수(水)를 합해 재(財)를 더욱 크게 하였다. 친구, 형제가 돈을 벌어 도움을 준다.

● 진(辰) 토를 보면 또한 재고(財庫)도 된다. 비겁(比劫)이 재고(財庫)니 형제, 친구의 것이 내 것이나 마찬가지다. 내 것은 당연히 나의 것이고, 다른 면으로 본다면 문제점이 많이 나타나지만 여기서 핵심은 견겁(肩劫)에 대한 사항.

□ 일간(日干)인 신(辛)금이 신약(身弱), 중년(中年) 이후나 발복(發福)하는 사주.

丁 辛 丙 ○   ⇨ 오(午)월의 신(辛)금 일간이다.

酉 丑 午 寅   지지(地支)가 화(火),금(金)으로 양분(兩分).

↳ 관(官)이 강(强)해 일간을 억압하니 주눅 들어있는 형국이다.

● 사주에서 인생 전반기에 모든 것이 형성된다. 물론 중년, 말년 사주가 잘 풀리면 그것 역시 좋은 것이나, 이미 인격의 형성이 다 끝난 후다. 늦게 깨우쳐 삶을 정상적으로 유지하고, 열심히 복(福)을 누리고 산다 해도 지나온 그 시절은 항상 가슴에 저린다.

● 용기가 필요한 사주다. 천성(天性)이 그러하니 더더욱 그런 것이다. 관(官)이 왕(旺) 하니 재(財) 또한 쉽사리 관리(管理)하기 어렵다. 재(財)의 기운도 강(强)하다 보는 것이다.

● 여자, 돈에 일단 집착하지 않는 것이 좋다. 인수(印綬)가 중간에서 통관(通官)의 역할을 하며, 관(官)의 기운을 흡수, 나에게 전하니 그것이 복(福)이다. 일 을해도 배우면서 행하니, 형제 동료가 다 도와주고 자립(自立)하도록 해준다.

인생(人生)을 살아도 항상 공부하고, 배우는 자세로 살아야 한다.

✪ 종왕격(從旺格)과 종강격(從强格).

비견(比肩)과 비겁(比劫)을 논하다 보면 항상 따라오는 것이다.

● 바로 종왕격(從旺格)이다. 종왕격(從旺格)이란 내가 왕이니 모두 나를 따르라는 논리다. 다른 모든 것은 신하요, 백성이니 왕(王)의 지엄한 명령에 복종(僕從)하라는 말이다. 여기서 강(强)한 것과 왕(旺) 한 것의 차이를 분명히 해야 한다. 종왕격(從旺格)은 종강격(從强格)과는 확연한 차이가 난다.

➯ 종왕격(從旺格)은 팔다리가 튼튼하고, 머리도 영리하고, 신체의 모든 부위가 튼튼, 그 누구와도 힘으로 견주어 손색이 없다. 그러므로 주변의 다른 힘을 원치 않는다. 오히려 도와주는 것이 거추장스러울 정도다. 다스려도 나의 힘으로만 다스려도 충분하다는 것이다. 그러다보니 다스리려면 모든 경비가 지출되어야 하는데 전부 나의 손에서 나가야 한다. ➔ 탈재(奪財)-현상이 심하다. 여기저기서 나에게 손 벌리는 사람밖에 없다. 동지가 되어준다고 해도 산(山)으로만 올라가려 하지, 평지(平地)인 아래로는 안 내려가려 한다. 왕(王) 노릇만 하려고 한다. 그러니 형제, 친구가 도리어 경쟁자(競爭者)가 되고, 적(敵)으로 변하고, 자기도 정치(政治)하려면 자금(資金)이 필요하다고 돈을 마구 뿌린다. 도둑 아닌 도둑놈이 되어버리는 것이다.

● 왕(旺)은 굴하거나 복종해야지 따지거나 아부하지 않으면 용서하지 않는다. 폭군(暴君)이다. 연산군이 그러했듯 눈에 거슬리면 족보까지 따져 그 죄를 묻는다.

그래서 운(運)에서 재(財), 관(官)운이 오면 흉(凶)한 것이다. 종강격(從强格)과 종왕격(從旺格)이 절충된다면 멋진 그림이 될 것이다.

➯ 강(强)하다는 것은 스스로 강(强)한 것도 어느 정도 해당, 실질적(實質的)인 것은 도움받아 강(强)해진 것을 말한다. 외부(外部)의 도움으로 강해진 것이다. 타의(他意)에 의한 강(强)함이 성립된 것이다.

● 나에게 도움 주는 것이 무엇인가? 바로 인수(印綬)다.

결론은 인수가 많음으로, 인수(印綬)가 강(强)하므로 그 후광(後光)으로 강하다. 내가 급하고, 아쉬울 때는 언제든지 통장에서 인출(引出)하듯, 자신은 아니지만, 자신과 마찬가지처럼 활용할 수 있는 존재(存在)라는 것이다.

● 이러한 경우가 종강격(從强格)이다. 그러나 거기에도 또한 문제점이 발생하는 것이 사주(四柱)요, 팔자(八字)다.

✪ 종강격(從强格)이란?

왕(旺) 하다는 것은 융통성이 없는 것이라, 강하다는 의미보다 어감(語感) 자체도 강렬 한 의미가 덜하다. ● 보통 편의상 종왕격(從旺格)과 종강격(從强格)을 합하여 종강격(從强格)이라는 표현(表現)하는데, 이는 엄밀한 의미로는 차이가 있으나, 같은 의미로 사용한다는 것을 알고 인수(印綬)가 많은가? 견겁(肩劫)이 많은가? 를 확인하고 종강격(從强格)이라는 표현을 해야 할 것이다. 이와 유사한 것으로 양기성상격(兩氣成象格)이란 경우도 있는데 차차 논하기로 하자.

❑ 오행(五行)으로 보는 종강격(從强格)의 사주.

종강격(從强格)에도 종류가 많다. 그 중 필요한 사항을 찾자.

✪ 일행득기격(一行得氣格)

일행득기격(一行得氣格)이란? 오행(五行) 중 한 가지 오행(五行)이 사주 전체의 기운(氣運)을 차지하는 것으로 비견(比肩), 비겁(比劫)이 주종(主從)을 이루는 경우다.

● 전체를 다 차지하는 경우도 있으나 극히 드문 경우고, 득령(得令), 득지(得地), 득세(得勢)하여 전체(全體)를 좌지우지(左之右之)하는 경우로 생각하면 된다.

● 사주가 종왕격(從旺格)으로 한 가지 오행(五行)이 주류(主流)다. 견겁(肩劫)이 왕(旺) 한 경우로 양쪽 팔이 뻗치는 인수(印綬)나, 식상(食傷) 운은 잡아서

감쌀 수 있으나 발로 뻗어야 닿는 재성(財星)이나 관성(官星)은 싫어하여 흉(凶)으로 본다. 손으로 감싸는 것, 발로 차는 것의 차이다.

□ 목(木)으로 보는 일행득기격(一行得氣格).

➡ 오행(五行)이 목(木)이므로 일간은 갑(甲)과 을(乙)이 된다.

丁　甲　壬　丁　　⇨ 인(寅)월의 갑(甲)목 일간이다.

卯　辰　寅　卯　　갑(甲)목 일간이 지지(地支)에 목국(木局)을 형성.

⇨ 목(木) 일간(日干)이 지지(地支)에 목국(木局)을 형성, 곡직격(曲直格)이라 한다. 그러나 방합(方合)이 되어 그 빛은 약하다.

● 삼합(三合)이 형성되어야 빛을 발한다. 삼합과 방합의 차이다.

丁　乙　癸　乙　　⇨ 미(未)월의 을(乙)목 일간이다.

亥　亥　未　卯　　장래(將來)가 촉망(囑望)되는 사람의 사주.

⇨ 수기(水氣)의 왕(旺) 함을 미(未) 토가 조절(調節)하고, 그것을 모아서 모아 자기의 세력으로 한 후에, 만천하(滿天下)에 그것을 알린다. 지지에 삼합(三合) 국을 형성(形成)한다. 자기 분야에서 독보적인 존재를 원하는 사람이다.

□ 화(火)로 보는 일행득기격(一行得氣格).

乙　丙　甲　甲　　⇨ 술(戌)월의 병(丙)화 일간이다.

未　午　戌　寅　　목(木)화(火) 양기성상격(兩氣成象格)도 성립.

⇨ 병(丙)화 일간(日干)이 지지(地支)에 화국(火局)을 형성(形成)하고 있다. 인수(印綬)인 목(木)과, 일간(日干)과 같은 오행(五行)인 화(火)만 보인다. 염상(炎上)-격. 양(陽)의 기운(氣運)만이 존재하는 사주다.

□ 토(土)로 보는 일행득기격(一行得氣格).

戊　己　甲　己　　⇨ 술(戌)월의 기(己)토 일간이다.

辰　未　戌　未　　가색(稼穡)격인데 흙이 건조(乾燥)하다.

➪ 가색(稼穡) 격이란? 무(戊), 기(己) 토(土) 일간이 지지(地支)에 진(辰), 술(戌), 축(丑), 미(未)가 갖추어져야 진정한 가색(稼穡)–격으로 인정받는다.

그것은 토양(土壤)이 농사를 짓기에 적합해야 하기 때문이다.

너무 습(濕)해도, 지나치게 건조(乾燥)해도 안 좋기 때문이다.

● 격(格)이 그만큼 떨어지기 때문이다. 진정한 귀격(貴格)의 가색(稼穡)–격은 목(木)이 보이지 않는 것이 좋다. 일간(日干)이 지지에 전부 토(土)를 놓고 있으면 가색(稼穡)–격으로 본다.

癸 戊 辛 丙   ➪ 축(丑)월의 무(戊)토 일간이다.
丑 戌 丑 戌   지지(地支)가 완전 토(土)이다.

➪ 천간(天干)으로 합(合), 지지(地支)로 형(刑) 서로가 상쇄되어 무난히 지나신 분이다. 가색(稼穡)–격인데 → 재(財)가 수(水)라 염전(鹽田)을 갖고 계시는 분의 사주다. 시간(時干)에 재(財)가 있는데 간합(干合)하여 화(火)라 인수(印綬)가 되니 나의 것이다.

□ 금(金)으로 보는 일행득기격(一行得氣格).

癸 辛 癸 己   ➪ 유(酉)월의 신(辛)금 일간이다.
巳 丑 酉 酉   지지(地支)에 금국(金局)이 형성되어 있다.

➪ 신(辛)금 일간인데 지지(地支)에 → 금국(金局)을 형성, → 종혁격(從革格)을 형성한다. 금(金) 자체가 변혁(變革)이요, 개혁(改革)이다.

● 시지(時支)에 사(巳)화가 있으나 → 금(金)으로 화(火)하여 오히려 돕고 있다. 재(財), 관(官)을 싫어한다.

□ 수(水)로 보는 일행득기격(一行得氣格).

윤하격(潤下格)이다. 물은 항상 아래로 흐르는 것이 특성(特性)이다. 순리를 매우 중요시 하는 특성이 있다. 반면에 역으로 작용할 때는 그 파괴력이 상상을 초월. 역(逆)작용한다는 것은 넘치고, 흔들리어 요동치며 움직이는 것을 말한다.

❏ 물이 흘러서 어디로 가야하는 것을 아는 것이다.

甲	壬	甲	壬
辰	申	辰	子

⇨ 진(辰)월의 임(壬)수 일간이다.

편안하고, 알기 쉬운 사주이다.

⇨ 자기의 뛰어남을 열심히 발휘하는 사주다.

지지(地支)에 수국(水局)을 형성하고, 천간(天干)에 토(土)가 섞여 있지 않아 맑고 깨끗한 물이다. 탁수(濁水)가 아니다.

❏ 위치(位置)에 따른 견겁(肩劫)의 통변(通辯).

➲ 년주(年柱)에 위치할 때.

● 년주(年柱)는 월주(月柱)를 건너 한 단계 다음이다. 나이 차가 많다. 조부모의 자리에 있으니 십 단위의 차이다. 요즈음은 늦둥이가 많으니 그런 경우가 많다.

○	壬	己	癸
○	寅	未	未

⇨ 미(未)월의 임(壬)수 일간이다.

년간(年干)에 계(癸)수가 있다.

⇨ 늦둥이의 사주다. 부모의 나이가 50대에 낳은 귀한 자손이다. 년간(年干)에 계(癸)수가 있으니 누님인데, 나이 차가 18년이 난다. 초년─사방이 토(土)로 둘러싸여 제 기능을 발휘하지 못한다. 관(官)이 많음이라 이동수가 많다.

✪ 견겁(肩劫)이 월지(月支)에 있으면 장남(長男)이나, 장녀(長女)이다. 아닐 경우는 그 역할을 대신하게 된다.

⇨ 결혼해도 추월(追越)하여 먼저 하는 경우가 많다. 대체로 동생이 형보다 먼저 결혼 할 경우, 동생이 언니보다 먼저 할 경우를 보면 집안의 대소사(大小事), 모든 일에 앞장서서 처리하게 된다.

✪ 비견(比肩)이나 비겁(比劫)에 흉살(凶殺)이 임하면, 해당하는 작용(作用)이다.

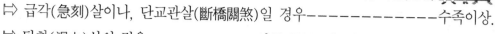

⇨ 급각(急刻)살이나, 단교관살(斷橋關煞)일 경우ㅡㅡㅡㅡㅡㅡㅡㅡㅡㅡㅡ수족이상.

⇨ 탕화(湯火)살의 경우ㅡㅡㅡㅡㅡㅡㅡ약물 중독, 알콜 중독, 비관음독, 근육 강화 투입으로 인한 물의, 마약 혐의 등 운반, 판매 기타 사건의 연루로 곤욕을 치른다.

✪ 견겁(肩劫)에 도화(桃花)이면 형제(兄弟)의 풍류(風流)가 심하다.
친구와 잘못 어울려 가산(家産)을 탕진(蕩盡), 구설에 망신(亡身)ㅡ살.
분위기에 휩쓸리다 보면 손해(損害)다.

✪ 비견(比肩), 겁(劫)에 역마(驛馬), 지살(地殺)
이 있으면?

역마(驛馬), 지살(地殺) 이면 이동(移動), 출타(出他)라 형제 중 멀리 있거나, 장기간 외유(外遊) 등의 사항이 있음을 암시(暗示)한다.

☐ **형제(兄弟) 중 멀리 가 있는 사람이 있다.**

◯ **甲** ◯ ◯   ⇨ 년지(年支) 비겁이 역마, 지살로 인(寅)ㅡ신(申)

◯ **辰 申 寅**   충 (沖)이다. 무엇을 암시하고 있는 것일까?

⇨ 멀리 있는 경우도 여러 경우다. 같이 거주하지 않는다는 의미다.

● 사망(死亡)하여 북망산에 가 있을 수도 있고, 입양(入養)되어 갈 수도 있고, 어렸을 때 사고나, 흉사로 사망을 했을 수도 있고, 행방불명일 경우도 있고, 멀게는 외국이요, 떨어져서 분가되어 살수도 있고, 이산가족(離散家族)인 형태(形態)다.

● 무조건 결론을 내려서 말하는 것은 통변에서 항상 조심해야 한다. 암시(暗示)한다는 사실(事實)을 확인해야 한다. 그것을 빨리 알아내는 것이 사주 감정의 비법이요, 통변 요령이다. 물어보라, 자신이 없으면 그것이 답이다.

✪ **사주(四柱)가 신왕(身旺)한데 견겁(肩劫)운이 온다면 어떨까?**
견겁(肩劫)ㅡ운에 해당하는 사항을 알아보자.

甲 辛 己 庚 ⇨ 축(丑)월, 신(辛)금 일간. 금(金)의 기운이 강하다.

午 酉 丑 申　　　비견(比肩)과 비겁(比劫)이 왕(旺)한 사주다.

❑ **기본적인 사항을 하나씩 살펴보자.**

➲ 동업(同業)수가 생긴다. 견겁(肩劫)이 왕(旺) 할 때 동업(同業)을 하면 어떤 결과가 나올까? 친구 먹여 살리고, 동업자 배 불려준다. 결과적으로 친구 잃고, 돈 잃고 갖고 있는 것마저 다 없어진다. 주변에 가까운 사람이 동업하자고 들이댄다.---백전백패(百戰百敗)의 수다.

➲ 보증서면 덮어쓸 각오하고 해야 한다.

➲ 내 돈 쓰고 바보 되는 운. 좋은 소리 못 듣는다.

➲ 장사한다면 다른 가게로 손님이 다 몰리고 파리 날린다.

➲ 도둑이 드는 운이다. CCTV도 소용없다. 눈뜨고 도둑맞는다. 여기에도 성격이 나온다.

※ 천간(天干)으로 견겁(肩劫)이 올 경우--- 알면서도 당한다.

천간(天干)은 노출(露出)이다. 뻔히 보이는데 눈뜨고 코 베이는 것이다.

※ 지지(地支)로 올 경우---➔-------개도 짖지 않는다.

지지는 잘 안 보인다. 우습게 생각하고 소홀하다 당한다. 개미에게 뭐 물리는 격.

➲ 승진에서 항상 밀린다. 다른 동료는 올라가고, 경쟁(競爭)에서 나는 밀려난다.

➲ 견겁(肩劫)이 극성을 부리니 처(妻)가 견디지 못한다.

거기에 금전(金錢)까지 연관되면 처가(妻家)에서 돈 빌려오고 그 여파로 처가(妻家)까지 홀랑 말아먹는다.

➲ 견겁(肩劫)-년 에는 아내가 또 아프다. 상처 수요, 이별 수요, 별것 아닌 것 갖고도 다투고, 공연히 미워진다. 특히 부부간의 연령이 30-40대 경우, 특히 더 조심하고 신경 써야 한다. 10년 동안은 괜찮아지니 참아라. 요즈음은 황혼(黃昏) 이혼도 있다지만 그 정도까지의 문제는 아닐 것이다.

❑ 여자의 경우는 어떤 일이 생길까?

여성이 비견(比肩), 비겁(比劫)─년을 만난다면 어떨까? 기본적인 성향은 같으나 집중적으로 보는 면이 다를 수가 있다. 어디에 관점을 두어야 할 것인가?

❑ 오(午)화의 역할은 어떤가?

甲 辛 庚 戊 ⇨ 신(申)월의 신(辛)금 일간. 음의 기운이 강하고
午 丑 申 申   양(陽) 기운이 부족하다.

⇨ 시지(時支)의 오(午) 화가 용신(用神)이 된다. 오(午) 화는 도화(桃花)에 해당한다. 신(辛) 금 일간에 정관(正官)은 오(午) 중, 정(丁)화다. 용신에 해당하므로 남편 없이는 못 산다.

● 견겁(肩劫) 년인 금(金) 운이 온다면 남편에게 또 다른 아내가 들어온다. 운(運)에서 들어오는 것은 새것이다. 교체(交替)된다. 이혼(離婚)하거나, 남편(男便)을 상부(喪夫)하여 영영 이별하거나, 한동안 별거(別居)처럼 지내게 된다. 거기에 지지(地支)로 화(火)를 극(剋) 하는 운(運)이 겹친다면 견디기 힘들 것이다.

❑ 탈재(奪財), 파재(破材) 운(運)이다.

금전(金錢) 수난(受難)의 운이다. 잃어버리고, 손해 보고, 도둑맞고, 주식 깡통 되고, 물건을 사도 바가지 쓰고, 금전이 날아간다.

✪ 소중한 비밀(秘密)이 탄로 난다.

견겁(肩劫) 년이니 경쟁(競爭)이요, 다투는 것이요, 이기려면 상대의 약점(弱點)이나 비밀(秘密)을 알아야 한다. 까발리는 것이다. 비리(非理)가 탄로 나고, 물귀신 작전이 감행된다. 이판사판이다. 선거에서 나타나는 흑색선전이 대표적이다. 자신을 죽이는 길이다.

✪ 반대로 신약(身弱) 사주 경우, 모든 것이 나를 위해 성립되는 것이요, 나만을 위해 모두가 힘써 준다. 돈이 없으면 강아지도 따르지 않는다. 그러나 돈이 있고, 잘 나간

다 소리 들려보라 어디서 알고 오는지 기가 막히게 찾아온다.

● 건강도 회복되고, 힘이 솟고, 활력이 넘친다. 주변의 도움으로 성공을 약속.

불성실(不誠實)한 태도(態度)를 고치고 개과천선(改過遷善), 철이 든다.

☐ 비견(比肩)과 비겁(比劫)이 타(他) 육친을 만날 때의 변화.

비견(比肩)과 비겁(比劫)이 다른 육친(六親)을 만날 때, 변화(變化)를 나타내는 것
이다. 각각 오행별로 육친을 만날 때 통변.

☐ 견겁(肩劫)이 변(變)해 → 견겁(肩劫)이 되는 경우.

日干 일간	갑(甲),을(乙)	병(丙),정(丁)	무(戊),기(己)	경(庚),신(辛)	임(壬),계(癸)
	① ⇩	② ⇩	③ ⇩	④ ⇩	⑤ ⇩
비견,겁	목 (木)	화(火)	토(土)	금(金)	수(水)
	↓	↓	↓	↓	↓
견겁	목 (木)	화(火)	토(土)	금(金)	수(水)
가능성	◎	◎	◎	◎	◎

☐ 목(木)일주의 변화.

☐ 비견(比肩), 겁(劫)이 변하여 → 비견, 겁이 되려면 무엇이 와야 할 것인가?

○ **甲** ○ ○   ⇨ 목(木)일주이므로 갑(甲), 을(乙)이 해당된다.

○ **寅 卯** ○   일지(日支)에 비견(比肩)인 인(寅)목이 있다.

⇨ 지지(地支)에서 본다면 → 인(寅), 묘(卯), 진(辰), 해(亥), 묘(卯,) 미(未)가 목
국(木局)인데 이 사주에서는 → 묘(卯)목이 월지(月支)에 있어 방합(方合)으로 국
(局)이 형성된다. 견겁(肩劫)이 와서 견겁(肩劫)이 되는 경우는 묘(卯)목 뿐이다.

□ 화(火)일주의 변화.

○ 丙 ○ ○   ⇨ 화(火)일주로 병(丙), 정(丁)이 해당된다.

○ 午 巳 ○   일지(日支)에 견겁(肩劫)이 오는 경우이다.

⇨ 일지에서 화국(火局)을 이루는 경우는 → 사(巳), 오(午), 미(未), 인(寅), 오(午), 술(戌)인데 각각의 육친관계를 살펴보면 된다. 견겁(肩劫)이 와서 견겁(肩劫)이 되는 경우이므로 → 사(巳)화가 해당.

□ 토(土) 일주의 경우.

○ 戊 ○ ○   ⇨ 토(土) 일주이므로 무(戊), 기(己)가 해당된다.

○ 戊 戊 ○   토(土) 경우는 진(辰), 술(戌), 축(丑), 미(未)다.

⇨ 각각의 예를 들어보자.

➔ 무(戊) 토의 경우, 지지(地支)에는 무엇이 올 수 있을까?

무(戊)   무(戊)   무(戊)   무(戊)   ⇨ 여기에서 성립(成立)이 되는 것은
진(辰)   술(戌)   축(丑)   미(未)   무엇일까?

⇨ 무진(戊辰), 무술(戊戌)이 성립.

✪ 진(辰)토 → 인(寅)–묘(卯)–진(辰)하여 목(木)으로도 변화(變化).
  진(辰)유(酉) → 금(金)으로도 변한다. 이중 → 견겁(肩劫)은 진(辰) 토 뿐이다.

✪ 술(戌)의 경우 → 인(寅)–오(午)–술(戌)하여 → 화(火)로도 변화(變化)가 가능해진다. 묘(卯)–술(戌) 합 화(火)도 된다. 이중 견겁(肩劫)은 →술(戌) 토 뿐이다.

➡ 기(己)토의 경우를 살펴보자.

기(己)   기(己)   기(己)   기(己) ➔ 기(己)토의 경우는 성립(成立)이 어떨까?
진(辰)   술(戌)   축(丑)   미(未)   기축(己丑), 기미(己未)가 성립.

⬆ 기축(己丑)과 기미(己未)가 성립된다.

✪ 기축(己丑)의 경우 → 해(亥)–자(子)–축(丑)하여 → 수국(水局)으로 변화 되고, → 사(巳)–유(酉)–축(丑)하여 → 금국(金局)으로 변화된다.

여기에서 보면 토(土)는 → 축(丑) 토 뿐이다.

✪ 기미(己未)의 경우 → 지지의 미는 → 사(巳)-오(午)-미(未) 하여 화국(火局)이요, → 해(亥)-묘(卯)-미(未)하여 → 목국(木局)으로도 된다.

이중 토(土)는 → 미(未) 토.

☐ **결론.**

결국, 자기 자신의 지지(地支)뿐이다. 지지(地支)와 같은 오행(五行)은 결국 자기 자신뿐이라는 아주 간단한 해답이다.

☐ **금(金)의 경우를 살펴보자.**

✪ 금(金)일주 경우는 경(庚), 신(辛)이다. 경(庚)을 보자

경(庚)　　경(庚)　　⇨ 만들 수 있는 것은 둘이나, 성립되는 것은

신(申)　　유(酉)　　　경신(庚申)이다.

✪ 신(辛)을 보자.

신(辛)　　신(辛)　　⇨ 성립되는 것은 신유(辛酉) 뿐이다.

신(申)　　유(酉)

⇨ 경신(庚申)과 신유(辛酉)가 성립(成立)된다.

✪ 신(申)은 신(申)-자(子)-진(辰)하여 수국(水局)이요, 신(申)-유(酉)-술(戌)하여 금국(金局)이다. 금으로 되는 견겁(肩劫)은 유(酉) 금이다.

그리고 신(申) 금 자신이고

✪ 유(酉) 금의 경우도 마찬가지이다. 신(申), 유(酉)이다.

✪ **수(水)의 경우를 보자.**

수(水)의 경우는 임(壬), 계(癸).

임(壬)　　임(壬)　　계(癸)　　계(癸)　　　⇨ 성립이 되는 것은

해(亥)　　자(子)　　해(亥)　　자(子)　　　임자(壬子), 계해(癸亥) 이다.

□ 자(子)와 해(亥)를 분석하여보자.

✪ 자(子)는 ➔ 신(申)-자(子)-진(辰)하여 ➔ 수국(水局)이요, ➔ 해(亥)-자(子)-축(丑)하여 ➔ 수국(水局)이요,

✪ 해(亥)는 ➔ 해(亥)-묘(卯)-미(未) 하여 목국(木局)이요, 해(亥)-자(子)-축(丑)하여 수국(水局)이다. 인(寅)-해(亥)합 목(木)도 성립된다. ➔ 해(亥), 자(子) 뿐이다. 견겁(肩劫)이 많아서 견겁(肩劫)이 되는 것은 결국, 삼합(三合)이 아니라, 방합(方合)이라는 설명.

◇ 통변(通辯)의 예.

✪ 방합(方合)이라는 것은 변(變)해도 그 나물에 그 밥이다.
멀리 간다고 설쳐봐야, 뱅뱅 도는 형국(形局)이요, 뛰어봐야 벼룩이다.
✪ 견겁(肩劫)이 많은데 견겁(肩劫)이 들어와 또 견겁(肩劫)으로 되니 엎친데 덮치는 격(格)이다. 갈수록 태산이요, 진퇴양란(進退洋亂)이다. 깨지는 일밖에 없다.
● 동생이 사업한다고 아내 몰래 갖고 있던 돈을 빌려주었더니 결국 다 털어먹고 말도 못 하고 끙끙 앓는 처지다.
✪ 경기가 안 좋아 난리인데 친구가 찾아와 보험을 들라고 권유하거나, 돈이나 융통하여 달라는 소리만 한다. 동창회니, 상조회니, 봉사 가자고 난리요, 날아오는 것은 청첩장에 부고장.
● 견겁(肩劫)이 왕(旺) 하면 재(財)가 힘을 못 쓰니 음식이라 공밥이 나간다. 식솔(食率)이 늘어나 축난다. 쓸데없는 입만 늘어난다. 나가는 것이니, 음식이 줄어들고, 말이 또한 많아진다. 고로 비밀(秘密)이 새어나간다. 모름지기 문제가 생기면, 제일 가까운 사람이 제일 무서운 것이다.

✪ 죽 쒀서 개 주는 형상이다.
개업식 날 친구나, 친지들이 많이 온다고 음식과 기타 물품을 준비했는데 반도 제대

로 오지 않아 낭패 보는 것이다.

● 동료들과 같이 프로젝트를 완성하였는데 전부를 대신하여 기안자인 동료만 승진(昇進) 하는 경우, 닭 쫓던 강아지 지붕만 쳐다본다.

✪ 견겁(肩劫)이 더 많아지니 먼 친척도 찾아오고, 통 연락도 없는 형제들도 갑자기 아는 척하면서 자주 왕래하니 울며 겨자 먹기로 대접을 안 할 수도 없고 걱정.

▢ **가뜩이나 견겁(肩劫)이 많아서 난리인데, 너무도 많다.**

戊 甲 乙 甲   ➪ 해(亥)월의 갑(甲)목 일간이다.

辰 寅 亥 寅   일지(日支)에 견겁(肩劫)인 인(寅)목이 있다.

⇨ 이런 사람의 팔자는 어떨까? 한 마디로 살길이 막막한 사주다.

● 아직 나이가 있으나 지금 현재 참으로 어려운 지경이다. 막상 결혼은 하였으나 수입이 시원치 않아 처가살이로 생활하고 있다.

● 견겁(肩劫)이 지나치게 많음으로 생기는 현상이다. 생활고로 시달린다. 견겁(肩劫)이 → 견겁(肩劫)으로 변하는 사주다. 운(運)에서나 보살핀다.

▢ **비견(比肩), 비겁(比劫)이 변해 → 인수(印綬)가 된다.**

견겁(肩劫)이 변(變)하여 → 인수(印綬)가 된다. 대체로 이 경우는 좋은 일이 많이 생긴다.

日干 일간	갑(甲),을(乙)	병(丙),정(丁)	무(戊),기(己)	경(庚),신(辛)	임(壬),계(癸)
	① ⟱	② ⟱	③ ⟱	④ ⟱	⑤ ⟱
비견,겁	목 (木)	화(火)	토(土)	금(金)	수(水)
	↓	↓	↓	↓	↓
인수	수(水)	목 (木)	화(火)	토(土)	금(金)
가능성	⊗	⊗	◎	⊗	⊗

왜, 토(土)만 되고 다른 오행(五行)은 → 성립 안 되는 것일까?

▶ 목(木)은 수(水)로의 변화가 어떨까?----목(木)의 인수는 수(水)이니까.

지지(地支)로는 → 인(寅), 묘(卯)가 된다. 어떤 변화가 가능할까?

✪ 인(寅)의 경우.--인(寅)-묘(卯)-진(辰)하여 목국(木局), 인(寅)-오(午)-술(戌)하여 → 화국(火局), 인(寅)-해(亥)하여 → 목(木), 수(水)로 변화(變化)가 생길 수 없다. 목(木)은 인수(印綬)인 수(水)로 변화(變化)가 불가(不可)하다.

❏ 화(火)는 → 목(木)으로의 변화(變化)가 가능할까?

화(火)는 → 사(巳), 오(午). 각각의 변화를 살펴보자.

✪ 사(巳)의 변화(變化).

사(巳)-오(午)-미(未) → 화국(火局)이요, 사(巳)-유(酉)-축(丑)→금국(金局)이다. 목(木)이 보이지 않는다.

✪ 오(午)의 변화(變化).

오(午)는 인(寅)-오(午)-술(戌)→ 화국(火局)이요, 사(巳)-오(午)-미(未)→ 화국(火局)이다. 인수(印綬)인 목(木)의 변화(變化)가 일어나지 않는다.

❏ 토(土)의 변화(變化)를 살펴보자.

토(土)는 → 진(辰), 술(戌), 축(丑), 미(未).

화(火)로의 변화(變化)를 보는 것이다.

✪ 진(辰)---인(寅)-묘(卯)-진(辰) → 목국(木局),

　　　　　진(辰)-유(酉) → 금국(金局),

　　　　　신(申)-자(子)-진(辰) → 수국(水局)

　　　↦ 수(水), 목(木), 금(金)으로 변화

✪ 술(戌)---인(寅)-오(午)-술(戌) → 화국(火局),

　　　　　신(申)-유(酉)-술(戌) → 금국(金局)

　　　　　묘(卯)-술(戌) 합(合) → 화(火)로 변화.

　　　↦ 금(金), 화(火)로 변화

✪ 축(丑)---사(巳)-유(酉)-축(丑) ➔ 금국(金局),

　　　　해(亥)-자(子)-축(丑) ➔ 수국(水局), 금(金)과 수(水)로 변화

✪ 미(未)---사(巳)-오(午)-미(未) ➔ 화국(火局),

　　　　해(亥)-묘(卯)-미(未) ➔ 목국(木局)

　　　　⇨ 목(木), 화(火)로 변화(變化).

❏ 금(金)의 변화를 보자.

금(金)이 인수(印綬)인 토(土)로 바뀌는 것이다. 가능할까?

금(金)의 일주를 살펴보자.

경(庚)　　경(庚)　　신(辛)　　신(辛) ⇨ 성립이 가능한 것은 경신(庚申), 신유

신(申)　　유(酉)　　신(申)　　유(酉)　　　(辛酉)이다.

✪ 신(申) 금의 변화(變化)----신(申)-자(子)-진(辰) ➔ 수국(水局),

　　　　　　　　　　　　신(申)-유(酉)-술(戌) ➔ 금국(金局),

✪ 유(酉) 금의 변화(變化)----사(巳)-유(酉)-축(丑) ➔ 금국(金局),

　　　　　　　　　　　　진(辰)-유(酉) ➔ 금(金),

　　　　　　　　　　　　신(申)-유(酉)-술(戌) ➔ 금국(金局).

❏ 수(水)의 변화(變化)를 보자.

➲ 인수(印綬)인 금(金)으로의 변화(變化)가 가능할까?

임(壬)　　임(壬)　　계(癸)　　계(癸)　　⇨ 성립 가능한 것은 임자(壬子), 계해

해(亥)　　자(子)　　해(亥)　　자(子)　　　　(癸亥)이다.

　　　　　　　　　　　　　지지(地支)를 살펴보자.

✪ 해(亥)의 경우.

해(亥)-자(子)-축(丑) ➔ 수국(水局)이요, 해(亥)-묘(卯)-미(未) ➔ 목국(木局).

✪ 자(子)의 경우.

신(申)-자(子)-진(辰) ➔ 수국(水局)이요, 해(亥)-자(子)-축(丑) ➔ 수국(水局).

□ 토(土)의 변화를 살펴보자.

➲ 토(土)는 천간(天干)이 무(戊), 기(己). 성립이 가능한 일주를 찾아보자.

무(戊)	무(戊)	무(戊)	무(戊)	기(己)	기(己)	기(己)	기(己)
진(辰)	술(戌)	축(丑)	미(未)	진(辰)	술(戌)	축(丑)	미(未)

✪ 무(戊)   무(戊)   기(己)   기(己)

　진(辰)   술(戌)   축(丑)   미(未)   ▷ 4개의 **일주(日柱)**가 성립(成立).

전부가 지지(地支)에 견겁(肩劫)인데, 이 중 인수(印綬)인 화(火)로 변화(變化)가 가능한 것은 무엇일까?

무(戊)   기(己)

술(戌)   미(未)   ▷ 2개의 일주(日柱)가 확실하게 변화.

✪ 진(辰)은 인(寅)-묘(卯)-진(辰) ➔ 목국(木局)이요, 진(辰)-유(酉) ➔ 금(金)이요, 신(申)-자(子)-진(辰) ➔ 수국(水局)이라 화(火)와는 거리가 멀다.

✪ 축(丑)은 ➔ 해(亥)-자(子)-축(丑)하여 ➔ 수국(水局)이요, 사(巳)-유(酉)-축(丑) ➔ 금국(金局)이요, 화(火)와는 인연이 없다. 결국 ➔ 무술(戊戌), 기미(己未) 2개의 일주(日柱)가 남는다.

☞ 지지(地支)에 술(戌)과 미(未)가 되는데, 일간(日干)인 무(戊) 토, 기(己) 토에 대한 사항을 알아보자.

○	戊	○	○
午	戌	○	○

▷ 무(戊)토 일간에 지지(地支)에 술(戌)토이다.
견겁(肩劫)이다.

▷ 시지(時支) 오(午)화가 있는데, 합(合)하여 ➔ 인수(印綬)로 화(化)한다.

○	己	○	○
午	未	○	○

▷ 기(己)토 일간인데
지지(地支)에 미(未)토가 견겁(肩劫)이다.

⇨ 합(合)하여 인수(印綬)로 화(化)한다. 지지(地支)에 술(戌) 토 이면 인(寅), 오(午), 와 삼합(三合)을 이룬다. 오(午), 인(寅) 년이 오면 술(戌) 토가 인수(印綬)인 화(火)로 변한다.

⇨ 지지(地支)가 미(未) 토 → 사(巳), 오(午)가 방합(方合)을 이룬다.

□ 일지(日支)의 변화(變化).

乙 戊 丁 辛　　⇨ 유(酉)월의 무(戊) 토 일간이다.

卯 戌 酉 丑　　일지(日支)의 술(戌) 토가 견겁(肩劫)이다.

⇨ 중년으로 접어들면서 정신없는 변화가 이루어진다. 일지(日支)인 술(戌) 토가 인생의 전반부에서는 금(金)으로 변해 관(官)인 목(木)을 극(剋) 한다. 그 결과 남편이 급작사를 당하고 말았다. 그리고 이제는 시지(時支)의 묘(卯)목과 합(合)하는 것이다. → 시지(時支)에 있으니 연하(年下)의 남성이다.

● 일지(日支)로 합(合)하여 들어오니 같이 산다. 삶의 → 전반부에서는 남편의 자리에 있는 술(戌) 토가 식상(食傷)으로 변해 관(官)을 극(剋) 하더니 → 후반부에서는 변색하며 시지(時支)의 묘(卯)목과 합(合)하여 → 인수(印綬)인 화(火)로 변하는 것이다. 사주가 안정을 찾는다.

➲ 문제는 음목(陰木)이라 스스로 화(火)를 생(生)하지 못하니 그것이 안타까운 것이다. 결혼식도 못 올리고 살고 있다. 정부(情夫)인 남성을 보자.

● 음목(陰木)이라 사주를 보니 재(財)인 토(土), 관(官)인 금(金)이 많다. 이 여성의 팔자에 남편은 계집질하고, 백수나 다름없는 남편을 후반부에서 만나는 팔자다. 전반부에서는 → 남편이 견디지 못한다.

□ 결혼(結婚)과 금전(金錢)운을 상담하러왔던 미혼 여성 사주다.

戊 戊 壬 癸   ➡ 술(戌)월의 무(戊)토 일간이다.

午 戌 戌 亥   일지(日支) 술(戌)토가 ➡ 화(火)로 변한다.

➡ 일지(日支)의 술(戌) 토가 시지(時支)와 합(合) ➡ 인수(印綬)로 변하는 사주다. 가정에 약간은 복잡한 문제가 있어, 일찍 독립하여 나오고 싶어 하는 사람이다.

● 대운(大運)에서 관운(官運)이 와도 다 인수(印綬)로 화(化)하고, 지지(地支)가 흔들린다. 다행히 천간(天干)으로 관(官)이 보이나 크게 작용 못 한다. 좋은 시기를 놓치면 결혼이 늦어지는 사주다. 견겁(肩劫)이 인성(印星)으로 변해 재물의 아쉬움은 모르는 사주다. 사주 자체가 신왕(身旺)하다.

□ 견겁(肩劫)이 변해, 인수(印綬)가 될 때의 통변술.

◈ 통변(通辯)의 일반적인 경우.

✪ 형제가 부모의 역할까지 한다.

견겁(肩劫)인 형제가, 인수(印綬)인 어머니로 변하니 그 역할(役割)을 대신한다. 그러다 보니 형제와 어머니의 사이가 상호보완의 관계가 더욱 돈독해진다. 항상 있을 때나 편할 때는 몰랐는데 어려운 환경에 처해 상대방의 귀함을 아는 것이다.

✪ 형제가 집 사준다.

대출을 알선해주고, 서류상으로 도움 주고, 보증 서주고, 모자라는 잔금 융통해주어 주택을 구입, 전세를 얻고, 희망을 갖는다. 명의가 형제의 명의이거나, 친구의 명의로 된 것을 본인 명의로 바꿔주는 것도 해당. 동업자의 명의를 나의 명의로 바꾼다.

✪ 형제, 친구가 ➡ 학업 도와준다.

친구 따라 강남 간다고 공부하는 친구를 사귀다 보니 자신도 덩달아 공부하는 것이다. 경쟁자를 물리치고 내가 앞서거나, 합격하는 것이다. 결국, 자기보다 실력이 나은 친구를 사귀는 것이다.

● 돋보이는 친구를 사귀는 것이다. 친구 자랑에 신난다. 친구가 세계대회에 나가서 금메달을 따는 것이요, 형제 중 스타가 탄생.

✪ 인수는 귀인(貴人)이라 견겁(肩劫)인 친구나, 형제가 구세주 역할.
견겁(肩劫)이 즉 곤혹스러운 일을 당하고 있는데 도움을 준다. 처음에는 견제(牽制)와 방해(妨害)를 받았으나 오히려 전화위복(轉禍爲福) 형세다. 적(敵)인줄 알았더니 오히려 동지가 되어버린다. 동료의 도움으로 혁혁한 공을 세워 입지가 탄탄해지고, 남의 부러움을 받는 일이 생긴다. 오늘의 영광을 동료 여러분에게 돌립니다.

✪ 인수(印綬)는 고향(故鄕)이라 이산가족 상봉하듯, 좋은 자리에서 상봉(相逢)한다.
한때는 소원하였으나 부모님의 기일(忌日)을 맞아 한자리에 모이다 보니 서로 간의 오해나 잘잘못을 서로 이해하며, 동변-상련의 의미를 되새긴다. 경쟁자의 관계에 있거나, 서로 불편한 사이였던 사람을 지인(知人)의 행사에 참여하여 알고 보니 동향(同鄕)이라 관계가 개선.

▶ 비견(比肩)과 비겁(比劫)이 변하여 식상(食傷)으로 되는 경우.
비견, 비겁이 변해 식상(食傷)으로 변한다는 것은, 사주가 강(强)할 경우나 신약(身弱)한 경우에 따라 해석이 달라진다.

❑ 신강(身强)일 경우.
사주가 강(强)할 경우는 득(得)이다. 지나친 기운(氣運)을 설기 하니 기운(氣運)의 유통이 원활해진다. 다이어트에 성공.

❑ 신약(身弱)일 경우.
신약일 경우, 가뜩이나 기운이 모자라는데 밖으로 기운이 유출되니 곤혹스럽다. 인성(印星)이 지나치게 왕(旺)해 신강(身强) 할 경우는 오히려 도움이다. 지나치게 신중

할 경우는 오히려 단순해질 필요도 있다.

● 관(官)이 왕(旺)하여 견제할 식상(食傷)의 기운이 필요한 경우는 식상이 오히려 일간의 힘이 되어 득(得)이 된다. 여기에서 논하는 것은 일반적 경우다.

● 저-체중인데도 지나치게 다이어트 하다 보면 오히려 몸에 해(害)가 되는 경우다. 해석에 있어 가장 중요한 것은 변하여 그 결과가 어떻게 작용하는가? 하는 것을 보아야 한다. 기본적인 개념만 논할 것이 아니라 결과에 대한 길(吉), 흉(凶)의 판단이 항상 중요하다.

❒ 견겁(肩劫)이 변하여 식상(食傷)이 되는 경우의 변화.

⇨ 화(火)에서 토(土)의 변화만 ➜ 성립 안 되고, 다른 오행은 ➜ 성립이 다 이루어진다.

日干 _{일간}	갑(甲),을(乙)	병(丙),정(丁)	무(戊),기(己)	경(庚),신(辛)	임(壬),계(癸)
	① ⇓	② ⇓	③ ⇓	④ ⇓	⑤ ⇓
비견,겁	목 (木)	화(火)	토(土)	금(金)	수(水)
	↓	↓	↓	↓	↓
식상	화(火)	토(土)	금(金)	수(水)	목 (木)
가능성	◎	⊗	◎	◎	◎

❒ 목(木)에서 화(火)로의 변화(變化).

목(木)의 식상은 화(火)이다. 목(木)에서 화(火)로의 변화(變化)다.

갑(甲)   ⇨ 갑(甲)목 일간(日干)이다. 지지(地支)에 역시 견겁(肩劫) 인(寅)

인(寅)   목이 있다. 목(木)이 화(火)로 변화가 가능한 것을 살펴보자.

✪ 목(木)의 경우는 갑(甲), 을(乙)이다.

갑(甲)　　갑(甲)　　을(乙)　　을(乙)　　⇨ 천간(天干)으로는 갑(甲),을(乙)이 오고

인(寅)　　묘(卯)　　인(寅)　　묘(卯)　　　지지(地支)로는 인(寅), 묘(卯)가 온다.

⇨ 이 중 성립이 가능한 것은 무엇일까? 갑인(甲寅)과 을묘(乙卯)가 성립.

갑(甲)　　을(乙)　　　　　⇨ 갑인(甲寅)의 경우를 살펴보자.

인(寅)　　묘(卯)　　　　　　　인(寅)의 변화를 보는 것이다.

❂ 인(寅)의 경우 변화가 되는 경우는 인(寅)-오(午)-술(戌) ➔ 화국(火局)이요,

인(寅)-해(亥)합 ➔ 목(木)이요, 인(寅)-묘(卯)-진(辰) ➔ 목국(木局)의 방합(方

合)이다. 오(午)와 술(戌)이 오면 ➔ 화(火)로 변화.

❒ **식상(食傷)인 오(午)화를 만나서 일지(日支)의 견겁(肩劫)이 화(火)로 변화.**

〇　　甲　　〇　　〇　　　⇨ 갑(甲)목 일간(日干)이다.

午　　寅　　亥　　〇　　　일지 인(寅)목, 시지 오(午)화가 합(合)을 한다.

⇨ 견겁(肩劫)이 왕(旺)할 경우, 좋게 작용하면 형제 덕분에 숨통이 트이는 것이요,

나쁘게 작용한다면 형제 때문에 지출이 심하고, 이래저래 골치 아픈 일만 생겨 속상

하다. 사고를 친다.

❒ **의욕상실과 우울증으로 2007년 고생중이다.**

癸　　甲　　丙　　戊　　⇨ 갑(甲)목 일간이 지지(地支)에 인(寅)목을 놓고 있다.

酉　　寅　　辰　　午　　　지지(地支)에서 목(木)과 화(火)로 변화가 이루어진다.

⇨ 초년(初年)에 괜찮았는데 청년기 들어 인(寅)――진(辰) 목국(木局)의 기운(氣

運)이 강해지니 도리어 힘들어진다. 대운은 기미(己未) 대운이요, 세운은 정해(丁

亥)라 종합해 판단하자.

❒ **경(庚)금이 월간(月干)에 투출(透出)하였으나 항상 불안하다.**

己　　甲　　庚　　甲　　⇨ 오(午)월의 갑(甲)목 일간이다.

巳　　寅　　午　　辰　　　견겁(肩劫)이 변(變)하여 식상(食傷)으로 화한다.

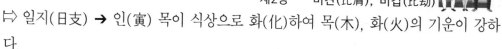

⇨ 일지(日支) → 인(寅) 목이 식상으로 화(化)하여 목(木), 화(火)의 기운이 강하다.

2003년 계미(癸未)년에 부도가 난 사람 사주다.

✪ 묘(卯)의 경우.

묘(卯)의 변화는 해(亥)-묘(卯)-미(未) → 목국(木局)이요, 인(寅)-묘(卯)-진(辰) → 목국(木局)이요, 묘(卯)-술(戌) 합 → 화(火)이다.

□ 인성(印星)이 변해 견겁(肩劫)으로 화(化)하고, 견겁(肩劫)이 다시 식상(食傷)으로 화(化)한 것이다.

$$丙　乙　癸　戊$$
$$戊　卯　亥　戊$$

⇨ 해(亥)월의 을(乙)목 일간(日干)이다.

일지에 견겁(肩劫)을 놓고 있는데 식상으로 변화.

⇨ 해(亥)-묘(卯) → 목국(木局)을 이루나, 결국 그 기운은 묘(卯)-술(戌) → 합(合)하여 화(火)로 흘러간다.

✪ 토(土)에서 금(金)으로 변(變)하는 경우.(무(戊), 기(己)가 해당.)

| 무(戊) | 무(戊) | 무(戊) | 무(戊) | 기(己) | 기(己) | 기(己) | 기(己) |
| 진(辰) | 술(戌) | 축(丑) | 미(未) | 진(辰) | 술(戌) | 축(丑) | 미(未) |

⇨ 여기서 해당 되는 것은 무진(戊辰), 무술(戊戌), 기축(己丑)과 기미(己未)이나 지지가 금(金)인 식상(食傷)으로 변할 수 있는 것은 → 무진(戊辰), 무술(戊戌), 기축(己丑)이다.

□ 견겁(肩劫)이 식상(食傷)으로 변한 사주다.

$$丙　戊　己　丁$$
$$辰　戌　酉　酉$$

⇨ 유(酉)월의 무(戊)토 일간이다.

술(戌)토인 견겁이 식상인 금으로 화(化)하는 것이다.

⇨ 일지(日支)와 시지(時支)가 진(辰)-술(戌) ➜ 충(沖)이라 부궁(宮)이 부실하다.
여성(女性) 사주다. 식상 기운이 강(强)한 사주.

❏ 교육계통에 종사하는 사람이다.

丙 己 乙 乙　　⇨ 유(酉)월의 기(己)토 일간이다.

寅 丑 酉 巳　　사(巳)-유(酉)-축(丑) ➜ 금국(金局)을 형성.

⇨ 견겁(肩劫)이 식상(食傷)으로 국(局)을 이루며 변화한 경우. 식상(食傷)의 기운
이 강하다보니 ➜ 관(官)이 힘들어진다.

✪ 금(金)에서 수(水)로 변화(變化)가 되는 경우.

금(金)은 ➜ 경(庚),신(辛)이라 지지(地支)에 ➜ 신(申), 유(酉)를 각각 놓아보자.

경(庚)　　경(庚)　　신(辛)　　신(辛)　　　⇨ 경신(庚申)이 성립 되고,

신(申)　　유(酉)　　신(申)　　유(酉)　　　　신유(辛酉)가 성립 된다.

⇨ 신(申)의 경우의 변화를 보자.

❖ 신(申)-자(子)-진(辰) ➜ 수국(水局)이요,

❖ 신(申)-유(酉)-술(戌) ➜ 금국(金局)이 성립된다.

❖ 수국(水局)이 성립되는 경우 ➜ 자(子)와 진(辰)이다.

❏ 금(金)수(水)가 냉(冷)한 사주인데, 관(官)이 맥을 못 추고 있다.

丙 庚 丙 戊　　⇨ 진(辰)월의 경(庚)금 일간(日干)이다.

子 申 辰 申　　지지(地支)에 수국(水局)을 형성하고 있다.

(여성 사주)➜일지(日支) 신(申)금 ➜ 수국(水局)을 형성, 식상(食傷)으로 변한다.

⇨ 유(酉)의 경우를 살펴보자.

진(辰)-유(酉)합 ➜ 금(金)이요, 신(申)-유(酉)-술(戌) ➜ 금국(金局)이요, 사
(巳)-유(酉)-축(丑) ➜ 금국(金局)이다. 성립이 없다.

금(金)의 경우는 ➜ 경신(庚申) 뿐이다.

✪ 수(水)가 ➡ 목(木)으로 변하는 경우.

수(水)는 ➡ 임(壬), 계(癸)다. 각각의 경우를 보자.

임(壬)   임(壬)   계(癸)   계(癸)   ⇨ 성립되는 것은 임자(壬子), 계해(癸

해(亥)   자(子)   해(亥)   자(子)   亥)이다. 자(子)와 계(癸)를 분석하자.

➲ 자(子)의 경우 ➡ 목(木)으로 변화가 가능한 경우는?

해(亥)-자(子)-축(丑) ➡ 수국(水局)이요, 신(申)-자(子)-진(辰) ➡ 수국(水局)

이다. 자(子)-축(丑)합 ➡ 토(土)이고--결국 성립이 어려워진다.

➲ 해(亥)의 경우를 보자.

해(亥)-묘(卯)-미(未) ➡ 목국(木局)이요, 인(寅)해(亥)합하여 ➡ 목(木)이요,

해(亥)-자(子)-축(丑) ➡ 수국(水局)이다.➡ 계해(癸亥)가 해당.

임해(壬亥)는 ➡ 육십갑자(六十甲子)에 해당 없다.

☐ 견겁(肩劫)이 변해 ➡ 식상(食傷)으로 화(化)한다.

庚 癸 辛 丙   ⇨ 묘(卯)월의 계(癸)수 일간이다.

申 亥 卯 寅   일지(日支)가 해(亥)수인데,

⇨ 경영학과에 다니는 학생의 사주다. 병원 쪽으로 관심이 많은 사람이다.

☐ 견겁(肩劫)이 식상(食傷)으로 변할 경우의 통변(通辯).

길(吉), 흉(凶) ➡ 모든 일이 나와 아주 가까운 사람에 의해 행해진다.

✪ 견겁(肩劫)이 식상(食傷)으로 화(化)하는 것은 일단 내가 생(生) 하는 형태다.
고로 한 단계 아래로 내려가는 것이요, 현재나 가까운 거리에 있는 사람으로 하여금
기운(氣運)이 나가는 것, 활동하는 것, 지출(支出)하는 것이다. 특히 식상(食傷)이
많을 경우, ➡ 이러한 여파(餘波)가 심하다. 친구에게 물건을 사 달라 부탁하였더니
정가보다 비싸게 사고, 나머지 잔금도 제대로 줄 생각도 안 한다.

✪ 식상(食傷)은 기술이요, 재주인데 형제가 기술자요, 달변 이요, 임기응변에 능하

고, 변하여 그리되므로 내가 당하는 형상이다.

아는 집이라 하여 집수리 부탁하였는데, 이야기와는 달리 부실공사(不實工事)를 하여 하자가 자꾸 생겨 골치 아프다.

❂ 육영사업(育英事業)에 해당.

내가 생(生) 하는 것 → 교육(教育)이니 육영사업(育英事業)이나, 교육(教育)과 연관 지어진다. 보육원, 고아원, 양로원, 보호시설 등도 다 해당. 교육계에 종사하는 식구가 있거나 형제가 있다. 요즈음은 결혼상담소도 연관된다. 친구가 교직에 몸을 담고 있다 결혼상담소를 차려 개업식에 오라는 연락받고 참석하였다.

❂ 식상(食傷)은 배출(排出)이라 출구(出口), 활로(活路)다.

형제(兄弟)로 인해 숨통이 트이듯, 막힌 부분이 트이면서 갑갑하던 일도 해결되고, 일이 순순히 이루어진다. 채무-관계로 사이가 안 좋아진 사람에게 아는 친구를 보내 해결해 의외의 소득을 올렸다.

❂ 식상(食傷)은 관(官)을 극.

관(官)을 극(剋) 하므로 관재(官災)-수(數)에 휘말릴 가능성이 많아진다.

● 관(官)은 명예(名譽)라 명예 손상당하고, 이름이 오르내리며 구설에 심란해진다.

관(官)은 정도(正道)요, 규율(規律), 법규(法規)인데 무시하니 그 불이익을 당한다.

→ 형이 내 차를 몰고 가다 고속도로에서 과속하여 무인 카메라에 잡혀 사진이 전송되어 나에게 온다.

❂ 견겁(肩劫)이 여성(女性)일 경우.

여성일 경우 식상은 자손이다. 견겁(肩劫)이 생(生) 하는 것이 자손이니, 나의 여자형제 가운데서 임신하거나, 그와 연관된 부분에 이상이 생기거나 병원을 찾는 경우도 해당. 식상이 많은데 또 이러한 일이 생긴다면 재혼(再婚)하는데 자손이 있는 집으로 가는 것이요, 홀아비한테 시집가는 것이요, 남의 자식을 나의 호적에 입적시키는 것이요, 양자를 들이는 것이요, 각성받이 자손을 낳는 것이요, 자손이 불어난다. 시집을 여러 번 간다.

□ 견겁(肩劫)이 변(變)하여 재(財)가 되는 경우.

➲ 재성(財星)은 참으로 민감한 경우다. 많든, 적던 재물(財物)로 인해 사이가 좋아지기도 하고, 나빠지기도 하는 것이 잠깐이니 말이다.

어느 경우나 마찬가지, 항상 전체적인 결과를 살펴 판단.

日干 일간	갑(甲),을(乙)	병(丙),정(丁)	무(戊),기(己)	경(庚),신(辛)	임(壬),계(癸)
	① ⤋	② ⤋	③ ⤋	④ ⤋	⑤ ⤋
비견,겁	목 (木)	화(火)	토(土)	금(金)	수(水)
	↓	↓	↓	↓	↓
재성	토(土)	금(金)	수(水)	목 (木)	화(火)
가능성	⊗	◎	◎	⊗	⊗

□ 목(木) 일간의 경우.

● 목(木) 일간의 경우 ➜ 재(財)는 토(土)가 된다. 갑(甲), 을(乙) 하여 천간(天干)에 지지(地支) 인(寅), 묘(卯)의 변화를 살펴도 ➜ 재(財)인 토(土)로 변화가 이루어지지 않는다.

□ 화(火) 일간일 경우.

화(火)일간 ➜ 병(丙), 정(丁)인데 지지(地支)에 ➜ 사(巳)와 오(午)를 대입.

변화를 보자.

병(丙)   병(丙)   정(丁)   정(丁)   ⇨ 병오(丙午), 정사(丁巳)가 성립된다.

사(巳)   오(午)   사(巳)   오(午)   각각의 변화를 살펴보자.

⇥ 재(財)로의 변화이므로 금(金)으로 전환(轉換)이 되는 가 확인한다.

✪ 사(巳)의 경우는 ➜ 사(巳)유(酉)축(丑) ➜ 금국(金局) 전환이 가능하고,

✪ 오(午)의 경우는 ➜ 금(金)으로의 변화(變化)가 성립 안 된다.

   결론은 ➜ 정사(丁巳)뿐

❏ 정(丁)화 일간의 사주이다.

庚	丁	辛	癸	⇨ 유(酉)월의 정(丁)화 일간.

子	巳	酉	丑	사(巳)-유(酉)-축(丑) 재(財)국 형성.

⇨ 년(年), 월(月), 일(日)하여 지지에 재(財)국을 형성하고 있다. 재(財)의 기운이 지나치게 강(强)하다. 오히려 일간인 정(丁)화가 꺼지는 형국으로 접어든다.

● 견겁(肩劫)이 변해 재(財)로 변하는데 오히려 더 나쁜 결과다. 남성의 사주인데 결혼을 한 지 5년이 되어도 자손이 없다.

❏ 토(土)가 변하여 ➜ 수(水)가 되는 경우.

토(土)는 ➜ 무(戊), 기(己)이다. 각각 지지에 ➜ 진(辰), 술(戌), 축(丑), 미(未)를 대입해보자.

무(戊)	무(戊)	무(戊)	무(戊)	기(己)	기(己)	기(己)	기(己)
진(辰)	술(戌)	축(丑)	미(未)	진(辰)	술(戌)	축(丑)	미(未)

⇨ 이 중 성립이 가능한 것은 무엇일까?

무(戊)	무(戊)	기(己)	기(己)	⇨ 이 중 수(水)로 전환이 가능한 것은?

진(辰)	술(戌)	축(丑)	미(未)	무진(戊辰), 기축(己丑)이다.

✪ 무진(戊辰)의 경우를 살펴보자.

무(戊)	⇨ 신(申), 자(子), 진(辰)하여 ➜ 수국(水局)이 성립된다.

진(辰)	(신(申)과 자(子).)

❏ 믿었던 무(戊)토 일간의 지지(地支)가 수(水)로 변해 버린다.

壬	戊	乙	丁	⇨ 사(巳)월의 무(戊)토 일간이다.

子	辰	巳	巳	일(日), 시(時) 지지가 합 ➜ 수국(水局)을 형성.

⇨ 견겁(肩劫)이 ➜ 재(財)로 변(變)한다.

뿌리인 진(辰)토 지지가 ➜ 재(財)인 수(水)로 화(化)한다.

● 왕(旺) 한 인성(印星)의 기운을 재(財)가 적절히 조절하는 형국이라 어느 정도 감내 가능하다. 오히려 득(得)이 된다. 형제가 재(財)로 변하니 돈 벌어 주는 것이요, 그리고 없어진다. 재산상속에서 형제가 권리를 포기하는 것이요, 내가 형제의 것을 취하는 것이요, 나쁘게 표현한다면 형제가 일찍 사망, 그의 몫도 내가 차지.

□　금(金)일주가 지지(地支)에 견겁(肩劫)을 놓고, 재(財)인 목(木)으로 변할 경우.

경(庚)　　경(庚)　　신(辛)　　신(辛)　　　　⇨ 어느 것이 가능할까?

신(申)　　유(酉)　　신(申)　　유(酉)　　경신(庚申)과 신유(辛酉)가 성립된다.

⇨ 목(木)으로 변화가 안 된다. ➔ 성립 안 된다.

───────────────────────────────

□　수(水) 일주가 견겁(肩劫)을 놓고 재(財)로 변화 가능할까?

임(壬)　　임(壬)　　계(癸)　　계(癸)　　⇨ 여기에서 성립(成立)이 되는 것은?

해(亥)　　자(子)　　해(亥)　　자(子)　　임자(壬子), 계해(癸亥)이다.

⇨ 화(火)로 변화(變化)가 성립 안 된다. ➔ 불가능.

▶　견겁(肩劫)이 ➔ 재(財)로 변한 경우의 통변(通辯).

이것 역시 형제(兄弟)나 친구(親舊), 지인(知人), 가까운 사람으로 인해 생기는 일이다. 길(吉), 흉(凶)은 역시 전체적(全體的)인 것을 판단한 후에.

✪ 재(財)로 변하니 ➔ 재물로 돌아오는 것인데 그것이 나의 것이 되는가? 아니면 남의 것이 되는가? 그것이 문제다. 친구에게 돈을 빌려주었더니 떼어먹는 사람이 있는가 하면 이자에, 고맙게 잘 사용 큰 덕을 보았다며 감사의 말을 전하는 친구도 있다.

❂ 재(財)는 음식(飮食)과도 연결.

식사에 초대되고, 쌀이 떨어져 배를 움켜쥐기도 하고, 음식을 마련하기만 하고 나는 그것을 먹지 못하고, 기운이 강하면 → 나는 먹는 입장, 기력이 약하면 → 나는 쳐다만 본다.

❂ **소유물로 볼 경우는 어떤가?**

형제(兄弟)의 것이 나의 것이요, 나의 것이 형제의 것이요, 공동의 소유가 된다. 재산 문제, 소유권 등의 문제로 형제와 다툼을 벌이는 것도 이런 경우다.

● 강(强)하면 내가 취하는 것이요, 약(弱)하면 빼앗긴다. 흉살(凶殺)이 작용하면 더욱 불미스러운 현상이 나타난다. 형제간에 유산문제, 상속문제로 불상사가 생기는 것도 이러한 연유다.

❂ 재운(財運)이 도래, 유산(遺産)을 받는다. 생각해보자.

천간(天干)으로 재(財)가 있는데 지지(地支)에 인수(印綬)가 들어온다면 문서이니 건물, 토지고, 재(財)로 직접 들어온다면 그것은 현금(現金)이 된다. 주식이나, 유가증권도 포함. 그러나 견겁(肩劫)이 들어온다면 어떤 현상이 나타날까? 재산문제로 싸움이 벌어진다. 서로 맞짱을 뜨는 것이다. 법적으로 말이다. 그것도 아니라면 불미스러운 현상도 나타난다. 어차피 개싸움이니까.

☐ **아직 나이가 그리 많지 않은 여성의 사주.**

庚	辛	乙	戊
寅	酉	卯	辰

⇨ 묘(卯)월의 신(辛)금 일간이다.

신왕(身旺)재왕(財旺)한 사주이다.

⇨ 필요로 하는 사항을 보자. 일간(日干)인 본인, 신(辛) 금이 지지에 견겁(肩劫)을 놓고 있다. 재(財)를 놓고 서로가 신경전을 벌이고 있다. 결국, 누가 차지할 것인가? 시간(時干)에 있는 동생이 차지.

□ 비견(比肩),비겁(比劫)이 변하여 관살(官殺)이 될 경우.

흔히들 "믿는 도끼에 발등을 찍힌다." 하지 않던가? 가까운 사람일수록 헤어질 때는 남보다도 못한 것이다. 너무나 속을 잘 알기 때문이다.

□ 비견(比肩), 비겁(比劫)이 변해 관살(官殺)이 되는 경우다.
형제나 친구, 지인 및 가까운 사람으로 인해 관(官)에 해당하는 일이 발생한다. 길(吉), 흉(凶)의 명확한 차이를 구별해 판단한다. 성립되는 것은 ➜ **토(土)가 목(木)으로 변한다.**

日干 일간	갑(甲),을(乙)	병(丙),정(丁)	무(戊),기(己)	경(庚),신(辛)	임(壬),계(癸)
	① ⇊	② ⇊	③ ⇊	④ ⇊	⑤ ⇊
비견,겁	목 (木)	화(火)	토(土)	금(金)	수(水)
	↓	↓	↓	↓	↓
관살	금(金)	수(水)	목 (木)	화(火)	토(土)
가능성	⊗	⊗	⊙	⊗	⊗

● 성립 안 되는 사항을 추후 살피기로 하고 ───────────────

□ 토(土)일간에 대한 사항을 살펴보자.

무(戊)	무(戊)	무(戊)	무(戊)	기(己)	기(己)	기(己)	기(己)
진(辰)	술(戌)	축(丑)	미(未)	진(辰)	술(戌)	축(丑)	미(未)

□ 위의 일주 중 가능한 것은 목(木)으로 변화(變化)하는 것이다.
목(木)과 연관이 있는 지지(地支)를 찾아보자.
● 목(木)의 삼합(三合)과 방합(方合)을 찾아보면 ➜ 인(寅)-묘(卯)-진(辰),
➜ 해(亥)-묘(卯)-미(未)다. 해당되는 지지(地支)는 ➜ 진(辰)과 미(未).
해당되는 일주는 ➜ 무진(戊辰)과 기미(己未).

비견(比肩),비겁(比劫)

❏ 일지에 관고(官庫)를 놓고 있다. 관(官)의 기운이 강(强)하다.

癸 己 乙 己　　　⇨ 해(亥)월의 기미(己未) 일주이다

酉 未 亥 卯　　　지지에 관(官)-국(局)을 형성하고 있다.

↬ 관(官)인 남편의 기운이 강(强)하다 보니 다자무자(多子無子)가 되어버린다.

● 남편인 을(乙)목이 천간(天干)에 있어도 → 해(亥)중 갑(甲)목이 더 좋단다.

합(合)이 드니까. 견겁(肩劫)인 일지(日支) 미(未)토가 → 인수(印綬), 관(官)과 합해 관(官)으로 변화(變化). 뭉쳐서 대표자가 나와 있는 형국이라 남편과 헤어지지는 않는다. 다만 애인(愛人)을 항상 달고 다니는 여성이다. 요즈음은 황혼(黃昏)이라도 이성(異性) 관계가 필요한 경우가 많다.

➲ 재(財)가 관(官)으로 변하니 놀고먹지 않는 사람이다.
　　업종을 선택해도 남성들이 많이 왕래(往來)하는 업종을 택한다.

➲ 견겁(肩劫)이 관(官)으로 화(化)하니 친구가 일자리, 사업장 소개하고, 돈 벌면서 남자 사귀고, 팔자땜한다.

● 10월생에 일지(日支) 미(未)토가 있으니 단교관살(斷橋關煞)이라 거기에 관고(官庫) 이니 → 남편의 건강이 안 좋고, 본인도 다리를 약간 전다.

✪ 육십갑자(六十甲子)로 살펴보는 견겁(肩劫)이 → 관(官)으로 바뀌는 년(年).

☞ 목(木) 일주의 경우 ⇨ 갑(甲)　　☞ 화(火) 일주의 경우 ⇨ 병(丙)
　　　　　　　　　　　　신(申)　　　　　　　　　　　　　　자(子)

☞ 토(土) 일주의 경우 ⇨ 무(戊)　　☞ 금(金) 일주의 경우 ⇨ 경(庚)
　　　　　　　　　　　　인(寅)　　　　　　　　　　　　　　오(午)

☞ 수(水) 일주의 경우 ⇨ 임(壬)
　　　　　　　　　　　　술(戌)

□ 견겁(肩劫)이 → 관(官)으로 변(變)할 때의 통변(通辯).

✪ 관살(官殺)은 긍정적인 경우, 부정적일 경우의 차가 심하다.

다른 경우도 마찬가지이나, 관(官)은 나를 다스리고 극(剋)하는 관계이므로 그것이 바뀐다면 많은 착오가 생긴다. 아군(我軍)과 적군(敵軍)의 관계다.

✪ 관(官)은 직장(職場)이요, 명예(名譽)요, 근무(勤務)하는 것이요, 공직(公職)이요, 구속(拘束)이요, 협박(脅迫)이요, 억압(抑壓)이요, 함정(陷穽)이요, 원수(怨讐)도 되고, 날벼락도 되고, 관재(官災)수에, 송사(訟事)도 되고 그 해석은 다양한데 이의 원인이 가까운 형제(兄弟)나, 친구(親舊), 지인(知人)에 의해 피부에 와 닿는 그런 일이 생긴다.

✪ 흉(凶)으로 작용한다면 → 나의 주위에 가까이 있는 사람이 나를 다스리려 하고, 억압하고, 간섭하고, 심하게는 공갈도 하고, 협박도 하고, 괴롭히니 자연 원수가 되고 사이가 안 좋으니 법적인 대응도 강구, 행한다.

✪ 길(吉)로 작용한다면 → 덕분에 취직하고, 승진하고, 명예 얻고, 위로받고, 칭송을 얻는다.

✪ 친구 따라 강남 갔다가 어떻게 될 것인가?

사주(四柱)에서 관(官)이 길(吉)로 작용하면 좋은 의미의 해석이요, 흉(凶)으로 작용하면 나쁜 의미로 해석.

□ 일지(日支)인 미(未)토가 관고(官庫)이다.

乙　己　丙　戊　　　⇨ 인(寅)월의 기(己)토 일간이다.

亥　未　寅　申　　　견겁(肩劫)인 일지가 → 관(官)으로 변한다.

⇨ 월지(月支) 인(寅)목 → 관(官)인데, 년지(年支)의 신(申)금과 → 충(沖)이 되어 한 번의 아픔을 지녀야 한다. 견겁(肩劫)이 →재(財)와 합 되어 → 관(官)으로 변한다. 이 사주는 이혼한 여성의 사주다. 재(財)가 견겁(肩劫)과 합(合) → 관(官)이 되므로 병(丙)화를 돕는 희신(喜神)의 역할을 할 것 같으나 병(丙)화가 → 인(寅)- 신(申) 충(沖)으로 흔들리고 있다.

□ 돕는 것이 아니라, 갈수록 태산인 형국이다.

甲	戊	壬	己	⇨ 견겁(肩劫)이 변해 식상이요,
寅	辰	申	酉	재(財)요, 관(官)으로 변한다.

➩ 일지(日支)의 진(辰)토가 변화를 많이 하다 보니 정신이 없다.

● 형제(兄弟)라 믿었는데 도와준다면서 움직이긴 하는데 도무지 보탬이 되지 않는다. 물에 빠진 사람 건져내 주었더니 나중에 보따리 내놓으라는 격이다.

● 일지의 견겁(肩劫)이 → 인(寅)-진(辰) 목국(木局) → 관(官)으로 변한다. 목(木)이니 나무라 → 야구방망이 들고 죽인다고 덤빈다. 친구로 친다면 친구가 뒤통수친다. 아무도 믿을 사람 없는 사주다.

□ 견겁(肩劫)이 변하여 → 인수(印綬), 관(官)이 되는 것은 토(土)일주 밖에 없다. 인수(印綬)와 관(官)은 일간의 입장에서 상반된 관계로 볼 수 있는데, 양쪽으로의 변화(變化)이므로 각각의 장단점(長短點)은 다 있다.

제3장

식신(食神),
상관(傷官)

□ 식신(食神)과 상관(傷官).

식상(食傷)은 → 식신(食神)과 상관(傷官)을 통칭, 부르는 명칭인데, 식신(食神)은 정(正)이요, 상관(傷官)은 편(偏)으로 구분한다.

● 식신(食神)도 지나치게 많을 경우, 상관(傷官)과 같이 편(偏)의 역할을 한다.

식신을 흔히 밥그릇이라는 표현을 많이 하는데 사람마다 음식을 섭취하는 양이 일정하지 않지만, 항상 적당량을 취하는 것이 건강에도 좋다. 배가 고프다고, 맛이 있다 하여 지나치게 먹는다면 탈이 날 것이다. 견물생심(見物生心)이라지만 지나친 욕심은 항상 화근(禍根).

● 재주로 한번 보자. 재주가 지나치게 많아도 걱정이다. "전천후, 맥가이버" 라는 소리는 듣기 좋아도, 정작 깊이에 있어서 문제가 생겨 항상 어느 한 분야에 숙련된 사람을 능가하기는 어렵다. 그래서 하는 말이 "재주 많은 사람 끼니 걱정 안할 날이 없다." 하는 것이다.

● "우물을 파도 한 우물을 파라!"는 것이다. 그러나 현세는 투-잡의 시대다. 완전 전문인이 아니라도 기본적인 역량 만 되도 가능하다.

◆ 식신(食神)과 상관(傷官)의 차이(差異)점과 그 특징(特徵).

오행(五行) 상으로는 같지만, 음(陰)과 양(陽)으로 구분, 그 차이는 확연하다. 남성이 여장한다고 해도 겉모습은 여자 같을지 모르나, 그 본성은 항상 간직하고 있다.

● 변화란 정상적일 때는 항상 그 본질을 유지하려 한다. 그러나 과하거나, 부족 할 경우 항상 돌파구를 찾으려 한다. 사람도 배가 부르면 눈에 보이는 것이 없어지고 건방지게 되듯 자기의 분수를 지키기 힘들어진다. 그래서 항상 강조하는 것이 "중용

(中庸)의 도."인 것이다. 정도(正道)라 해도 그것 또한 지나치면 문제다.

● 물도 지나치게 깨끗하면 고기가 살 수 없는 원리나 똑같다. 보약(補藥)도 지나치게 과용을 하면 몸을 상한다. 다른 육친(六親)도 마찬가지, 식상(食傷)의 경우는 이런 점이 더욱 두드러진다. 식상(食傷)은 재(財)를 생(生) 해주는 것이 생리다.

□ 식신(食神)과 식상(食傷)의 구별.

우선 식상(食傷)이란? 어떠한 성격을 갖고 있는가? 식상은 활동하는 것인데 내 능력을 발휘해야 활동할 것이 아닌가? 솜씨가 있어야, 눈치가 있어야, 활달해야, 끼가 있어야, 발표력이 왕성해야 하고, 예지(銳智)력도 탁월해 현(現) 상태에 머무르려고 하지 않고, 앞을 내다보고 장기적인 면을 보는 안목을 갖고 있다.

● 상상력(想像力)도 풍부, 적응력 또한 탁월해 남에게 즐거움을 선사하기도 하고 모임에서 감초 역할을 톡톡히 하는 스타일이다. 두뇌 회전이 빨라야 절간에 가서도 새우젓이라도 먹어볼 것 아닌가?

● 출입(出入) 면으로 살펴보자. 손에 들고 있는 것보다 놓는 것을 좋아하는 성격이다. 오래 갖고 있지 못한다는 것이다. 수입보다, 저축보다 지출에 능(能)하다. 챙기는 것보다 벌리는 스타일이다. 사랑받는 것보다, 베푸는 것이요, 그러다 보니 포용력(包容力)도 많다. 앉아 있는 것보다 서서 부지런히 움직이는 스타일이라 남의 어려움을 보면 참지 못하고 솔선수범하고 희생정신이 강하다.

● 남을 인도하고 가르치는 것에 능숙해 육영사업이나 봉사하는 직종에 어울리고, 교육 분야에 유달리 강한 면모를 보인다. 감추는 것보다 자랑하고 싶어 하는 성격이라 연예인의 기질이 다분하고, 꽁하는 스타일이 아니라 지나치게 활달, 가끔은 지나친 마당발이라는 핀잔을 받기도 한다. 지나친 낙천주의다. 그 외의 특성이 많으나 차차 설명하면서 논의하자.

❏ 식신(食神)과 상관(傷官).

식신(食神)은 일간(日干)과 음양(陰陽)이 같고, 일간이 생(生)해주는 오행이다. 일간(日干)을 갑(甲) 목이라 하자.

☞ 식신(食神)은 갑(甲)목이 양(陽)이므로 생(生) 해주는 것은 ➔ 화(火)인데, 양(陽)이므로 ➔ 병(丙)화가 식신(食神)이다. 일간이 을(乙) 목일 경우는 ➔ 정(丁)화가 식신(食神)이다.

☞ 상관(傷官)은 식신(食神)과 음양(陰陽)이 반대인 것으로 생각하면 빠르다. 일간(日干)이 생(生) 해주는 오행(五行)으로 음양(陰陽)이 반대다.

갑(甲) 목일 경우, ➔ 상관은 정(丁)화.

을(乙) 목일 경우는 ➔ 병(丙)화.

● 식신(食神)은 정도(正道)요, 상관(傷官)은 편도(偏道)라 무조건 식신(食神)이 좋다고 생각하면 안 된다. 때로는 상관이 중요한 역할을 하는 경우도 많다. 항상 상황을 판단한다. 식신(食神)과 상관의 예를 보자.

❏ 일간(日干)의 기운이 강(强)하고, 조절이 잘 이루어지는 경우.

丙 乙 ◯ ◯ ⇨ 해(亥)월의 을(乙)목 일간이다.

戌 卯 亥 ◯ 을(乙)목 일간(日干)의 기운이 지나치게 강하다.

⇨ 을(乙) 목 일간의 지지(地支) 묘(卯)목이 인수(印綬)인 해(亥)수와 합하여 견겁(肩劫)으로 화(火)하였다.

● 시지(時支)의 술(戌)토, 재(財)와는 합(合)을 이루어 ➔ 화(火)로 화(化)한다. 모든 기운의 핵(核)이 시간(時干)에 있는 병(丙)화로 몰린다. 상관(傷官)인 병(丙)화가 좋은 역할을 하고 있다. 흐름을 보면 수생목(水生木), ➔ 목생화(木生火)하여 종착역은 화(火)다. 음지(陰地)의 나무가 토양이 비옥해지고, 꽃을 피운다. 병(丙)화 상관(傷官)의 공(功)이다.

□ **을(乙)목 일간인데, 기운(氣運)이 지나치게 강(强)하다.**

丁 乙 ○ ○　　⇨ 해(亥)월의 을(乙)목 일간이다.

亥 卯 亥 ○　　지지(地支)에 목국(木局)이 형성된다.

▷ 습(濕) 목(木)이라 볕이 매우 그리운 사주. 정(丁)화가 식신(食神)인데 상관(傷官)인 병(丙)화만도 못하다. 기력(氣力)이 딸린다. 강(强)한 불기운이 필요하다.

✪ 여기서 알 수 있는 것은 상관(傷官), 식신(食神)도 양간(陽干) 일 경우의 식신(食神), 상관(傷官)이 더욱 강(强)하다. 음(陰)−간(干)일 경우, 식신(食神), 상관(傷官)이 필요할 때는 강력한 상관(傷官)이 필요하다.

□ **빚이 많다보니, 집을 팔고 이사를 가려는 사람이다.**

丙 乙 癸 丁　　⇨ 식신(食神), 상관(傷官)이 필요한 사주다.

子 未 卯 亥　　시간(時干)에 상관(傷官)인 병(丙)화가 있다.

▷ 식상관이 필요한 사주. 집착을 버리고 편안히 사는 것이 오히려 더 좋다. 여성 사주이므로 자손과 항상 의논하고, 일 처리하는 것이 좋다.

□ **현재 공장을 동업하고 있는데 적극적인 활동이 필요한 사람이다.**

甲 壬 庚 戊　　⇨ 신(申)금 월의 임(壬)수 일간이다.

辰 申 申 戌　　사주(四柱)의 흐름이 순행(順行)이다.

⬆ 토(土) ⇨금(金) ⇨수(水) ⇨목(木) 하여 시간(時干)의 식신(食神)인 갑(甲)목에게 집중된다.

□ **식신(食神),상관(傷官)인 목(木)이 용신(用神)이 된다.**

甲 癸 辛 癸　　⇨ 유(酉)월의 계(癸)수 일간이다.

寅 亥 酉 丑　　금(金)수(水), 음(陰)이 강(强)하다.

▷ 일지(日支)의 견겁(肩劫)이 시지(時支)의 인(寅) 목과 합(合)해 더욱 사주를 밝

고, 맑게 해주고 있다. 중년(中年)이 지나면서부터 자손의 덕을 본다.

□ 갑(甲)목이 용신(用神) → 역할을 못한다.

甲 癸 辛 癸   ⇨ 유(酉)월의 계(癸)수 일간이다.

子 亥 酉 丑   금, 수 기운(氣運)이 지나치게 강(强)하다.

⇨ 금(金), 수(水)의 기운(氣運)이 강(强)해 차라리 세력에 종(從)하는 것이 식상(食傷)인 갑(甲)목 입장에서는 편하다. ● 갑(甲) 목은 시간(時干)에 있어, 자식이 자기의 자리에는 있으나 부목(浮木)이요, 의지(依支)처가 아니라, 떠내려가고 만다. ✪ 식신(食神), 상관(傷官)도 제 역할을 해야 사용 가능한 것이지, 별 볼 일 없으면 사용 못 한다. 바지사장과 같다. 통변(通辯)–시 이의 확인이 항상 필요하다.

□ 식상(食傷)은 재(財)를 생(生) 한다.

식신(食神)도 재(財)를 생하고, 상관(傷官) 역시 재(財)를 생(生) 한다. 그러나 방법에 있어 그 차이가 나타난다.
✪ 식신(食神)은 고지식한 면이다. 자기의 실력을 정당하게 평가받고 발휘해 그에 상응하는 대가를 요구하고 받는다. 사람은 누구나 참는 데도 한계(限界)가 있다. 식신(食神)도 폭발하면 상관(傷官) 기질이 나온다.
✪ 반면에 상관(傷官)은 술(術)을 첨가한다. 자기의 능력을 십분–발휘, 모자라면 보태서라도 성취하려는 기질이니 금전도 수단, 방법을 가리지 않고 돈이 된다면 기술유출이라는 불법(不法), 편법(便法)을 사용해서라도 재(財)를 취한다.
● 식신(食神)이 갖추어진 사람은 복권 사기를 꺼린다. 그러나 상관(傷官)의 사람은 발행될 때마다 복권을 산다. "아!, 이번에는 한 번 터져야 하는데!" 하면서 말이다.

□ 식신(食神)과 상관(傷官)은 근본적으로 관(官)을 극(剋)한다.
✪ 식신(食神)은 → 편관(偏官)을 극하고, 상관(傷官)은 → 정관(正官)을 극한다.

모든 육친에 있어서도 극(剋) 할 경우는 마찬가지다. 정(正)은 편(偏)을 극(剋)하고, 편(偏)은 정(正)을 극(剋) 한다. 근본적으로 관(官)을 극(剋)하므로 이권(利權)에 개입하는 것이다. 이권(利權)이란 기본적으로 불법의 온상이 아닌가?

➲ 식신(食神)은 그래도 절차를 밟는 수순을 통해 개입하지만, 상관(傷官)은 규칙을 무시하고 들이대는 경향이 강하다. 무력을 동원하는 경우도 있다. 조폭들의 습성처럼 말이다. 상관(傷官) 기질이 강한 사람은 이런 기질(氣質)이 강해 실지 생활에서도 이와 유사한 업종에 종사하거나, 직업을 택해도 연관된 부서에 근무하게 된다. 체질적이다.

➲ 일확천금을 바라는 업종, 바가지 상술이 필요한 업종, 진상처리업무, 부실채권 해결사, 떼인 돈 해결, 사채업자, 카드깡, 삐끼, 경매, 입찰, 사건 브로커, 등등 일상생활에서도 이런 기질(氣質)이 본인도 모르게 나온다.

● 물귀신 작전을 하는 사람처럼 말이다. 대체로 악처(惡妻)의 기본은 이처럼 식, 상관이 강해 관(官)인 남편을 극(剋) 하는 것이 특징(特徵)이다. 아는 것이 많다 보니 입이 항상 근질근질하고 남보다 잘난 척해야지 속에 감추고 있지 못한다. 안달이다.

● 물로 비교한다면 수심(水深)이 얕은 물이라, 옆에서 보기만 해도 속이 다 빤히 보인다. 사람이 진중(鎭重)한 맛이 없고, 경솔함이다.

❂ 식신제살(食神制殺).

식상은 관을 극 하는데 이때 관(官), 식상(食傷)의 기운의 상호-관계를 판단해 상황 설명을 하는데, 서로 기운이 비슷해 상호견제가 이루어지면 큰 문제가 생기지 않는데, 한쪽으로 기운이 지나치게 쏠리거나, 부족할 경우 문제다.

❏ 식신제살(食神制殺)이란 ➔ 관(官)을 극(剋)하는 식상(食傷)이 부족할 때.

○ 甲 庚 ○   ⇨ 신(申)월의 갑(甲)목 일간이다.

○ 午 申 酉   화(火)가 식상(食傷)이고, 금(金)이 관(官)이다.

⊢ 금(金)의 기운(氣運)이 강하다.

● 식신제살(食神制殺)이란? 식신(食神)이란 원래 → 살(殺)을 극(剋) 하는 성향이라 식신제살(食神制殺)이라 한 것이다. 그런데 그것의 기운의 부족(不足)이다. 일간(日干)인 갑(甲) 목의 입장에서는 일지(日支)→ 오(午) 화로 기운이 다 나가고, → 경(庚) 금의 극(剋)을 받으니 더더욱 어렵다. 중간에서 오(午) 화가 강한 금(金)의 기운을 억제해야 편한데, 강한 금(金) 기운에 눌려 불기운이 사라진다.

✪ 제살태과(制殺太過)

제살태과(制殺太過)란? → 살(殺) 즉, 관(官)을 극(剋) 하는 기운이 지나치게 넘쳐나는 것. 식상(食傷)의 기운이 넘쳐나는 것이다. 지나치게 관(官)을 극(剋) 하니 정상적(正常的)인 활동을 못 하고, 위축(萎縮)되어 불균형을 이룬다. 위생 관념이 강하다고 지나치게 깨끗하게 굴면 남들이 부담된다.

□ **식상(食傷)인 화(火)의 기운이 강하다.**

○　甲　丙　○　　⇨ 신(申)월의 갑(甲)목 일간이다.

○　午　申　午　　목(木)화(火)인 양(陽)의 기운이 강하다.

⇨ 위의 사주와 같은 갑(甲)목 일간이다.

월지(月支) → 신(申)금인 관(官)이 맥을 못 추고 있다. 식상(食傷)인 화(火)의 기운에 금(金)이 녹아내릴 판국이다. 도망갈 퇴로(退路)는 있어야 함이다.

□ **식상(食傷)은 인수(印綬)로 부터 극(剋)을 받는다.**

인수(印綬)는 → 식상(食傷)을 극(剋) 한다. 무절제(無節制)한 사용을 금하는 것. 신중하고, 치밀히 모든 것을 처리해야 한다. 품격을 유지하고, 경거망동하지 않아야 한다. 이것 역시 서로가 균형(均衡)을 이루어야 하는데, 그 자체가 깨져버린다면 어떤 현상이 나타날까?

☞ 인수(印綬)의 기운이 지나치면 → 사람이 말이 없어진다.

● 자기 할 말도 못 한다. 설사, 한다 해도 상대방이 듣기에도 답답하다. 표현력(表現力)에서 문제가 생기고, 소리 자체도 배에서 우러나오는 소리가 아니라 짜증난다.

● 상대방이 오해하기 일쑤요, 어쩌다 한마디 해도 분위기 망(亡)치는 소리나 하는 것이요, "뭐 하러 저런 사람 데리고 왔느냐!"는 소리가 나온다.

"노래도 못하는 것이 분위기 망치고, 안 나오면 쳐들어간다, 꿍 짜자 쿵 짝."

✪ 도식(倒植), 도식(倒食)

도식(倒食)이란? ➜ 식(食), 음식을 거꾸로 놓는 것이니 엎는다는 설명이다.

밥그릇을 엎어버리면 밥을 먹을 수가 없다. 결국 밥줄을 끊는 것이다. 활동중지요, 산속에서 도(道)나 닦고, 공부나 해야 한다. 사회적 활동을 중지한다. 능력(能力)을 발휘하지 못하니 답답하다.

✪ 상관상진(傷官傷盡)

☐ 식상(食傷)인 사(巳)화가 거리도 멀고, 수기(水氣)에 밀린다.

壬	甲	戊	乙	⇨ 자(子)월의 갑(甲)목 일간이다.
申	子	子	巳	인성(印星)인 수(水)의 기운이 강하다.

☐ 인성이 강(强) 해 재가 맥을 못 춘다.

癸	乙	乙	癸	⇨ 축(丑)월의 을(乙)목 일간이다.
未	丑	丑	亥	재(財)가 인성(印星)으로 변화하였다.

● 재(財)가 ➜ 인성(印星)으로 변하니 제정신이 아니다. 시지(時支)의 미(未) 토도 제 살길을 찾아 나선다. 변화(變化)된 모습으로. 두들겨 맞고 깨지고 나니 정신(情神)이 확 든단다.

❏ 관(官)이 지나치게 강(强)하니 주눅 들어 맥을 못 추고 만다.

丁 甲 癸 癸 ⇨ 갑(甲)목이 지나치게 냉(冷)하다.

卯 子 亥 亥　　갑(甲)목의 상관인 정(丁)화가 맥을 못 춘다.

⇨ 상관(傷官)인 정(丁)화에게 → 수(水)는 관(官)이다.

● 수생목(水生木)은 지나치게 받는데, 목생화(木生火)가 제대로 이루어지지 않는다. 흐름이 이루어지지 않으니 통로가 막힌다.

❏ 인수(印綬)와 식상(食傷)이 균형(均衡)을 이루면 만사 형통이다.

丙 甲 壬 壬 ⇨ 자(子)월의 갑(甲)목 일간이다.

寅 午 子 申　　음(陰)과 양(陽)의 균형이 알맞다.

⇨ 지지(地支)가 → 수(水), 화(火)로 양분되어 있고, → 천간(天干)도 음(陰), 양(陽)으로 조화(造化)가 아름답다. 아래는 냉(冷)하고, 위에는 온기(溫氣)가 가득.

● 차가운 공기는 가라앉는 법이라 아래에 위치하고, 뜨거운 공기는 상승(上昇)해 항상 위로 하는 것이라 → 제각각 자리를 잘 잡고 있다.

●설중(雪中)-매화(梅花)라 추운 겨울의 날씨 인데도, 나무에 꽃이 만개(滿開), 보는 이의 마음을 즐겁게 하고 있다.

❂ 인수(印綬)와 식상(食傷)간의 상관관계(相關關係).

● 인수(印綬)와 식상(食傷)간의 역학관계다. 모든 원리(原理)가 그러하다. 지나치게 많아도 병(病)이요, 모자라도 병(病)이다. 인수(印綬)가 필요한데 식상 기운이 너무 강하면 인수가 발붙일 곳이 없다. → 반대로 식상(食傷)이 필요한데 인수(印綬)가 지나치게 강(强)하면 식상이 머무를 곳이 없어진다. → 결국은 흉(凶)하다.

❖ 인수(印綬)가 병(病)으로 작용(作用)할 때. 타인의 명의로 모든 것을 처리하고, 지나친 저축은 삼가고, 고향을 떠나야 하고, 부모님을 지나치게 의존하지 말아야 한다. 홀로 독립해야 한다.

❖ 인수(印綬)가 약(弱)으로 작용할 경우.(필요로 할 경우.)
부모님을 항상 근처에 두고 생활.(모시고 산다.) 떨어져 있을 경우는 자주 찾아뵙는 것이 좋다. 전화라도 자주 드려라. 저축하는 것이 사는 길이다.

✪ 식상(食傷)의 힘의 근원은 일간(日干)이요, 비견(比肩), 비겁(比劫)이다.
식상은 일간(日干)이 생(生) 해주는 것이다. 그러므로 일간이 건강(健康)하고, 능력(能力)이 있어야 한다. 그러나 비견, 비겁이 지나치게 왕(旺)할 경우 식상의 입장에서 어머니가 되는데 인수가 지나치게 많다.

➜ 혼탁해지고, 의지가 박약해지고, 나약해진다. 스스로 활동을 안 한다. ➜ 식상이 몰(沒)-해진다. 물이 유입되는데 맑은 물, 더러운 물, 폐수, 오염된 물 갖가지 다 들어오니 수질이 나빠지고, 탁해지니 물로서 용도 폐기되는 경우다. ➜ 쓸모 없는 식상(食傷)이다.

▢ **식신(食神)인 계(癸)수가 시간(時干)에 있으나 용도(用度)가 불분명하다.**

癸 辛 乙 庚　　　⇨ 유(酉)월의 신(辛) 금 일간이다.

酉 丑 酉 申　　　일간(日干) 금기(金氣)가 지나치게 강(强)하다.

⇨ 물이 지나치게 철분이 많아 식수로 사용하기 적합하지 않다.
쇳물이라 벌겋게 녹이 슨 것과 같다.

▢ 현재 병원에서 퇴원을 하고, 통원치료중인 환자이다.

庚　戊　庚　己　　　➪ 오(午)월의 무(戊)토 일간이다.

申　申　午　卯　　식상(食傷)인 금기(金氣)가 지나치게 강(强)하다.

➪ 식상(食傷)이 왕(旺) 해 지나친 설기로 일간이 심(深)히 약하다.

➜ 병술(丙戌), 정해(丁亥)년은 위험한 고비를 넘긴 해.

● 그러나 무자년(2008년)부터 걱정스럽다. 식상이 왕(旺) 할 때 견겁(肩劫)-운이 오더라도, 또다시 식상(食傷)으로 기운이 빠져나가므로 흉(凶)으로 바뀌는 것이다. 일간(日干)이 약(弱)할 때 도움이 되는 것 같으나 결과를 논하는 것이다. 그리고 지지(地支)에 ➜ 자(子)는 용신(用神)인 오(午) 화를 충(冲) 하므로, 각별 신경을 써야 하는 해. 다행스러운 것은 금생수(金生水)하여 왕(旺) 한 식상의 기운을 빼주니 그나마 다행.

● 2021년인 신축(辛丑)년을 보면 천간(天干)과 지지(地支)로 금(金) 운이요, 그리고 지지의 축(丑) 토는 ➜ 금(金)과 같은 작용을 하는 토(土)라, 기운이 다 식상으로 흘러간다. 일간이 기운이 강(强)해지는 것 같아도, 그 기운(氣運)은 다시 식상(食傷)을 생(生) 한다. ➜ 좋은 것 같아도 만족스럽지는 않다. 그러나 같은 성향이 많아 지출이라도 나에게는 힘이 되기도 한다. 코로나 방역이요, 그에 대한 반대급부다.

✪ 견겁(肩劫)이 왕(旺)하여 재성(財星)이 맥을 못 추고 있을 때, 식상(食傷)이 중간에 나서서 ➜ 완충(緩衝)역할을 한다면 사주의 흐름이 원활하다.

○　壬　○　○　　　➪ 자(子)월의 임(壬)수 일간이다.

午　寅　子　申　　　각각의 관계를 살펴보자.

➪ 지지(地支)에서 금(金), 수(水). 목(木). 화(火)로 흐름이 아주 원만하고 편안하다. 년지(年支)와 월지(月支)가 ➜ 합(合) ➜ 수(水)로 변하고, 임(壬)수 일간(日干)과 합세, 시지(時支)의 오(午)화를 괴롭히고 있는데, 중간에서 일지 ➜ 인(寅)목이 수기(水氣)의 흐름을 흡수, 직접적인 충격을 완화하고 오히려 ➜ 오(午) 화를 생(生)해 ➜ 상생(相生)의 길을 만든다.

□ 일지(日支)의 오(午)화가 중간에서 통관(通關)역할을 한다.

戊 甲 ○　○　⇨ 갑(甲)목 일간의 사주인데, 월지 묘(卯)목이 있어

辰 午 卯　○　　기운이 강하다. 목극토(木剋土)의 관계를 보는 것이다.

⬆ 목(木)이 목극토(木剋土) 하나 서로, 상생(相生)의 길을 걷는다.

✪ 식상(食傷)이 재(財)를 만나면 생(生)해야 하므로 식상(食傷)이 약(弱)해진다. 식상(食傷)은 약(弱)해지지만, 재(財)는 자꾸 기운이 왕(旺) 해 진다.

⇨ 식상은 베푸는 것이요. 곧 그것이 재(財)를 만드는 것이라 베푸는 것이 곧 재물(財物)을 더 많이 모으는 것과 같다.

● 어느 인기가수의 기부행위(寄附行爲)가 기업가를 능가하는데도, 그는 계속 선행(善行)을 하고 있다. 그것이 알려지면서 오히려 그는 더 많은 곳에서 출연요청이 오고, 스케줄이 밀려 즐거운 비명이다. 사심(私心) 없는 그의 선행에 따른 복(福)이다. 베푼 만큼 받는 것이요, 그것이 선행(善行)이다. 이러한 것을 일러 "적선지가(積善之家)에 필유여경(必有餘慶)"이라 한다.

"선행과 아량을 베풀어 그것이 집에 쌓이면 기쁨이 남는 것이다." 라는 의미인데 착한 일을 하면 항상 그 끝은 좋다. 그것이 정신적이든, 재물이든 상관이 없다. 식상(食傷)은 아량이요, 베푸는 것이라 금전을 주어 도움 주는 것도 베푸는 것이다. 즉 돈을 써도, 써도 돈이 생기는 것이다. 주는 것이 버는 것이다.

✪ 투자(投資)하거나, 돈을 써야 할 때는 언제인가? (통변(通辯)의 요령)

⇨ 식상(食傷) 운이 흉(凶)으로 작용(作用)할 경우는 어떻게 해야 하는가?

특히 상관(傷官) 운이 흉(凶)하게 작용할 경우, 관(官)을 상하게 한다. 관(官)이 상(傷)한다는 것은 상관(傷官)의 극(剋)을 받아 관이 특히 정관(正官)이 다친다.

직장(職場)에서 자리가 어려워지고, 운신의 폭이 작아진다. 관(官)의 기운이 약(弱)해진다. → 재생관(財生官) 하여 재(財)를 발동(發動)해 관(官)을 생(生) 하도록 해야 한다. 남성의 경우 → 재(財)는 아내요, 재물(財物)이라 아내의 내조(內助)가 필요하다. 미리미리 대처하는 것이다. 흔들리지 않도록 주춧돌을 고여야 한다.

▷ 일주가 식상(食傷)을 생 한다는 것은 내가 베푸는 것이니 음덕(蔭德)을 쌓는 형국이다. 음덕을 쌓은 상태에서 식상(食傷)이 재(財)를 생(生) 한다는 것은 쌓은 음덕을 남에게 베푸는 것이다. 그리하여 재물을 취하니 덕을 보는 것이다.

▷ 덕(德)을 받고, 혜택(惠澤)을 입음으로, 그 보답으로 관(官)을 생(生) 하니 내가 열심히 일하는 것이다. 받은 덕을 일하는 곳에 사용해야 한다. 그래야 나의 명예(名譽)가 올라가고 떳떳한 인간으로 사회의 일원(一員)이 된다.

▷ 자손(子孫)이 관(官)인데 아프다면 누가 제일 먼저 가보는 것이 좋을까?
당연히 아내인 엄마다. 관(官)인 아들에게는 재(財)인 아내가 인수(印綬)되어 귀인(貴人)이다.
재(財)인 아내가 약을 사 간다.

❂ 식상(食傷)은 잘 구성이 되어 있는데 재(財)가 없을 경우는 ?

식상(食傷) → 생재(生財) 하는데 식상(食傷)이 튼튼하므로 재(財)를 잘 조성한다. 재성이 없다 하여 무조건 아, 연(連)이 박하구나!, 인연(因緣)이 없구나! 하고 단정 내린다면 그것은 실수다. 식상(食傷)의 건강상태를 살펴야 한다.

● 금전(金錢)을 모으는 데 있어, 모으기는 모아도 큰돈은 만지지 못한다. 그리고 첨언 한다면 식상(食傷)이 생재(生財)를 잘하는가? 못하는가? 판단한다. 식상(食傷)이 생재(生財)에 인색(吝嗇)하면 문제다.

● 일간(日干)이나 견겁(肩劫)이 식상(食傷)을 생(生) 하는 그 자체로 머문다면, 생재(生財)가 이루어지지 않는다.

☐ **무조건 머리수로 보면 안 된다.**

○	庚	○	○
子	申	○	○

↳ 경(庚)금 일간(日干). 지지(地支)➔ 금(金)

신(申)-자(子)합(合) ➔ 수국(水局)을 이룬다.

↳ 경(庚) 금 일간 사주인데, 지지(地支)에서 ➔ 신(申)-자(子) ➔ 합하여 식상(食傷)으로 변하였다. ➔ 금생수(金生水) 하여 식상(食傷)을 생(生) 하는 것까지는 가도, 그 이상은 못 간다. ➔ 그것이 한계(限界)다. ● 내가 희생(犧牲)하여 음덕(蔭德)을 쌓는 것으로 만족해야 한다. 부모의 마음은 그렇다. 내가 지식을 키울 때는 희생하지만 늙어서 그래도 약간의 도움을 받고 싶어 하는 것이 사람이 마음이다. 이런 경우는 자식을 키워 성장한 것, 그것으로 만족해야 한다.

↳ 식상은 항상 일간(日干)과 견겁(肩劫)이 재(財)를 극(剋) 하는 것을 중간에서 항상 보호해주는 역할을 한다. 재(財)의 입장에서는 관(官)인 일간의 극(剋)을 인수(印綬)인 식상(食傷)이 보호해주고 생(生) 해주는 것이다. 귀인(貴人)이다.

✪ **신왕(身旺)에 생재(生財)를 할 경우는 어떤가?**

신왕(身旺)에 식신(食神)-생재(生財)일 경우는? 돈을 참 수월하게 번다. 신약(身弱)일 경우는 돈을 벌어도 어렵게 번다. 간직하기 어려우므로. 이 경우 돈을 벌어서 쓰면 또 벌고, 써도 또 버는 것이다. 마치 돈이 샘솟듯 한다. 베풀어 가면서 재물을 모은다.

☐ **무(戊)토 일간(日干) ➔ 재(財)는 수(水)이다.**

○	戊	○	○
子	申	未	午

↳ 미(未)월의 무(戊)토 일간이다.

지지(地支) ➔ 수(水)화(火)로 양분(兩分).

↳ 화(火) ↳ 토(土) ↳ 금(金) ↳ 수(水) 하여 흐름이 잘 이루어진다.

돌고 도는 것이 인생이다. 매사가 원만한 사람이다. 일지(日支)의 신(申) 금이 식상(食傷)인데 토생금(土生金)을 받아 금생수(金生水)하는데 자신의 몸까지 받쳐서 재(財)를 생(生) 한다.

□ 일지(日支)와 시지(時支)에 → 재(財)인 자(子)수가 있다.

○　戊　○　○　　⇨ 미(未)월의 무(戊)토 일간이다.

子　子　未　午　　흐름을 보자 화(火)) ⇨ 토(土) ⇨ 수(水)이다.

⇨ 돌고 도는 인생이 못 된다. 자(子)-미(未) → 원진(元嗔)에, 자(子)-오(午) → 충(沖)이다. 재(財)를 생(生) 해주는 식상(食傷)이 없다.

재가 물인데 담겨 있는 물이다. 물이 없어지면 길어서 보충해야 하는데 → 고인 물을 떠다 먹기만 하는 형상이요, 곶감 빼먹듯 있는 것만 축내는 스타일이다. → 활용 못하는 사람이다. 씨감자를 즐겨 먹는 사람이다. 농사는 누가 짓나? 자기 입만 생각한다. • 아직은 먹을 것이 있잖아! → 결국, 당한다. 물에 휩쓸려 사라진다. 불행한 예측도 가능하다. 죽을 때까지 재산(財産)은 있는 사람이다. 그게 얼마일까? 돈이란 쓰면 쓸수록 헤퍼진다 생각하고 악착같이 아끼는 사람이다. 저승 갈 때는 노잣돈 동전 몇 잎 한심한 인생이다. 큰돈도 아니다.

□ 식신유기(食神有氣)면 승재관(勝財官)이란?

□ 식신유기(食神有氣)란?
식신(食神)이 잘 구성(構成)되어있고, 기운(氣運)이 왕성해 자기 역할을 충분히 하는 것을 말하는데 길신(吉神) 역할을 한다.

□ 승재관(勝財官)이란?
재(財)나 관(官)을 이긴다는 말이다. 효용(效用)가치에 있어, 재(財)나 관(官)보다 훨씬 낫다.

丙　甲　○　○

寅　寅　子　○

▷ 자(子)월의 갑(甲)목 일간이다.

목(木)기운이 지나치게 강(强)하다.

▷ 갑(甲)목 일간에게 식신(食神)은 병(丙)화인데 기운이 강(强)하다. 수(水) ▷목(木) ▷화(火)하여 흐름이 원만하다. 식신(食神)인 병(丙)화가, 인(寅)중 병(丙)화도 있고, 목(木)의 생(生)을 잘 받고 있다. 귀인(貴人)이 많으니 어설픈 재(財)나 관(官)보다도 낫다.

❂ **식상(食傷)이 용신(用神)일 경우.**

식상(食傷)은 관(官)을 극(剋) 한다. 즉 다스린다. → 관(官)은 윗사람인데 윗사람을 다스린다는 것은 자기를 어렵게 생각한다는 것이다. → 관은 또한 법(法)이요, 규칙(規則)이라 좋게 이야기하면 법을 집행하고 다스린다. 나쁘게 본다면 법(法)을 우습게 알고 경거망동(輕擧妄動)한다. 즉 위법행위(違法行爲)를 자행.

❂ **화(火), 토(土) 식신(食神) 격은 왜 비만(肥滿) 인가?**

화(火), 토(土) 식신(食神)-격이라 함은 일간(日干)이 화(火)이니 식신(食神)은 자연 토(土)가 되는데, 토(土)는 기육(肌肉)인지라 살과 근육(筋肉)이다. → 여성의 경우, 자손이 식상이니 자손이 많아질수록 강해지니 불어나는 것이요, 늘어난다. 살이 많아지니 살이 찐다. → 비만(肥滿)과 연결된다.

○　丙　戊　○

戌　寅　戌　○

▷ 술(戌)월의 병(丙)화 일간이다.

화(火), 토(土)가 기운이 강(强)하다.

▷ 화(火), 토(土)의 기운이 강(强)한 사주다. 똘똘 뭉친 형국.

✪ 식상(食傷)과 관살(官殺)의 관계.

식상(食傷) → 관살(官殺)을 극(剋) 한다. 그러나 그것도 힘이 있어야 극하는 것이지 힘이 모자란다면 극 할 수 없다. 다른 육친관계도 마찬가지다. 각자가 갖출 것을 겸비 하고, 능력이 되어야 자기의 뜻을 이룰 수 있다. "알아야 면장을 하듯" 힘과 능력을 겸비해야 한다. 이것이 안 될 경우는 → 역(逆)으로 내가 당한다. 남편이 능력 없을 경우, 아내의 도움을 받고, 그것도 모자란다면 아내가 가정을 이끌어간다. 불의의 사고나 기타 관이 약해지는 경우도 된다. 팔자(八字)다.

☐ 식상(食傷)의 기운이 강하니 관(官)이 꼼짝 못 한다.

丙　庚　壬　○　　　 ⇨ 신(申)월의 경(庚)금 일간이다.

戌　子　申　子　　 식상(食傷)인 수(水)의 기운이 강(強)하다.

⇨ 경(庚)금 일간에게 → 병(丙)화는 편관(偏官)인데, → 임(壬)수 식신(食神)의 극(剋)을 받는다.

시(時)	일(日)	월(月)	년(年)	시(時)	일(日)	월(月)	년(年)
← 후(後) →		← 선(先) →		← 후(後) →		← 선(先) →	
관살(官殺)		식상(食傷)		식상(食傷)		관살(官殺)	
⇩				⇩			
식거선(食居先)		살거후(殺居後)		살거선(殺居先)		식거후 (食居後)	

✪ 식거선(食居先)과 살거후(殺居後).

식상(食傷)과 관살(官殺)의 위치에 따라 붙여지는 명칭. 사주(四柱) 원국을 전, 후로 나누어 판단. → 전(前)이란? 선(先)이라는 표현(表現)으로도 나타낸다. → 년(年)과 월(月)을 나타낸다. → 후(後)란 뒤로 일(日)과 시(時)다.

⇨ 식거선(食居先) 살거후(殺居後).

● 식상이 년(年), 월(月)에 나타나고, → 살(殺)인 관살(官殺)이 일(日)과 시(時)에 나타나는 것.

✪ 살거선(殺居先) 식거후(食居後).

● 관살(官殺)이 → 전반(全般)부에 나오고, 식상(食傷)이 → 후반부(後半部)에 나타나는 경우.

○ 甲 庚 癸　　⇨ 신(申)월의 갑(甲)목 일간이다.

午 申 申 酉　　　관(官)인 금(金)기운이 강(强)하다.

⇨ 년(年), 월(月), 일(日)의 지지(地支)가 금국(金局)을 형성.

식상(食傷)인 오(午) 화는 시지(時支)에 있으나, 기운(氣運)이 미약하여 관(官)과 견주기 힘들어진다. → 화(火)란 금(金)을 극(剋) 하지만 화(火)의 기운이 극히 미약해 오히려 불길이 꺼지고 만다. → 극(剋) 하려다 오히려 당한다.

✪ 식신제살 (食神制殺)의 경우는 어떨까?

관살(官殺)이 지나치게 강(强)해 식상(食傷)이 맥을 못 추는 경우.

庚 乙 ○ ○　　⇨ 을(乙) 목 일간(日干)의 사주다.

辰 酉 午 酉　　　금기(金氣)가 지나치게 강(强)한 사주다.

⇨ 금기(金氣)가 지나치게 강하니 을(乙)목 일간이 맥을 못 추는 상황이다.

● 월지(月支)에 → 식상(食傷)인 오(午) 화가 있으나, 제대로 힘을 못 쓰는 형국이다. 아무리 둘러보아도 온통 쇳덩어리다. 나무는 적은데 열매가 지나치게 많이 열려 있으니, 나무가 열매의 무게를 견디지 못한다. 가지가 휘어지는 정도가 아니다. 뿌리 채로 쓰러질 상황이다. → 열매를 미리미리 솎아내야 하는데, 시기(時期)를 놓치고 기력(氣力)이 부족하다. 아무리 하려 해도 방법이 없다. 게으름이요, 기질의 문제다. 태생이 문제다. 왜?

▷ 을(乙)목의 입장을 살펴보자.

● 쥐도 쫓을 때는 구멍을 남겨두고 몰아쳐야 한다. 지나치게 억압을 받고만 살아오니 남는 것은 악이요, 원망이요, 불만만 가득한 인생이다. → 음지(陰地)의 나무라 항상 볕이 그립고, 환한 미소에, 따사로운 정(情)이 그리운 사주인데 구박에 천대에 이골이 나 있으니 세상이 원망스러운 것이다. → 일해도 임금도 제대로 못 받고 사회에 대한 냉대에 불만만 자꾸만 쌓인다. 결국, 막가파로 가는 것이다.

▷ **여성(女性)이라면 어떨까?**

관(官)인 남편(男便)의 기운이 왕(旺)해 도저히 말도 못 하고 기죽어 사는 여성이다. 희망이라면 자손(子孫)인 화(火)가 강한 금(金)의 기운을 녹이는 것이다.

● 을(乙) 목의 뿌리라면 진(辰)중의 계(癸)수가 있으나 진(辰)토 역시 일지(日支)의 유(酉) 금과 합해 금(金)으로 화(化)하니 믿을 수 없다. 을(乙)-경(庚)합하여, 겉으로는 나도 당신과 같은 금(金)입니다. 바라는 것은 항상 자손(子孫)인 화(火)를 바라는 것이다.

● 생활에 있어서도, 기력이 왕성한 남편보다는 약한 자식을 항상 끼고돌며 산다. 일(日)과 시(時)가 천간(天干), 지지(地支)로 합하여, "오매불망, 당신뿐이야" 하지만 그것은 아니다. 자손도, 아내도 왕(旺) 한 금(金)의 기운(氣運)에 억눌리니, 가정에서 남편 눈치 보고 살기 어렵다. 성질나면 자식이고, 마누라고 없다. 인정(仁情)도 없고, 예의(禮義)도 없는 남편이다.

□ **식상(食傷)과 관(官)이 균형을 이루는 경우는 어떨까?**

丙　庚　壬　壬　　▷ 자(子)월의 경(庚)금 일간(日干)이다.

戌　寅　子　申　　식상(食傷)과 관살(官殺)을 구별해야 한다.

▷ 경(庚) 금 일간(日干)이라 식상(食傷)은 수(水)가 된다. 관(官)은 화(火)가 된다.

● 식상(食傷)과 관(官)의 위치가 서로 자기 영역(領域)을 정확하게 지킨다면, 그것은 바람직하다. 격으로 본다면 ➡ 길(吉) 격으로 본다. 여성(女性)의 사주(四柱)라고 본다면 ➡ 인생의 전반부는 자손에게 푹 빠져 사는 사람이다. 인생의 후반부에서는 남편에게 또한 푹 빠져 사는 사람이다. ➡ 중년이 되기 전까지는 남편에게 크게 신경을 못 쓴다. 그러나 자손이 성장한 후로는 이제 남편에게 온갖 정성을 다한다.

口 **일상적인 면(面)으로 살펴보자.**

경(庚) 금은 실령(失令)이요, 실지(失地)요, 실세(失勢)다. 신약(身弱)이다.
신약(身弱)하다 보니 자연 관(官)의 기운이 오는 것이 두렵다.
경(庚) 금에게 ➡ 병-화(丙-火)는 편관(偏官)이요, 살(殺)이다.
그것도 바로 옆에 있으니 항상 두려운 존재다.
그러나 항상 천적은 있게 마련. 임(壬) 수가 천적(天敵)이다. 임(壬) 수는 병(丙)화를 갖고 논다. 마음대로 부린다. 병(丙)화가 경(庚)금을 극(剋) 하려하나, 이것을 옆에 있던 임(壬) 수가 보고는 꼼짝 마라! 를 외친다. 섣불리 병(丙)화가 경(庚) 금을 건드리지 못한다.
이때 병(丙)화가 기운이 왕(旺) 하다면 임(壬)수가 오히려 역으로 당할 것이다.
그러나 지금의 상황은 임(壬) 수가 기운이 강(强)하다. 전체적인 상황이 그렇다는 이야기다. 관(官)은 법(法)이요, 규칙(規則)이요, 룰이다.

口 **서로가 극(剋) 하는 관계에서 균형이 이루어지면 싸움이 벌어지지 않는다.**
부부(夫婦)관계는 서로가 극(剋) 하는 관계다. 어느 한쪽이 강하면 그 집안은 강한 쪽의 입김이 세어 자연 편협(偏狹)된 형상이다. 기울어진 집안이다. 그러나 균형을 이룬다면 항상 화기애애(和氣靄靄)한 집안이다.
口 **일간인 아내가 견겁(肩劫)이 왕(旺) 해 관(官)의 지배를 받지 않을 경우.**
형제가 많고, 이런 일, 저런 일 일이 생겨도 서로 도와주면 나의 편이 된다. 그러나 남편은 외롭고 어렵다. ➡ 처가(妻家)의 기운이 지나치게 강하니 아내에게 손찌검한 번 했다 하면 난리가 난다. 식구들이 전부 몰려와서 따지는 것이다. "에이 시집 잘못 보냈어." 하면서 말이다. 남편이 싹싹 밀어야 게임이 끝난다.

□ 관(官)이 강(强)해 일간(日干)과 식상(食傷)이 맥을 못 출 경우.

● 관(官)과 식상(食傷)의 기운을 논할 때 일간(日干)은 항상 식상(食傷)을 옹호하게 된다. 그것은 나를 극(剋) 하는 것이 관(官)이므로, 귀찮은 존재를 제거하는 식상(食傷)을 좋아할 수밖에 없다.

→ 아내에게 관(官)은 남편(男便)이다. 남편의 기운이 강(强)하여 집안을 독재로 다스린다면, 아내는 자연 자식과 가까울 수밖에 없다. 동병상련(同病相憐)의 아픔을 논하는 것이다. 관(官)이란? → 다스리고 복종(僕從)시키려는 기운이 강하다. 그러나 식상과 일간이 기운을 합해 그에 대항, 자웅을 겨루는데, 손색이 없다면 서로 지배받지 않고, 간섭받지 않으므로 서로 편하고 안락하다.

□ 식상(食傷)이 지나쳐서 생기는 경우의 문제점.

항상 지나치면 생기는 문제는 중화(中和)를 실도(失道) 하는 것이다. 이것은 어느 경우라도 마찬가지다. 특히 식상(食傷)이 지나친 경우는 많은 문제점을 야기한다.

□ 병(丙)화가 코너에 몰려있다. 기운을 보충할 여력이 없다.

丙 庚 壬 壬　　⇨ 위의 사주와 비슷한 사주이다.

戊 子 子 申　　금(金)수(水)가 지나치게 강(强)하다.

⇨ 도움이 필요한데 오히려 시지(時支)의 무(戊) 토에게 계속 설기 하는 상황이다. 더구나 술(戌) 토는 → 화(火)의 고장(庫藏)이다. 입묘(入墓)가 되어 더욱 괴롭다. 날은 추운데 살을 베는 추위는 더욱 기승을 부리고, 발버둥 쳐보지만, 기운만 자꾸 빠진다.

⇨ 경(庚)금 일간(日干)을 여자라 보자. → 식상(食傷)인 수(水)가 많으니 남편인 병(丙)화를 무시한다. 그러니 남편인 병(丙)-화(火)가, 화나서 아내인 경(庚) 금을

화극금(火克金)으로 패대기친다. 이유는 ➡ 무시하고, 예의도 없고, 경망스럽고, 푼수라는 것이다. 결국 ➡ 매 맞고 산다.

❏ 남성(男性)일 경우는 어떨까?

남성(男性)의 경우는 법(法)을 무시하고 무법자(無法者)로 사니 가는 곳이 경찰서요, 검찰이요, 형무소다. 마치 제집 드나들듯 한다. 식상(食傷)이 관(官)을 쥐 잡 듯 하니 관(官)이 죽기 살기로 악을 쓰는 것이다. ➡ 관운(官運)이 오면 항상 관재(官災)수요, 구설에 휩싸인다. 관(官)을 극(剋) 하는 기운이 지나치게 강(强)하니 ➡ 제살태과(制殺太過) 격이다. 진법무민(盡法無民)의 사주다.

❏ 식거선(食居先) 살거후(殺居後) 격이요, 제살태과(制殺太過) 격 이다.

乙　乙　丙　丁　　➡ 오(午)월의 을(乙)목 일간이다.

酉　巳　午　未　　　화(火),금(金)의 상전(相戰)이다.

➡ 지지(地支)에서 사(巳)-유(酉) ➡ 금국(金局), 오(午)-미(未) ➡ 화국(火局)이 상반 양분되어 있는데, 화(火)인 식상(食傷)의 기운이 조금 더 강하다. 여성으로 본다면 자손(子孫)인 식상(食傷)보다 관(官)인 남편(男便)이 더 필요한 사주다. 남편을 위주로 살아야 한다.

● 방을 쓰는 것을 생각해보자. 자손인 식상의 기운이 강하니 일간인 아내가 남편과 기운을 합할 수야 없지만, 남편의 기운이 왕(旺) 해지기를 바란다. 자손이 기운이 강해 항상 자기의 기운을 빼앗아가니 쉴 여력이 없다. 그것을 남편이 알아서 보호해야 하는데, 남편 역시 왕(旺) 한 식상의 기운에 항상 눌려 지낸다.

● 일간(日干)인 아내는 자식에게 기운을 앗기는 것이 싫어 피하게 된다. 그러니 자연 방은 남편과 같이 사용한다. 빨리 남편의 기운이 왕(旺) 해지기를 바라면서 말이다. 밤에 부부간에 남편과 잠자리를 하다가 자식에게 자주 목격이 되는 것은, 다 관(官)이 약하고 식상(食傷)의 기운이 강한 경우다. 예전 이야기에 나오는 흥부의 집을 생각하여보자. 자식(子息)이 많다 보니 엄마가 쉴 여가 없다. 그러니 의지하는 것은

남편뿐이다. 대체로 자식이 많은 집은 남편이 들들 볶이고, 시달려도 아내의 남편에 대한 사랑은 좋은 편이다. 수고하니까, 바라는 것은 서방뿐이니까, 남편이 성공해야 집안이 잘되니까, 자식들 뒷-바라지 하느라 남편을 돌볼 시간이 없어 항상 미안해하는 것이다.

❂ **일간(日干)이 신약(身弱)한데 식상(食傷)이 많으면 어떤가?**

일간(日干)이 신약(身弱)하다는 것은 인수(印綬)도 시원치 않다. 가뜩이나 신약(身弱)한데, 식상이 왕(旺)할 경우, 힘든 일이 많이 생긴다. 때로는 종(從) 하는 경우도 생겨 오히려 전화위복(轉禍爲福) 될 경우도 있을 것이다. 식상(食傷)을 살펴보자. 식상(食傷)은 ➜ 관(官)을 극(剋) 한다. 견겁(肩劫)을 보는 것이니 사주에서 견겁(肩劫)을 살펴보자.

□ **을(乙)목의 남편은 금(金)이 되는데 정관(正官)은 경(庚)금이다.**

乙 甲 丁 ○   ⇨ 갑(甲)목이 남성이라면 을(乙)목은 여동생이 된다.

丑 午 未 午   식상이 많으니 관(官)을 극(剋)하는데, 관이 맥을 못 춘다.

⇨ 사주에서 경(庚) 금이 없으므로, 축(丑) 중 ➜ 신(辛)금을 관(官)으로 하여 여동생의 남편으로 보자. 을(乙) 목은 ➜ 지지(地支)에 관고(官庫)를 갖고 있다. 식상(食傷) ➜ 화(火)의 기운(氣運)이 왕(旺) 하니, ➜ 관(官)인 금(金)의 기운(氣運)이 맥을 못 춘다. 여동생 남편이다. 여동생이 팔자가 박하다. 남편 복이 없다. 신약에 식상(食傷)이 왕(旺) 하면 이런 결과다.

□ **식상(食傷)이 잘 이루어진 사주(四柱), 즉 식상이 용신(用神)인 사주.**

戊 壬 甲 ○   ⇨ 인(寅)월의 임(壬)수 일간이다.

申 子 寅 寅   1월이라 아직은 냉기가 있다.

▷ 목(木), 화(火)가 용신(用神)인 사주이다.

음(陰)과 양(陽)의 균형(均衡)이 어느 정도 이루어진다. 자세히 살펴보면 월(月)과 시(時)가 → 찬 기운을 간직하고 있어서, 사주에 냉기(冷氣)가 흐른다. → 식상(食傷)이 용신(用神).

□ 특성(特性)으로 살펴보는 식상(食傷)의 기운(氣運).

▷ 지혜(智惠)로 살펴보는 면

● 임(壬)수 일간(日干)이다. 수(水)는 → 지혜(知慧)인데, 식상(食傷)을 용신(用神)으로 하니 지혜를 발휘, 능력(能力)을 발산한다. 일간 자체가 신약(身弱)이 아니므로, 충분히 자기 역량을 십분-발휘한다. 고로 기본적인 자질은 있는 것이다. 영리한 사람이다.

▷ 추리력(推理力)과 예지(銳智)력인 면.

화(火)는 추리력이요, 예지능력이다. 남들의 무관심 속에 있는 것도 날카롭게 보는 안목(眼目)은 잠재(潛在)하여 있다. 인(寅)중의 병(丙)화가 그것인데, 목(木)의 생(生)을 충분히 받고, 감싸주니 자꾸만 개발한다.

➲ 사랑과 인정(仁情)적인 면

식상을 → 용신으로 하니 항상 베풀고, 음덕(陰德)을 쌓는 것이 자기 본연의 임무라고 생각하는 사람이다. 목(木)은 인정인데 소양을 충분히 갖추어 주변에서 부드러운 이미지를 받는다.

➲ 장래(將來)적인 면과 심성(心性), 후덕(厚德)함과 진중(珍重)함에 대하여.

항상 앞을 내다보고 장기적인 안목으로 매사를 처리한다. 나무를 키우는 것이니 사랑과 정성으로 행하는 것이고, 긴 시간을 요 한다. 일간에서 → 월(月)로 생(生) 하니 윗사람을 잘 보필하고, 예의를 존중하는 사람이다. 생(生)을 해야 편한 사람이니, 항상 어려운 것을 보면 돕고자 하는 마음이 생기고, 식상이 용신이니 가르치고, 돌보는 업에 종사하면 좋다. 심성이 항상 후덕하고, 아량을 베푸니 속이 넓은 편이다.

● 심성(心性)은 관(官)이 약하므로 다스리려 해도 안 된다. → 살살 달래야 한다.

옆에서의 조언을 간혹 무시하는 경향이 있어 정에 끌려 본인이 옳다고 판단되면 손해도 불사하는 경우가 있다. 아랫사람을 잘 관리해야 한다.

☐ 가정(家庭), 자식(子息)에 관한 통변(通辯) 요령.

● 남성에게 있어서 자식은 → 관(官)이다. 자식인 무(戊) 토가 자기의 자리에 있으나, 코너에 외롭게 혼자 버티고 있다. 외로운 것이다. → 식상은 아랫사람이요, 남의 자식으로도 본다. 남의 자식인 갑(甲)-인(寅) 목(木)에 비하여 나의 자식인 무(戊) 토는 초라하기 그지없다. → 목극토(木剋土)를 당하니 아버지인 임(壬)수가 자식이 못난 것에 대한 스트레스를 받는다. 앞만 보고 뒤를 보지 않는 경우다.

● 원래 어느 가정(家庭)이나 밖의 일에 가장이 열중하다 보면 자연 가정에는 등한시 하게 된다. 성격(性格)도 마찬가지다. 밖에서 그렇게 친절하고 다정한 사람도 집에 들어오면 엄격하고, 무서워진다. 집안에서는 인색(吝嗇)해지기도 한다.

☐ 식상(食傷)이 용신(用神)일 경우는 나보다 아랫사람, 제자(弟子) 키우는 데는 탁월해도 정작 자신은 그들만 못 하다. 직장에서 부하가 나를 앞서고 먼저 승진(昇進)하는 것이다. 인수(印綬)가 용신일 경우, → 교육 면에서 자신의 입지를 우선으로 하는 것이 식상이 용신인 사람과 다른 점이다.

☐ 식상(食傷)은 할머니요, 장모(丈母)다. 덕(德)이 있고, 건강(健康)하니 장수(長壽)하고, 현명(賢明)하신 분이다.

☐ 직업으로 본다면 교육계통, 언론계통, 이공계, 자유업, 등 다양한 직업인데 거기에 첨가한다면 연예인들도 이에 속한다. 요사이 공인하면 무조건 대중을 상대하는 사람들을 공인이라고 하는 경우도 많은데, → 식상을 추구하는 사람들은 진정한 공인(公人) 이라기보다 베푸는 면에서는 공인(公人) 일줄 모르나, 자신의 덕(德)이나 인성(印星)을 완벽하게 갖추는 공인(公人)과는 약간의 거리가 있다. 공인(公人)에도 종류가 많으니 그에 따른 올바른 선택이 필요하다.

□ 직장문제는 어떤가?

● 식상이 많으면 윗사람인 → 관을 극(克) 하므로 상사에게 불경죄로, 괘씸죄로 찍히는 경우가 많이 생긴다. 한 직장에서 오래 있기 힘들다. 상하(上下) 간의 융화가 잘 안 된다.

□ **직장(職場)에서의 상사(上司)요, 관리자(管理者)는 관(官)이다.**

○ 乙 丙 丁　　⇨ 오(午)월의 을(乙)목 일간이다.

酉 未 午 未　　식상(食傷)인 화기(火氣)가 강하다.

⇨ 식상(食傷)은 상식이다. 고로 주위들은 지식(知識)은 많으나, 담아서 활용(活用)하는 지식은 아니다. 잘난 것도 없으면서 잘난 척, 깊이도 없으면서 깊은 척, 선무당이 사람 잡는다. 어디를 가나 대우(待遇) 못 받는다.

● 관(官)인 → 유(酉) 금의 기운이 약하여, 이런 사람은 취직은 생각 말아야 한다. 사업주라면 사주보고 이런 사람은 잊어버려라. 공금횡령 사고 친다.

□ **자식(子息)과 처(妻)복은 어떨까?**

● 식상이 왕(旺) 하므로 재(財)는 생(生) 할 수 있으니 처덕(妻德)은 있다. 덕이라 해 봐야 부인은 맞이할 수 있다는 설명이다. → 식상이 과(過)하면 여자를 얻어도 깨끗한 여성을 아내로 맞이하기 힘들어진다. 식상이 많으므로 여기저기서 생(生) 해주니 결국 돌아오는 것은, **먹다 남은 찬밥과 같은 여성이다.**

● 자식은 어떤가? 겨우겨우 아내를 얻기는 하였으나, 그런 아내는 자식 낳기가 힘들어진다. 자식이 많지 않다. 그나마 한 명이라도 있으면, 다행으로 알아야 한다. 자식이 귀한 줄 알지만, 그놈의 성격으로 → 자식은 주눅이 들어 기를 펴지 못한다.

● 여성의 입장이라면 어떨까? 자식의 기운이 강(强)하니 남편이 꼼짝 못 한다. 오히려 왕(旺) 한 자식의 기운을 건드리면 화(禍)가 생긴다. 불난 집에 부채질하는

것이다. 엄마와 자식이 집에서 이야기하다 아버지가 들어오면 분위기가 이상 해진다. 오히려 안 들어오는 것이 편안할 정도다. 속된 말로 그저 돈이나 벌어서 갖다 주는 역할이다.

● 남편인 관(官)이 등장하지 않아야 식상(食傷)이 편안하게 재(財)를 생(生) 하니 결론은 남편이 없어야 돈이 생긴다. → 여자가 술-장사를 한다면 업소에 남편이 드나들지 말아야 하는 이유나 같다. → 식상(食傷)은 손님이요, 객군(客軍)이다. 남편이 짜증스러운 존재고, 손님도 비위를 맞추자니 눈꼴사나운 것이다. 그렇지 않으면 영업(營業)에 지장을 주니 돈벌이가 안 된다. → 남편이 옆에 있으면 되는 일이 없다. 차라리 안 오는 것이 낫다. 여자가 식상이 많은 팔자는 이런 것이다. 하는 일도 남편의 심사(心事)가 뒤틀리는 일이다. 남편이 그래서 다른 놈하고 껄떡거리니 좋으냐? 하면서 손찌검을 한다.

□ **식상(食傷)의 기운에 종(從)하는 것이 편하다.**

乙 丙 己 戊　　▷ 미(未)월의 병(丙)화 일간.

未 戌 未 辰　　식상(食傷)인 토(土)가 지나치다.

▷ 식상(食傷)이 지나쳐 너무 많다는 것은 무엇인가 문제가 있다.

● 식상은 → 할머니요, 장모(丈母)다. 년(年), 월(月)이 식상(食傷)으로 가득 차 있으니 문제는 문제다. 년지(年支)와 일지(日支)가 충(沖)이니 골치 아프다. 하는 일마다 되는 것이 없다. 토(土)와 연관되니 → 땅이요, 선산이고, 산소다. 탈이 난 것이다. 지나치게 많아 탈이 난 것이니 토사(土砂)-광란(狂亂)이다.

□ **말이란 하면 할수록 늘어난다.**

● 구멍이란 깎을수록 커지듯 말도 하면 자꾸만 눈덩이처럼 불어난다. 식상은 말인데

자꾸만 많아지니 자연 거짓말이 되어버린다. → 사람이 실없는 사람이 되어버리는 것이고, 주위에서의 신뢰감이 떨어진다.

● 대체로 식상(食傷) 기운이 강(强)한 사람이라도 실질적으로 보면 내성적(內性的)인 사람이 의외로 많다. 그것은 음양(陰陽) 이치로 살펴보면 될 것이다. 밖에서 지나치게 말이 많으면 안에서는 적어지는 법이다. 말 수단으로 사람들을 웃기고, 비위 맞추는 사람들을 보면 홀로 있거나, 생각할 때는 일반적인 사람보다도 더 내성적인 성향이 강하다.

● 쉬는 시간이라 생각하면 될 것이다. 안과 바깥에서 항상 말이 많은 사람은 푼수의 소양이 다양한 사람으로 제대로 하는 일이 별로 없는 그야말로 진짜 수다일 뿐이다. 철학이 없는 수다이다. → 말을 함부로 내뱉는 경향이 강해 실언(失言)을 자주하고 점잖은 자리에는 같이 동석(同席)하기 겁나는 사람이다. 대체로 상관(傷官)의 성향이 강한 사람이다. 관상학적으로는 인중이 지나치게 긴 사람 가운데서 이런 사람이 간혹 나온다.

❏ 식상(食傷)이 → 형(刑), 충(沖)이 되어 있는 경우에는, 욕도 잘 한다. 육두문자의 구사에 타(他)의 추종을 불허한다. 또한 양치기 소년처럼 진짜 진실된 이야기를 해도 상대방이 믿어주지 않아 곤혹스러운 경우다.

☞ 자기 집 숟가락은 몰라도 남의 집 숟가락의 숫자, 남의 가정사에 대해 박사다. 이로 인해 항상 구설에 휘말리기도 하고, 망신(亡身)당하기도 한다.

☞ 만능기술자라 기술은 많지만, 정작 써먹으려면 1% 가 항상 부족하다.

☞ 재물(財物)을 모아도 **더럽게 벌어야 하는 팔자**다. 깨끗한 돈 즉 대우받아 가면서 돈 벌기가 힘들다.

☞ 하극상(下剋上)의 기질에, 항상 불평(不平)과 불만(不滿)이 팽배해 있다.

☞ 식상이 강(强)하면 일간은 자연 약(弱)해진다. 아무리 강한 척해도 개폼이고, 떠

들어봐야 속 보이는 짓이다.

☞ 식상(食傷)은→ 관(官)을 극하니, 나의 자손을 극 하는 것은 손자다. 즉 손자 대에
서는 잘 되는 것이다. 반면에 자식 농사는 버린 것이다. 자손과 손자 대에 다 잘 되려
면 관(官)과 식상(食傷)의 기운이 다 강(强)해야 한다. 다복(多福)한 사주다.

□ 관(官)과 식상(食傷)의 기운이 막강하다. 양쪽의 균형이 이루어진다.

甲 壬 己 癸　　⇨ 미(未)월의 임(壬)수 일간이다.

辰 寅 未 未　　　일지(日支)에 암록(暗綠)을 놓고 있다.

☞ 식상(食傷)이 많으면 배포가 커진다. 배포란 뱃장을 이야기하는데 담력(膽力)
을 의미한다. 담(膽)은 목(木)이다. 목(木) 기운이 강(强)한 사람은 원래 담력
(膽力)이 강하다. 스케일도 크고, 베짱도 두둑하다.

• 이에 상반되는 것이 있는데, 그것은 바로 식상(食
傷)의 기운이 왕(旺) 해 생기는 배짱인데, 상식을
벗어난 행동이나. 내 배 째라는 식의 억지 성향이
강한 기운이다. 소위 말하는 똥-베짱이다. 관(官)
의 기운이 약(弱)할 경우는 당연한 귀결이다. 그러
나 관(官)의 기운이 막강하다면, 그것은 길(吉)로
본다.

□ 목(木)의 기운이 왕(旺)하여 담력(膽力)이 좋다.　✪ **담대심소(膽大心小)**

甲 戊 癸 壬　⇨ 축(丑)월의 무(戊)토 일간이다.

寅 寅 丑 寅　　　목(木)의 기운이 왕(旺)하다.

⇨ 문제는 → 일간(日干) 자체가 약(弱)하다.

• 월지(月支)에 → 축(丑) 토가 있어서 기운(氣運)이 어느 정도 강(强)하나, 축(丑)
토는 금(金)의 기운이 강(强)해 → 결국 그 기운이 수(水)로 옮아간다. 그리고 토
(土) 일간이므로 → 목(木)은 관(官)이 된다. 관(官)의 기운이 강(强)한 것이다. 관

(官)의 다스림을 받는다.

● 보통 손이 크다는 말들을 많이 하는데, 손이 크다는 것은 일을 벌려도 크게 벌린다는 의미인데 중요한 것은 그것을 어떻게 마무리하는 가도 중요하다. 여기서 본다면 목(木)의 기운이 강(强)해도 그것이 잘 흘러서 유기(流氣)되어야 원만한 일 처리가 된다. 기운이 제대로 통(通)하지 않으면 소용이 없다. → 일간 또한 어느 정도 그것을 감내할 능력이 되어야 제대로 그 빛을 본다. → 예전에 김장할 때 접으로 김장하는 집이 많았었는데, 지금은 그리하는 집은 별로 없다.

● 물건을 사도 알맞게 꼭 필요한 만큼만 사는 것이 절약이요, 알뜰 살림인데 남을 퍼주고, 손님이 많이 올 것을 생각해 여분(餘分)을 갖추고 살았는데 이런 경우 손이 크다는 표현을 했는데, 요즈음 그런 행동을 한다면 좋은 평가는 못 받는다. 물건을 장만해도 그것을 요령 있게 사용하고, 충분한 가치의 효용성을 발휘해야 진짜로 손이 커도 그 값을 한다.

● 벌리기는 그럴듯하게 벌리지만, 실속 없고 갈수록 초라해지는 것이다. → 용두사미(龍頭蛇尾)격이다. 속된 표현으로 죽 쒀서 개 주는 경우도 담대심소(膽大心小)에 속하는 경우다. 깡다구로 표현한다면 처음에는 강(强)하게 나오다가 상대 쪽에서 더욱 강하게 나오면 꼬리를 내리고 자취를 감추는 것이 바로 담대심소(膽大心小)다.

□ **여성의 경우 식상(食傷)이 많으면 어떤 폐단(弊端)이 있을까?**

● 식상(食傷)은 자손(子孫)이라 지나치게 많다는 것은 자손이 많은 것이니, 사방팔방에 자손이 많은 것이라, 성씨(姓氏)가 다른 자손이 많은 경우다. 여자가 시집을 여러 번 가는 경우요, 가서 또 자손(子孫)을 낳는다. 각성(各姓)-받이다. 여기서도 씨 받고, 저기서도 씨를 받는다. 씨 받는 박사다.

□ **식상(食傷)이 지나치게 많은 것을 살펴보자.**

○ **甲** ○ ○   ⇨ 묘(卯)월의 갑(甲)목 일간이다.

○ **戌 卯 午**   지지(地支)가 불바다로 변화한다.

⇨ 일지(日支) 술(戌)토가 식상(食傷)의 고장(庫藏)이다.

자식의 한(恨)이 많다. 년지(年支)의 ➔ 오(午) 화와 오(午)-술(戌) ➔ 합하여 화(火)요, 월지(月支)의 ➔ 묘(卯)와 합(合) ➔ 묘(卯)-술(戌) 합해 화(火)이다.

● 여기서도 자식, 저기서도 자식, 자식(子息)을 잘도 만든다. 자식 기술자다.

□ **병(丙)화 일간(日干)인데 년지(年支)와 일지(日支)가 역마(驛馬)로 충(沖)이다.**

戊 丙 戊 甲   ⇨ 진(辰)월의 병(丙)화 일간이다.

子 申 辰 寅   지지(地支)에 관국(官局)도 보인다.

⇨ 중국 교포 여성의 사주다.

● 인수가 역마(驛馬)인데 충(沖)이니 고향(故鄕)을 등지고, 한국에 온 것이다. 월지(月支)에 식상(食傷)이 있고 천간(天干)으로 투출(透出)하여 있다. 시간에 자손인 무(戊) 토가 나타나 있으니 또 다른 자식이다. 지지(地支)에 관(官)-국(局)이 형성되어 있어 나를 더욱 옥죄고 있다. 한 남성으로는 해결이 안 되는 여자다.

● 자손도 여럿 팔자다. 식상(食傷)의 기운도 강하고 관(官)의 기운도 강(强)하다. 갑인(甲寅) 년주(年柱)가 제 역할을 못 한다. 일간 자체도 뿌리가 흔들리고 있다. 자손, 남편 모두 힘든 사주다. 특히 자손의 건강이 염려다.

□ **식상(食傷)이 많으면 왜 말을 함부로 한다고 하는 것일까?**

● 식상(食傷)은 아신(我身)인 내가 생(生) 하는 것이다. 그런데 식상이 많으니 내가 기운이 얼마나 센지 몰라도 전부 생(生) 하려면 기운이 빠지고, 내가 기력(氣力)이

쇠(衰)하여진다.

● 식상이 많다는 것은 신약(身弱)이란 설명.

사람이 기운이 빠지고, 몸이 약해지다 보면 정신이 혼미(昏迷)하여 내가 무슨 말을 했는지? 내가 어떤 행동을 해야 하는지 스스로 절제(節制)하고, 제어(制御)하는 능력이 떨어지게 된다. 브레이크가 고장 난 차다.

● 언어 구사에 있어서 가려서 해야 할 말, 안 해야 할 말 등을 분별하지 못한다. 그러다 보니 자연 상소리에, 매너 없는 행동에 모든 것이 망가진 사람이다. → 거기에 형(刑), 충(沖)이나 기타 안 좋은 것이 가미된다면 더 심해진다. → 농담이 심해지기도 하고, 개뿔도 없으면서 상대방 무시하고, 아는 것도 없으면서 아는 척하고, 지 앞가림도 못 하면서 남 걱정하기에 바쁘다. → 남편과 이혼하고 한국에서 재혼하려 하는 여성 사주다. 자식은 남편이 키우고 있다.

❑ 식상이 많은 사람은 배신을 잘한다. 항상 조심해야 한다.

하극상(下剋上)의 기질(氣質)이 강(强)하므로 불평불만은 타의 추종을 불허한다. 식상은 여성의 생식기(生殖器)와도 연관-되는데 강하다는 의미도 된다.

약한 사람은 성-관계 시 느끼는 통증도 있는데, 강(强)한 사람들은 그것을 즐기는 스타일이다. 바닷물에 아무리 소금을 집어 넣어봐야 표가 안 난다. 강(强)한 사람은 아무리 해주어도 한 번만 더, 한 번만 더 이다. 옹녀다. 세상의 남녀 간에 서로 이런 사람들은 피곤한 것이다.

이유 없이 몸이 아프고, 짜증을 내는 사람들은 다시 한번 살펴라. 남편이 의무방어전을 게을리하거나, 무관심한 탓이다. 항상 스킨-십을 해야 한다. 그것이 녹여주는 일이다. 쌓이고 쌓이면 바람나는 것이요, 다른 육체의 맛을 느끼면, 또 먹고 싶은 것이다. 그 결과 이혼(離婚)이라는 수순을 밟게 된다. 배신이다.

❏ 자식을 낳고 이별한다는 의미는?

자식을 낳는다는 것은 식상이 더 늘어나는 것이다. 식상(食傷)은 관(官)을 극(剋)하므로 그 기운이 더 강해지는 것이다. 가뜩이나 관(官)이 약한데 또 극(剋) 하는 기운이 더 늘어나니 남편은 두 손 드는 것이다. 자손이 늘어나면 등골이 휘는 것은 자연 아버지다. 가장(家長)으로써 더 책임량이 늘어난다. 그에 부합되지 못하면 아내의 바가지는 극성을 부린다. 그러니 자손 낳고 이별한다는 말이다.

● 여기서 문제는 여자(女子)에게 있는 것이 아니라, 남편(男便)에게 있다는 것이다. 아내의 입장에서 보면 식상을 생(生) 해야 하니 아내도 힘이 드는 것이다. 그런 모든 것을 추슬러야 하는 것이 남편인데, 이별한다면 일단 남편의 책임으로 본다. 능력에 부치면 자손이 안 생기도록 해야 할 것 아닌가? 피임은 왜 생긴 말인가?

❏ 왜 유산이 많을까?

식상(食傷)이 많다는 것은 그만큼, 일간(日干)인 어머니의 기운을 자손(子孫)이 빼앗아간다. 어머니-로써는 자식에게 기운을 다 빼앗기니, → 힘이 부족해 자손을 관리할 능력이 없어진다. 가정에서는 자연 남편에게 핀잔을 받는다.

"아이 하나도 제대로 돌보지 못하고 당신은 뭐하는 사람이야?"

아내의 내조(內助)도 중요하지만 자기 자손(子孫) 하나 관리 못 하니 남편(男便)의 입장에서는 밖에 나가 일을 해도 항시 불안할 것이다. → 걱정 되어 집으로 자주 전화 하는데 그것은 아내를 사랑해서가 아니라, 자식 걱정으로 인한 것이니 아내의 입장에서는 그것이 서운할 수도 있다.

● 식상(食傷)은 여성(女性)에게 자궁(子宮)이요, 생식기(生殖器)다. 식상이 튼튼해야 아기도 잘 낳고, 젖도 잘 먹인다. 인수(印綬)가 지나치게 강하다는 것은 식상의 기운이 약하다.

● 사람이 머리에든 것이 없으면 대체로 몸은 건강하다. 그런데 그것이 지나치면 옹

녀가 되는 것이요, 남편 잡아먹는 여자 소리 듣는다. 여자가 색(色)에 지나치게 강 (强)하면 남자가 견디지 못한다. 가랑비에 속옷 젖 듯 소리 없이 남편이 쇠약해지고, 결국 일찍 사망한다. 그래서 남들이 흔하게 하는 말로 → 남편 잡아먹는 여자라고 하는 것이다. 바로 생식기인, 자궁인 → 식상(食傷)이 강(强)해 그리되는 것이다. 식상이 형, 충 되는 경우는 어떤가? 병이 생기는 것이다. 어떤 병일까? 자궁(子宮)폐 쇄증이다. 자궁(子宮)이 제 할을 못 하는 것이다.

□ **여성에게 있어서 가장 중요한 기능의 일부분이다.**

○ 己 ○ ○   ↳ 일지(日支), 시지(時支) 묘(卯)-유(酉)

酉 卯 ○ ○   상충(相沖). 자궁(子宮)이 기능 상실이다.

↳ 자손이 없어서 걱정하는 여성들의 가장 큰 고민 중 하나인데, 혹시? 가 역시? 가 되는 경우는 요즈음 주변에서 너무 많이 본다. 특히 일지(日支)와 연관된다면 가능성 은 더욱 크다.

● 묘(卯)와 유(酉)는 → 해가 뜨고, 지는 시간이라 자궁의 문이 열리고 닫히는 것인 데 그것이 망가지니 생산할 수가 없다. 반대로 이것이 지나치게 허약(虛弱)하면 아기 임신도 힘들고, 키우기도 힘든 것이다. 젖이 잘 나오지도 않고 유방도 작다.

→ 여성적인 섹시한 매력이라고는 찾아보기 힘든 것이다. 여성이라면 누구나 다 매력 이야 있겠지만 참다운, 소박한 여성적인 면을 이야기한다.

□ **묘(卯)-유(酉) 충(沖)이 확실한 사주.**

己 己 丁 己   ↳ 아직 미혼(未婚)인 여성이다.

巳 酉 卯 酉   종교에 귀의하려는 생각도 갖고 있는 여성이다.

□ **금(金)수(水)냉(冷)의 기운이 강(强)하다.**

丙 癸 庚 庚   ↳ 진(辰)월의 계(癸)수 일간이다.

辰 亥 辰 申   외국인 계열의 회사에 근무하고 있는 여성이다.

⊨ 여성의 사주. 직장생활을 많이 한 여성이고, 현재도 그렇다.

시간(時干)에 병(丙)화가 있으나 맥을 못 추고 있는 형상이다. 일찍이 직장생활을 한 여성이다. 막힌 여성은 아니다. 식상(食傷)의 기운은 있으나 지장간(支藏干)에 있고 그런대로 활동적이다. 그런데 관상을 보면 "아, 역시 그렇구나!" 하는 것을 직감적으로 알 수 있다. 여성스러움이 약(弱)한 것이다. 오히려 그런 것이 매력이라고 좋아하는 남성은 또 그것이 좋다한다. 다 제 눈에 안경이다. 마냥 춥기만 한 사주다. 그로 인해 불화(不和)가 생긴다면 그것이 원인이다.

● 금(金), 수(水)가 강(强)해도 옹녀가 되는 경우도 있다. 이 사주에서는 자손이 → 목(木) 기운인데 금(金) 기운이 강해 방해를 한다. 좋은 것은 인(寅)-년이 온다면, 지지(地支)에 지각변동이 생기는데, 그때가 좋다.

☐ **여기서도 신강(身强)과 신약(身弱)의 경우가 문제다.**

신강(身强) 할 경우는 그런대로 다 견디어나간다. 이럴 경우는 남편이 문제다.

일간(日干)과 식상(食傷)이 강(强)하니 자연 관(官)은 견디지 못한다. 아내와 자식이 한 편이 되어 남편을 괴롭힌다.

자식도 잘 먹고 아내도 아귀같이 잘 먹고 튼튼하다. 가정사에도 아무런 문제가 없다. 다만 뒷바라지가 문제다. 자라서 학교를 다닌다면? 학원비며 온갖 비용을 뒷바라지하기 벅찬 것이다. 아내는 아내대로, 자식은 자식대로 요구사항이 많다.

● 두 손을 들고 제발 처자식 없는 세상에서 살아봤으면 원이 없겠다는 소리가 나온다. 거기에다 밤이면 아내의 요구도 만만치가 않다. 남편은 파김치가 되어 지친다. 그러다 보니 자기를 이해하고, 위로하여줄 상대를 찾는다. 자꾸만 밖으로 돌다보니 바람이 나는 것이요, 새로운 상대방을 찾는 것이다. 여자가 신강(身强)일 경우 남편이 있을 곳이 마땅치가 않아 나가는 것이다.

□ **신약**(身弱)일 **경우는 어떨까?**

신약(身弱)일 경우는 ➔ 아내가 모든 면에서 처지는 것이다. 따라오지 못한다. 식상 (食傷)의 기운이 강하니 어머니 자신이 신약(身弱)이라 꼼짝 못한다. 그나마 관(官) 이 기운이라도 있으면 그럭저럭 버티는데, 관(官)마저 약하다면 식상인 자손은 오갈 데가 없다. 가는 곳이 어린이보호소다. 자손인 식상이 기운은 왕(旺)한데 어머니인 일간(日干)과 아버지인 관(官)이 서로가 식상의 기운에 감당 못하면 돌볼 수 없으니 손을 놓는다. 그나마 같이 산다면 다행이다.

● 같이 살아도 문제가 생긴다. 부모의 통제를 전혀 받지 않는다. 워낙 기운이 강하니 통제(統制)-불능(不能)이다. 결국, 불량 청소년이요, 사회적으로 문제를 일으키는 사람이 된다.

● 식상이 기운만 왕(旺) 하니 식상의 입장에서는 사주가 온통 견겁(肩劫)이니 말도 듣지 않는다. 사는 것도 어렵고, 결국은 범법자(犯法者)다. 식상이 왕(旺) 해도 일간 이 강(強)한가? 약(弱)한가? 관(官)이 강한가? 약한가에 따라 여러 상황이 나온다. 주변(周邊)의 관찰(觀察)이 필요하다.

□ **식상**(食傷)**이 많은 여성의 부부관계나, 본인의 위치 관계.**

● 식상(食傷)이 많은 여성은 관(官)의 기운이 약하니, 관(官)인 남편의 다스림을 잘 받지 않는다. 오히려 관(官)인 남편을 손에 넣고 갖고 놀려든다. 거기에 형(刑), 충(沖), 파(破), 해(害)나 기타 흉살(凶殺)이 가임되면 남편과 이혼(離婚)도 불사한 다. 그것도 한 번으로 끝나면 다행인데, 반복되니 문제다.

□ **일지**(日支)**는 남편**(男便)**궁인데 참으로 문제가 많이 생긴다.**

丙 乙 壬 壬 ⊨ 인(寅)월의 을(乙)목 일간이다.

戌 巳 寅 辰 화(火)인 식상(食傷)의 기운이 강하다.

⊨ 월지(月支)와 일지(日支), 일지와 시지(時支) 사이가 원만하지 않다. 결혼 적령기 를 지나면서부터 삶에 문제가 생긴다. 이혼하고, 경진(庚辰) 운을 만나 남자가 생기 더니, 그다음 해인 신유(辛酉)년에 결국 또 갈라선다.

● 일간(日干)을 살펴보자. 일지(日支)가 사(巳) 화인데 지장간(支藏干)을 보면 → 사(巳)중 경 (庚)금이 있다. 시지(時支)의 술(戌)토에도 → 신 (辛)금이 있고, 관(官)이 일지(日支)와는 사이가 별로 안 좋다. 항상 문제가 생긴다. 여기서 하나 짚 고 넘어갈 것이 있다.

✪ 음(陰)일간일 경우

음(陰) 일간일 경우 정관(正官) 운이 오고 나면, 그다음은 반드시 편관(偏官) 운이 오게 되어있다. 정관(正官) 운이 오니 바람난다. 그리고 다음인 편관(偏官) 운이 오면 남편과 다툼이 생기는데, → 식상(食傷)의 기운이 강하니 남편이 꼼짝 못 한다. 방구 뀐 놈이 성낸다고 적반하장(賊反荷杖)으로 여자가 바람피우고 오히려 큰-소리 다. 그렇다면 양(陽)일간일 경우는 어떨까?

✪ 양(陽)일간일 경우.

양(陽)일간은 일단 먼저 싸우고, 그다음 서로 간의 잘잘못을 논한다. 갑(甲)-경(庚) → 충(沖)으로 → 다투고, 갑(甲)-신(辛)으로 → 서로가 대치국면을 맞는다. ● 양과 음의 해석차이다. 이때는 강(强)한 사람이 이긴다. 자기를 다스릴 줄 알아야 정식으 로 인정한다.

◻ 여성(女性)일 경우, 오행별로 살펴보는 각각의 관계.

✪ 목(木)의 경우.

⇨ 갑(甲)목 일 경우. ⇨ 갑(甲)-경(庚) → 충(沖)을 한 후 정관(正官)을 맞이한다. 싸우고 나서 사랑한다.

⇨ 을(乙)목 일 경우. ⇨ 을(乙)경(庚) → 합(合)을 한 후 을(乙)신(辛)→충(沖)을 한다. 사랑하고 난 후 싸운다.

✪ 화(火)의 경우.

⇨ 병(丙)화의 경우. ⇨ 병(丙)-임(壬)의 극한과정을 거친 후 정관(正官)인 계(癸)수를 맞이.

⇨ 정(丁)화의 경우. ⇨ 정(丁)-임(壬) → 합(合)을 한 후, 정(丁)-계(癸)→충(沖)하여 사랑을 한 후 싸우던, 이별.

✪ 금(金)의 경우.

⇨ 경(庚)금의 경우. ⇨ 경(庚)-병(丙)의 극한 과정을 거친 후, 정(丁)화인 정관(正官)을 맞이.

⇨ 신(辛)금의 경우, ⇨ 병(丙)화를 맞아 → 합(合)을 이룬다. 편관인 정(丁)화 운(運)에 고난(苦難)이다.

✪ 수(水)의 경우.

⇨ 임(壬)수의 경우. ⇨ 무(戊)토를 맞아 고난을 겪는다. 기(己)토를 맞아 조정(調整)기를 거친다.

⇨ 계(癸)수의 경우. ⇨ 무(戊)토를 맞아 → 합(合)을 이루고, 기(己)토를 맞아 조정기를 거친다.

➲ 이상과 같이 음(陰)은 일단 → 합(合)을 이루고, 그다음 처리.

반면에 양(陽)은 일단은 → 부딪히고 난 후, 심사숙고하여 처신(處身)한다. 각각의 장단점(長短點)이 있으나 그 차이는 명확하다. 통변 시 사안에 대한 설명이 같을 것 같으나 "아" 다르고 "어" 다른 것 차이다.

▢ **시상(時上)에 상관(傷官)이 있는 경우.**

시상(時上)에 상관(傷官)이 있다는 것은 추구하는 성향이 매우 강하다. 식상(食傷)의 기운이 강(强)한데, 시상(時上)에 또 상관(傷官)이 있다면 그 기질(氣質)은 못 말린다. 설사 아주 강하지는 않더라도 이미 성향이 그럴 진 데는 할 말이 없다. 일단 밖으로의 활동을 맹렬히 해야 한다.

● 요즈음은 여자도 집에 가만히 있는 시대가 아니라지만 특별한 경우를 제외하고는 그것이 도(度)에 지나치면 항상 문제다. 누군들 밖에 나가서 일하고 싶어 하겠는가만? 다 사정이 있을 것이다. 여기에서 설명하는 것은 밖에 나가서 활동하지 않더라도 어차피 샐 바가지는 새기 마련이다. 끼가 다분하니 문제다.

● 시상(時上)에 있으니 → 말년(末年)이라 남편이 꺾이고, 아내의 끼가 극성을 부린다. 이런 여성의 경우 → 남편을 보면 명퇴할 처지도 아닌데 저절로 명퇴되고, 잘되던 사업도 이상하게 기울어 남편이 능력 없는 남편으로 전락한다. 그리하여 여성이 대신 생활전선에 나간다. 이유는 조금이라도 보탬이 되고자 한다면서 말이다. 그러나 그것은 꼭 나쁜 의미가 아니라 기운이 강해져 결국 밖으로 활동한다. 선택하는 직종이나, 직업도 많은 사람을 상대하는 직종을 택한다. 여자가 일단 직업 아닌 직업을 할 수밖에 없다면 일단 팔자(八字)라고 보는 것이 순리(順理)다.

□ 건강(健康)과 색(色)과의 연관성.

식상(食傷)의 기운이 강(强)하면 일간(日干)과 관(官)에 해당하는 오행(五行)이 자연 약화(弱化)되니, 그에 해당하는 부분에 이상이 생긴다.

● 식상은 자궁인데 많다는 것은 강(强)하다는 것, 크기로 본다면 보통 기준은 넘는다. 일반적으로 남성의 페니스 길이는 서구 쪽의 사람들이 큰 편이다. 동양인의 표준 크기보다는 넘는 수준이므로, 흔히들 자궁이 넓어지면 행하는 예쁜이수술을 하는 것도 한 방법이다. 요실금이라든가 다른 부분에도 필요한 수술이 필요한 사람은 생각을 해보는 것도 한 방법이다.

● 자궁(子宮) 외(外) 임신(姙娠)의 경우, 이 역시 식상(食傷)의 기운이 강해 생기는 것이다. 자궁이 지나치게 넓다 보면 정자가 이리저리 돌아다니다, 틈새만 보이면 안착하게 되어있다. 그러다 보면 그곳이 엉뚱한 곳이 되어 임신이 되는 것이다.

❑ 식상(食傷)의 기능적(機能的)인 면(面).

식상은 솜씨요, 재능이다. 여성에게 있어서 솜씨는 → 음식솜씨가 된다. 손재주도 되니 수예라든가 아기자기한 재능도 해당. → 식상(食傷)은 재(財)를 생(生)–하는데 재(財)란 음식(飮食)이다.

● 여성이 식상과 재가 합이 된다면 음식솜씨가 좋은 것이고, 요식업에 진출해도 재능을 발휘할 것이다. 조리사 자격증이라던가, 식품(食品)–관련업에 진출해도 좋다.

식상이 재료(材料)라면, 완성품 즉 생(生) 하여 탄생 되는 것이 재(財)니 음식이 되는 것인데 오행별로 그것을 찾아보자.

❑ 오행별로 분석하는 음식과 연관성.

➲ 목(木)의 경우 ⇨ 제분업에 해당된다. 나무이니 길이도 길다. 수분이 있어야 제품이 만들어진다.(국수류 즉 냉면, 막국수, 짜장면 등등––)신맛이니 식초류가 첨가되는 종류도 해당.

➲ 화(火)의 경우 ⇨ 불이니 화력(火力)을 이용하는 것이요, 그을리며 태우는 것이다. 진국을 우려내는 종류이다. (불고기, 탕(湯)류, 구이류)

➲ 토(土)의 경우 ⇨ 토(土)는 비육(肥肉)이라 살에 해당된다. 동물성의 육식이 해당된다. (육고기류), 냄새를 피운다.

➲ 금(金)의 경우 ⇨ 껍질이 단단한 종류가 해당. 갑각류, 곤충류 등 게장백반, 꽃게장, 새우요리 등

➲ 수(水)의 경우 ⇨ 어류가 해당. 생선회, 등

⇨ 여기에서 한 가지 더 첨가할 것이 있다.

오행(五行)의 특성(特性) 그대로 음식을 하여도 각각의 맛을 내는 성향(性向)이 다르다.

목(木)➔ (신맛), 화(火)➔ (쓴맛), 토(土)➔ (단
맛), 금(金)➔ (매운맛), 수(水)➔ (짠맛)그대로
성향이 나온다.

● 음식을 짜게 한다면, 식성이 그렇다면, 그 사람
은 수(水)의 기운이 강(强)한 것이다. 이와 같은
방법으로 추리하면 된다.

□ 식상(食傷)과 관(官)이 일지(日支)와 합(合)을 이루는 경우.
여자의 경우 일지(日支)는 ➔ 남편(男便)-궁(宮)이다. 일지와 합을 이룬다는 것은
두 가지로 구분이 되는데 지지(地支)에서 ➔ 일지(日支)에 식상(食傷)이나 관(官)이
자리하고, 각각 관이나 식상이 일지와 합을 이루는 경우이고, 또 한 경우는 ➔ 일지
(日支)에 속한 지장간(支藏干)에 식상(食傷)과 관(官)이 같이 있는 경우다.

● 이런 경우 좋게 보면 임신이 잘되는 것이요, 약간 나쁜 쪽으로 보면 부정(不正)-
포태(胞胎)로 본다. 산부인과로 낙태(落胎)-수술하러 자주 가는 팔자다.

⇩ 일지(日支)를 살펴보면 사(巳)중 ➔ 경(庚)금과 병(丙)화가 같이 있다.

○ 乙 ○ ○   ⇨ 을사(乙巳) 일주(日柱)의 사주다.

○ 巳 ○ ○   여성(女性)의 사주(四柱)다.

↑ 그것도 일지(日支)니 안방에 있다. 다 우리라 할 수 있는 사람들이다. 제자리에
와 있는데 누가 무어라 할 것인가? 남편(男便)과 자식(子息)이다.

○ 乙 ○ ○   ⇨ 을유(乙酉) 일주(日柱)다.

巳 酉 ○ ○   시지(時支)의 사(巳)화가 합(合)을 해온다.

⇧ 을(乙)목 일간의 지지(地支)에 ➔ 관(官)인 유(酉)금이 자리하고 있다.
자손인 식상이 일지인 관과 합해 오는 것이다. 자기 자리를 정확히 지키고 있으니

분명 자식은 자식이요, 남편은 확실한 남편이다.

○ 乙 ○ ○　　⇨ 을사(乙巳) 일주(日柱)의 사주다.

酉 巳 ○ ○　　일지에 식상 사(巳)화가, 시지(時支)에 유(酉)금.

⇧ 이 경우는 남편(男便)과 자식(子息)-자리가 바뀌었다.

□ 과부(寡婦)-팔자(八字)란?

과부 팔자란 정해져 있는 것일까? 아니면 운명적으로 다가오는 것 일까? 과부란 남편 없이 혼자 사는 여자를 말하는 것인데, 원인도 여러 가지다. 식상(食傷)에 관한 사항으로만 살펴보자.

● 식상은 관을 극(剋) 하므로 식상이 왕(旺)할 경우, 관(官)이 견디기 힘들어 문제가 생기는데, 아예 차라리 안 보이면 조금 걱정은 덜 할 것이다. 문제는 식상(食傷)이 어느 정도 자기의 기운(氣運)을 → 재(財)가 있어 설기(泄氣) 하면 덜한데, 재(財) 역시 마땅하지가 않다면 문제가 더 커진다. 재(財)는 → 시가(媤家) 댁이요, 시어머니인데 신통치 않다면 자연 무능력하거나, 없다.

● 재(財)가 어느 정도 능력 있으면, 왕(旺) 한 식상이 기운을 재(財)에서 흡수하므로 관(官)이 미약해도 식상의 공격을 덜 받는다. 며느리는 기운이 왕(旺) 한데, 아들의 기운이 미약해 시어머니가 중간에서 완충(緩衝) 역할을 한다.

● 남편이 무능하여 생활비조차 걱정스러우니 아내는 남편을 들들 볶는다. 무슨 남자가 이리도 무능할꼬? "아! 내가 속아서 결혼한 모양이야!" 하면서 탄식한다면 자식 잘 못 키운 죄로 시어머니가 뒷바라지까지 한다. 시댁의 식구들이 총동원하는 것이다. 며느리의 불평, 불만을 잠재우기 위해 말이다. 그러니 재(財)가 능력이 있어 식상의 기운을 제대로 조절(調節)하면 다행인데 불행히도 그것이 원만하지 못하면 식상은 곧바로 관(官)인 남편을 맹공격한다. 에라, 이판사판이다. 하고 말이다. 분출구를 찾는다. 그런데 관(官)이 안 보인다면 어떤가? 공격할 대상이 없다.

● 그동안은 무탈한 것이다. 과부 신세를 면한다. 여기서 문제가 되는 것이 있다. 천간(天干)으로 올 경우와 지지(地支)로 올 경우다. → 천간으로 오는 것은 서서 오는 것이요, → 지지로 오는 것은 몸을 낮추어서 들어온다. 그만큼 차이가 있다. 보이는 것, 잘 안 보이는 것의 차이는 크다.

● 천간(天干)의 변화, 지지(地支) 변화의 다양성을 파악한다. 천간은 기운의 변화 그 자체이지만 지지의 경우는 → 원명(原命)의 천간(天干)과 지지(地支)를 죽이고, 살리는 능력이 있으므로 이의 변화를 주시해야 한다.

● 여자의 경우 식상이 왕(旺)하면 일단 남편(男便)-궁은 허점(虛點)이 많이 생긴다. 재(財)가 있어 식상의 기운을 통관(通關)시킨다 해도 관(官)을 극(剋) 하는 기운은 어쩔 수 없다.

□ 작용(作用)에 따른 식상관의 통변(通辯).

식신(食神)과 상관(傷官) 중, 특히 상관이 흉(凶)으로 작용하면 어떻게 통변 해야 할 것인가? 하는 문제다. 우선 어디 있는가 파악해야 한다. 위치에 따른 변화를 읽어야 한다.

➲ 년주에 있을 경우.----선조(先祖)대에서 가업(家業)을 파(破)한 것이다.

➲ 월주에 있으면 ----- 부모(父母)대에 파업 한 것이다.

➲ 일지(日支)에 있을 경우.

일지(日支)에 있으면 부부간에 서로가 불편하다. 아내는 남편을 항상 극(剋) 하니 남편 또한 그에 상응하는 행동을 한다. → 여성의 경우는 고란살(孤鸞煞)을 생각하면 되는데, 고란살은 특징이 → 지지(地支)에 식상(食傷)을 놓고 있다.

➲ 고란살(孤鸞煞) : 신음(呻吟)-살, 공방(空房)살이라고도 함.

갑인(甲寅), 을사(乙巳), 정사(丁巳), 무신(戊申), 신해(辛亥) 이 다섯 가지의 간지(干支)에 해당, 이날에 태어난 여자는 남편이 작첩(作妾) 하거나, 멀리 떨어져서 따로살아야 하는 비극적인 부부-생활하기 쉽다.

● 요즈음 자녀의 교육 문제로 부부가 떨어져 지내는 경우를 보게 되는데 이 역시 고란살(孤鸞煞)의 작용이다. 이것은 어느 정도 그 시일이 걸리는 특징이 있기도 함을 나타낸다. 기러기아빠니, 기러기 엄마니 하지만 대체로 이 기운이 작용하면 화합이라는 것은 부분적이라도 흠이 가는 것이 특징.

● 외롭게 훌쩍거리며 우는 새가 되어버린 여자란 의미로, 이 고란살(孤鸞煞)은 → 신음(呻吟)-살이라고 하고, 때로는 독수공방(獨守空房)한다고 해서 → 공방(空房)살이라고 말한다. 결혼에 실패, 재혼하지 않고 혼자 쓸쓸하게 사는 여성 가운데 이 살(殺)을 가진 사람이 많고, 요즈음에는 아예 독신(獨身)으로 지내는 사람들도 있는 경우를 보는데, 이 역시 그 운명은 비켜가지를 못하는 것인가 보다.

➲ 시주(時柱)에 있는 경우.

시주는 자손(子孫)의 자리라, 자손으로 상심(傷心)이 많다. → 남자(男子)가 시(時)에 상관(傷官)이 있으면 자손이 괴롭다. 남자(男子)에게 있어서 관(官)은 자손인데, 자기의 자리에 안착(安着)하려-해도 상관(傷官)이 버티고 있으니, 설 곳이 없어 쫓겨나는 것이다.

☐ **여자가 시주(時柱)에 상관(傷官)이 있는 경우.**

여성의 경우는 자손이 → 식상(食傷)이므로, 자손이 자기의 자리에 있는 것이라 괜찮다. 일단 식상(食傷)이 많고 적음을 확인한다. 자손이 자기(自己) 구실은 한다. 못난 자식보다 낫다. 특히 상관(傷官)이 용신 일 경우는 괜찮다.

☐ **남성의 경우 사주에 식상이 없을 경우는 어떤가?**

남자에게 식상(食傷)은 장모(丈母)로 연결된다. 그런데 식상이 없으니 처가에 장모가 안 계시거나, 있어도 있으나 마나 한 곳으로 장가간다. 인수(印綬)는 장인(丈人)이다.

● 인수가 없다면, 장인어른이 안 계시거나, 연(然)이 없는 것으로 해석. 식상(食傷)은 또한 나의 손자(孫子)도 되는데 식상이 보이지 않거나 사(死), 묘(墓), 절(絶)에

해당하면 손자가 기력이 없으므로 대(代)를 잇기 힘든 것이다. 다자무자라고 인수(印綬)가 지나치게 왕(旺) 할 경우는 손(孫)이 어렵다.

□ **정(丁)화인 → 식상(食傷)이 손자(孫子)이다.**

丁	甲	○	○
卯	子	子	子

⇨ 자(子)월의 갑(甲)목 일간이다.

인수(印綬)가 왕(旺)→식상(食傷)이 맥을 못 춘다.

➲ 인성인 수기(水氣)가 강(强)하여 → 수극화 당해 불길이 꺼져간다. 지지(地支)에서도 자(子)-묘(卯) → 형(刑) 당해 존립(存立)이 문제다.

➲ 여자(女子)가 상식이 없을 경우.--자손(子孫)에 흠이 생긴다.

거기에 형(刑), 충(忠)이 가세한다면 영락없는 상황이다. 무자(無子)요, 불구자손이요, 연속되는 낙태(落胎)로 상심(傷心), 불운(不運)에 고민.

□ **식상(食傷)이 자손(子孫)인데 어떤 역할을 하는가?**

○	壬	○	○
○	寅	子	子

⇨ 자(子)월의 을(乙)목 일간이다.

일지(日支)에 식신(食神)이 있다.

⇨ 냉기(冷氣)가 지나친데 식상인 → 자손이 뿌리를 내리고 어미를 도와준다.

어머니 추우세요? "제가 방을 따뜻하게 해 어머니를 편안히 해드리겠습니다." 하며 효도한다. 이 사주에서는 인(寅)중 갑(甲) 목이 → 수기(水氣)를 흡수하고, 인(寅)중 병(丙)화가 → 냉기(冷氣)를 완전히 가셔준다. 용신(用神)이라 나에게는 둘도 없는 금쪽같은 자식이다.

□ 형(刑), 충(忠)일 경우는 어떤가?

○ 乙 ○ ○   ⇨ 신(申)월의 을(乙)목 일간이다.

○ 巳 申 寅   일지(日支)에 사(巳)화인데 문제가 있다.

⇨ 식상(食傷)이 있어 성립(成立)은 되는데 문제가 생겼다.

사(巳)중 병(丙)화는 → 상관(傷官)이요, 사(巳)중 → 경(庚) 금은 남편(男便)이다.

그런데 인(寅)-사(巳)-신(申) → 삼형(三形)살로 걸려도 된 통으로 걸렸다.

남편(男便)과 자식(子息)이 다 걸림돌이다. 남편복도, 자식 복도 없는 팔자다. 떠돌이 인생의 전형이다. 다 팽개치고 떠난다. 붙잡아도 도망가는 인생(人生)이다.

→ 역마(驛馬)에 형(刑)이다.

➲ 식상(食傷)이 암합(暗合) 한다면?

암합(暗合)이란 몰래 하는 사랑이요, 일해도 남모르게 하는 것이다. 형제(兄弟)지간에 우애(友愛)가 두터워 밤중에 서로 자기의 수확물을, 형제의 수확물 위에 서로 쌓아주는 미덕을 생각하면 될 것이다. 실생활에서는 "그림의 떡." 같은 사연이다.

➲ 암합(暗合)도 구분이 있다.

➩ 천간(天干), 지지(地支)의 암장된 천간(天干)과 → 합을 하는 경우.

암합(暗合)이란 ? 글자 그대로 → 어두운 곳에서 천간끼리 합을 하는 것인데 드러나 있는 천간, 지지(地支)에 암장(暗葬)되어 있는 천간(天干)과 합이니, 반은 노출이 되고, 반은 감추어진 것이라, 반쪽 암합(暗合)이다.

➲ 암장(暗葬)된 천간(天干)끼리 → 합(合)이 이루어질 경우.

소리소문없이 이루어지는 합이다. 감쪽같은 합이다. 이런 경우 아무런 변동(變動)이 없으면 그것이 그대로 진행이 되는데, 형(刑), 충(忠) 등 변수(變數)가 생기면 그대로 만천하에 드러난다.

□ 암합(暗合)이란 부정적인 면이 매우 강하다.

○ 辛 壬 己 ⇨ 신(申)월의 신(辛)금 일간의 여성이다.

○ 巳 申 酉 　 암합(暗合)을 찾아보자.

⇨ 대운을 살펴보기로 하자.(2. 2 대운이다.)

72 62 52 42 32 22 12 2

庚 己 戊 丁 丙 乙 甲 癸 ⇨ 현재 병자(丙子)-대운(大運)에 와 있다고 하자.

辰 卯 寅 丑 子 亥 戌 酉 　 한창인 나이다.

　　　　　⇧　　　　⇦ 대운(大運)

⇨ 여기에서는 무엇을 중점으로 볼 것인가?

관(官)인 → 병(丙)화가 들어온다. 그것도 지지(地支)에 자(子)수를 놓고 있으므로 자손(子孫)이 있는 남자다. 유부남(有婦男)이다. 남의 남자(男子)와 연애(戀愛)를 하는 운(運)이다.

● 지지(地支)에서 운도 → 북방인 수(水)운으로 흐른다. 식상(食傷) 운(運)으로 흐른다. 천간으로는 → 화(火) 운인 관운(官運)의 연속이다. 관운(官運)과 식상(食傷)의 흐름이라 남자를 만나 자손(子孫)이 생기니 임신하는 것이다. → 신(辛)금 일간과 병(丙)화 관(官)이 합(合)해 → 자손인 수(水)를 형성하니, 운의 흐름과 일맥상통(一脈相通).

● 여성의 경우 사주(四柱)가 신강(身强) 하면 정신연령이 높은 편이다. 물론 남성 경우도 마찬가지이지만, 여성의 경우는 그 성향이 강(强)해 연상의 친구나, 이성(異性)을 찾아도 나이 차가 나는 경우다.

□ 상관(傷官)운이 올 때의 해석(解析)과 통변(通辯).

➲ 남성(男性) 경우.

✱ 하극상(下剋上)의 기질(氣質)이 나타난다.

규칙과 순리를 무시하고, 쌓여있던 불평과 불만이 폭발(暴發)한다. 직장인의 경우,

사표를 낸다. → 왜? 조직의 처리에 불만이 증폭하여 이유는 상사의 지나친 간섭이나, 처우(處遇)에 따지고 대들다 밀려난다.

● 상사(上司)와의 불화로 인한 것이다. 아랫사람이 나보다 먼저 승진한다. 학생이라면 선생에게 불경한 행동을 하거나, 말대꾸 등 지도에 대한 불만, 불량학생 식으로 바람직하지 못한 행위 등으로 문제가 발생.

☐ 사표 수리 시의 진행 과정으로 보는 역할(役割)과 통변(通辯)---상관(傷官)운의 변화(變化).

❖ 기신(忌神)일 경우.----사표 수리가 즉결로 이루어진다. 매사 전격적이다.

학생(學生)의 경우는 퇴학(退學). 정학(停學) 등--

❖ 용신(用神)일 경우.----사표 수리가 안 된다. 아랫사람의 승진(昇進)이 오히려 나에게 득(得)이 되는 경우다.

☐ **실수(失手)와 낭패의 연속이다.**

사람 이란 살다 보면 실수하게 마련이다. 그런데 그 실수에도 책임에 따른 소재가 분명해야 하는데, 통변(通辯)할 때 이를 분명히 짚어주어야 제대로 추명. 실수해도 본인의 실수인가? 아니면 아랫사람의 실수로 인한 것인가? 내가 책임지는가? 다른 사람이 책임지는가를 알려주어야 한다.

● 이의 판단은 본인 사주를 보고 판단,

본인 사주가 → 운에서 편안하다면 아랫사람의 실수 즉, 타인(他人)의 실수가 나에게로 오는 것이요, → 운(運)이 안 좋아 편치 않다면 본인의 실수(失手)로 책임진다.

● 상관(傷官) 운에는 책임질 일이 생긴다.

직장을 다니는 경우 노조라든가, 항명 조의 일이라든가, 책임소재 등 송사(訟事)에 관한 일이 있다면 피하는 것이 좋다.

☐ **식상(食傷) 운에는 작은 것보다, 큰 것 생각이 앞선다. 일확천금을 노린다.**

庚　己　庚　戊　　　⇨ 신(申)월의 을(乙)목 일간이다.

午　丑　申　戊　　　경진(庚辰)운을 맞는다고 하여보자.

⇨ 경진(庚辰) 운이면 상관(傷官) 운에, 진(辰) 토는 재고(財庫)로 돈이 들어오는

것이다. 관(官)이 목(木)인데 금(金) 운이라 관을 극(剋) 하니 직장인이면 사표를 내는 것이다. 결과는 재고(財庫)이니 목돈이라 퇴직금을 받는다.

● 이 사주에서 용신(用神)은 무엇이 될까?

식상(食傷)인 금(金)의 기운이 왕(旺) 하니 → 오(午) 화인 인수(印綬)가 용신(用神)이 된다. 인수는 → 화(火)라 낮이고, 불이다. 재(財)를 탐하면 탐재괴인(貪財壞印)이 되어 인수(印綬)인 용신(用神) 즉 불이 꺼지는 것이다. → 사업하면 부도다. 상관(傷官) 운에는 사기 수요, 구설이 난무한다. 잘 돌아가던 기계도 상관(傷官)-날이면 고장이 잘 나는 것이다. 사업하는 사람은 직원들이 반발하고, 불평불만이다.

❑ 주객(主客)의 전도에 대하여.

주인(主人)과 객(客)이 뒤바뀌는 것이다. 위, 아래가 바뀌는 것이다. 예를 들어 → 토생금(土生金)하여 어머니인 토(土)가 자식인→ 금(金)에게 온갖 정성을 다해 키워 놓았더니 이제는 "내가 독립하여 모든 것을 처리할 터이니, 어머니도 이제부터는 자식인 저를 믿고 따라 주시기 바랍니다." 한다. 물론 올바른 처신(處身) 한다면 누가 무어라 하는가? 그런데 그것이 아니다. 부모를 우습게 알고, 능력(能力)이 없다 구박하고, 깔보는 것이다. 부모 입장에서 이제 늙었으니 자식의 뜻을 따르는 것도 당연하지만, 아직 자식이 미흡한 것이 아쉬운 것이다. 이미 기운이 강할 대로 강(强)해진 자식이라, 어찌할 수 없다.

● 일간(日刊)이 식상(食傷)을 생(生) 해 놓으니 기운이 왕(旺) 해져 관(官)을 극(剋)하고, 기운(氣運)이 약(弱)해진 일간(日干)의 뜻을 아랑곳하지 않는다. 거기에 상관(傷官)의 기운(氣運)이 원래 강(强)할 경우는 그 기운을 억제하기 힘든 것이다.

❖ 남자가 식상(食傷) 운(運)에는 자식인 관(官)을 극(剋) 하니 자식이 하는 것마다 눈에 차지 않고 보기 싫어진다.

❖ 식상(食傷) 운(運)에는 내가 생(生) 하는 것이 식상(食傷)이라 계획을 실천으로 옮기는 하나 결과가 없다. 밑 빠진 독에 물 붓기다.

❖ 상관(傷官) 운에는 건강이 나빠진다.

일간(日干)인 내가 상관(傷官)을 생(生) 하므로 나의 기운(氣運)이 빠지는 것이다. 그러니 기력(氣力)이 허(虛)해지는 것이다. 신약(身弱)일 경우는 그것의 도(度)가 더 심한 것이다.

❏ 여성(女性)의 경우.

❖ 식상(食傷)은 ➔ 관(官)을 극(剋) 하니 남편과 사이가 안 좋다. 심할 경우는 이혼(離婚)까지도 본다.

남편을 대해도 공경의 마음은 털끝만큼도 보이지 않는다. 갱년기 여성의 특징이다.

❖ 상관운(傷官運)에 결혼한다면 어떨까?

상관운(傷官運)이라면 사기, 송사 당하는 입장이다. 결국, 속아서 결혼한다는 설명. 식상이 용신일 경우는 좋다. 항상 중요한 것은 용신(用神) 운인가? 기신 운인가? 를 보는 것이 첫째다.

● 통상적 개념만을 가지고 논하다가 실수한다. 책에서 설명은 통상적인 개념을 하는 것이다. 반대의 경우는 어떠한가? 를 항상 후에 되새겨보고 다른 경우도 비교, 것이 올바른 학습방법이다.

❏ **비견(比肩)과 식상(食傷)인 음(陰)의 기운이 강하다.**

丙 庚 庚 辛   ⇨ 자(子)월이 경(庚)금 일간이다.

戌 子 子 未   여성(女性)의 사주(四柱)이다.

⇨ 천간(天干)에 견겁(肩劫)이 많으므로 남편이 어디로 갈 줄 모르는 것이요, 서로 각자가 짝짓기하는 형상의 사주다. 이합집산(離合集散)이다. 어느 날 갑자기 아빠! 하면서 아이가 찾아오는 사주(四柱)다.

➲ 식상(食傷) 운이 흉(凶)으로 작용하면 어느 유행가 가사처럼 "울고 싶어라."를 연발하게 된다. 식상(食傷) 운은 자꾸만 엉덩이가 들썩거리고, 안정이 안 되고, 심리적으로 불안한 것이다. 온몸이 나른하기만 하고 기력(氣力) 또한 허(虛)하게 된다. 자식도 피곤하기만 하고, 남편 역시 꼴도 보기 싫어진다.

● 사람이 살면서 권태, 무력감, 그리고 피로감을 제일 많이 정신적으로 느끼는 것이 바로 이 식상(食傷)의 기운 때문이다. 여성의 경우 갱년기에 접어들면서 더욱 심하게 느끼는 것이 바로 이로 인한 원인도 작용한다는 것을 알아야 할 것이다. 과연 나는 무엇을 위하여, 나는 무엇을 하면서 살았는가? 하고 인생을 되돌아보기도 한다. 조금만 서운해도 서글퍼지고, 괴로운 것이다. 나이를 들어도 공연히 사춘기 시절의 기분을 느끼는 것이다. 그래서 여자들이 바람이 나는 것이 바로 이 식상의 기운이 강할 때다. 특히 상관(傷官) 기운이 강하게 오면 가정파탄이 생긴다.

● 목(木)일주 경우 → 신약(身弱)한 사람은 더더욱 이러한 현상이 나타나는데, 음(陰)간(干) 일 경우는 → 그것이 더 하다고 추리하는 것이다. 정신이 없어진다. 내가 지금하고 있는 행동이 잘하는 것인지? 아니면 못하는 것인지? 를 판단하지 못한다. 노년에 접어들어 치매가 심화 되는 시기, 또한 이러한 기운이 강한 시기다.

□ 식상(食傷)이 용신(用神)일 경우는 어떨까?

○ 　 戊 庚 ○　　⇨ 오(午)월의 무(戊)토 일간이다.

子 申 午 寅　　지지(地支)에서 수화(水火) 상전(相戰)이다.

⇨ 무(戊)토 일간이 화생토(火生土) 받아서 건조(乾燥)하다.

건조(乾燥)하면 습(濕)해야 하는데, 금(金), 수(水) 냉기(冷氣)가 필요하다. 일지(日支)와 시지(時支)가 합(合)하여 → 수국(水局)을 형성하니 그림이 좋다. 운(運)에서 경진(庚辰) 운이 왔다면 어떨까?

● 천간으로 → 경(庚) 금이니 금(金), 수(水)가 용신(用神)인데 좋고, 지지로 → 진(辰) 토인데 일지와 시지와 합하여 신(申)−자(子)−진(辰) → 삼합(三合) → 수국(水局)을 이룬다.

● 운(運)이 참 좋은 것이다. 내가 필요로 하는 기운(氣運)이 모두 다 오니 얼마나 좋은가? 진(辰) 토는 재고(財庫)요, 재국(財局)을 형성하니 그동안 이 모든 시름을 한 방에 날려 보낸다. 이런 운에는 망설이고 자시고 할 것 없다.

● 술(術)-적인 면(面)으로 본다면 무조건 운(運)-맞이를 한다거나, 굿을 하라 해도 큰 문제가 생기지 않는 운(運)이다. 제(際)를 지내도 그만큼 덕을 본다. 똑같은 정성으로 똑같은 일을 해도 어떤 이는 덕을 보고, 어떤 이는 오히려 아니 한 만 못한 경우도 나오는데 이는 다 이러한 연유다. 그래서 일을 할 경우, 찾아와서 과연 일을해도 얼마나 덕을 볼 것인지, 아닌지를 물어보는 것도 다 이유가 있다. 맹목적으로, 무조건 권유는 금물이다. 물론 어느 정도 능력이 있어 행하는 경우도 있지만, 과연 그 정도의 초능력을 가진 사람이 얼마나 될 것인지는 스스로가 잘 알 것이다.

● 정성이 임하면 하늘이 감동(感動)과 감응(感應)을 하는 것이다. 하늘도 스스로 돕는 자를 돕는다는 말은 무엇을 의미하는 것일까? 천기(天氣)의 룰을 알아야 한다. 삼국지의 제갈량도 다 그러한 이론에 통달(通達)한 것이다. 어느 시대이던 천기(天氣)를 모르는 자는 천하(天下)를 도모할 수 없는 이유가 다 그러한 연유다. 이렇듯 하찮은 것 같아도 이러한 것부터 알아야 추명(推命) 하는 것이요, 인생(人生)과 운명(運命)을 논하는 것이다.

❖ 식신(食神)인 금(金)이 금생수(金生水) 하여 주니 돈이 생기고, 재물(財物)이 불어나는 것이다. 그야말로 돈 나와라 뚝딱! 도깨비방망이를 두들기는 형상이다.

❖ 건강도 좋아지고 만사가 형통이다.

❖ 식상으로 기운이 잘 흐르니 움직일 때 마다 돈이 붙어 들어온다.

❖ 연예인이라면 인기가 급상승 여기저기서 CF-찍자고 난리다.

❖ 직장에서는 초고속 승진을 하는 것이다. 경쟁자와 승진 싸움에서도 안 될 것 같았는데도 되는 것이다.

❖ 사업자는 사업을 하여도 번창-일로를 걷는다.

❖ 보유주식이 금값으로 치솟는다.

➲ 돈으로 볼 때의 식상은 어떤가?

식상(食傷)은 수표다. 식상은 ➜ 재를 생하니 재(財)는 현금(現金)이요, 식상(食傷)은 ➜ 수표(手票)라 돈세탁하여 현금(現金)화 한다.

➲ 돈세탁을 해도 운을 잘 살펴야 한다. 식상이 흉으로 작용할 때는 꼬리가 잡히는 것이요, 길로 작용할 때는 무탈한 것이다. 돈을 바꿀 때는 비상금도 일진(日辰)을 잘 살펴 참고해야 한다.

☯ 왜 년(年)-초(初)에만 운세(運勢)를 보고 마는 것일까?

실질적인 일이 있을 때 보아야 하는데, 사람들은 그것을 놓치고 있다. 그저 올 해는 좋다고 하였으니까? 하는 식으로 말이다. 그러나 운(運)이란 항상 100% 좋을 수는 절대로 없다. 호사다마(好事多魔)라고 하는 이유를 아는가? 바로 그것이다. 반복되는 그 사이 어떤 일이 벌어질 것인가? 알아야 한다는 것이다. 그래서 실질적으로 운(運)을 가리는 사람은 항시 그것을 염두에 두고 자기의 처신을 해야 한다. 믿고 안 믿고는 그 사람 자신이 결정하는 것이다.

➲ 식상(食傷)이 다른 육친(六親)을 만났을 때의 변화 관계.

□ 식상(食傷)이 변하여, 인수(印綬)가 될 경우.

日干 일간	갑(甲),을(乙)	병(丙),정(丁)	무(戊),기(己)	경(庚),신(辛)	임(壬),계(癸)
	① ⇓	② ⇓	③ ⇓	④ ⇓	⑤ ⇓
식상	화(火)	토(土)	금(金)	수(水)	목 (木)
	↓	↓	↓	↓	↓
인수	수(水)	목 (木)	화(火)	토(土)	금(金)
가능성	⊗	◎	⊗	⊗	⊗

□ 식상(食傷)이 변화(變化)하여 → 인수(印綬)가 되는 것은 화(火)일간 뿐이다.

○ 丙 ○ ○   ⇨ 진(辰)월의 병(丙)화 일간이다.

○ 辰 辰 辰   병진(丙辰)일주, 지지(地支), 식상(食傷)이다.

⇨ 일지(日支)의 진(辰)토는 인(寅), 묘(卯)가 오게 되면 인(寅)-진(辰), 묘(卯)-

진(辰)하여 목(木)의 방합(方合)을 이루는데, 일간(日干) 병(丙) 화를 ➜ 목생화(木生火)하여 인수(印綬)의 역할을 한다.

• 식상(食傷)이 있으므로 병(丙)화의 입장에서는 ➜ 진(辰) 토에 대한 변함없는 애정(愛情)으로 계속 생(生)만 한다. 그러면 언제쯤 병(丙)화는 그에 대한 보답을 받을까? 보답이란 귀인(貴人)의 역할을 하는 운(運)을 만나는 것이다. ➜ 인수(印綬) 운이다. 생(生) 해준 것에 대한 보답으로 식상이 변해 ➜ 인수로 바뀐다.

• 진(辰)토는 ➜ 종교인데, 특히 불교와 연관이 깊다. 부처님을 일심(一心)으로 봉청하니 그에 대한 응답이다. 인(寅), 묘(卯)-년이 되어야 비로써 그에 대한 답을 얻는다.

❖ 일간(日干)이 목(木)일 경우.

갑(甲)　　을(乙)　　⇨　육십갑자(六十甲子)중 성립 가능한 것은 갑오(甲午),
오(午)　　사(巳)　　　　을사(乙巳)이다.
⇨ 인수(印綬)인 수(水)로 변화가 안 된다.

❖ 화(火)일 경우.

병(丙)　　병(丙)　　정(丁)　　정(丁)　　丙辰, 丙戌, 丁丑, 丁未가 성립된다.
진(辰)　　술(戌)　　축(丑)　　미(未)
⇨ 화(火)의 식상은 토(土)이므로 변화가 어떤가?

❖ 이 경우는 ➜ 성립이 가능하다.

병진(丙辰)과 정축(丁丑)이 인수(印綬)인 수(水)로 변화가 가능하다.
진(辰)---신(申)-자(子)-진(辰) ⇨ 수국(水局)으로 변화가 가능하다.
축(丑)---해(亥)-자(子)-축(丑)하여 ⇨ 수국(水局)으로 변화가 이루어진다.

❖ 토(土)의 경우.

무(戊)　　기(己)
신(申)　　유(酉). --------무신(戊申), 기유(己酉) 둘이 성립.
⇨ 토(土)의 식상(食傷)은 금(金)인데 변화(變化)는 어떨까?
⇨ 금(金)의 경우는 ➜ 토(土)의 인수(印綬)인 화(火)로 변신 안 된다.

→ 금(金)과 수(水)의 변화만 성립.

❖ 금(金)의 경우는 어떠한가?

경(庚) 신(辛)

자(子) 해(亥) ----------경자(庚子), 신유(辛酉)가 성립.

▷ 금(金)의 식상인 수(水)는 → 수(水)와 목(木)의 변화만 이루어진다.

❖ 수(水)의 경우는 어떠한가?

임(壬) 계(癸)

인(寅) 묘(卯) ---------임인(壬寅), 계묘(癸卯)가 성립된다.

▷ 수(水)의 식상인 목(木)이 변화하는 것은 → 목(木)과 화(火)이다.

인수(印綬)인 금(金)으로의 변화(變化)는 이루어지지 않는다.

➲ 식상(食傷)과 인수(印綬)의 상관관계.

❖ 식상은 할머니, 장모(丈母), 지출(支出)이요, 가르치는 것이다.

　→ 인수(印綬)는 어머니요, 스승이요, 수입(收入)이요, 저축(貯蓄)이다.

❏ **여자(女子)일 경우, 식상(食傷)이라 자손(子孫)이다.**

○ **丙** ○ ○　⇨ 병진(丙辰)-일주.

○ **辰** ○ ○　　지지(地支)에 식상(食傷)의 기운이 강(强)하다.

▷ 정축(丁丑)년이 왔다 하자. 진(辰)토가 도움을 청한다.

과연 도와주어야 할 것인가? 외면해야 할 것인가? 우선은 올 해와 내년 연결을 본다.

정축(丁丑), 무인(戊寅), 기묘(己卯)의 순으로 나간다. 가상으로 → 올 해는 정축(丁丑)이라 나가기만 한다. 내년에는 무인(戊寅)이라 지출이 되었던 것이 수입으로 들어오니 받을 수 있다. → 기묘(己卯)년 역시 같은 운(運)이다. 이런 경우, 빌려주어도 좋다. 그리고 본인이 투자하였다면 회수한다. 노력한 대가(代價)를 받는다. 즉 뿌린 만큼 거둔다.

❖ 송사(訟事)로 연결 되면 ?

상관(傷官) 그 자체가 송사(送辭)다. 그러므로 송사가 발생한다 해도 인수(印綬)로 화(化)하므로 이긴다.

정(丁)

묘(卯)－－－－－ ⊨ 정묘(丁卯)－일주가 기미(己未)년이 왔다 하자.

올 해 송사(訟事)를 할 일이 있다 하자. 해도 괜찮을까?

결과가 미(未) 토로 나오는데 ➜ 일지(日支)의 묘(卯)목과 합(合)이 되어 목국(木局)을 형성한다. 인수(印綬) ➜ 국(局)이다. 고생(苦生) 끝에 낙(樂)이 온다. 결국에는 끝까지 가는 것이 아니고, 중간에 화해(和解)가 이루어진다. 아랫사람이 귀인(貴人)의 역할을 한다. 식상이 변해 인수가 된다.

❖ 여성의 경우는 자손(子孫) ➜ 식상(食傷) 이므로 인수(印綬)인 ➜ 공부를 하는 것이다. 식상이니 가르치는 것이다. 그런데 인수로 바뀌므로 가르치기 위해 공부를 하는 것인데 천간(天干)은 ➜ 원인(原因)제공이요, 지지(地支)는 ➜ 결과(結果)다.

❖ 일진(日辰)을 보고 그날의 운세(運勢)를 볼 때도 이러한 원칙(原則)이 사용된다. 더 세분화한다면 ➜ 시간별로 본다면 더 정확할 것이다. 여성의 경우 자손으로 인하여 옷이요, 선물이 생긴다.

❑ 길(吉)로 보는 경우---자손이 퀴즈게임에 나가, 부모효도여행권을 경품으로 탄다. 자손이 집을 장만하는 데 일조.

❑ 흉(凶)으로 보는 경우.--아이가 옷을 버려 할 수 없이 새 옷을 장만하였다. 새 집을 장만하였는데 보수가 시급하다.

⊨ 인수(印綬)가 길(吉)로 작용하는지? 흉(凶)으로 작용하는지 판단해야 하고, 형(刑), 충(沖), 파(破), 해(害)나 기타 길, 흉의 작용을 판단, 결정.

➜ 인수라 하여 무조건 귀인이 아니요, 귀인(貴人)도 귀인 나름이다.

❑ 식상(食傷)이 변하여 견겁(肩劫)이 될 경우.

식상(食傷)이 견겁(肩怯)으로 변한다는 것은 움직일수록 손해요, 낭패라는 이야기다. 자중(自重)해야 한다. 식상에 해당하는 육친으로 인해 탈재(奪財)요, 봉변당하고, 곤혹스러워진다. 괴롭힘이다.

日干 일간	갑(甲),을(乙)	병(丙),정(丁)	무(戊),기(己)	경(庚),신(辛)	임(壬),계(癸)
	① ⇩	② ⇩	③ ⇩	④ ⇩	⑤ ⇩
식상	화(火)	토(土)	금(金)	수(水)	목 (木)
	↓	↓	↓	↓	↓
견겁	목 (木)	화(火)	토(土)	금(金)	수(水)
가능성	⊗	⊙	⊗	⊗	⊗

➪ 식상(食傷)이 변해 견겁(肩劫)으로 화(化)하는 것은 화(火)일주다.
목(木)으로 변화되는가 본다. 식상은 ➔ 화(火)가 되는데, 지지(地支)에 화(火)가 있고, 그것이 변(變) 하여 견겁(肩劫)인 목(木)으로 변하는가?

❖ 일간(日干)이 목(木)일 경우
갑(甲)   을(乙)
오(午)   사(巳)ㅡㅡㅡㅡㅡㅡ육십갑자(六十甲子)중 성립이 가능한 것은 갑오(甲午),을사(乙巳)이다. 목(木)으로 변화가 안 된다.

❖ 화(火)-일간.
병(丙)   병(丙)   정(丁)   정(丁) ➔ 丙辰, 丙戌, 丁丑, 丁未가 ➔ 성립된다.
진(辰)   술(戌)   축(丑)   미(未)
➪ 화(火)의 식상은 토(土)이므로 변화가 어떤가?
 ➔ 이 경우는 성립이 ➔ 가능하다.
병술(丙戌)과 정미(丁未)가 ➔ 견겁(肩劫)인 화(火)로 변화.

술(戌)의 경우----인(寅)-오(午)-술(戌) → 화국(火局)으로 변한다.

미(未)의 경우----사(巳)-오(午)-미(未) → 화국(火局)으로 변한다.

진(辰)과 축(丑)의 경우 → 성립(成立)이 불가(不可)하다.

❖ 토(土)의 경우를 살펴보자.

무(戊)　　기(己)　　　↦ 무신(戊申), 기유(己酉) → 둘이 성립 된다.

신(申)　　유(酉).

↦ 토(土)의 식상(食傷)은 금(金)인데 변화(變化)는 어떨까?

↦ 금(金)의 경우는 → 토(土)로의 변신이 이루어지지 않는다.

　　→ 금(金)과 수(水)의 변화만 성립.

❖ 금(金)의 경우는 어떠한가?

경(庚)　신(辛)　------경자(庚子), 신유(辛酉)가 성립 → 이루어진다.

자(子)　해(亥)

↦ 금(金)의 식상인 수(水)는, → 수(水), 목(木)의 변화만 이루어진다.

↦ 금(金)의 경우 식상(食傷)인 수(水)가 → 견겁(肩劫)인 금(金)으로 변화는 없
　　다.

❖ 수(水)의 경우는 어떠한가? → 성립되지 않는다.

임(壬)　계(癸)　--------임인(壬寅), 계묘(癸卯)가 → 성립된다.

인(寅)　묘(卯)

↦ 수(水)의 식상인 목(木)이 → 변화하는 것은 목(木), 화(火)이다.

위의 경우는 자체 내에서의 변화다. 즉 원국(原局)에서 외부의 변화와의 관계를 살펴
보는 것이다. 그렇다면 운(運)에서, 즉 외부(外部)에서 자체적(自體的)으로 변화하
는 경우는 어떤가? → 육십갑자(六十甲子)로 살펴보자.

❖ 목(木)일간의 경우,-----병인(丙寅), 정묘(丁卯)가 된다.

❖ 화(火)일간의 경우,-----무오(戊午), 기사(己巳)가 된다.

❖ 토(土)일간의 경우,-----경진(庚辰), 경술(庚戌), 신축(辛丑), 신미(辛未)

❖ 금(金)일간의 경우,-----임신(壬申), 계유(癸酉)가 된다.

❖ 수(水)일간의 경우,-----갑자(甲子), 을해(乙亥)가 된다.

合 식상(食傷)이 변(變)해 견겁(肩劫)이 되는 것은, 운(運)에서 들어오는 외부적(外部的)인 영향(影響)이다. 자체적인 변화가 아니라 순수한 밖에서의 변화다. 통변(通辯) 시 유의하여 구분해야 한다. 운(運)에서 변화는, 그 운(運)이 지나가고 나면 또 바뀌는 것이라, 그 흐름을 잘 읽어야 한다.

➲ 식상(食傷)이 → 견겁(肩劫)으로 변화(變化)하면 어떤 상황(狀況)이 오나?

▷ 통변(通辯)의 요령.

❖ 수하(手下)로 인해 내가 손해(損害)다. 아랫사람이 나와 동등하게 되니 같이 맞먹으려 한다. "같이 늙어가는 처지에 말 좀 놓고 합시다."

❖ 봉변(逢變)당하는 수(數)다. 후배나 아랫사람이라 함부로 언행(言行)을 하다가 봉변당한다. 이런 운(運)에는 항상 조심이 최고다.

❖ 식상(食傷)은 일을 벌이는 것이다. 손해(損害)를 입는다.

지출(支出)이 많은데 그것을 전부 내가 감당해야 한다. 벌면서 그것을 감당하면 걱정이 없는데, 벌지 못하고 계속 나가야 하는 것이 문제다.

❖ 편법을 동원하려다 망신.

식상(食傷)은 → 관(官)을 극(剋) 한다. 즉 편법(便法)을 동원하는 것이다. 식상(食傷)의 생리는 항상 재(財)를 생(生) 하려 한다. 재물(財物)을 탐한다. 생(生) 한다는 것은 버는 것이요, 만드는 것이니, 눈독을 들이는 것이다. 그것도 정상적인 방법을 동원하는 것이 아니라 항상 삐딱 선을 탄다. 결과는 견겁(肩劫)으로 돌아오니 버는 것이 아니라, 있는 것도 다 털어먹는다. 벌어도 정상적으로 열심히 해야 한다. 일확천금을 노리고 복권을 사지만, 결국 돈만 날린다.

❖ 식상(食傷)은 관(官)을 극(剋) 하니 편법(便法)이요, 아랫사람이니 수하(手下)의 잘못을 내가 덮어쓰는 것이다. 모든 책임(責任)을 진다. → 내가 사주하여 일을 진행하다 덜미가 잡혀 하수인(下手人)이 불어버리니 꼼짝없이 그 죄의 대가를 치른다.

❖가족(家族)-관계를 살펴보자.

여성의 경우 식상은 자손이 되는데, 관인 남편을 극 하므로, 남편의 운신의 폭이 좁아진다. 일간(日干)과 식상(食傷)은 한 편이 되어, 관(官)과 대치상태를 유지한다. 시작은 식상(食傷)이요, 결론은 견겁(肩劫)이니 자식(子息)으로 인해 대치상태가 원인(原因)이 되는데 그것이 가중되어 사안(事案)이 심각한 경우로 발전.

❖ 가정에서 자녀가 아들이든, 딸이든 한쪽으로 편중(偏重)되면, 부모 입장에서 자연 한 쪽으로 그 사랑이 기울어지게 된다. → 딸만 있는 가정은 엄마와 딸들은 서로가 융화가 잘되나, 아버지가 외톨이가 된다. 왕따 당하는 분위기가 형성된다.

• 아들만 있는 집안은 엄마가 왕따를 당하고, 그것이 심해지면 이혼까지 가는데 주로 중년(中年)—이혼(離婚)을 하는 경우, 외도한다거나, 적적함을 이유로 가정(家庭)파탄(破綻)의 원인을 제공하기도 하고, 심한 우울증과 스트레스로 인해 건강을 해치는 경우가 많다.

➔ 자식과 부모사이 음(陰)과 양(陽)의 편중이 만들어내는 부분적인 결과다. 자기 자식 사랑 안하는 부모 없고, 자기 부모 공양 안하는 자식이 어디 있겠는가? 그래도 아들만 있는 경우는 그래도 약간 덜하다. → 딸만 있는 경우, 아버지가 적극적인 자식과의 관계를 유지 못 해 불행한 결과가 많다. 그 이유는 사주(四柱)가 신약(身弱)한 경우 특히 두드러진다.

• 신강(身强) 할 경우는 어느 정도 버티나, 신약(身弱)할 경우는 문제가 많다. 아들을 원하는데 딸만 많은 경우 그 정도는 더 심하다. 대체로 자손이 많은 경우, 부모가 장수(長壽)하려면 키우는 동안 자손을 하나, 둘을 잃어버려야 부모가 오래 산다. 그렇지 않을 경우는 부모가 일찍 세상을 하직하는 경우가 많다.

• 사주가 강한 사람은 자식이 잘되면 덩달아 그 부귀영화를 누린다. 그것은 그만큼 부모가 똑똑하다는 설명이다. 그러나 사주가 약해 부모가 그리 내세울 만한 사람이 못 될 경우, 자식에 의존하는데 자식이 잘되면 될수록 나약하여지고, 성공하자마자

세상을 떠나는 사람들이 그러한 경우다.

➲ 줏대가 강한 부모는 덕을 입고, 약한 사람은 그 복을 다 누리지 못한다. 경제적으로 부(富)를 누리는 집안을 보면 자손이 많으나 한, 두 명은 사고(事故)로, 다른 이유로 세상을 뜨는 경우다. 그리고 그 부모는 장수하는 것이다. 식상의 기운이 지나치게 왕(旺) 하거나, 약화(弱化)되는 경우, 기운(氣運)의 흐름이다. 근본적인 기운이 서로 상극(相剋) 관계이기 때문이다. "자식이 많으면 부모가 뼈골이 빠진다."는 의미를 다시 한번 생각해보자.

❐   식상(食傷)이 변해 ➔ 재성(財星)이 될 경우.

변화를 볼 경우는 항상 원국(原局) 자체에서 변화가 있는가?

운(運)에서 변화가 오는 가? 확인해야 한다.

다른 경우도 마찬가지지만, 그에 따른 해석의 변화도 필요하다.

日干 일간	갑(甲),을(乙)	병(丙),정(丁)	무(戊),기(己)	경(庚),신(辛)	임(壬),계(癸)
	① ⇓	② ⇓	③ ⇓	④ ⇓	⑤ ⇓
식상	화(火)	토(土)	금(金)	수(水)	목 (木)
	↓	↓	↓	↓	↓
재성	토(土)	금(金)	수(水)	목 (木)	화(火)
가능성	⊗	○	○	○	○

➪ 식상(食傷)이 변하여 재성(財星)으로 화(化)하는 것에 대한 설명이다.

❖ 일간(日干)이 목(木)일 경우.

갑(甲)　　을(乙) ------육십갑자(六十甲子)중 성립가능한 것은

오(午)　　사(巳)　　　　　　　갑오(甲 午), 을사(乙巳)이다.

➪ 재성(財星)인 토(土)로 ➔ 변화가 안 된다.

❖ 화(火)일간 일 경우.

병(丙)   병(丙)   정(丁)   정(丁)   ----- 丙辰, 丙戌, 丁丑, 丁未가 성립

진(辰)   술(戌)   축(丑)   미(未)   된다

⇨ 화(火)의 식상은 토(土)이므로 변화가 어떤가?

❖ 이 경우 성립 가능하다.

병진(丙辰), 병술(丙戌), 정축(丁丑)이 ➜ 재성(財星)인 금(金)으로 변화.

➲ 진(辰)의 경우----진(辰)-유(酉) ➜ 금(金).

➲ 술(戌)의 경우----신(申)-유(酉)-술(戌) ➜ 금국(金局).

➲ 축(丑)의 경우----사(巳)-유(酉)-축(丑) ➜ 금국(金局).

❖ 토(土)의 경우.

무(戊)   기(己)

신(申)   유(酉).--------무신(戊申), 기유(己酉)

⇨ 토(土)의 식상(食傷)은 금(金)인데 변화(變化)는 어떨까?

⇨ 금(金)의 경우 ➜ 수(水)로의 변신이 이루어진다.

　　신(申)의 경우-----신(申)-자(子)-진(辰) ➜ 수국(水局).

❖ 금(金)의 경우.

경(庚)   신(辛)

자(子)   해(亥)----------경자(庚子), 신유(辛酉)가 ➜ 성립.

⇨ 금(金)의 식상인 수(水)는 ➜ 수(水)와 목(木)의 변화만 이루어진다.

⇨ 금(金)의 경우 식상(食傷) 수(水)가 ➜ 재성(財星)인 목(木)으로 변화가 가능.

　　해(亥)의 경우------해(亥)-묘(卯)-미(未) ➜ 목국(木局)을 형성.

❖ 수(水)의 경우.

임(壬)   계(癸)

인(寅)   묘(卯) --------임인(壬寅), 계묘(癸卯)가 ➜ 성립.

⇨ 수(水)의 식상인 목(木)이 ➜ 변화하는 것은 목(木), 화(火)이다.

인(寅)의 경우--인(寅)-오(午)-술(戌) ➜ 화국(火局)을 이룬다.

성립되는 경우, 안 되는 경우가 있으나, 어느 한 부분에서 되더라도 성립(成立)이
되는 것으로 전체를 본다.

• 위의 경우는 자체 내에서 변화하는 경우다. 즉 원국(原局)에서 외부의 변화와의
관계를 살펴본다. 그렇다면 운(運)에서, 즉 외부(外部)에서 자체적(自體的)으로 변
화하는 경우는 어떤가? 육십갑자(六十甲子)로 살펴보자.

❖ 목(木)일간의 경우,-----병진(丙辰), 병술(丙戌), 정축(丁丑), 정미(丁未) .
❖ 화(火)일간의 경우,-----기유(己酉)가 된다.
❖ 토(土)일간의 경우,-----경자(庚子), 신해(辛亥)가 된다.
❖ 금(金)일간의 경우,-----임인(壬寅), 계묘(癸卯)가 된다.
❖ 수(水)일간의 경우,-----갑오(甲午), 을사(乙巳)가 된다.

❑ 식상(食傷)이 재성(財星)으로 변하는 경우의 통변(通辯).

식상(食傷)이 재성(財星)으로 변화하는 것 ➔ 흐름이 정상적으로 흐르는 것이다.
모든 것이 순리(順理)대로 진행되는 것이다. 노력한 만큼의 대가를 받는 것이 가장
큰 핵심이다. 그런데, 문제 되는 것이 있다. 아무리 흐름이 좋고 모든 것이 원만히
흘러도 기운이 약(弱)하면 받아먹지 못한다.

• 사주 추명(推命) 함에 있어서 항상 사주가 강
(强)한가? 약(弱)한가를 먼저 보는 것이 이러한 연
유다. 강(强)하다면 흐름의 순리에 따르면 되는 것
이나, 약(弱)할 경우, 항상 변수(變數)가 많이 생
긴다. 건강한 사람은 병치레를 별로 하지 않으나,
몸이 약한 사람은 항상 기력이 부족, 매사 의욕도
부족하다. 그러니 무슨 일을 하고, 복을 받겠는가?
❖ 남의 돈을 벌어주는가? 내가 취하나?

식상(食傷)이 변해서 재성(財星)이 된다는 것은, ➔ 일하여 노력의 대가(代價)를 확
실하게 받는 것이다. 여기에서 재(財)가 용신(用神)의 역할을 하는가? 기신(忌神)의
역할을 하는가? 에 따라 사람의 팔자가 바뀐다.

• 용신(用神)의 역할을 한다면 다행인데 기신(忌神)의 역할을 한다면?
재(財)와는 인연(因緣)이 없는 사람이다. 부지런히 일해 성과를 올리는 것인데, 재물(財物)이 생겨도 내가 취할 힘이 있어야 챙긴다. 열심히 제법 모은 것 같은데, 손에 쥐어지는 것이 별로 없다면 재미가 없을 것이다. 자기의 능력만큼 밖에는 못 챙긴다. 여기저기 나가는 것이 많다 보니 그렇다.

• 학창 시절 공부도 못하고, 능력도 별로 없던 친구가 제법 떵떵거리고 산다면?
사주도 약한 사람이었다면? 운(運)에서 바뀌는 것이다. 호운(好運)을 만나 그리된 것이다. 사람도 철이 일찍 드는 사람이 있고, 늦게 철이 드는 사람이 있다. 좋은 운을 만나 깨우침을 얻는 것이다.

• 사주(四柱)가 약(弱)한 사람이라고 기회가 없는 것이 아니다. 누구에게나 기회는 반드시 다 온다. 그 기회를 얼마나 활용하는가가 문제다. 이에는 환경(環境)적인 요소(要素)가 많이 작용한다. 깨우치고, 도움받고, 성실(誠實)하였나 등등 기타 부수적인 문제가 따른다.

• 열을 벌고도 하나만 취한다면 이미 그 사람은 오너가 아니다. 설사 오너라 해도 자격 미달이다. 그리고 운(運)도 안 좋다. 월급 받고 일하는 월급쟁이에 불과하다. 조직(組織) 생활을 해야 한다. → 월급쟁이, 그룹의 일원 꼭 대표가 되었다고 그 사람이 성공한 것은 아니다. 다만 기운(氣運)이 강(强)해 취하는 범위가 넓었다는 것뿐이다. 그리고 그것이 얼마를 가는가? 는 그의 운(運)에 달린 것이다.

□ 내 것은 내가 알아서 챙긴다.

壬　戊　丙　○　　⇨ 오(午)월의 무(戊)토 일간이다.

子　申　午　寅　　흐름이 원만하다.

⇨ 관인(官印)-상생(相生)의 흐름이요, 인성(印星)으로 화(化)하여 화기(火氣)가

강하다. 그에 걸맞게 재성(財星) 또한 강하다. 수화(水火)-상전(相戰)이라, 그 힘의 균형(均衡)이 아름답다. 젊어서는 학업에 정성을 쏟아, 자기 수양을 하고 그에 대한 보답으로 부(富)를 누리는 사주(四柱)다.

❏ 자기 것도 제대로 챙기지 못 한다.

壬 戊 甲 壬　　⇨ 오(午)월의 무(戊) 토 일간이다.

子 申 午 子　　수기(水氣)가 지나치게 왕(旺)하다.

⇨ 식상(食傷)이 금(金)인데 물속에 갇혀, 물로 화(化)하여 버렸다. 재주가 녹이 슬어 아무짝에도 쓸 수 없는 사람이다. 직장생활도 지지에서 자(子)-오(午) → 충(沖)이 되어 오래 버티기 힘들어진다.
• 지나치게 신약(身弱)해 보이는 재물(財物)도 내 것으로 만들기 힘들어진다. 그림의 떡이요, 뜬구름 쫓는 인생으로 전락하기 쉽다. 꿈을 꾼다 해도 개꿈이다.

❏ 움직이면 재물(財物)이 생기는 팔자.
사람이란 두뇌가 영리하지 않으면 육신(肉身)이 고생(苦生)한다. 정신(情神)이 건전하고, 긍정적인 판단이 앞서야 한다. 이에 따라 육체를 이용, 생산적인 일에 전념, 그에 응당한 대가를 지불받는다.
• 식상(食傷)이 → 재성(財星)으로 변한다는 것은 → 능력을 발휘하면 그것이 재물(財物)로 나타난다. 움직이는 것은 정신적인 면, 육체적인 면 모두 포함한다. 감각적인 면 역시 마찬가지다. 입으로, 말로도 돈 번다. 말 한마디로 천 냥 빚을 갚는 것도 이에 해당.
✪ 금전적으로 채무(債務)-관계에 시달려도 찾아가 사정을 이야기하면 어느 정도는 융통성이 생기는 운(運)이다. 분위기 파악 잘하는 사람의 처세(處世)를 생각해보라

는 운(運)이다.

❂ 식상(食傷)은 지출(支出)이라 → 지출하는 것이 재물을 취하는 것이다. 투자하면 성공하는 경우다. 자본이 없는 경우 몸으로라도 때우면서 재물을 취한다. 사주가 강(强)할 경우, 빈손으로 시작해도 성공하는 운(運)이다.

• 사주가 신약(身弱)하고 식상의 기운이 강(强)할 경우, 정상적인 방법이 아닌 부당한 방법으로 재물을 취하는데 → 사기성이 농후한 경우다. 이러한 사람의 경우, 식상의 기능이 → 재(財)까지는 연결되어도 관(官)까지는 연결이 안 된다.

❂ 전과가 있고 정상적인 방법이 아닌, 수단이 좋아 재물(財物)을 축적, 관(官)인 정치(政治)에도 욕심이 생겨 비례대표의원으로 국회에 입성하려다가 망신당하고 결국에는 재(財)에서 멈추는 경우가 바로 이런 경우다.

❑ **식상(食傷)에 해당하는 육친(六親)이 재물(財物)을 만들어준다.**

⇨ 식상은 → 장모(丈母)니 장모님이 재물을 주니 유산도 가능하다. 처가에도 자손이 있는데 본인에게 온다는 것은 부인이 무남독녀, 장모의 사업을 이어가는 경우다.

⇨ 아랫사람들이 재물을 늘려준다.

• 식상(食傷)은 하수(下手)인데 그들이 재(財)를 벌어주니, 직원들이 열심히 일해 사업체를 내실이 튼튼하도록 해주고 확장하도록 한다.

• 운이 안 좋을 경우, → 직원들이 뒷구멍으로 자기들의 배를 채운다. → 업주의 사주가 신약할 경우다. 이 이야기의 핵심은 사주(四柱)가 → 신약(身弱)한 사람은 사업하기 힘들고, 일찍 그런 생각, 안 하는 것이 좋다.

❑ 아이디어가 금전(金錢)으로 연결.

식상(食傷)은 두뇌-개발이다. 아이디어이고, 창조능력도 된다. 발명-특허라든가, 실용-실안 등 지적재산이 형성된다. 사주가 신약(身弱), 사업주의 그릇이 안 될 경우, 지적(知的)−재산(財産) 그 자체를 양도해 금전(金錢)화하는 것이 운(運)에서 오는 것을 제대로 받아들인다.

❂ 무리한 욕심으로 인해 낭패 보는 것이 사람의 심리.

한 편으로는 이해가 간다. 확실한 돈인데 욕심이 안 생길 리 없다. 이것이 관(官)으로 연결까지는 힘든 일이다. 애써서 중소기업에서 기술을 개발하였는데, 재정−능력이 넉넉한 대기업에서 유사한 기술로 미리 시장을 선점(先占), 판매에 있어서 낭패를 보아 공든 탑이 무너지거나, 기술유출로 인해 사업상 막대한 타격을 입는 경우도 이에 해당한다.

▢ 송사(訟事)와 연관된 사항(事項).

식상(食傷)이라 송사에 관한 일에 연루되기도 한다. 일단 관(官)을 극(剋) 하므로 우격다짐도 불사하는 경우다.

• 관(官)의 기운이 강(强)하다면 송사에서 지는 것은 자명한 일이다. 그러나 재(財)로 연결된다면 돈 생기는 일이다. 이런 경우 길(吉)로 작용할 경우, 내가 합의금을 받는 것이요, 흉(凶)으로 연결된다면 돈을 주어 합의를 종용하는 것이다.

• 요즈음 잘잘못을 떠나서 일단 송사 관련 사항은 일단 돈이 넉넉하고, 시간이 넉넉한 사람이 시작을 느긋하게 한다. 싸움이 벌어지면 끈기 있고, 재력이 풍부한 쪽이 승리한다. 기운이 약하고 돈도, 줄도, 악바리 근성(根性)이 딸리는 사람은 진다.

• 엄연히 법이 존재하지만, 법(法)도 항상 은근과 끈기가 있는 쪽을 택한다. 결국, 사주가 강한 사람은 항상 승리자요, 사주가 약한 사람은 항상 패배자의 위치에 있다. 그렇다고 항상 지는 것은 아니다. 정의(正義)가 살아 있고, 세상의 이치(理致)에 순응(順應)하면, 이긴다. 아무리 강자라 해도 자기가 잘못해 송사(訟事)에 임할 때는 이미 그 사람은 운(運)이 안 좋은 것이다. 관재수(官災數)에 복잡한 일로 정신(情神)이 혼미해지는 것이다.

• 재물(財物)이 아무리 많고, 권력(勸力)이 강(强)하더라도 무서워하는 것이 있다. 그것은 민심(民心)인데 너무나 포괄적인 이야기요, 시간이 많이 소요된다. 정신적(精神的)인 지도자를 제일 두려워한다.

• 금전(金錢)이나, 향락(享樂), 권세(權勢) → 그 어떤 것이라도 쉽게 무너뜨리기 힘든 것이다. 종교에 심취한 경우다. 종교적인 지도자, 대학자, 각 분야에서 두각을 나타내는 그러한 사람들 말이다.

• 사주가 약하고 힘이 없어도 송사에서 좋은 결과가 나오는 것은 그 사람의 확신에 찬, 의지(意志), 행동(行動)에 따른다. 그때는 운(運)에서도 뒷받침된다. 식상(食傷)의 기운(氣運)이 강(强)해지므로 관(官)이 강(强)해 신약(身弱)이라 해도, 변수(變數)다.

• 관(官)의 붕괴가 이루어지고, 일간(日干)과 식상(食傷)의 기운이 합(合)을 하던, 귀인(貴人)이 나타나든, 강(强)해지던, 일치단결이다. 이것이 운(運).

• 사업하는 사람이 올 해 송사(訟事)로 인해 문제인데 해결은 언제쯤 날 것인가? 묻는다면 ① 일단 사주의 강약을 살피고 ② 전체적인 사주의 성향을 살피고 ③ 격국(格局)이나, 용신(用神) 그리고 전반적인 흐름을 알아서 살피고 ④ 중요한 것은 운(運)의 흐름을 빨리 간파해야 한다.

• 해가 뜨는지, 지는지도 모르고 지금이 언제지? 한다면 참으로 갑갑한 일이다. 산에서 내려가는 중인데 잠깐 돌아서서 있었더니, 앞뒤 구분도 못 하고 빨리 올라가자고 한다면 기가 막힌 상황이다.

• 장기(長期)전으로 들어갈 것인지? 단기(短期)전으로 들어갈 것인지? 합의(合意)를 보는 것이 좋은지? 과감히 밀어붙여야 하나? 살펴야 한다. → 인수(印綬) 운인지? 식상(食傷) 운인지? 그렇지 않다면 앞, 뒤의 상황은 나온다. 참고로 이에는 송사의 상대방 사주(四柱)도 알 수 있다면 더 좋을 수 없다.

□ 길(吉)과 흉(凶)은 항상 돌고 돈다.

길(吉)보다는 흉(凶)이 때로는 필요한 경우도 생긴다. 그것을 찾아내는 것 또한 통변(通辯)시 주의 사항이다.

$$壬 \quad 戊 \quad 壬 \quad ○$$
$$子 \quad 申 \quad 午 \quad 子$$

▷ 오(午)월의 무(戊)토 일간이다.

수기(水氣)가 지나치게 강하다.

▷ 무(戊)토 일간이 지나치게 신약(身弱), 화(火)의 생조(生助)가 필요한데, 화(火) 역시 그 역할을 제대로 수행 못 하고 있다. 흙에 수분이 지나치게 많으면 흙인지 물인지 구분이 힘들다. 설사 불이 그 안에 있더라도 공기구멍을 터주어야 불길이 나온다. 카바이트를 진흙 속에 놓으면 부글부글 끓어오른다. → 구멍을 내어 불을 댕기면 불길이 나오지만, 그것이 없다면 그만 자신을 다 불태우고 흔적 없이 사라진다.

• 이 사주에서의 무(戊) 토는 → 화(火)가 절실히 필요하다. 그러나 여기서는 용빼는 재주 없다. 조용히 사라진다. 운(運)에서 기다려야 하는 숙명이다.

• 흙이란 대지요, 어머니다. 모든 작물이 품 안에서 자라도록 하는 것이 토(土)인데 여기서는 아무런 작물도 될 수 없다. 특용작물 외에는 쓸모가 없다.
→ 미나리나, 연꽃, 많은 수분을 필요로 하는 작물이다. 가두어놓고 짓는 농사다. 극히 몇 종류 외에는 쓸모가 없다. 그러니 재주가 있겠는가? 재주를 부려봐야 별 볼 일 없다.

• 재주가 금(金)인데 → 돈이 물속에 빠져버리니, 그저 돈, 돈 하다가 재주가 녹슬어버린다. "아 내 것이었는데" 하면서 말이다.

• 남자로 본다면 처(妻)인 아내가 → 수(水)다. 치마폭에 얹혀서 산다. 일지(日支)의 신(申) 금은 장모(丈母)인데 처궁(妻宮)에 있으니 안방에 있는 것이요, 수(水)인 아내와 같아지니 → 처(妻)와 한통속이다. 한집에 살고 있다.

• 금(金)인 → 장모가 수(水)로 바뀌니 돈이 많아 보였는데, 결국 마누라에게만 다가고 나에게는 안 온다. 헛물 삼키고 산다. 발목이 빠졌다.

• 인수(印綬)인 화(火)는 → 두뇌인데 어쩌다 좋은 생각이라며 한마디 하면 아내가 자(子)-오(午) → 충(沖)하여 쫑-코를 준다. "그것도 아이디어라고?" 하면서 말이다.

• 처가(妻家)에서 시어머니인 → 어머니 알기를 우습게 안다. 무엇 좀 한다고 신(申)금인 → 식상(食傷)을 사용하면 물속에 빠져버리니 그저 그림의 떡이다. 생각이 깊은 것 같아도 물에 휩쓸리니 그저 돈만 된다면 침착성을 잃어버리고 덤벙거리다 옷 적신다. 여자라면 사정없이 침만 질질 흘리다 물벼락 맞는다. 오월의 장마라 빗줄기가 한량없다. 이미 농사는 버린 것이다.

❑ 식상(食傷)이 변해 → 관성(官星)이 될 경우.

日干 일간	갑(甲),을(乙)	병(丙),정(丁)	무(戊),기(己)	경(庚),신(辛)	임(壬),계(癸)
	① ⇓	② ⇓	③ ⇓	④ ⇓	⑤ ⇓
식상	화(火)	토(土)	금(金)	수(水)	목 (木)
	↓	↓	↓	↓	↓
관성	금(金)	수(水)	목 (木)	화(火)	토(土)
가능성	○	○	⊗	⊗	⊗

⇨ 식상(食傷)이 변하여 → 관성(官星)으로 화(化)하는 것에 대한 설명이다.

❖ 일간(日干)이 **목(木)일간** 일 경우

갑(甲) 을(乙) -------육십갑자(六十甲子)중 성립이 가능한 것은 갑오(甲 오
(午) 사(巳)   午), 을사(乙巳)이다.

➲ 관성(官星)인 → 금(金)으로 → 변화가 가능하다.

⇨ 갑오(甲午)의 경우, → 성립 안 된다.

을사(乙巳)의 경우, 사(巳)-유(酉)-축(丑) → 금국(金局) → 성립.

❖ 화(火)일간일 경우를 보자.

병(丙)　병(丙)　정(丁)　정(丁)　-----丙辰, 丙戌, 丁丑, 丁未가 성립

진(辰)　술(戌)　축(丑)　미(未)　　　　　된다

⇨ 화(火)의 식상은 토(土)이므로 변화가 어떤가?

❖ 이 경우는 성립(成立)이 ➜ 가능하다.

병진(丙辰), 정축(丁丑)이 관성(官星)인 수(水)로 변화된다.

진(辰)의 경우----신(申)-자(子)-진(辰) ➜ 수(水)로 변한다.

축(丑)의 경우----해(亥)-자(子)-축(丑) ➜ 수국(水局)으로 변한다.

❖ 토(土)의 경우를 살펴보자.

무(戊)　기(己)--------무신(戊申), 기유(己酉) 둘이 성립.

신(申)　유(酉).

⇨ 토(土)의 식상(食傷)은 금(金)인데 변화(變化)는 어떨까?

⇨ 토(土)의 경우는 ➜ 관성(官星)인 목(木)으로 변화가 이루어지지 않는다.

❖ 금(金)의 경우는 어떠한가?

경(庚)　신(辛) ----------경자(庚子), 신유(辛酉)가 성립.

자(子)　해(亥)

⇨ 금(金)의 식상인 수(水)➜ 수(水)와 목(木)의 변화만 이루어진다.

⇨ 금(金)의 경우 식상(食傷) 수(水)가 ➜ 재성(財星)인 목(木)으로 변화 가능하
　　다. 관성(官星) ➜ 화(火)의 변화(變化)는 이루어지지 않는다.

❖ 수(水)의 경우는 어떠한가?

임(壬)　계(癸) --------임인(壬寅), 계묘(癸卯)가 성립된다.

인(寅)　묘(卯)

⇨ 수(水)의 식상인 ➜ 목(木)이 변화하는 것은 ➜ 목(木)과 화(火)이다.

수(水)의 경우, 관성(官星)인 ➜ 토(土)로 변화는 ➜ 성립 안 된다.

• 위의 경우는 자체에서 변화하는 경우다. 즉 원국(原局)에서 외부의 변화 관계를 보는 것이다. 그렇다면 운(運)에서, 즉 외부(外部)에서 자체적(自體的)으로 변화하는 경우는 어떤가? 육십갑자(六十甲子)로 보자.

이 경우는 순수한 외부의 세력이다.

❖ 목(木)일간의 경우,-----병신(丙申), 정유(丁酉)가 된다.
❖ 화(火)일간의 경우,-----무자(戊子), 기해(己亥)가 된다.
❖ 토(土)일간의 경우,-----경인(庚寅), 신묘(辛卯)가 된다.
❖ 금(金)일간의 경우,-----임오(壬午), 계사(癸巳)가 된다.
❖ 수(水)일간의 경우,-----갑술(甲戌), 갑진(甲辰), 을미(乙未), 을축(乙丑)
　　　　　　　　　　　　　　이 된다.

❑ 식상(食傷)이 → 관성(官星)으로 변 할 때의 통변(通辯).

식상(食傷)이 관성(官星)으로 변한다는 것은 무슨 의미일까?
❖ 통상적인 의미는 → 사기 치다 쇠고랑을 찬다.
　　식상은 언행(言行)인데 → 관(官)으로 변하니 원인에 의한 결과다.
♨ 좋은 경우는 웅변대회에 나가서 상 탄다. 일의 성과가 좋아 승진.
❖ 잘난 척 하다 개망신을 당한다. 나름대로 잘하려고 하지만 결과가 안 좋다.
　　이런 운에는 나서기를 삼가야 한다. 가만히 있는 것이 도와주는 것이다.
♨ 말 잘하여 취직된다. 면접에서 능력을 발휘.
❖ 아랫사람 잘못으로 송사에 휘말리는 것이요, 구설이다.
　　식상의 기운은→ 송사인데, 상관은 더더욱 강하고 식상의 기운으로 관성을 극하다 결국 관으로 변하니 모두가 나의 기운을 빼앗아가는 경우다.
♨ 관(官)이 용신(用神)일 때 처음에는 곤란한 지경에 처하나, 곧 헤쳐나간다.
❖ 사업-부도로 인해 경찰서 출입이 잦아진다.

식상(食傷)은 일을 확대하는 것인데 관(官)으로 연결되니 지출(支出)을 하다 문제가 생긴다. 지출에 문제가 생기니,➜ 관청에 출입하는 것이라 경제사범으로 연결된다. 부동산의 경우라면 소개 잘못해 사기죄로 몰리는 경우다.

❦ 불우이웃돕기에 앞장을 섰다고 관청에서 표창을 받는다.

❖ 여성의 경우 자손이 사고 쳐서 구치소 면회 가는 것이요, 식상이 자손이니 관에 출입하는 것이라 좋은 일은 아니다. 상해 사건이나, 시비에 휘말려 경찰서에 가는 것도 해당. 컴퓨터 하면서 다운 받다 바이러스에 감염.

❖ 열심히 일하고 좋은 소리도 못 듣는다.

식상(食傷)은 열심히 일하는 것이다. 그런데 관(官)으로 눈치나 받고, 구박받으니 일하고 월급도 제대로 못 받는 경우다.

❖ 좋은 일 해주고 망신.

다른 사람이 곤경에 처해 그 사람은 구하고 자기 자신은 미처 빠져나오지 못해 귀한 목숨을 잃어버리는 경우를 우리는 간혹 듣는다. 의인이요, 열사요, 충신이라 하지만 운적인 면으로 보면 식상(食傷)이 변해 ➜ 관(官)으로 흉살(凶殺)이 가입된다.

❖ 손님에게 항상 친절히 하였더니 못된 놈이 주인 행세한다.

식상은 서비스라 열심히 서빙-하는데, 못된 놈이 술이나 따르라고 하면서 개수작을 부린다. 일진(日辰)이 참 더러운 날이다.

❦ 손님이 놓고 간 물건을 보관하였는데, 찾으러 와서 고맙다고 사례한다.

❖ 제자를 사랑으로 가르쳤더니 폭력(暴力)으로 고발하더라. 사랑의 매도 폭력으로 해석이 되곤 하는 세상이다. 사랑도 상대에 따라 다르게 해석되는 것이다. 성질을 죽여야 한다.

❦ 제자가 선생이 되어 같이 교단에 선다. 좋기도 하고 나쁘기도 하고 아리송하다.

❖ 장모(丈母)가 취직시켜주고, 사사건건 간섭한다. 식상은 장모(丈母)라 관(官)으로 변하니 간섭

한다.

그에는 그만한 이유가 있다. 변해도 시기(時期)가 지나면 또 식상(食傷)이 된다.

❖ 공갈(恐喝)과 협박(脅迫)에 시달린다.

❖ 자식 때문에 남편이 아내를 미워한다. 자식 때문에 속썩었는데 그 자식이 고분고분하니, 이제는 남편이 속을 썩인다. 다 된 집구석이다.

❀ 자식이 잘하니 남편도 덩달아 잘한다.

❖ 아랫사람이 승진하더니 눈치를 준다. 하수가 상수가 되는 경우다. 항상 몇 점을 깔고 두더니 이기고 나서는 오히려 몇 점을 깔고 바둑을 두잔다.

❖ 말 한마디가 불씨 되어 싸움으로 번진다.

❀ 억울한 누명을 썼는데 증인이 나타나 누명을 벗기도 한다.

❖ 식상은 언변(言辯)이라 하찮은 말이 발단되어 관(官)인 싸움이요, 사고(事故)가 나는 것인데, 원인도 가지가지다. 여성의 경우는 식상이 자손이므로 자식 이야기하다 싸움으로 변한다.

❖ 공든 탑이 무너지는 결과다. 식상(食傷)은 쌓는 것이요, 관(官)은 무너진다.

❀ 직원들의 노고로 수출의 날에 훈장을 받는다.

❖ 자식 때문에 골치가 아픈데, 조카가 와서 또 속썩인다. 여성에게 식상은 자손이다. 조카도 된다. 아이들 문제로 피곤하다. 적당히 나아야 할 것 아닌가? ❖ 사기당하고, 배신당한다. 뭐 주고 뺨 맞는 격이다. 자빠져도 코가 깨진다.

❖ 속 보이는 짓거리에 잔재주만 늘어난다. 식상(食傷)과 관(官)은 불편(不便)한 관계다. 그런데 둘이 다 나타나니, 다 드러난다. 차라리 한 쪽이 왕(旺) 하면 그래도 덜 나타난다. 승부가 갈라지므로.

❖ 관재(官災), 송사(訟事)가 반복되고, 늘어난다. 식상(食傷)은 이미 그 자체가 송사(訟事)인데 관(官)으로 계속 이어진다면 자빠지고, 엎어지고 난리다. 결과로도 귀결이 되지만 나쁜 상황일 경우, 연속으로 이어지는 경우도 된다. 산으로 본다면 토

(土)인 흙이 산 위에서 돌 (금)이 구르고 나무(목)가 뽑히면서 산사태로 엉망이 된다. 이 상태에서는 도움이 필요 없다. 이미 망가질 데로 다 망가진 것이다. 토(土)이니 도움이 된다고 화생토(火生土)를 생각하지 마라. 여기에 산불까지 나면 모든 것이 다 망가진다. 이 경우는 진정(鎭靜)이 될 때까지 기다리는 것이 최고다. 아무리 화(火)가 용신(用神)이라 해도, 다 망가진 상태에서는 용신도 용빼는 재주 없다. 치성해도, 정성드려도, 기도를 드려도 기도발이 안 받는 이유 중 하나다. 불을 지피려도 불씨가 있어야 할 것이 아닌가? 그래도 기적은 일어난다. 자신의 정신(情神)부터 추슬러라. 그리고 기(氣)를 충전(充電)하라. 그러면 무엇인가 일어나는 것이다. 왜냐 다 쓸고 가서 너무 깨끗하니까.

□ 항상 음(陰)이 있으면 양(陽)이 있듯이 통상적(通常的)인 해석(解析)도 중요 하지만, 상대적인 해석이 항상 있다는 것을 알아야 한다. 사주(四柱) 상으로 아주 운(運)이 안 좋은데도 기가 막히게 잘 나가는 사람을 우리는 간혹 보기도 한다. 그것은 왜일까? 통상적(通常的)인 면(面)만 보았기 때문이다. 상대적(相對的)인 면도 간파해야 하는 것이다. 그것은 전체적(全體的)인 면과 변화(變化)에서 생기는 면(面)도 보아야 한다.

• 유(有)란 무(無)에서 창조(創造)된다. 없다하여 무조건 없는 것이 아니다. 어디엔가 그 흔적(痕迹)이 있고 운(運)에서 들어와 잠자는 기운(氣運)을 깨우기도 하고, 창조(創造)되는 기운이 있다. 많은 경우는 아니지만 우리는 항상 이런 면에서 나도 모르게 참을성이 부족하고, 통찰(通察)이 부족, 가끔 실수를 한다. 1000억대의 재산가인데, 그저 수십억대로 보듯 말이다. 숫자에서 보면 작은 것 같아도, 실제는 엄청난 차이다.

❏ 식상(食傷)이 변하여 식상(食傷)이 될 경우.

➲ 식상(食傷)이 변해 ➜ 식상(食傷)이 되는 것은 식상이 중첩(重疊)된다. 여기에서 변화(變化)라는 말은 어울리지 않으나, 각 육친(六親)의 변화과정을 설명하므로, 하나의 힘이 아니라, 둘이 합쳐 하나의 역할을 하므로 길(吉)할 경우는 아주 길(吉)한 것이요, 흉(凶)할 경우, 매우 흉(凶)한 결과다.

日干 일간	갑(甲),을(乙)	병(丙),정(丁)	무(戊),기(己)	경(庚),신(辛)	임(壬),계(癸)
	① ⇓	② ⇓	③ ⇓	④ ⇓	⑤ ⇓
식상	화(火)	토(土)	금(金)	수(水)	목 (木)
	↓	↓	↓	↓	↓
식상	화(火)	토(土)	금(金)	수(水)	목 (木)

❏ 식상(食傷)이 ➜ 중복(重複)되는 경우의 통변(通辯).

식상(食傷)이 중복(重複)되어 나타나는 경우는 오히려 통변(通辯)이 간단할 수도 있다. 같은 육친이 반복되는 현상이므로 용신(用神)의 역할을 하는가? 기신(忌神) 역할을 하는가? 판단(判斷)해야 할 것이다.

◎ 용신(用神)의 역할을 할 경우.

○ 壬 ○ ○   ⇨ 자(子)월의 임(壬)수 일간이다.

寅 寅 子 丑   지나치게 냉(冷)한 사주다.

⇨ 사주(四柱)가 냉(冷)하니 ➜ 양(陽)인 온기(溫氣)가 필요하다. 겨울의 물이라 아주 차가운 물이다. 얼음과도 같다. 인(寅) 목이 물기를 흡수하며 인(寅)중의 병(丙)화로 그 차가움을 녹이고 있다. 길(吉)로 작용한다. 이 경우, 많으면 많을수록 좋다. 그렇다고 무한정일 수는 없다.

⊃ 기신(忌神)의 역할을 하여 흉(凶)으로 작용을 할 경우.

○	戊	辛	○
午	申	酉	丑

▷ 유(酉)월의 무(戊)토 일간이다.

식상(食傷)이 지나치게 많은 경우다.

▷ 사람이 하루 세 끼를 먹어도 힘든 일을 한다면, 일하고 돌아서면 또 허기(虛氣)를 느낄 것이다. 그런데 한 끼만 먹고 중노동 한다고 하면 오래 버티기가 힘들다. 버는 것은 한 푼이요, 쓰는 것은 닷 푼이라면, 경제 사정이 말이 아니다. 저축은 고사하고 쓸 돈도 모자랄 것이다. 그런데 자꾸만 쓸 일이 생긴다면 무슨 수로 감당할 것인가?

❖ 관재(官災), 송사(訟事)가 겹친다.
식상(食傷)은 → 송사인데, 송사가 겹쳐지는 형상이다. 식상이 많으면 관식투전(官食鬪戰)이라는 관계를 생각하게 되는데, 사주에 관살(官殺)이 없더라도 유사한 경우다. 식상이 지나치게 많으면 자중지란(自中之亂)이요, 다자무자(多者無者)라 결국 관(官)과 식상(食傷)이 동등한 상황으로 전개.

❖ 사기를 당해도 → 이중으로 당한다.
한 번 당해도 눈이 튀어나올 판인데, 연속이니 죽을 맛이다. 배신을 당해도 두 번이니 홀딱 벗고 당한다.

❖ 이중성의 아랫사람들의 변화.
식상은 → 아랫사람인데 식상이 용신(用神)인가? 기신(忌神)인가? 에 따라 판단이 달라진다. → 도움이 많아지는 것이요, 일의 전개 상황이 활발해진다. → 반대로 기신일 경우, 배신(背信)으로 뒤통수를 얻어맞는다.
❖ 뻔히 알면서도 당한다.
여자의 경우 식상(食傷)이 → 자손(子孫)이다. 자식 이기는 부모가 없듯, 자식의 요구 조건이 많아지고 불만 표출이 심하다. 자연 그 비위를 맞추느라 심사가 편치 않다. 신강(身强)이라 해도 ➔ 식상이 연속일 경우는 자리가 비는 것이 표가 난다. 신약(身弱)일 경우는 죽어라, 죽어라 한다.

제4장

재성(財星)

❑ **재성(財星)에 관하여.**

❖ 재성이란 정재, 편재를 모두 포함, 정재(正財)라 하는데, 재성(財星)의 가장 큰 특징은 내가 다스리고, 관리하고, 소유할 수 있다.

❖ 본인의 성정에 맞추어 자기의 의사대로, 마음대로 선택하고 포기할 수도 있다.

❖ 지배라는 의미도 강하지만, 내가 기운이 약할 경우는 도리어 지배를 받게 되어 구속된 처신과, 억눌린 삶을 영위하는 불운한 경우로 바뀐다. • 물이란 불을 끄는 역할이 탁월한데, 불의 기운인 화력(火力)이 강(强)하다면 물은 증발 그 흔적도 없이 사라진다.

❖ 재성(財星)은 정재(正財), 편재(偏財)로 구분. 정재(正財)는 → 정당한 대가(代價)에 의한 산물이고, → 편재(偏財)는 생각지도 않았던 의외의 소득이요, 일확천금식의 횡재(橫財) 면도 있고, 뜬구름과도 같다.

❖ 재성(財星)을 육친으로 구분한다면 부친(父親)인 아버지요, 백부(伯父)인 숙부인, 고모도 해당. → 남자에게는 처(妻)요, 애인(愛人)도 되고 이성(異性)으로 상대하는 즉 사랑을 나누는 여성이다. → 처가(妻家)의 식구도 해당. 여성에게는 시어머니요, 시댁(媤宅)의 식구도 해당.

❑ **길(吉)과 흉(凶)으로 구분하는 재성(財星).**

❑ **길(吉)과 흉(凶)으로 보는 경우.**
길(吉)로 보는 경우, → 기운이 강할 때 나타나는 현상이다. 기운의 흐름이 나의 편을 들어준다. 기본 조건은 일단 사주가 강(强)해야 하지만, → 약(弱)하더라도 운(運)에서 많은 힘을 실어준다면, 능히 재성(財星)에 대한 복(福)을 누릴 수 있다. 설명하자면 → 재성이 용신이나 기타 희신 등 길(吉)의 작용을 할 때, 재운(財運)이 올 경우를 말하고, 흉(凶)의 작용을 할 경우는 그 반대다.

❑ **정신적(精神的)인 면(面)으로 볼 경우.**

❖ 매사 의욕적(意慾的)이고, 적극적(積極的)인 성향(性向)으로 바뀌며 신체적인 리듬이나 정신적인 리듬이 최상의 상태를 유지한다. 금전적(金錢的)인 문제 연관이므로 눈이 반짝거리고, 풍족한 상황이므로 만인 위에 군림한 것 같고, 갑부가 부럽지 않은 심리적인 상태다. 손만 대면 돈이 만들어지는 듯 착각.

• 흉(凶)으로 작용할 경우는 손만 대면 손해요, 물건을 구해도 바가지다. 충동적(衝動的)인 구매가 이루어지고, 사고 나면 후회(後悔)하는 상황이 연출된다. 재수(財數)가 없으니 기분 또한 항상 찝찝한 경우다.

❑ 재물(財物)과 이성(異性)과의 관계로 보는 상황.

재성은 제일 크게 재물(財物)운을 본다. 남녀(男女)간 관계로 보면 남성에게 ➜ 재성은 아내요, 이성(異性)이라 사람이 평생 살아야 하는 반려자를 선택하는 것이므로 매우 중요한 사항이다.

⇥ **금전적(金錢的)인 면으로 볼 경우,**

❖ 길(吉)로 작용을 할 경우, ➜ 생각지도 않은 재물이 생기는 경우다.

아주 오래전에 금전-관계가 있었는데 포기하고 지내다 어느 날 연락이 와서 그동안 미안하다며 송금(送金)한다거나, 그린벨트가 풀리면서 개발지역이라 보상금을 받아가라는 연락이 온다거나, 소위 묵은 돈 같은 재물이 빛을 발하는 경우다.

유산을 받아 재산이 불어 나는 경우, 사놓았던 주식이 상승-곡선을 타면서 마음 설레게 하는 경우, 남들은 융자받기 힘들다고 하였는데 쉽게 융자를 받는 경우, 주변 도움으로 집을 장만한다거나, 쉽사리 금전에 대한 어려움이 풀리는 경우 등을 설명한다. 재산증식에 큰 도움을 받는 기운이다.

흉(凶)으로 작용하면, 반대로 작용.

주식이 깡통이 되거나, 집값이 하락이요, 재산상의 손실이 예기치 않게 찾아오고, 손대는 것마다 되는 일이 없다.

병자(病者)가 약(弱)을 먹고 치료가 되어야 하는데 오히려 증세가 악화. 몸에 좋다고 먹었는데, 오히려 독(毒)으로 작용한다. → 팔랑 귀가 되고, 오 남용 한다. → 순간적인 판단력의 흐림이다.

□ 이성(異性)적인 면으로 보는 경우.

연애(戀愛)가 생각보다 잘되고, 여기저기서 미팅에 나오라는 소식이요, 결혼에 대한 꿈에 부풀고 성사가 잘 된다. 떠나버린 옛 연인에게서 다시 만나자는 연락이 온다.

• 아내에게 경사가 생긴다. 처가(妻家)에 경사(慶事)요, 또한 아버님이 건강하시고, 좋은 일이 발생한다. 건강이 안 좋을 경우는 많은 회복을 나타낸다.

□ 재성(財星)에 대한 상관관계와 그에 따른 통변(通辯).

◎ 정재(正財), 편재(偏財)도 사주(四柱)의 작용에 따라 그 희비가 엇갈린다.

□ **병(丙)화 일간이 매우 신약(身弱)한 형국이다.**

○ 丙 辛 戊   ⇨ 유(酉)월의 병(丙)화 일간(日干)이다.

巳 辰 酉 辰   재성(財星)이 강(强)하다.

➡ 월간의 신(辛)금이 정재(正財)인데, 재(財)를 대표하고 있다.

중요한 것은 재(財)가 합(合)하여 들어오고 있고, 월(月)에 있으므로 부모(父母)로부터 유산(遺産)을 많이 받는다.

• 유산(遺産)을 받아도 나에게 올 것인가? 아닌가?

사주(四柱)가 신약(身弱)하면 덧없이 날려 보낸다. 왜 그럴까? 관리는 이미 힘든 상황이다. 그리고 그것을 마누라인 정재(正財)가 모든 것을 대신하고 있다. 아무리 재물이 많고 유산이 많아도 이미 나의 것은 아니다. 아내 것이다.

➲ 여기에서 정재(呈才)인 신(辛)금 과의 관계를 보자.

"병(丙)-신(辛) ➜ 합(合)하여 ➜ 수(水)인 자식을 낳고 행복하게 삽시다." 하여도 ➜ 나는 아쉬울 것이 없는데 무엇 하러 당신과 합을 합니까? 하는 것이다.

워낙 지지기반이 확실하다.

"겉 보다는 속이 나는 더 필요합니다." 하면서 ➜ 사(巳)중의 병(丙)화를 찾아 합을 한다. 신(辛) 금 의 지지로 사(巳)-유(酉)➜ 금으로 화(化)하여 오 니 사(巳)화의 입장에서는 몸으로 충성(忠誠)을 다한다. ➜ 결국, 재산도 다 아내가 갖고 관리한다.

• 정재(正財)가 지나치게 기운이 강(强)하고, 많아 도 나에게는 소용이 없다.

▢ **이와 유사한 사주인데, 결국 자식과 아내에게 버림받은 사주다.**

丙 壬 辛 甲
午 午 未 午

▷ 미(未)월의 임(壬)수 일간이다.

지지(地支)로 재(財)가 합(合)을 이룬다.

▷ 부모(父母)로부터 유산(遺産)을 많이 물려받은 사람 사주다.

그런데 그것이 지나치다 보니 관리가 잘못되어 다 날려버린다. 시간(時干)에 병(丙) 화가 대표로 나서니 문제가 있다. ➜ 임(壬) 수일간의 기운이 약하다. 병(丙)-임(壬) 이라 결국 아내와 헤어진다. 자식이 어미와 합(合) 되니 아비는 왕따다. 이혼(離婚) 해도 자식은 어머니와 같이 산다. 사주가 약하다 보니 결과가 이리 나온다. 그렇다고 무조건 그런 것은 아니지만, 운에서 뒷받침이 없다면 어쩔 수 없는 운명이다.

▢ **그렇다면 사주(四柱)가 신왕(身旺)하면 어떨까?**

○ 丙 庚 ○
丙 午 申 ○

▷ 신(申)월의 병(丙)화 일간이다.

일간이 신강(身强)하여 재(財)를 능히 감당한다.

▷ 금(金)이 재(財)인데, 경(庚)금이 투출(投出) → 편재(偏財)다. 그러나 병(丙)화 일간(日干)이 능히 관리하니 다 활용한다. 편재(偏財)이니 큰돈이다.

□ **용신(用神)일 경우는?**

○ **庚 甲** ○   ▷ 인(寅)월의 경(庚)금 일간이다.

酉 申 寅 亥   금(金)의 기운(氣運)이 강(强)하다.

▷ 경(庚)금 → 갑인(甲寅)은 편재(偏財)다.

• 문제는 갑(甲)−경(庚) → 충(沖)이요, 인(寅)−신(申) → 충(沖)이다.

용신(用神)이 → 비견(比肩), 일간(日干)과 각각 충(沖)이다. 그러나 싸우면서 정(情)이 든다. 서로 간에 필요로 한다.

◎ '정재(正財)는 좋은 것이요,"편재(偏財)는 별로다."라는 사고방식에서 벗어나자. 정재도 많으면 → 편재 역할을 하고, 편재도 많으면 → 정재 구실을 한다.

• 아내가 똑똑하고, 인물도 좋은데, 내조도 무난한데 왜 바람을 피울까? 흔히들 복에 겨워 바람을 피우고, 한눈파는 남정네들을 우리는 가끔 본다. 이유는 간단하다.

• 정재(正財)가 정재(正財) 역할을 확실하게 하는데 왜 무엇이 문제가 될까? "나 같으면 업고 다닐텐데" 하고 말하는 사람이 있을 것이다. 정재가 너무 많아 그 본인에게는 편재(偏財)의 역할을 하기 때문이다. 그리고 사주가 신약(身弱)하니 관리를 다 못한다. 그래서 편재를 찾는데, 자기의 아내보다는 격(格)이 아래인 여성을 선택한다.
옆에서 볼 때는 도저히 이해가 안 간다.

• 역학을 하는 사람의 눈에는 보이고, 그 심정을 이해한다. 주변의 가족이나, 친지들, 그리고 아는 사람들은 말리지만 부부간의 속내는 당사자들만이 안다. → 잠자리에서

도 문제가 있을 수 있는 것이며, 심한 중압감(重壓感)에 시달리기도 한다. 그래서 엉뚱한 상대를 찾는다. 이해하기 힘들지만 정작 본인은 그런 사람이 편한 것이다.

• 그릇이 작으니 그런 것이다. 재물(財物)로 인해 미색(美色)을 겸비한 아내를 얻을 경우, 재물이 사라지는 순간, 아내도 사라진다.

❒ 정재(正財)가 너무 많은 것도 흠.

○ 甲 己 ○   ⇨ 미(未)월의 갑(甲)목 일간이다.

○ ○ 未 丑   정재(正財)인 기(己)토가 천간(天干)에 있다.

⇨ 다정(多情)도 병(病)이다.

• 갑(甲) 목 일간(日干) ➔ 미(未)토는 재고(財庫)다. 아내에 대한 콤플렉스가 심하다. 아내는 금전(金錢)과도 연관 있다. 사랑도 연관 있지만, 그것은 남성(男性)의 일방적인 사랑이다. 아내의 깊은 속을 남자는 따라가지 못한다. ➔ 정재(正財)라도 많으면 흠이다. 일간에게 과분하니 안 어울린다.

❒ 편재(偏財)도 상황에 따라 정재(正財) 역할을 한다.

○ 甲 ○ ○   ⇨ 자(子)월의 갑(甲)목 일간(日干)이다.

戌 子 子 ○   시지(時支)에 술(戌)토 편재(偏財)가 있다.

⇨ 일간 갑(甲) 목이 ➔ 월지와 일지에 자(子)수를 놓고 있어 ➔ 부목(浮木)의 형상을 하고 있다. 한창때에 부목이라 안타깝다. 그렇다고 실망할 필요는 없다. 시지(時支)에 ➔ 편재(偏財)인 술(戌) 토가 있어 ➔ 물의 흐름을 잘 막아주고 있다.

• 나이가 어린 아내이지만 내조를 잘하고 있다. 지나친 어머니의 품속에서 헤쳐 나온다. 다른 면으로 해석한다면 어머니가 일찍 돌아가시고 나서 그 그늘에서 벗어나 제대로 삶을 영위하는 것으로도 볼 수 있다.

• 한창때는 아내를 구박하였는데, 항상 음(陰)으로 그 역할을 묵묵히 하더니 결국에는 남편이 감동하여 "여보, 그동안 내가 잘못했소" 하고 용서를 구한다.

☐ 또 다른 면으로 해석해보자.

정재(正財), 편재(偏財)로 나누어 각각의 입장을 생각. → 정재(正財)인 본처(本妻)가 갖은 고생 끝에 길을 닦아놓으니, 나중에 오는 편재인 후처(後妻)가 콧노래 부르면서 그 길을 밟고 지나간다.

• 고생(苦生)은 → 정재(正財), 행복(幸福)은 → 편재(偏財)가 누리는 것이다. 본처의 입장에서 보면 죽 쒀서 개 주는 입장.

○　戊　丙　丁　　➪ 오(午)월의 무(戊)토 일간이다.

子　申　午　未　　　지지(地支)로는 수화(水火)-상전(相戰)이다.

➪ 인수(印綬) 기운이 왕(旺) 하다. 사주의 반(半)을 차지하고 있으니 많은 것이다.

• 일지(日支)와 시지(時支)가 합하여 → 재국(財局)을 형성하고 있다.

자(子)수는 → 정재(正財)인데 일지(日支)의 신(申) 금과 합(合)하여 국(局)을 이루니 많아진 것이라, → 편재(偏財)다.

• 뜨거운 대지 위에 단비가 내리는 형상이다. 메마른 흙이라 가색(稼穡)의 공(功)을 이룰 수 없는데, 정재(正財)가 힘이 강해 편재(偏財)가 되었지만, 오히려 더욱 좋아진 형국이다. 뜨거운 볕 아래 흙이 갈라지는 것을 아내가 막아주니 농사지을 수 있는 옥토(沃土)로 바꾸어준다. 아내 말만 잘 들어도 돈이 절로 굴러들어오는 사주다.

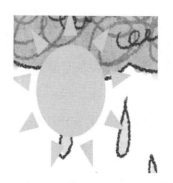

❏ 재성(財星)의 분석(分析).

재성(財星)은 여성이요, 부친이요, 재물이요, 음식이요, 기호요, 기타 여러 가지 해석
이 나온다. 재(財)는 관(官)을 생(生) 해주는 것이 생리인데, 좋은 쪽으로 생(生)
하면 ➡관(官)을 생(生) 하는 것이요, 잘못된 방향으로 흐른다면 ➡ 살(殺)을 생(生)
하는 것이다. 살(殺)이 되는 것, 관(官)이 되는 것의 구분 기준은 무엇일까?

❖ 여기서도 신강(身强)과 신약(身弱)의 차이에서 확연히 구별된다.

❖ 재(財)란 음식(飮食)이다. 재(財)인 여자(女子)의 손에서 만들어진다.

재(財) ➡ 생(生)➡ 관(官)이라, 관(官)은 남편이라 음식을 맛있게 준비하여 남편을
살찌우고, 부부애를 확인하고, 서로의 사랑을 돈독하게 한다.

• 남자는 돈을 벌어 아내에게 주고, 아내는 그것으
로 ➡ 남자에게 ➡ 관(官)인 자식에게 학업에 지장
이 없도록 학비도 보태주고, 맛있는 음식도 만들어
주고, 용돈도 주고, 장차 나아갈 길에 힘을 실어준
다. 이렇듯 재(財)가 올바르게 사용된다면 그것이
재생관(財生官)이다.

• 관(官)인 남편이 금전(金錢)이 부족하면, 재(財)인 아내가 융통, 남편의 사업
이 잘되도록 도와주는 것 역시 재생관(財生官).

❖ 재생관(財生官)이 잘 되었는가? 잘못되었는가? 의 판단(判斷)은 그 결과를 보면
알 수 있다. 재생관(財生官)이라 해도 잘하는 재(財)가 있고, 못하는 재(財)가 있다.

❏ 재생관(財生官)의 역할을 잘하고 있다.

○	庚	○	○	⇨ 유(酉)월의 경(庚)금 일간이다.
午	寅	酉	丑	경(庚)금 일간이 강하다.

⇨ 지지(地支)에 금국(金局)이 형성 ➡ 경(庚)금 일간의 기운이 강하다.

재(財)를 살펴보자. ➡ 인(寅) 목이 재(財)가 된다. 일지에 있으니 제자리 찾아서

역할을 잘하고 있다.

• 시지(時支)의 오(午) 화를 생(生) 하면서 화국(火局)으로 변(變)하니 왕(旺) 한 금(金)의 기운을 잘 조절해 주고, 내조(內助)를 잘하고 있다. → 아내와 자손이 각자가 자기 본분을 잘 지키고, 가장 역시 자기 역할을 잘해 다복한 가정을 이루고 있다.

□ **재생관(財生官)의 기능이 미비한 경우.**

○	庚	○	○
酉	寅	午	午

⇨ 오(午)월의 경(庚)금 일간이다.

관의 기운이 강한데 재의 역할이 중요하다.

⇨ 경(庚)금의 재(財)인 → 인(寅)목이 자기의 자리는 잘 지키고 있다.

• 문제는 재(財)가 → 관(官)과 합(合)하여 일간(日干)인 경(庚) 금을 피곤하게 하고 있다. 재생관(財生官)의 역할이 오히려 일간(日干)을 약화(弱化)시키고 있다. 재(財)가 생(生) 하는 것이 관(官)인데, 이 경우는 살(殺)이 된다. →재생살(財生殺)이다. 자식과 아내가 남편인 가장을 압박하는 결과다.

□ **재(財)는 → 인수(印綬)를 극(剋)한다.**

재(財)의 근본적인 성향 중 하나는 인수(印綬)를 극(剋) 한다. ⇨ 재극인(財剋印)이다. 이윤(利潤)을 많이 남기려면 구매자를 현혹해야 하고, 기호에 맞게 상품을 개발, 꼭 필요하여 구입도록 해야 한다. 팔아야 남는다. 그러다 보면 비싸게 판매하는 경우도 생긴다. 흑자(黑子)의 기본 원리가 많이 남기고, 많이 파는 것이다.

• 개발 그 자체로 끝이 난다면 그것은 인수(印綬)와 관계있는 것이지만, 그것을 갖고 더 큰 부가가치를 창조하는 것은 재(財)이다. 거기에는 식상(食傷)의 기운(氣運)이 가미된다.

• 식상(食傷)이 ➔ 재(財)를 생하기 때문이다. 식상(食傷)은 ➔ 인수(印綬)의 극(剋)을 받음으로 항상 재(財)의 편에 설 수밖에 없다. 결혼-적령기의 남녀에 있어서 사주를 볼 때 각자의 집안 기운을 알 수 있다.

• 인수는 각각의 집안이요, 재(財)는 시댁(媤宅), 처가(妻家)-기운(氣運)이다. 재(財)가 시댁(媤宅)일 경우, ➔ 인수(印綬)는 친정(親庭)이다. 재(財)가 처가(妻家)일 경우는 ➔ 인수(印綬)가 본가(本家)다. 여기에서 각각의 기운을 보고 집안의 가세 및 여러 가지를 확인한다.

• 요즈음 많이 보는 것 중의 하나는 재력(財力)을 많이 보는데, 각각의 기운을 보고 판단한다. 재(財)가 시댁(媤宅)일 경우, ➔ 인수는 친정(親庭)인데, 인수(印綬)가 왕(旺)하고 재(財)가 약(弱)하다면 ➔ 친정에서 시댁을 우습게 보는 것이다.

• 반대로 재(財)가 강(强)할 경우는 ➔ 약한 친정(親庭)인 인수(印綬)를 업신여긴다.

• 가문(家門)의 여러 부문의 정도를 알 수 있다. 여기에서 한 가지 첨가한다면 지나치게 강(强)해 다자무자(多者無者)일 경우는 실속이 없다. "소문난 잔치 먹을 것이 없다." 흔히 하는 말로 결혼해도 있는 집으로 갈 것인가? 아니면 어려운 곳으로 결혼해 가느냐? 하는 것을 판단한다.

• 사주(四柱) ➔ 중화(中和)가 잘되어 원만하다면 양가(兩家)가 서로 편하다.

□ **재(財)가 많고 인수(印綬)가 부족할 경우.**

○	戊	壬	壬	⇨ 자(子)월의 무(戊)토 일간이다.
○	午	子	申	재(財)인 수기(水氣)가 강(强)하다.

⇨ 무(戊)토 일간(日干)에게 ➔ 재(財)가 지나치니 재다신약(財多身弱)이다. 인수(印綬)인 ➔ 오(午) 화가 기운(氣運)이 너무 약(弱)하다. 만약에 무(戊) 토 일간

이 재(財)가 많은 데에도 불구하고, 또 재(財)에 대한 욕심(慾心)을 낸다면 어떨까?

• 가뜩이나 인수(印綬)가 기운(氣運)이 약(弱)해 곤혹스러운데, 돕지는 못할망정 또 짐을 지우려는 상황이다. 결국 → 무(戊) 토 자신이 망가진다.

이러한 경우 → 탐재괴인(貪財壞印)이다. 재(財)는 → 인수(印綬)를 극(剋).

사주가 신강(身强)의 경우 → 탐재괴인(貪財壞印)이 성립이 안 된다.

• 이 경우는 일간(日干)이 약(弱)할 경우, 특히 재다신약(財多身弱) 경우 더욱 두드러진다. 이와 유사한 경우를 보자.

戊	戊	壬	壬
午	寅	子	申

▷ 자(子)월의 무(戊)토 일간이다.

위의 사주(四柱)와 어떤 차이가 있을까?

▷ 사주(四柱)의 중화(中和)가 어느 정도는 이루어지는 경우다.

재(財)의 → 기운이 강(强)하다. 무(戊) 토 일간이 다시 → 재(財)를 탐하더라도 크게 영향받지 않는다.

○	戊	○	○
午	寅	子	○

▷ 자(子)월의 무(戊)토 일간(日干)이다.

재성(財星)이 오히려 약(弱)하다.

▷ 일지(日支)와 시지(時支)가 → 합(合)해 화국(火局)을 형성한다. 재성(財星)보다 → 인성(印星)이 강(强)하다. 이 경우는 오히려 재성(財星)을 탐하는 것이 좋다. 마른 흙을 재성이 습토(濕土)로 만들어 준다.

❑ 괴인(壞印)의 작용은 어떻게 나타나는가?

괴인(壞印)이란 → 인성(印星)이 파괴되는 것이다. 그런데 그것이 → 재성(財星)으로 인한 것이라면? 재성(財星)에 관한 사항(事項)으로 인해 파괴된다. 대표적인 작용이 부도(不渡)다. 계획이 수포로 돌아간다.

• 모든 것의 근간이 흔들린다. → 인수(印綬)가 용신(用神)인데 재운(財運)이 왔다.

＊ 비가 와서 걱정인데, 태풍(颱風)까지 동반된 폭우(暴雨)가 연이어 쏟아진다.

＊ 날이 건조하여 온통 작물(作物)이 말라가는데, 황사(黃砂)까지 겹친다.

❏ 재성(財星)의 천적 → 견겁(肩劫)이다.

재성(財星)은 여러 가지로 해석(解析)이 나온다. 음식으로 비교해보자.
식사를 위해 사람들은 식탁에 같이 자리를 한다. 일반적으로 같이 한 자리에서 식사를 할 정도면 가까운 사이이다. 횟수에 따라 또는 장소라든가, 환경에 따라 그들의 친밀도가 나타난다. 간혹 잘 모르는 사이라도 가까워지기 위해, 친밀감을 돈독히 위해 좌석을 같이 한다. 결국, 재성인 음식을 같이 나누어 들 수 있는 사람은 아주 가까운 형제간이나 친구, 동료, 아주 밀접한 관계에 있는 사람이다. 물론 제일 가까운 사람은 나의 가족이요, 혈연이다.

• 사주(四柱)가 중화(中和)가 잘되어 문제가 없는 경우, 항상 분위기가 화기애애(和氣靄靄)하다. 여기에서 또 다른 면(面)이 있는데, 그것은 식탁에 올라오는 음식의 질(質)과 양(量)이 문제 되기도 한다. 생활의 정도를 파악한다. 그러나 그 중화가 깨어지고, 불균형을 나타낼 때는 근본적인 결함이 나타난다.

• 불균형이란 재성 즉 음식이 충분하지 못하다. 그리고 질(質)적인 문제가 생기기도 하고, 양(量)적인 문제가 생기기도 한다. 부수적인 문제를 본다면 식탁의 크기, 수저의 숫자 등도 문제가 될 것이다.

• 흔히들 한 입이라는 표현을 하는데 그것은 양(量)과 수(數)의 문제다. 즉 수요(需要)와 공급(供給)이 관계를 나타내는 것이다. 이것이 균형(均衡)을 잃어버리면, 즉 사주(四柱)가 균형을 잃는다. 대체로 재성(財星)에 관한 사항에서 균형이 안 맞는 것은 음식의 양(量)과 사람의 입의 불균형(不均衡)이다.

• 재성(財星)의 천적(天敵)이라는 표현을 사용하였는데, 음식을 축내는 것은 사람의 입이다. 즉 머리수다. 상의 크기에 따라 올릴 수 있는 음식의 양(量)은 한정되어 있는데, 사람의 수(數) 역시 그 크기와 양(陽)에 걸맞는 적절한 인원수가 있다. 음식이 모자라면 인원이 많은 것이요, 인원이 모자라면 음식이 남는 것이다. 인원이 모자라

면 음식이 남는데, 남을 주지 못할 처지라면 결국 버려야 한다.

• 음식인 재성(財星)이 활용되고, 소용되지 않는다면 무용지물(無用之物)이 된다. 상대적으로 인원이 많아 넘치면, 항상 음식이 모자라 누구인가는 굶어야 한다. 식객이 너무 많아 앉을 좌석이 항상 모자라는 유명식당은 기다리던가, 다음에 들려야한다. 이러다 보면 항상 불평불만이 생기는 것이요, 경쟁이 발생한다.

• 경쟁에 뒤지는 사람은 굶어야 하는 괴로움을 겪어야 한다. 경쟁에서 이기기 위해서는 일찍이 자리에 앉아야 한다. 항상 남보다 앞서야 한다는 것이다. 이것이 재물(財物)일 경우는 남이 다 가져가기 전에 취해야 한다. 이 역시 경쟁이 다.

• 재물을 탐하거나, 음식을 탐하는 경쟁자가 바로 나와 가까운 사람이요, 형제지간이요, 입들이다. 음식은 먹지 않는 사람이 없으며, 재물(財物) 역시 취하지 아니하는 사람이 없다. 내가 더 많이 취하고, 더 먹으려고 하는 것이 바로 재성(財星)이다. 그러니 재성에게의 천적(天敵)은 즉 재성을 죽이고, 살리는 것은 일간(日干)인 나와, 같이 식탁에 앉는 사람이요, 가까이 있는 사람이요, 경쟁자들이다.

• 재성에 대한 불균형(不均衡)이 없는 경우, 즉 사주가 신강(身强) 할 경우는 → 재운이 와도 크게 염려할 것 없다. 일단 내가 분배할 능력이 있기 때문이다. 그런데 신약할 경우는 → 재운(財運)이 와도 그것을 다 취하지 못한다. → 나보다 그릇이 더 크므로 내가 다스리기 어렵고, 오히려 돈의 지배를 받게 된다.

• 아내의 지시를 따라야 하고, 음식이 모자라도 주는 대로 먹어야 하는 것이요, 그나마 그것도 다행으로 알아야 한다. 아내는 시집 식구들의 제일 껄끄러운 상대다.

→ 재성(財星)인 아내가 다스리는 식솔(食率)들이니까.

❑ 군겁쟁재(群劫爭財).

비견(比肩)과 비겁(比劫)이 무리를 이루어 재(財)를 서로 취하기 위해 다툼을 벌이는 것이다. → 밥상에 수저가 한 벌인데, 서로 자기가 취하려고 다툼을 벌이는 형상이다. 그래야 굶지 않고 배를 채울 수가 있기 때문이다.

❑ **견겁(肩劫)이 지나치게 왕(旺)하다.**

庚　癸　壬　丁　　　⇨ 자(子)월의 계(界)수 일간이다.

申　亥　子　巳　　　금(金), 수(水) 기운(氣運)이 강(强)하다.

⇨ 2008년 사귀는 남성이 있어 결혼—관계로 상담을 온 손님의 사주다.
건강상태가 걱정이다. 사주가 신왕(身旺)할 때 자주 나오는 말이다.

❑ **득비리재(得比理財).**

눈에 보이는 것이 전부 다 재물(財物)인데, 관리능력(管理能力)이 부족해 제대로 취하지 못하는 경우다. 사주가 신약한 경우인데, 특히 재다신약(財多身弱)의 사주에서 많이 쓰이는 용어다.

• 이럴 때는 비견(比肩)이나 비겁(比劫)이 도와주어야 재(財)를 다스리고, 취하고, 관리(管理)한다. 동병상련(同病相憐)의 처지를 이해하는 것이다.

❑ **신약(身弱)한 사주다. 항시 자기를 도와줄 사람이 필요한 사주.**

癸　辛　丁　甲　　　⇨ 묘(卯)월의 신(辛)금 일간이다.

巳　未　卯　寅　　　지지(地支)가 목(木), 화(火)로 양분 되어있다.

⇨ 무엇인가 일을 해도, 자꾸 꼬이기만 하고 풀리지 않는 사주다.
아직 결실의 계절인 가을이 되려면 긴 시간이 흘러야 하는데, 열매만 맺으려 하니 답답하기만 하다. 열매가 열리지도 않았는데, 따 먹으려고만 하는 사람이다.

❑ **재성(財星)이 건실하기 위해서는 식상(食傷)의 생(生)이 항상 필요하다.**
식상(食傷)은 재성(財星)을 생(生) 한다. 물의 수원(水原)이 든든하면, 그 샘터에는 물이 마르지 않는 법이다.

• 어느 육친(六親)이든 생해 주는 육친이 건실하다면 설사 생(生)을 받는 육친이 부

실하다 해도, 언제든 항상 그 기능을 발휘할 수 있는 법이다. 원류(原流)가 든든하고, 보급로(補給路)가 확실하다면 사주에 그 육친(六親)이 보이지 않는다 해도, 항상 건재하다고 보는 것이 올바른 추명법 이다.

• 간혹 서두르다 보면 어느 오행이 보이지 않는다고 "아! 연이 박하구나, 그런 복(福)은 없습니다." 하면 실수하는 것이다. 보통 사주를 추명(推命) 하다 보면 오행(五行) 중 하나, 혹은 둘이 보이지 않는 경우를 접하게 될 것이다. 이때 주의를 하라.

❏ 식상(食傷)이 재(財)를 생(生) 하는 것이 아주 원만하고, 잘 구성되어 흐름이 좋다면 어떻게 통변(通辯)을 해야 할 것인가?

○	壬	○	○
午	寅	子	申

▷ 자(子) 월의 임(壬) 수 일간.

사주가 강(强)하다. 기운(氣運)이 넘친다.

▷ 기운이 강(强)하면 그 기운을 활용하고, 적절히 순환시켜야 한다.
그 역할을 하는 것이 바로 식상(食傷)이다. 중개인 역할을 잘하여 소개비를 많이 받듯 인(寅) 목이 그 역할을 한다.

❏ 사주의 구성이 식상(食傷) ▷ 생(生)-재(財)가 잘 될 경우는 어떤가?

• 식상(食傷)은 일하는 것이요, 재성(財星)으로 흐르니 일을 하면 재물(財物)이 잘 모인다. 결국, 하는 일마다 돈이 되고, 식상은 언변이라 말 한마디에 천 냥 빚을 갚고, 아나운서처럼 말 수단으로 금전을 취득한다. 영리단체 대변인의 역할이다. 두뇌 활동으로 돈을 번다.

• 나쁜 쪽으로 이야기한다면 이권(利權)에 개입해도 재물이 생긴다. 쉽게 금전을 버는 것이요, 편법으로도 취득한다. 배움의 정도에 따라, 지위의 정도에 따라 다 취하는 방식이 다 다르다. 법망을 교묘히 이용해 벌기도 하고, 천차만별이다.

□ 탐재(貪財)-괴인(壞印)이 될 경우는 어떤 일이 생길까?

재성(財星)으로 인해 인성(印星)이 기능을 발휘하지 못하고, 파괴된다.

※ 근본적인 사항은 부도(不渡)다.

※ 인수(印綬)는 수입이요, 보급로인데 수입이 없어지고, 보급로가 차단된다. 숨통이 막히듯 갑갑하다. 심한 압박으로 인해 곤혹스럽다.

※ 부모(父母)가 불합(不合).

인수(印綬)는 어머니요, 재(財)는 아버지다. 자연 부모 다툼이다.

※ 처(妻), 금전(金錢)으로 인해 곤욕(困辱)을 겪는다.

요즘 신문 지상에 선거 후 금전 문제로 인해 말썽이 생기는데, 이것은 금전(金錢)으로 인해 생기는 문제다. 거기에 덩달아 아내가 연관되어 망신당하는 경우다. 금전(金錢)이란 원래 지저분한 것인데, 문제가 생기는 것은 구린내가 나는 경우다.

• 돈이라 해도 떳떳하지 못한 돈이다. 금전(金錢)과 처(妻)로 인해 공개적(公開的)으로 사과를 하니 재(財)로 인해 인수(印綬)인 명예손상이다.

□ 왜 이런 현상이 나올까?

사주의 기운이 약해 생기는 현상이다. 재운이 왔을 때 내가 기운(氣運)이 약하면 직접 전면(前面)에 나서지 못하게 된다. 만약 전면에 나선다면 금전(金錢)에 휘둘리게 된다. 이럴 경우, 아내가 전면에 나서면 그것이 어느 정도 해소된다.

• 아내의 기운이 강(强)해지므로 아내가 처리한다. 그리고 재운(財運)이 온 뒤에는 관운(官運)이 오게 되어있는데, 사주가 신약(身弱)하므로 구설(口舌)에 관재수(官災數)가 된다. 나서는 것은 좋지 않다. 부정한 금품이 오가니, 그 결과는 안 보아도 훤한 것이다.

□ 학생의 경우는 이성(異性)으로 인해 학업에 지장을 받는다.

재성(財星)은 금전(金錢)과 여성이 대표적으로 논하여진다. 그 예시가 제일 많음으로 인해 생기는 현상이다.

• 학생일 경우, 여학생과 이성교재문제로 학업에 지대한 영향을 받고, ➔ 성년이라도 이성 문제로 군대를 탈영 하는 경우도 예전에는 많았다. 나이가 들어도 마찬가지다. 여성 문제로 남성들이 자신의 체통을 지키지 못하고, 수입이 줄어들고, 일에 치중 못 하니 나가는 길에 지장(支障)을 받는다.

□ 재성(財星)은 욕심(慾心)이요, 억지다.

• 억지 욕심부리다 일을 망치는 것이다. 과욕(過慾)이 화(禍)를 부른다. 욕심이란 내가 취할 수 있는 것이 있고, 내가 공연히 욕심만 부리는 것이 있는데, 이것이 잘못되면 허욕(虛慾)이다. 욕망이란 열차는 브레이크가 듣지 않는다.

• 명예(名譽)에 대한 욕심(慾心)으로 가득 차 물러날 때가 되었는데도 버티고 있다, 갖은 수모를 당하면서 자리에서 물러난다. 재성(財星) 운(運)이 와도 허욕(虛慾)이라 물러나고 만다. "박수 칠 때 떠나라!" 하지 않던가!

□ 재(財)-생(生)-살(殺)의 경우.

재성(財星)의 기본(基本)성향은 살(殺)을 생(生) 하는 것이다.

• 물론 관(官)이나 살(殺)이나 같다. 좋게 작용 ➔ 관(官)이요, 나쁘게 작용 ➔ 살(殺)로 보면 편하다. 재(財)란 기운이 왕성하면 배출해야 하는데 ➔ 인수(印綬)를 극(剋) 하면서 관(官)을 생 한다. ➔ 사주가 강(强)하면 능히 좋은 쪽으로 기운이 몰리지만, 신약(身弱)할 경우, ➔ 더블펀치다. 금전(金錢)으로 재앙을 맞는 것이라 매우 곤란한 지경에 빠진다.

☐ 뇌물(賂物)로 보는 재성(財星).

• 보통 뇌물이라 칭하는 더러운 돈을 먹으면 바로 들통 나는 경우는, 그야말로 더럽게 재수 없는 사람이고, 보통 어느 정도는 시간이 흘러야 그것이 들통난다. 그것도 무슨 사고가 터지거나, 뜻하지 않게 연루되어 캐다 보니 발각 나는 것이다.

• 재운(財運) 다음에는 관운(官運)이요, 그다음에는 인수(印綬) 운이다. 공직(公職)에 있을 경우, 퇴직(退職)하고 나면 그나마 그 굴레에서 벗어나지만, 만약 재임(在任) 중 사고가 난다면 참으로 골치 아픈 일이다.

• 관(官)의 기운이 왕한 사람은 관(官)에 복종(服從)하는 것이 좋은데, 이런 경우, 뇌물을 먹어도 잘 걸리지 않는다. 그럼 어떤 사람이 잘 걸리는가? → 재(財)와 관(官)이 기신(忌神) 역할 하는 사람은 아예 먹을 생각을 말아야 한다. 항상 뒤탈이 나니까. 희신(喜神)의 역할을 하고, 용신(用神)의 역할을 하는 사람은 아무 탈이 없다.

• 상급자(上級者)의 위치에 오르는 사람들은 그래서 어느 정도 견디고 지나는데 대체로 하위(下位)직에서 봉변을 많이 당하는 것은, 그만큼 기운이 약하기 때문이다. 치고 올라가는 사람은 기운이 그만큼 강(强)하다. 소위 말하는 몸통, 몸통 하는 것은 사람들의 기운 차이다. 결론은 다 같은 놈들.

☐ 재(財)가 많을 경우, 인성(印星)과 견겁(肩劫) 어느 쪽이 나을까?
재(財)가 많을 경우, 보통 인성(印星)이 용신(用神)의 역할을 한다. 그러나 실질적인 면에서 인성(印星)보다는 견겁(肩劫)이 항상 한발 앞선다. 그것은 직접 재(財)를 다스리고 관리(管理)하기 때문이다.

• 여기에서 인성(印星)과 견겁(肩劫)의 차이를 살펴보자.
재(財)는 돈이다. 그런데 인수와 견겁 양쪽을 통해 다 거래가 있다 하자. 어느 쪽이 더 편할 것인가? 각각의 특성을 보면 알 수 있다.→ 인수는 어머니다. 막말로 어머니 돈 은 늦게 주어도, 심하게 이야기하면 떼어먹어도 그래도 덜하다. 그러나 → 견겁(肩劫)인 형제나, 친구의 돈은 떼어먹으면 평생 안보거나 긴 시간이 필요해진다. → 갚더라도 시간 차이가 생긴다. 재(財)에 있어서 인수보다는 견겁(肩劫)이 작용력(作用力)이 더 강하다. 성격적인 면을 보면 인수는 고고하고, 순진하고, 덕을 위주로 하는 것이요, 견겁(肩劫)은 자기 세력이요, 힘이요, 근성이다.

□ 정재(正財)와 편재(偏財)의 구분

◎ 정재(正財)

• 정재(正財)는 재성(財星)으로 일간(日干)과 음(陰), 양(陽)이 다른, 일간의 통제를 받는, 극(剋)을 받는 오행이다. 남편과 아내의 사이다.
• 부부(夫婦)간에는 이성(異性)이므로 오행이 다른 것이요, 남편이 아내를 다스리고, 관리한다는 차원에서 본다. 그러나 지금은 → 재(財)에 대한 시대적인 사고방식이나, 평등주의, 중요시하는 면(面) 등에 비추어 동반자(同伴者)적인 사고에 입각, 해석하는 편이 낫다.
• 정재(正財)는 월급쟁이다. 열심히 일해 자기 능력에 맞게 그에 상응하는 대가(代價)를 받는다. 쓸데없는 욕심은 내지 않는다. 자기의 분수를 지킬 줄 아는 것이다. → 사람이 지나치게 청렴(淸廉)해서 욕심 안 내고, 자기의 지조(志操)를 지킨다. 사주로 본다면 지나치게 깨끗하고, 곧아도 그렇다. 사주의 재성(財星)과는 상관없다.

□ 충(沖), 파(破)가 없어 깨끗한 사주다.

辛 乙 乙 戊   ⇨ 미(未)월의 을(乙)목 일간이다.

巳 卯 未 寅   견겁(肩劫)이 많으니 고지식하다.

⇨ 재(財)가 있어도 조토(操土)라 금전(金錢)과는 인연(因緣)이 약하다. 재(財)가 견겁(肩劫)으로 변화하니 내 것이 아니다. → 견겁(肩劫)이 왕(旺) 하므로. 지나치게 왕(旺) 해 융통성(融通性) 없는 사주다.

❏ 사주에 재(財)가 많을 때 정재(正財)인 본처(本妻)는 ?

己 甲 戊 ○   ⊨ 갑(甲)목 일간이다.

○ ○ ○ ○   월(月)과 시(時)에 재(財)가 둘이 있다.

⊨ 여기에서 ➔ 어느 재(財)가 본처(本妻)가 될까?

월(月)에는 ➔ 편재(偏財)요, 시(時)에는 ➔ 정재(正財)다. 지금 찾는 것은 정재(正財)다. 그렇다면 시(時)에 있는 정재(正財)가 아닌가? 그렇지 않다. 해석이 잘못되면 어떻게 될까? 나이 차이가 나는 아내와 서로 합이 들어 잘산다. 로 추명(推命)이 나올 수 있다. 그러나 이것은 억지 춘향이다. 월간(月干)의 무(戊) 토가 정재(正財)다.

• 그것은 ➔ 결혼하는 적령기를 보면 되는 것이고, 항상 ➔ 먼저 있는 것이 정재(正財)인 본처(本妻)다. 그에는 정, 편재가 소용없다. 지금의 상황을 한 번 살펴보자. 과연 제대로 살 것인가? 아니면 이혼을 불사할 것인가? 이혼할 확률이 높다. 물론 지지(地支)의 변화가 나타나야 정확한 상황을 설명할 수 있겠으나, 나와 있는 상황으로 추리하는 것이다.

• 아내와 결혼은 하였으나 항시 뜻이 맞지 않아, 보이지 않는 불편함이 내재하여 있다. 그런데 살다 보니 눈이 뒤집히는 상황이 나타난다. 그렇게 좋을 수 없다. 기(己) 토가 나타난 것이다. 합(合)이 드니 얼마나 좋은가? 양손에 꽃을 들고 어느 꽃을 택할까? 아니면 둘 다 택할까? 망설인다. 그러나 천간(天干)에 등장 머리를 내밀고 있으니, 결국 이상형을 택할 가능성이 농후하다.

• 여기에 정재(正財)인 기(己) 토가 ➔ 월간(月干)에 있고, 편재(偏財)인 무(戊) 토가 ➔ 시(時)에 있다면 절대로 가정(家庭)은 버리지 않는다. 양손에 꽃을 쥐어도 놓고, 안 놓고는 본인의 의사지만 바람을 피워도 가정은 버리지 않는다. 정재(正財)인 본처(本妻), 편재(偏財)인 김밥의 구별은 확실하다.

❑ **편재(偏財).**

• 재성(財星)이라도 정재(正財)와는 근본 성격적으로 반대이며, 일간(日干)과는 음양(陰陽)이 같은 재(財)이다. 같은 재물이라도 착실하고, 땀 흘리고, 정성이 깃든 재물이 아니다.

• 횡재(橫財)수와 같은 불로소득(不勞所得)이요, 벼락치기요, 덩치가 큰돈이다. 작은 것은 무엇이든 감추기도 좋고, 전면에 나서지도 못하므로 시간이 오래 걸려도 개의치 않고, 장기전에 들어가도 누구도 관심을 잘 두지 않는다. 그러나 덩치가 큰 것은 사람의 눈에도 잘 띄고, 어디에 있어도 금방 들통나기 마련. 빨리빨리 처리해야 하는 물건이다. 특성이 그러니 오기도 빨리 오고, 가기도 빨리 가는 것이 편재의 특성이다. 편재의 운(運)에는 큰돈이 후다닥 하고 움직인다.

• 여자(女子)로 친다면 본부인이 아닌 첩(妾)이나, 애인(愛人)이요, 김밥이다. 그러니 평생 같이 해로(偕老)하는 것은 어렵다. 편재(偏財)도 정재(正財)가 되는 경우가 있으니 편재(偏財)가 합(合)하여 재국(財局)을 형성하면 정재(正財)가 된다. 이럴 경우는 ➜ 남자가 두 집 살림하는 경우다.

• 운(運)에서 재국(財局)이 깨어질 경우, ➜ 가정(家庭)에 문제가 생긴다.
원국(原局)에 편재가 합(合)을 이루지 않고 있을 경우는, 합(合)이 되는 해에 두 집 살림이요, 뇌물이나, 횡재수가 되어도 다 나의 것이 된다. 이런 운에는 ➜ 도둑놈의 심보가 생겨도 큰 문제는 생길 것 없다. 그리고 관운(官運)의 변화(變化)를 살펴 빨리 처분할 것인지 결정한다. 이런 사람은 걸릴 이유가 없다.

❑ 비교적 정재(正財)는 안전운행이요, 규정 속도를 지키는 것이고, 소형차량이고, 편재(偏財)는 편법운행이요, 속도위반이요, 대형차량이다.

❖ 굴지의 대기업을 일으킨 사람들의 사주를 보면 ➜ 대체로 편재(騙財)의 기운이 강하다. 몇몇 사람의 사주를 보자.

□ 식신(食神)이 월(月)에 있고, 일주의 생(生)을 받아 재국(財局)을 형성한다.

丁　庚　丁　乙　　　⇨ 해(亥)월의 경(庚)금 일간이다.

丑　申　亥　卯　　식상(食傷)→재(財)를 생(生)→재(財)로 변(變)한다.

⇨ 식상(食傷)이 변하여 재성(財星)의 국(局)을 이루니 열심히 하여 부(富)를 축적한다. 천간(天干)에 정(丁) 화인 정관(正官)이 보이나 재(財)에서 이루어진다. 그러나 습(濕) 목에서 생(生) 해주는 것이라 정치(政治)와는 무관한 사항이다.

☯ 시간(時干)의 정관(正官)은 지지기반(支持基盤)이 없는 정관(正官)이다.

• 병술(丙戌) 시(時)로도 보는 사람이 있는데, 일부 유명인들의 사주가 간혹 여러 개 나돌아 생기는 현상이다. 병술(丙戌) 시로 보아도 약간 차이가 있으나 큰 의미는 같다. 말년(末年)에 정치판에 뛰어들지만, 뜻을 이루지 못한다.

□ 인(寅)월의 무(戊)토 일간이라 뿌리가 튼튼하다.

壬　戊　戊　庚　　　⇨ 인(寅)월의 무(戊)토 일간이다.

子　申　寅　戌　　　재국(財局)이 형성(形成) 되어있다

⇨ 식신(食神)이 건강 → 인(寅)중, 갑(甲)목의 도움을 건너서 받는다.

• 지지(地支)가 수화(水火)-상전(相戰)이라 항상 돈과 명예와의 싸움으로 항상 고민하는 사주다. 일지(日支)와 시지(時支)가 재국(財局)을 이루고 천간(天干)으로 편재(偏財)가 득세(得勢)하니 그 기운이 강하다. 일간 또한 기운이 왕(旺)해 능히 그것을 관리한다.

□ 편재(偏財)의 특성(特性)

○ **庚 甲** ○　　　⇨ 경(庚)금 일간이다.

○ ○ ○ ○　　　편재(偏財)가 월간(月干)에 투출(投出).

⇨ 남성인데 결혼 한다면?

갑(甲)-경(庚) → 충(沖)이고, 편재(偏財)다. 재(財)인 아내가 위에 있으니, 남편에게 지지 않으려 한다. 그러나 남편(男便)의 기운(氣運)이 녹녹치 않다.

• 정재(正財)→ 합(合) 되어 사이도 좋으련만 →
편재(偏財)라 만나기만 하면 다툼이요, 불화(不和)다. 결혼(結婚)한다면 이혼(離婚)할 확률이 높고, 작첩(作妾)이라, 혼전 계약 결혼이요, 혼전 동거(同居)요, 정상적인 결혼생활(結婚生活)이 이어지지 않는다. 고로 실패(失敗)다.

• 편재(偏財)라 해도 → 충(沖)이 안 될 경우는 어떤가? 충(沖)이 안 되고, → 극(剋)만 이루어질 경우는 외도(外道)로 연결.

□ 임(壬)수 일간일 경우 --- 편재(偏財)는 병(丙)화다.

○ **壬 丙** ○　　⇨ 병(丙)화가 편재(偏財), 월에 있으므로

○ ○ ○ ○　　　　일간을 이기려고 한다.

⇨ 내가 위에 있으므로. → 이기지도 못 한다.

병(丙)-임(壬) 충(沖)으로 인해 서로 간에 맞지 않는다. 못 잡아먹어 난리다. 서로가 지지 않으려고 한다. 그래도 남자인데 감히 하면서 말이다. 병(丙)-임(壬)충(沖)이라 싸이클이 도무지 맞지 않는다. 결국, 헤어진다. 싸우고 이별.

❏ 병(丙)화 일간(日干)일 경우는 어떤가?

○ **丙 庚** ○ ↳ 병(丙)화 일간인데, 경(庚)금이 월간(月干)에 있다.

○ ○ ○ ○ 편재인데 충(沖)이 성립 안 되므로 못살지는 않는다.

↳ 충(沖)이 성립 안 되고 극(尅)이 성립이라, 왜 내가 당신한테 구박받고 살아야 하냐며 서로 다툰다. 그러나 충(沖)이 아니므로 → 심하게 다투기는 해도 이혼은 쉽게 하지 않는다.

• 여자가 약(弱)할 경우. → 남편에게 수모를 당하면서도 산다. 이를 갈면서 말이다. 심한 경우, 보험이라도 들었으니 빨리 죽기를 바라는 말도 서슴치 않는다.

남성이 → 극(尅) 한다고 해도 기력이 약(弱)해 질 경우, 언제인가 한 번은 당한다.

❏ 가뜩이나 재(財)가 많아 재다-신약(財多身弱)인 경우인데, 편재(偏財)가 천간(天干)으로 투출 되어있다면 어떨까?

辛 丙 庚 戊 ↳ 병(丙)화 일간, 재(財)가 많아도 너무 많다.

卯 申 申 申 지지(地支)에 귀문(鬼門)이 너무 많다.

↳ 꽃보다 열매가 지나치게 무거우니 가지가 항상 꺾어지고, 찢어진다. 가뜩이나 재(財)가 많은데 귀문(鬼門)이 겹쳐 있으니 미치고, 환장한다. 일간(日干)이 병화인데 묘(卯)목은 습(濕) 목이라 제대로 기운도 못 쓴다. 주물-용광로는 큰데 지푸라기로 불을 붙여서는 어림도 없다.

❏ **여기서 이 사주의 특성(特性)을 한 번 살펴보자.**
나를 도와주고 불쌍히 여기는 사람도 없다. 아비가 누구인지도 모르는 사람이다.
• 묘(卯)-신(申) → 귀문(鬼門)-관살이라 부모가 귀신(鬼神)이 되어서도 지지고, 복고 난리다. 어미는 하나인데 아비는 많으니 인연이 없는 것이요, 죽어서도 이 놈,저 놈이 서로 남편(男便)이라고 길 갈라 달라고 싸우는 형국(形局)이다.
※ 결국 조실부모(早失父母)하는 팔자다.

※ 어미는 ➜ 묘(卯)목 하나인데, 남편(男便)인 ➜ 금(金)이 많으니 남자관계가 복잡하니 정실부인은 못되고, 소실(小室)이거나, 작부(酌婦)다.

※ 재다신약(財多身弱)이니 마누라가 악처(惡妻)다.

여자 복은 일찌감치 버리는 것이 좋다. 화극금(火克金) 하려다 오히려 불이 꺼지는 형국이다. 마누라 눈치 보고 사는 사람이다. 내가 기운(氣運)이 약(弱)하니 처(妻)에 의존하여 얹혀사는 팔자다. 그만큼 본인이 못났다는 이야기다.

❑ 재(財)를 집중하여 살펴보자.

❋ 재(財)는 ➜ 아버지인데 다자무자라 지지리도 아비복은 없다.

아비의 기운이 강하니 어미 알기를 성냥개비로 알고 마구 분지르고 일회용으로 아는 것이다. 어미의 존재를 귀(貴) 한줄 모른다. 어미 또한 아비가 많으니 "너 없으면 못 살아?" 하는 식으로 "없으면 말고" 하면서 대드니 집구석이 개판 오 분 전이다.

❋ 재다신약(財多身弱)은 ➜ 천격(賤格)이라 양가(良家) 규수 같으면 부모(父母)들이 절대로 시집 안 보낸다. 왜 그럴까? 반복에 반복설명을 해도 이 부분은 외우고 반복해야 하는 항목이다. 귀찮고 외우기 싫으면 자꾸 이에 대한 이유를 들어야 한다.

• 남성이라면 여기서 남편은 ➜ 화(火)인 불이요, 아내는 ➜ 금(金) 쇠 이다.

잠자리를 해도 쇠는 달구어지려면 시간이 흘러야 달구어진다. 화(火)인 남편(男便)은 ➜ 불이라 금방 뜨거워진다. 그런데 그 불길이 오래가려면 화력(火力)이 좋아야 하는데 화력이 약하다. 조루다. 넣었다 하면 금방 사정하니 아내는 죽을 맛이다.

• 쇠는 일단 한 번 달구어지면 쉬 식지 않아 밥을 퍼내도 즉 불이 꺼져도 남은 열기로 숭늉까지 다 하는 것인데, 뜨겁게 하기 참으로 어려운 일이다. ➜ 반대로 살펴보자.

아내인 ➜ 금(金)이 너무 냉(冷)하니 불감증(不感症)으로 볼 수 있다.

아무리 남편이 달구려고 해도 쇠가 워낙 두텁다 보니 도통 힘든 것이 아니다. 게다가 화력(火力)이 약(弱)하니 금방 불길이 꺼진다. "에라! 나도 모르겠다." 하면서 스스로 불길을 거둔다.

❑ 초록(草綠)은 동색(同色).

• 재(財)인 처(妻)와 관(官)인 자손(子孫)은, 일간인 남편(男便)에게는 짐이 되는 부분이다. 처덕(妻德)이 있고, 자손의 덕이 있는 사람은 재(財)나 관(官)이 용신(用神)이거나, 희신(喜神), 기타 일간(日干)인 본인에게 도움이 된다면 다 덕(德)이 있는 것이다. 조건(條件)은 사주가 어느 정도는 강성(强性)을 유지해야 한다.

• 내가 필요로 하고, 나에게 힘이 되고 귀인의 역할을 하는데 어찌 도움이 안 되겠는가? 처(妻)와 자식(子息)을 끔찍이 위하고, 사랑하는 사람이다. 반대로 신약(身弱)해 → 처(妻)와 자식(子息)이 부담스러울 때, → 마음은 안 그런데 능력(能力)이 모자라 항상 가장(家長)으로 부족함을 통감할 때는 어학(語學)연수라도 보내 달라고 하면 그것을 못 들어줄 때 참으로 속상하다. 이때 어미와 자식이 합세하여 아비는 무능하고, 못났다고 한다면 아비는 왕따를 당하고 따돌림받는다.

• 특히 재(財)와 관(官)이 합(合)하여 일간(日干)을 괴롭힐 때 더없이 서글퍼진다. 힘없는 자의 서러움이다. → 요즈음은 조폭도 돈이 없으면 형님 대접 못 받고, 자금이 없는 정치인(政治人)은 조직 운영을 하지 못하고, 돈 없이는 기업(企業) 운영하기 힘든 것이다.

❑ 꽃은 꽃이로다.

재(財)는 여성이라 많으니 꽃밭에서 향기에 취하는 것이다. 어떤 꽃은 가시가 있고, 어떤 꽃은 향기가 진하고, 어떤 꽃은 열매가 달콤하고, 갖가지다. 재(財)가 많으니 여성들과 연관(聯關)이 많다. 직업(職業)을 선택해도 여성이 많은 곳이요, 거래(去來)해도 여성 상대가 많은 것이다.

• 무엇이든 지나치면 구설과 시달림에 판단력이 흐려지고, 앞을 내다보지 못한다. 여성이라면 어떨까? 재인 금전이 많으니 돈 밭에서 일하고 만져보지만 정작 자기 것은 없다. 그래서 직업도 재정(財政), 부동산(不動産), 증권(證券), 투자(投資), 선물(先物) 등등 종사하고 큰돈도 만져보지만, 다 남의 것이다. 굴려서 활용만 하고, 수수료를 챙기는 스타일이다.

• 재(財)는 → 근본적으로 관(官)을 생하는 것이라, 관은 → 남편이라 벌어서 남편

뒷바라지한다. 일간인 여성 본인은 기운이 약하니 벌어서 갖다 주어도 좋은 소리 못
듣는다. 그까짓 천만 원 갖다 주고 큰 소리야! 남들은 몇억씩도 갖다 준다는데 ――할
말 없어진다. 그러니 결론은 몸 주고, 돈 주고, 마음도 주었는데 결국 배신당하는 것
이 아닌가?

• 여성에게 ➔ 재(財)는 시어머니도 된다. 열심히
한다 해도 쓴소리다. 남들 며느리는 시어미를 해마
다 외국 관광도 보낸다는데 너는 도대체가 말이야!
죽이고 싶도록 미운 시어미다. 심하면 쫓겨나는 것
이요, 죽어라 벌어서 시집 식구 봉양하는 것이요,
자식 뒷바라지하다 인생 종 치는 것이다.

▢ 결국은 팔자 땜 하느라 두 번 결혼 한 사람이다.

己 甲 己 戊　　　➪ 미(未)월의 갑(甲)목 일간이다.

巳 辰 未 辛　　　재(財)가 지나치게 많은 사주(四柱)이다.

➪ 여성(女性) 사주(四柱)인데, ➔ 재(財)가 지나치게 많다 보니 다른 것은 생각할
겨를 이 없다. 관(官)인 ➔ 금(金)이 있어도 흙속에 파묻혀 보이지 않는다. 그나마
➔ 진(辰)중 계(癸)수가 있어 다행이다. ➔ 사(巳)중 경(庚) 금도 보인다.

▢ 재(財)가 많으면 변명(變名)과 구차(苟且)함의 극치(極致)다.
급한 상황이나 곤경(困境)에 처하면 누구나 그 순간을 모면하기 위해, 별소리 다하기
마련. 그런데 특히 재다신약(財多身弱)의 경우, 빤히 보이는데도 구차한 변명(辨明),
도망가기 바쁘다. 확실한 물증(物證)을 내밀어야 그때야 수긍(首肯)하는 편이다.

庚 甲 癸 甲　　　➪ 유(酉)월의 갑(甲)목 일간이다.

午 子 酉 子　　　월(月)에 도화(徒花)를 놓고 있다.

➪ 여성의 사주(四柱)인데, 충(沖), 파(破)가 얼룩진 사주다.

• 월(月)에 도화고, 관(官)이 도화(徒花)니 참으로 파란만장한 사주다. 일찍부터 남성과 관계를 갖는 여성이다. 갑(甲) 목 일간인데 뿌리가 없다. 뿌리라고 한다면 나의 근본을 말하는 것인데, 근본도 근본(根本) 나름이다.

• 일지(日支)를 한 번 살펴보자. 갑(甲) 목 ➜ 자(子)수는 목욕(沐浴) 궁이요, 패지(敗地)이다. 년과 일이 같은 년살(年殺)인 도화(桃花)이다. ➜ 자(子)수는 물이라 물결치는 대로, 바람 부는 대로, 둥둥 떠다니는 부평초(浮萍草) 인생(人生)이다.

• 일(日)과 시(時)가 ➜ 천(天)-충(沖), 지(地)-충(沖)이니 모든 삶이, 즉 인생이 허무하다. 재(財)라고는 ➜ 시지(時支)의 오(午) 중 기(己) 토 하나뿐이다. 너무 없는 사주다. 자손(子孫)이라고는 오(午) 화가 있어 자기의 자리에 있지만, 연(連)이 박하다. 그래도 그나마 그 희망(希望)으로 사는 인생이다.

庚	丙	丁	丙
寅	申	酉	申

↳ 유(酉)월의 병(丙)화 일간이다.

　재다신약(財多身弱)의 사주이다.

↳ 천간(天干)으로는 극(剋)이요, 지지(地支)로는 충(沖)이라 재(財)가 온전하지 못하다. 가뜩이나 재(財)가 많아 걱정인데, 그나마 그것마저도 박살 난다. 년(年), 월(月), 일(日)이 천간(天干)에서 지지(地支)를 극(剋) 하니 되는 일이 없다. 일주(日柱)와 시주(時柱)가 또한 극(剋)하고, 충(沖) 하니 다된 인생(人生)이다.

• 인수(印綬)인 어머니는 목(木)이요, 재(財)인 아버지는 금(金)인데 모두가 엉망진창 인생이 되어버렸다.

❑ 재다신약(財多身弱) 사주(四柱)를 보고 오행(五行)에 따른 추명(推命)법.

❖ 일간(日干)이 목(木)일 경우.

丁 甲 己 戊　　⇨ 갑(甲)목 일간(日干), 재(財)는 토(土)가 된다.

卯 戌 未 戌　　　땅은 넓은데, 나무 별로 없는 형국(形局)이다.

⇨ 재(財)인 토(土)가 너무 많다. → 토는 땅이요, 흙이다.

넓고 거친 광야(廣野)다. 흙이 많으면 돌과 같이 단단해진다.

• 나무가 뿌리를 내리기 힘이 든 것이다. 오히려 나무가 고사(古事)당하는 것이다.

흙이 단단해 뿌리가 흙의 틈새를 파고 들어갈 수 없다. 나무뿌리가 숨을 쉬지 못한다.

토다목절(土多木絶)이다.

❖ 일간(日干)이 화(火)일 경우.

庚 丙 辛 辛　　⇨ 축(丑)월의 병(丙)화 일간이다.

寅 申 丑 酉　　　화(火)일간므로 재(財)는 금(金)이 된다.

⇨ 병(丙)화는 꽃이다. 금(金)인 가을은 찬 서리다.

• 꽃은 피어야 제 역할을 한다. 가지가 든든해야 꽃이 피어 있는 것인데 가지가 열매

가 과하여 꺾어지고, 찢어진다. 계절로 보면 가을의 정취가 너무 진해, 겨울을 빰치는

정도다. 찬 서리가 내려 꽃이 떨어지고, 땅거미가 진다. 재인투전(財印鬪戰)인데 →

싸움이 성립 안 된다.

❖ 일간(日干)이 토(土)일 경우,

乙 戊 壬 壬　　⇨ 자(子)월의 무(戊)토 일간이다.

未 子 子 申　　　재(財)인 토(土)가 많다. 재다신약(財多身弱).

⇨ 토(土)는 흙이라 둑이다. 물을 가두어 담아 놓는 저수지의 둑이다. 그런데 물이

너무 많아 넘치는 형국이다. 휩쓸려 내려가는 것이고, 흔적(痕迹)도 없이 사라진다.

• 인체로 비유한다면 마른 비만이다. 토(土)인 허리가 약해 비만이 아닌 듯 보이지만,

복부(腹部)에 수분이 가득, 배가 볼록하게 튀어나온 형상이다.

❖ 일간(日干)이 금(金)일 경우의 재다신약(財多身弱).

丙　辛　乙　癸　　　⇨ 묘(卯)월의 신(辛)금 일간이다.

申　卯　卯　卯　　　묘(卯)-신(申)하여 귀문(鬼門)관이 보인다.

⇨ 금(金)일간이라 → 재(財)는 목(木)이 된다.

합(合)-충(沖)이 보이고, 사주(四柱)가 깨끗한 편은 못 된다. 재(財)인 목(木)이 지나치니 → 목다금결(木多金缺)이다. 속된 말로 전봇대로 이빨 쑤시는 격(格)이다,

❖ 수(水)일간일 경우.

戊　壬　庚　丁　　　⇨ 오월(午月)의 무(戊)토 일간이다.

申　午　午　未　　　　재(財)인 화(火)가 많다.

⇨ 수(水)일간이라 → 재(財)가 화(火)이다.

• 화(火)란 → 불이요, 위로 올라가는 기운이다. 수(水)일간이 → 불의 기운에 의해 증발(增發)된다. 하늘에 뜬 구름과 같은 존재(存在)다. 뜬구름 같은 인생이다. 어디 한 곳에 정착하지 못하고 부평초(浮萍草) 같은 인생이다.

• 부동산 중개를 한다 해도 빌딩 하나만 거래 성사시키면 수수료가 얼마인가를 계산하며 그까짓 연립 한 채가 문제냐고 뻥 치듯, 큰 건만 노리는 식으로 실질적인 확률에 입각하는 것이 아니라, → 가능성이 있다면 확률이 적어도 덤비는 스타일이다. 본인의 눈에는 다 돈으로 보이나 현실 가능성에 있어서 문제다.

어찌 보면 지나치게 앞서는 경우고, 꼼꼼하지 못해 돌다리 두드리는 습관이 필요하다. 덤벙대다가 일을 망치는 스타일이다. 건드리기는 잘 건드리는데 흔들리면 도망가는 사람이다.

❏ 부자 팔자와 거지 팔자.

⇨ 부자(富者)와 빈자(貧者)의 차이는 무엇일까?

• 여기서 재성(財星)이 일단 좌우하는 것이다. 돈이 보여야 있는지 없는지 아는 것 아닌가? 일단은 유무(有無)를 갖고 판단한다. 제일 기본적인 사항이다. 일간이 강한가, 약한가? 에 따라 재물이 있어도 그것을 활용할 것인가? 아니면 그림의 떡인가?

• 돈을 주어도 기운이 없으면 갖고 가지 못하니 소용없다. 사주가 기본(基本) 체력(體力)은 갖추어져야 한다. 그다음에 재물(財物)의 많고, 적음을 판단하는데 초가집인지? 빌딩인지 판단한다. 그 방법(方法)은 무엇일까?

• 일단은 덩어리가 되어야 한다. 재국(財局)을 이루거나, 재고(財庫)를 갖고 있어야 한다. 재고(財庫)는 재국(財局)과 동일(同一)하게 취급한다. 문제는 아무리 많아도 내가 신약(身弱)하여 기운이 없으면 취하지 못한다. 특히 재성을 볼 때는 재고(財庫) 유무(有無)를 정확하게 한다. ➔ 재고(財庫)는 신약(身弱)이던, 신강(身强)이던 있는 숫자에 따라 재물의 정도 그리고 남성의 경우는, 결혼문제에 있어 재혼의 여부를 판가름하는 중요한 사안(事案)이다.

❏ 재혼 남성 사주다.

庚 壬 甲 甲
子 戌 戌 午

⇨ 술(戌)월의 임(壬)수 일간이다.

재다신약(財多身弱)의 사주이다.

⇨ 재고(財庫)를 찾아보자.

• 지지(地支)의 술(戌) 토는 ➔ 신(辛), 정(丁), 무(戊) ➔ 정(丁)화가 재고(財庫)다. 정(丁)화는 ➔ 임(壬)수 일간(日干)과 정(丁)-임(壬) 합(合)이 되니 본부인인데 ➔

오(午)-술(戌) 합하여 또 화국(火局)을 이룬다.

• 중년까지는 결혼을 두 번 하는 팔자다. 그런데 합이 되어 셋이니 세 번도 볼 수 있다. 그런데 오(午)를 보면 → 병(丙), 기(己), 정(丁)하여, 정재(正財)가 있지만 재고(財庫)가 아니라 기운이 약하다. 그럼 어떻게 해석해야 할까?

• 약혼(約婚)을 하고 파혼(破婚)한다. 동거생활 하다가 파탄이 나는 것이다. 편재(偏財)성의 기운(氣運)이 강하다. 금전을 만져도 한 건(件)의 수(數)가 일찍 있었으나 불발(不發)로 끝난다. → 실제로 20대에 석유파동을 만나 그 당시 고물상을 하였는데 쌓아놓은 물건이 엄청났는데, 폭행 사건에 휘말려 다 날려버린 사람이다. 결혼은 두 번을 정식으로 하고 현재 지내고 있다.

❏ **오행(五行)별로 재고(財庫)를 알아보자.**

♣ 목(木)의 재고(財庫)------무(戊)토-----화(火)토(土) 공존(共存)이므로 ⇨ 조토(操土)라서 뿌리를 못 내린다.

♣ 화(火)의 재고(財庫)------축(丑)토-----계(癸),신(辛),기(己)

♣ 토(土)의 재고(財庫)------진(辰)토-----을(乙),계(癸),무(戊)

♣ 금(金)의 재고(財庫)------미(未)토-----정(丁),을(乙),기(己)

♣ 수(水)의 재고(財庫)------술(戌)토-----신(辛),정(丁),무(戊)

여기에서 또 다른 특징을 살펴보면 일지(日支)에 → 재고(財庫)를 놓고 있는 경우는 언제인가 떵떵거리고 한 시절 여유를 부려보는 기회를 맞게 된다.

• 다른 면으로 살펴보면 신약(身弱)일 경우는 → 항상 그에 대한 미련으로 아쉬움이 남는 것이고, 처(妻)로 볼 경우는 여인(女人)에 대한 미련이 항상 뇌리에서 사라지지 않는 것이 특징이다. → 재다신약(財多身弱)의 경우 많은 금전과 여성을 접촉해도 결국, 혼자서 소나기를 맞는 것이며 여자복, 재물복은 없다.

□ 정재(正財)와 편재(偏財)의 세력(勢力)싸움.

• 정재(正財)는 → 본처(本妻)요, 편재(偏財)는 → 자연 첩(妾)이나 김밥인데, 양쪽을 비교하여 어느 쪽의 기운(氣運)이 센가 보는 것이다. 수면(水面) 위로 부상하거나 자기의 자리를 확보(確保)하고, 일단 기선을 잡고 있다.

• 정재(正財)가 왕(旺)하면 → 편재(偏財)가 기운(氣運)을 못 쓰는 것이고,

• 편재(偏財)가 왕(旺)하면 → 정재(正財)가 기운(氣運)을 못 쓰는 것이다.

아내가 똑똑하면, 남의 여자에 관심(觀心)이 자연 없어지는 것이고, 아내가 못나면, 다른 여자에 눈길이 가고, 자꾸 비교(比較)한다.

○	丙	辛	○
寅	辰	酉	午

▷ 병(丙)화 일간(日干)이다.

천간(天干)-병신(丙辛)합, 지지도 합(合)이다.

▷ 신(辛)금이 정재(正財)인데 천간(天干)으로 투출(投出)하고, 지지(地支)로는 진(辰)-유(酉) 합 → 금(金)하여 재성(財星)이 강(强)하다. 일간(日干)도 기운이 강(强)해 능히 어울리는 한 쌍이다. 정재(正財)가 똑똑하고 합(合)이 드니 외도이유가 없다.

□ 이런 경우는 어떨까?

戊	甲	己	○
辰	子	卯	○

▷ 묘(卯)월의 무(戊)토 일간이다.

천간(天干) 합(合)이요, 지지(地支) 형(刑)이다.

▷ 겉으로 보기에는 사이가 좋으나 실상 내막을 보면 지지고 볶고 사는 인생이다. 천간(天干)으로 합(合)이니 일단은 외관상 사이가 좋아 보이는 것은 당연하다. 그러나 지지(地支)로는 → 자(子)-묘(卯) 형살(刑殺)을 이루고 있다.

• 기(己) 토가 → 본처(妻)인데 일지의 자(子)수는 → 시어머니인데 처궁(妻宮)에 앉아 있다. 시어머니가 사사건건이 간섭이요, 묘(卯)목 겁재(劫災)인 형제(兄弟)들이 들들 볶는다. 시댁(媤宅)의 등 살에 견딜 수 없다. 남편과는 사이가 좋지만, 환경의 탓으로 인해 불화(不和)가 생긴다.

• 합(合)과 형(刑)으로 이루어지는 경우는 → 안 보면 보고 싶고, 보면 미워지고 그런 사이다. 시작은 좋은데 항상 결과가 안 좋다. 뒤 끝이 항상 더러운 것이다. 돈거래를 해도 처음에는 또박또박 나중에는 "내 배 째라!"는 식이다.

□ 또 다른 경우를 보자.

• 기(己) 토는 정재(正財)인데 갑(甲) 목 일간과는 합(合)이 들어 사이가 좋았다. 그러나 그것도 시기(時期)가 있다. 평생지속 된다는 보장은 없다. 더구나 → 기(己) 토가 항상 묘(卯) 목에게 얻어터지고 있으니 겉으로는 평온해도 항상 내재하여 있는 불편함이 있다.

• 사람이 사랑만으로는 살 수 없다. 사랑이란 영구(永久)−불변(不變)하는 것이 아니다. 시주(時柱)를 보면 무(戊) 토가 → 편재인데 지지에 진(辰)토를 놓고 확실한 위치를 갖고있다.

• 기(己) 토 보다 튼튼하다. 거기에 지지의 → 진(辰)토가 일지의 자수와 → 합하여 안방으로 진입, 초석을 확실하게 다져놓고 있으니 갑(甲)목에게는 실질적인 뒷받침도 잘하는 역량(力量)이 충분한 여성이다.

• 기(己) 토는 그저 좋아하는 사이이지, 힘이 되지는 못하는 여성이다. 이에 반해 시주의 무(戊), 진(辰) 토(土)가 합심, 갑(甲) 목을 발 벗고 나서서 밀어주고, 자기의 낭군으로 모시는 것이니 갑(甲) 목이 맛이 간다. 여기서 기(己) 토는 안방에서 물러나고 만다. 정재(正財)가 기운(氣運)이 약(弱)할 경우, 편재(偏財)에 밀린다. 그것도 시주(時柱)에서 편재(偏財)가 왕(旺) 하여 정재 보다 월등할 경우는 그런 것이다. 아무리 합(合)이 들어 잘 나가는 것 같아도, 결국, 그리된다.

❑ 다른 경우를 보도록 하자.

○　乙　庚　○　　　　⇨ 진(辰)월의 을(乙)목 일간(日干)이다.

寅　酉　辰　○　　　　경(庚)금은 남편(男便)이다.

⇨ 경(庚)금은 ➜ 월간(月干)에 투출(投出)하여 있는데, 지지를 살펴보자.
일지(日支)와 월지(地)가 합(合) 하여 진(辰)-유(酉) ➜ 합(合) 금(金)을 이루고
있다. 남편인 경(庚) 금이 대단히 기운(氣運)이 강하다. ➜ 일간(日干)인 을(乙) 목
은 남편과 서로 사랑하여 합(合)을 이루지만 항상 스스로 주눅이 들어 기를 펴지 못
한다. 남편에게는 마치 애완견과 같은 존재다. 결국, 스스로 자기 발로 나가는 형국을
연출한다.

❑ 재성(財星)과 인연이 없는 사주는 어떤 사주인가?

❑ 사주가 지나치게 깨끗할 경우.
• 사주가 지나치게 깨끗하다는 것은 청격(淸格)을 의미한다. 기본적인 비유로 물의
깨끗함을 이야기하는데 물이 지나치게 깨끗해도 고기가 못 사는 원리다. 원래 재(財)
라는 것은 더러운 것이다. 온갖 부정과 바가지와 모순이 결합 되어있고, 항상 구린내
가 나는 것이 재물(財物)이다.
• 보통 음식도 재(財)로 취급하는데 상하지 않을
경우, 인체에 유익하지만 상해 먹을 수 없는데 모
르고 먹는다면? 그때는 독(毒)이다. 이처럼 재(財)
란, 그런 속성(俗性)을 갖고 있다.

❑ 그렇다면 청격(淸格)의 특징은 무엇일까?
청격이란 ➜ 글자 그대로 깨끗한 사주다. 이에 반대되는 격으로는 탁격(濁格)을 말할
수 있다. 청격(淸格)과 반대다.

❑ 청격(淸格)의 특징(特徵).

✤ 청격도 일단은 힘이 강(强)해야 한다.

➲ 힘이 강(强)하기 위해서는, 사주가 일단 강(强)해야 한다. 튼튼하고 힘이 넘쳐야 한다. 일단 삼합(三合)이 이루어지는 것이, 제일 알기 쉬운 방법.

➲ 금수쌍청(金水雙淸)이 대표적인 청격(淸格).

물로써 비유 되는 사항이니, 일단 물의 근원(根源)이 깨끗해야 할 것이다. 그러기 위해서는 금생수(金生水)의 이치(理致)가 나온다. 금(金) 기운과 수(水) 기운이 결합(結合)해 있는 형국(形局)이다.

• 금수(金水)➔ 음(陰)이라 음의 기운이 가득하다. 지나치게 차가운 기운이다. 사람이 융통성이 없는 냉혈한이다. 고집불통에 하나밖에 모르는 사람이다. 결벽증에 지나치게 깨끗하니 오물이 생기지 않는 물이다. 돈이란 더러운 곳에 기생하는 것인데 금전(金錢)과는 거리가 먼 것이다.

➲ 인수(印綬)-국(局)을 이루고 있는 경우.

인수는 선비요, 학자요, 재(財)와는 항상 극(剋)을 이루는 형국이니 깨끗할 수밖에 명예(名譽)와 학문(學文)을 중시하고, 고귀(高貴)한 사상(思想)을 추구하는 인물이다. 재물(財物)과는 담을 쌓는다.

❑ 탁격(濁格)인 경우.

• 사주가 맑지 못한 경우다. 살아가면서 풍파(風波)가 많고, 애로 사항이 많은 사주다. 형(刑), 충(沖)이 많거나, 복잡한 사주다. 지나치게 많아도 탁한 것이요, 모자라도 탁한 것이요, 합, 충, 형이 많아도 탁한 것이요, 순탄치 않은 사주다.

• 지나치게 강한 것도, 지나치게 약한 것도 마찬가지다. 좋은 쪽으로 강(强)해도 엄밀한 의미로 본다면 그것 역시 탁(濁)한 사주다. 재물이나, 권세나, 명예가 그 아무리 높고, 많다 해도 그 반대로 본다면 기울어진 오행(五行)의 육친(六親)은 항상 불행(不幸)한 것이다. 그러니 어찌 깨끗한 사주라 할 것인가?

❏ 사주(四柱)가 지나치게 견실(堅實)한 경우.

• 사주가 지나치게 견실하다. 사주가 필요한 요소들은 이미 다 갖추고 있다. 사람도 지나치게 완벽하다면 옆에 사람이 붙지 않는 법이다. 어느 정도의 허점(虛點)은 있어야 한다. 부부간에도 지나치게 예의(禮義)를 따지고 한다면 피곤할 것이다. 서로 간에 앉아서 방귀 정도는 편안하게 뀔 분위기는 되어야 한다.

• 견실(堅實)하다는 것은 사주가 강(强)하다는 것을 의미하기도 한다. 부실(不實)하다는 것은 약(弱)한 것이니, 신약(身弱)이다. 사주가 강(强)하니 허점(虛點)이 부족(不足)한 것이요, 사주가 약(弱)하니 허점이 많은 것이다. 견실(堅實)은 → 신왕(身旺)이요, 부실(不實)은 → 신약(身弱)이다.

➲ 금실무성(金實無聲)이라 종(鐘)도 소리가 나려면 항상 속이 비어야 소리가 난다.

너무 견실하여 속이 꽉 차버린다면 공명(共鳴)이 생기지 않는다. 성격(性格)으로 본다면 유머도 없는 답답한 사람이다. 일간(日干)이 지나치게 강(强)하면 반대로 처(妻)인 재(財)가 약할 수밖에 없다.

• 아내가 남편과 견주어보면 항상 처지니, 스트레스로 스스로 위축된다. 이러한 여성이 바람피운다면 자기보다 약간은 모자란 듯싶은 남성을 사귄다. 그리하여 대리만족을 느낀다. 주위에서 볼 때는 남편이 잘났는데 부인이 바람을 피운다면 "아마 더 나은 남성과 교제 할 것이다."라고 생각하겠지만 실제로 보면 그보다 훨씬 못한 남성과 교제하고 있는 것이다.

➲ 미인인 아내를 둔 남편의 경우 바람을 피운다면, 자기의 아내보다도 훨씬 못생긴 여성을 만난다. 그것은 왜 그럴까? 항상 자기가 잘 생겼다고 자랑하니 그 소리가 듣기 싫은 것이요, 남편의 경우, 자기가 제일 잘 낫다 하니 그 또한 지겨운 것이다. 그리하여 그런 사람을 보면 십중팔구는 엉뚱한 이성(異性)을 만나고 있다.

• 반대로 처(妻)인 재(財)가 강(强)하다면, 일간(日干)이 자연 약(弱) 할 수 밖에 없는 것이니 공처가(恐妻家)요, 악처(惡妻)를 만난다. 이런 사람의 경우, 밖에서 여

성을 고른다면 나긋나긋하고 애교 만점이요, 남편에게 순종하는 여성을 고를 것이다. 다른 점은 관심(觀心)이 없는 부분이다.

➲ 돈 많은 여인들이 돈이 궁색한 남성을 사귀면서 돈으로 사랑을 사듯, 그 또한 묘한 심리적인 작용을 한다. 호스트바의 주 고객이 누구인가 생각해도 그 답은 나온다. 그곳을 찾는 여성 또한 마찬가지다. 관음증에 사랑의 손길이 그리운 것이다.

❑ 재성(財星)과 관성(官星)과의 관계.

재성(財星)은 관성(官星)을 생(生)하는 역할을 하는데, 사주의 전체적인 성격에 따라 그 결과가 달라진다. 배가 고픈 사람에게 밥을 준다면? 그보다 고마울 리는 없지만, 배부른 사람에게 자꾸 음식을 권한다면? 참 괴로운 일이다.

♣ 재생관(財生官)과 재생살(財生殺)의 차이.

• 재생관(財生官)이란 → 재(財)가 관(官)을 생(生) 하는 데 있어서, 생(生) 하여 사주 전체에 있어 관(官)의 기운을 북돋워 주어, 관(官)다운 그 역할을 할 경우, 제대로 생 해준 것이다. 즉 사주(四柱)의 기운(氣運)이 강(强)해 관(官)의 기운을 필요로 할 경우다.

• 사주가 강해 기운을 억제할 필요성이 절실할 경우, 관(官)이 절대적으로 필요하다. 이럴 경우 → 재가 관을 생하는 역할을 잘하여준다면 금상첨화(錦上添花)다. 재생관 (財生官)이 되는 것이다. 적재적소(適材適所)다.

➲ 반대로 사주가 신약(身弱) 할 경우.

가뜩이나 기운이 부족, 보강해야 하는데 나를 억압하고 핍박하는 관(官)의 기운이 더 증대된다면 어떨까? 불난 집에 부채질하는 경우다. 이럴 경우는 → 재생관(財生 官)이 아니라 재생살(財生殺)이다. 공연히 벌집 쑤시는 경우다. 차라리 그냥 가만히 있었으면 오히려 그것이 더 낫다.

• 신강(身强)의 경우는 → 재생관(財生官)이요,

• 신약(身弱)의 경우는 → 재생살(財生殺)이다.

☐ 화기(火氣)는 ➡ 관인데 월간(月干)에 병화가 떠 있다.

○   **辛 丙** ○   ⇨ 인(寅)월의 신(辛)금 일간이다.

丑 酉 寅 ○   신강(身强), 신약(身弱) 살펴보고 넘어가자.

⇨ 일간 신(辛) 금이 지지(地支)에서 금국(金局)의 도움을 받으니 강(强) 사주다.
강철이 ➡ 잡 철과 섞이기 이전에 불로 녹여 불순물을 걸러내야 하니 화기(火氣)가
필요하다.

• 일간인 신(辛) 금과 합(合)이 드니 남편 사랑이
그지없는 여성이다. 여기에서 문제가 되는 것은 남
편에게 내조(內助)를 얼마나 잘하는가가 문제다.
남편인 관(官)을 도와주는 길은 ➡ 재(財)로써 관
(官)을 생(生) 해야 한다. 그런데 신(辛) 금 일간
인 여성이 기운이 강해 충분히 관(官)을 도와줄 여
력은 있다. 그것이 신(辛) 금 일간에 좋은 결과가
나오게 한다. 도와주는 것이 사는 길이다.

➲ 여기에서는 명관과마(明官跨馬)라는 말이 나오게 되는데 그것은 무엇을 의미하는
것일까? 예로부터 남편은 하늘같이 여겼다. 그리고 아내는 만물을 어루만져주는 대
지로 여겼다. 신(辛) 금에게 남편은 정관(正官)인데 월간에 정관인 병(丙)화가 떠있
다. 관이 천간(天干)에 투출(透出) 되어 있으니, 전도가 환한 것이다. 앞날의 전도가
유망하다. 그러므로 밝은 빛과 같은 존재로 여겨진다. ➡ 관(官) 인데 빛을 갖고 있으
니 명관(明官)이다.

• 정관(正官)의 지지(地支)를 살펴보니 인(寅) 목인 정재(正財)가 있다. 관(官)이
정재(正財)를 밑에 놓고 있으니, 재(財)가 열심히 관(官)을 생(生) 한다. ➡ 과(跨)
마(馬)라 함은 말을 타고 있는 형상이라, 예전에는 말이 재산이었다. 요즈음으로 친
다면 자동차와 이동수단의 역할이다. 그래서 그 집안이 어느 정도 부유한가는 말의
수를 보고 판단했다. 결국, 말이란 재(財)를 타고 있다는 설명이니, 그만큼 재물의
뒷받침도 충분하다는 것이다.

• 재(財)는 아내도 되니 처(妻)가 내조(內助)를 잘한다. 재(財)는 또한 부친(父親)도 되니 그만큼 음(陰)으로, 양(陽)으로 도움이 크다는 설명도 된다. 이러한 사주는 병(丙)화인 관, 즉 ➔ 직장(職場)을 다녀도 큰소리치면서 직장생활하는 것이고, 재(財)인 인(寅)목이 없을 경우는 ➔ 전전긍긍하면서 매달려 직장생활을 한다. 상사의 눈치 보기에 정신없다. 정치를 한다면, 재력(財力)이 든든하니 즉 후원자가 많으니 선거운동을 경비 걱정 안 하고 한다.

❏ 위치별로 보는 재성(財星)의 특징.

❖ 년주(年柱)에 있을 경우.
• 년주(年柱)는 ➔ 조부모의 자리이니, 조부(祖父) 대(代)에 잘 살았다고 본다. 재(財)는 처(妻)로 보니 일찍 이성(異性)에 눈을 뜬다. 일주(日柱)보다 위에 있으므로 연상(年上)의 여인(女人)과 사랑이다.

이른 시기에 이성(異性)에 눈을 떠서 첫사랑으로 기억에 남는다. ➔ 처(妻)가 조부모(祖父母)의 자리에 있으므로 할머니와 비슷하고, 조숙하여 본인을 리드.

❖ 월주(月柱)에 있을 경우.
➯ 재(財)는 부친(父親)인데, 자기의 자리를 지키고 있으므로 기운이 강하다. 기본적인 성향은 부친(父親)이 똑똑하다.
• 사주가 신약(身弱)할 경우는 ➔ 재(財)인 아버지가 강(强)하므로 어렵게 생각하고 자란다. 거기에 완고함을 갖고 있다. 월(月)에 ➔ 재(財)인 부친(父親)이 있으므로 재물을 많이 모은 경우다. 여기서 사주가 신약(身弱)하면 본인이 재산을 지키지 못하는 결과다.
• 월(月)은 일(日)보다 위에 있으므로 이 또한 연상의 여인과도 연관(聯關).

월(月)에 재(財)를 놓게 되면, 우선 경제적(經濟的)인 면에 치중하게 된다. 자연 사고방식이 금전(金錢)만능(萬能)으로 흐르기 쉽다. → 여자의 경우 역시 월(月)에 재(財)를 놓게 되면 내가 극(剋) 하는 것이 재(財)이므로, 극(剋) 하는 기질(氣質)이 강하다. 남편에 대한 존경심이 빈약해 깔보는 경향이 강한 여자다.

• 년(年)과 월(月)에 → 재(財)가 있고, 사주가 신약(身弱)하다면 편법(便法)을 쓰다가 망(亡)하는 사주다.

❖ 일지(日支)에 재(財)가 있을 경우.

일지(日支)에 재(財)가 있으면 → 항상 여자가 붙어 다니는 사주다. 금전(金錢) 또한 항상 달고 다닌다. 남의 돈이라도 항상 갖고 다녀야 직성이 풀리는 사람이다. 그러므로 주머니가 비어있으면 무엇인가 불안하고, 초조하게 느낀다.

❖ 시주(時柱)에 재(財)가 있을 경우.

• 시(時)는 말년(末年)이라 노후(老後)에 삶이 풍족해지는 것이다. 재(財)가 말년(末年)에 있으니 늙어서 결혼하는 것이 아니라, 결혼(結婚)이 늦어진다. → 시(時)는 자손-자리라, 자손(子孫)이 자기 자리에 있으므로 성공한다.

❏ 재(財)의 위치(位置)와 재운과의 연관(聯關)관계.

↦ 년주(年柱)에 재(財)가 있는데 운(運)에서 재운(財運)이 오면 어떨까?
　　선조(先祖)의 자리인데, 또 재운(財運)이 오는 것이라, 엎친 데 덮치는 격(格)
　　이다. 강약(强弱)에 따라 해석이 다르다.

↦ 월주(月柱)에 → 재(財)가 있는데 재운(財運)이 온다면 어떨까?
부모의 재산이 불어나는 것이다. 결국, 그것이 누구의 것 인가?는 강약(强弱)으로 판단하고, 시기는 본인의 연령, 부모의 연령을 대조하여 물려받는 시기를 판단.

↦ 재(財) 년이면, 유산(遺産) 물려받고, 남자의 경우는 여자도 생기는 운(運)이다.
그런데 재(財)에 형(刑), 충(沖), 파(破), 해(害)로 인해 좋지 않을 경우, 특히 충(沖)

일 경우는 → 여자(女子) 문제가 생긴다. 금전 문제로 불상사가 발생.

✿ 여자 얼굴 한 번 쳐다보고, 치한으로 오해받고,

✿ 지갑 주워 주인을 찾아주다, 오히려 도둑으로 형사입건 지경에 이르고,

✿ 아내와 사소한 말다툼으로 이혼으로 이어지고, 급전 이자 준다기에 돈 빌려주고, 사기당하고. 허탈하다.

❏ 사주(四柱)에 재(財)가 많은 사람의 특성(特性).

❖ 여기에서는 재성(財星)에 대한 사항을 논하는 것이므로, 재(財)에 대한 사항과 연관 지어 살펴보자.

• 재(財)가 득(得)이 되는 좋은 경우는?

신강(身强) 하여 재(財)의 복(福)을 다 누리는 경우이지만, 일반적으로는 삶의 애환(哀歡)이 많이 생기는 사람들이 더 많다. 특히 재(財)가 많아 그로 인해 항상 핍박 겪는 경우가 많다.

• 재(財)가 모자라서 겪는 인간적(人間的)인 고통(苦痛)도 많다. 무엇이든지 적당하면 문제가 될 것이 없는 것이 인간사지만, 그렇지 않기 때문에 항상 문제가 되고 상담한다. 사주를 보고 판단하는 경우도 있지만, 사주를 안 보더라도 그 사람 생활(生活), 그 자체를 보고도 판단할 줄 알아야 한다.

❖ 주색(酒色)으로 인해 골(骨)-병(病) 드는 사람.

• 속상하고 사연이 많으니 술을 자주 먹어야 하고, 맑은 정신에 자기의 소신(所信)을 밝히기도 하지만, 내성적(內省的)인 면(面)이 강해 와일드한 면이 부족한 사람이다. 그러다보니 자연 → 술에 의존하여 취한 상태를 즐기는 습성(習性)이 생긴다. 자기는 속에 있는 말을 가까운 친구에게 다 하지만, 결국 그것이 자기에게 살(殺)이 되어 돌아오는 것을 깨우치지 못한다. 사주가 신약(身弱)한 사람이다. "임금님의 귀는 당

나귀!" 하는 식으로 나의 속마음을 항상 누구에게나 시원스럽게 하고 싶은 심정을 갖고 있는 사람이다.

❖ 깊은 수렁에서 나오지 못 한다.

• 잡기(雜技)에 한 번 빠지고 나면 그것을 뿌리치기가 그리 쉽지 않다. 무엇인가 흐름이 이상하다는 생각을 하면서도 자신도 모르게 빠져드는 것이 잡기이다. → 식상(食傷)은 재주, 능력도 되지만 잡기도 해당. 중복(重複)되니 더더욱 그러하다.

♣ 가족관계가 복잡한 사람이 많다.

• 가족관계가 복잡하면 부모, 자식의 관계가 각각 한 사람인 단수(單數)를 이루는 것이 아니라 2인이 되는 복수(複數)다. 재다신약(財多身弱)의 경우를 보자.

• 재(財)는 부친(父親)인데, 재(財)가 많다면 낳아주신 부친(父親), 길러주신 부친(父親)하여 아버지가 두 사람이다. 아버지가 두 분일 경우의 해석이 문제다.

✱ 어머니가 한 분이고 재가(再嫁)해서 아버지가 두 분이 될 경우.

✱ 아버지가 재혼(再婚)하셔서 어머니가 두 분이 될 경우인데, 이 경우는 어머니가 두 분이지, 아버지가 두 분이 아니다. 그러나 여기에서 주의해야 한다. → 생모와의 관계, 계모와의 관계다. 각 각의 어머니에 대한, 남편이 각기 다른 것이다. 곧 두 사람이다. 결론은 아버지가 재혼(再婚)하여 새어머니를 맞는다는 설명인데 재다신약(財多身弱)의 경우 초혼(初婚)이 실패하거나, 재혼하거나, 결혼이 늦어지는 경우가 많지만, 새어머니를 맞는 경우가 많다. → 중요한 것은 재(財)는 아버지이니 부친이 여럿 즉 둘 이상이 되어야 하는 것 아닌가? 하고 생각하나 남성의 경우는 재다신약(財多身弱)일 경우 여성(女性)을 위주로 보아야 한다. 가정(家庭)에서 여성은 누구일까? 즉 아내와 어머니다. 모두가 복수가 될 확률이 높다. 여란(女亂)을 피할 수 없다. 아내를 맞이해도 악처를 맞는 것이요, 새어머니를 맞이해도 의지할 수 없는 새어머니다.

• 대체로 재다신약(財多身弱)의 경우, 아내만을 보는데, 어머니도 짚고 넘어가야 한

다. 계모가 있다. 이 경우는 일찍 문제아가 되거나, 심리적으로 불안, 정신-분열증이나, 기타 여러 문제로 고민하게 된다. 주위가 산만, 정서가 안정적이지 못하다.

❏ 충(沖), 편재(偏財) 와의 관계.

여기서 재성(財星)이 용신(用神)인가? 아닌지 살펴야 한다.

• 편재(偏財)란 원래 정재(正財)가 아니므로 혼전 동거, 김밥, 부적절한 관계, 축복 받지 못하는 관계 등으로 해석. ➜ 정재(正財)일 경우, 정상적(正常的)인 관계이므로 크게 우려할 일은 아니다. 그러나 너무 많을 경우, 또 문제다. 재성(財星)이 ➜ 용신 (用神)일 경우는 일단 빨리 보내는 것이 상책이다. 동거(同居)하던가, 살림부터 차리는 것이 순서다. 정식결혼이 아니더라도, 나중에 식을 올릴망정 말이다. 무조건 여자부터 데리고 살아야 한다. 무책임한 소리가 아니냐 하겠지만, ➜ 재(財)가 용신(用神)일 경우 그 방법 중 하나. 여기에서 논하는 것은 편재 부분이다. 양일간과 음 일간으로 구분, 살펴본다.

• 양 (陽) 일간일 경우는 ➜ 충(沖)에 걸리지 않는다. 음(陰) 일간일 경우 ➜ 충(沖)에 걸린다. 양일간 ➜ 목(木)화(火) 일간이다. ➜ 천간(天干)을 설명.

◈ 양(陽) 일간일 경우 ⊨ 갑(甲), 을(乙), 병(丙), 정(丁), 무(戊), 기(己))

⇩ ⇩ ⇩ ⇩ ⇩ ⇩

편재(偏財)는 무엇일까? ⊨ 무(戊), 기(己), 경(庚), 신(辛), 임(壬), 계(癸)

✳ 극(剋)으로 이루어진다.

◈ 음(陰)일간일 경우. ✳ 전부가 충(沖)으로 이루어진다.

➜ 금(金)수(水)가 음(陰)이 된다.

❖ 일간(日干) ⊨ 경(庚), 신(辛), 임(壬), 계(癸)

⇩ ⇩ ⇩ ⇩

❖편재(偏財 ⊨ 갑(甲), 을(乙), 병(丙), 정(丁)

◎ 재(財)와 합(合)과의 관계.

재(財)는 인간관계상 참으로 묘(妙)한 부분을 갖고 있다.

남성(男性)과 여성(女性)의 관계를 볼 때 말이다.

많은 합(合)중에 재성(財星)과의 합(合)은 부부(夫婦)관계다.

정상적인 합은 참으로 좋은 것이지만, 내세우지 못하고, 몰래 하는 합(合), 보이지 않는 합(合)은 그 자체로, 그런 역할(役割), 능력(能力) 뿐이다.

◈ 재(財)와 인수(印綬)의 합을 보자.

재(財)는 아버지요, 인수(印綬)는 어머니다. 표출(表出)되어 있다면 두 분이 연애결혼을 하셨는데 아주 사이가 좋으시다.

물론 살다 보면 변수(變數)야 있겠지만 그런 것을 일일이 물고 늘어진다면 내용을 설명하기 힘들다.

✤ 암합(暗合)이 이루어진다면 어떨까?

몰래 따먹는 사과는 스릴이 있어 더 맛이 있다던가? 부모가 다 바람둥이일까? 어느 한 쪽이 그럴까?

❏ 물론 기준을 어디에 두느냐에 따라 약간의 차이는 있다.

戊	戊	○	○
午	申	○	○

↦ 무(戊)토 일간이다. 오(午) 중의 정(丁)화와

→ 신(申)중의 임(壬)수가 암합(暗合)한다.

↦ 정(丁)화는 어머니요, 임(壬) 수는 아버지다. 과연 누가 문제 있는 사람인가?

정(丁)-임(壬)-합(合) → 음란(淫亂)-지합(合)

이라 아버지를 기준으로 하면 아버지가 바람피우는 것이요, 어머니를 기준으로 하면 어머니다. 같다는 결론이다. 아버지를 기준(基準)으로 보자.

• 아버지는 → 신(申)중의 임(壬) 수다. 주변의 상황이 화(火), 토(土)는 → 수화(水火)상전(相戰)이라 버티기 힘들다. 결국, 밖으로 나도는 상황이다. 아버지는 다른 여

성과 나가서 사는 것이고, 어머니의 경우는 아버지가 나가서 홀로 독수공방 하자니 남정네가 그리워지는 것이다.

• 어머니에게 남자는 누구일까? ➔ 신(申)중 임(壬) 수인데 남자가 안방으로 들어와 앉아 있다. 아버지의 경우는 ➔ 정(丁)화와 합(合)하면서 전체의 기세에 종(從)-하여 정(丁)화를 따라 밖으로 나간다.

어머니의 경우, 여기서 공협이 나온다. ➔ 오(午)와 신(申) 사이에 미(未)가 중간에 있으니 ➔ 공협이라 격각살(隔角殺)이 작용, 어머니는 멀리서만 바라만 보고 실제로 재혼(再婚)까지 이어지지 않는다.

□ 갑(甲)목 일간에게 무(戊)토는 ➔ 재(財)인데, ➔ 아버지.

○　甲　○　○　　　　⇨ 사(巳)월의 갑(甲)목 일간이다.

○　○　巳　子　　무(戊)토와 자(子)중 계(癸)수가 합(合)을 한다.

⇨ 지장간을 보면 사(巳)화는 ⇨ 무(戊), 경(庚), 병(丙)이요, 자(子)수는 ⇨ 임(壬), 계(癸)이다. 각각의 지장간을 살핀다. 아버지는 ➔ 사(巳)중의 무(戊) 토이다.

자(子)중 임(壬)수는 ➔ 편인(偏印)이고, 계(癸)수는 ➔ 정인(正印)이다.

• 암합(暗合)이 이루어지므로 아버지가 바람난다. 다른 의미로 해석한다면 아버지가 일찍 연상의 여인을 알고 이성(理性)에 눈을 뜨는 것으로도 해석.

✣ 운(運)에서 들어오는 재운(財運)이 있을 때는 어떻게 해석하는가?

○　甲　戊　○　　　　⇨ 갑(甲)목 일간에게 무(戊)토는 아버지이다.

○　○　○　○　　　　　운(運)에서 재운(財運)이 온다면 어떨까?

⇨ 재운(財運)이 온다면 어떤 재운(財運)일까?

• 재운(財運)도 임(壬) 년이 아니라, 계(癸) 년이 온다면 무(戊)-계(癸) 합(合)으로 아버지가 바람나는 것인데 천간(天干)으로의 합(合)이므로, 새어머니를 모신 다 볼 수 있다.

재(財)와 관(官)이 동림(同臨) 한다면?

재(財)와 관(官)이 동림(同臨) 한다는 것은, 아내와 자식이 한자리에 같이 있는 것을 말하는데, 결국 ➔ 임신하였다는 이야기인데 정식으로 결혼한 후인가? 아니면 결혼하기전 인가? 따져 ➔ 부정포태(不正胞胎)요, 속도위반을 이야기 한다.

• **여기에서 부정포태(不正胞胎)를 단순한 의미로 받아들인다면, 남의 씨를 잉태한 것인데 처녀인가? 유부녀인가? 또 나온다.**

◈ 재관동림(財官同臨)이 해당하는 경우.

* 천간(天干)과 지지(地支)에 상하(上下)로 배치되어있는 경우, 즉 한 기둥에 있다는 것이다.
* 일지(日支)에 재(財)를 놓고 있으면서, ➔ 타(他)-주(柱)의 관(官)과 합(合)되어 들어 올 때.

○	己	○	○	⇨ 기(己)토 일간(日干)이다.
寅	亥	○	○	일지(日支)에 해(亥)수 재(財)가 있다.

⇨ 시지(時支)의 인(寅)-목이 기(己)-토인 일간(日干)에게는 관(官)이다.

시지(時支)와 일지(日支)가 합(合)하여 인(寅)-해(亥) ➔ 합(合) ➔ 목(木)을 형성하니 ➔ 관(官)이다. 해(亥)수인 ➔ 재(財)는 여자(女子)요, 관(官)인 ➔ 인(寅)목은 자손(子孫)이다. 남자(男子)와 여자(女子)가 합(合)하여 자손(子孫)을 탄생(誕生)시킨다. 중요한 것은 일지(日支)인 안방에 자리를 잡고 있다는 사실이다.

• 관(官)이 일지(日支)에 있고, 다른 곳에 있던 재(財)가 합(合)하여 들어 올 경우, 어떻게 될까? 일지(日支)를 보아야 한다. 일지(日支)에 자리한다는 것은 서로 왕래(往來)가 된다. ➔ 재(財)가 있던, 관이 있던 ➔ 일지(日支)의 자리를 지키면 된다.

다른 자리에서 이런 상황이 벌어진다면 그것은 그에 해당하는 천간(天干)을 살피고 육친(六親)관계를 살펴본다.

❏ 월지(月支)의 해(亥)수는 → 무(戊)토 일간(日干)에게는 재(財)이다.

○　戊　○　○　　　↦ 무(戊)토 일간에게 인(寅)목은 관(官)이다.

○　寅　亥　○　　　재(財)가 다른 곳에서 일지(日支)로 들어온다.

↦ 재(財)이니 당연히 일지(日支)에 있어야 처궁(妻宮)이 좋다. 일지에 인(寅)목인 관(官)이 먼저 자리를 차지하고 있다. 아내 될 사람보다 자식이 먼저 앞장을 서고 있다. 조금 심하게 이야기를 한다면 남자가 여자에게 아주 흡족한 상태는 아니나 속된 말로, 코를 꿰어 장가가는 것이다. 여자를 건드렸는데 여자가 임신한 것이다.

• 여자 입장에서 보면 일종의 속도위반이요, 부정포태다.
• 남자 입장에서는 재(財), 관(官)의 동림(同臨)이다.

❏ 이 역시 인(寅)해(亥) 합(合)으로 → 재(財)관(官) 동림(同臨)이다.

○　己　○　○　　　↦ 기(己)토 일간(日干)의 남성(男性)이다.

寅　亥　○　○　　　일지(日支)재(財),시지(時支)에 관(官)이 있다.

↦ 결론(結論)은 같은데, 해석(解析)은 어떻게 할 것인가?

각자가 자기의 자리를 올바르게 지키고 있는 경우다. 어떤 경우가 생길까?

♣ 자손이 늦은 경우도 생각해 볼 수 있다. 아내와 사이는 좋은데 자손이 늦을 경우다. 자손이 늦어 가끔 엉뚱한 상상도 하니, 자연 눈에 안 보이는 아주 엷은 그늘이 지기도 한다. 그러다 자손이 생기니 경사다.

♣ 늦둥이를 생각해 볼 수 있다.

자손이 있으나 별로 탐탁하지 않다. 머리가 컸다고 부모와의 잔정이 없다. 자녀들을 키우기만 하느라 자식 키우는 재미를 실로 제대로 느껴보지 못한 사람이다. 그저 뒷바라지에 온 정신을 다 쏟기만 한 것이다. → 늦게 서야 자식이란 존재에 대한 새로운 안목이 생긴다. 일종의 결혼생활, 가족관에 대한 재조명이다. 그런데 합(合)으로 화

(化)하여 희신(喜神)이나, 용신(用神), 또는 도움이 될 경우는 좋은데, → 오히려 역(逆)으로 작용할 경우, 일간인 본인에게 부담으로 작용.

◙ **일주(日柱) 자체로 재(財)와 관(官)이 동림(同臨)인 경우.**

• 일주(日柱) 자체가 재(財), 관(官)이 동림(同臨)이라는 것은, → 일간(日干)을 기준, 지지(地支)에 재(財)와 관(官)이 지장간(地藏干)에 같이 있는 것.

甲	乙	丙	丁	戊	己	庚	辛	壬	癸	癸	⇨ **각 각의 일간**
戊	巳	丑	丑	辰	亥	寅	未	戌	巳	未	⇨ **각 각의 지지**
↓	↓	↓	↓	↓	↓	↓	↓	↓	↓	↓	
辛	戊	癸	癸	乙	戊	戊	丁	辛	戊	丁	

丁	庚	辛	辛	癸	甲	丙	乙	丁	庚	乙	⇦ 각 지지(地支)의 지장간(支藏干)
戊	丙	己	己	戊	壬	甲	己	戊	丙	己	

♣ 이 중에서도 가능성이 더욱 빠른 것이 있는데 → 경인(庚寅) 일주(日柱)다.
경(庚)은 금(金)으로 급속함이 장기(長期)라, 여자 옆에 스치기만 해도 임신이 된다고 하는 것이다.
경인(庚寅)의 경우, → 인(寅)의 지장간은 → 무(戊), 병(丙), 갑(甲)이다.
경(庚) 금 일간에 → 재(財)는 갑(甲) 목이요, 관(官)은 → 병(丙)화다.

• 재, 관이 있어 동림(同臨)하고 있는데, 다른 지지에서 형(刑)이나, 충(沖)이 되면 어떨까? 아내와 자손을 형(刑), 충(沖) 하니 모두 온전하지 못하다. 즉 난산(難産)이요, 낙태(落胎)다.

☐ **인(寅)-사(巳)형(刑) → 낙태(落胎)다.**

○	**辛**	○	○	⇨ 신(辛)금 일간에 → 인(寅)이 재관동림(財官同臨).
○	**巳**	○	**寅**	일지와 년지가 → 인(寅)-사(巳)형(刑).

◈ 재(財)와 식상(食傷)이 동림(同臨)하고 일지로 합(合)되어 온다면 어떨까?
재(財)는 → 아내요, 식상(食傷)은 → 장모다. 아내와 장모가 한집에 같이산다.

❏ 신(申)금은 지장간(支藏干)을 살펴보면 무(戊), 임(壬), 경(庚)이다.

○　戊　○　○　⇨ 무(戊)토 일간. 재(財)와 식상(食傷)을 살펴보자.

申　子　○　○　　일지(日支), 시지(時支)가 합(合) 이다.

⇨ 무(戊)토 일간과의 관계를 살펴보자. 임(壬)수는 재(財)요, 경(庚)금은 식상(食傷)이다.

• 일지(日支)에는 자(子)수인 재(財)를 놓고 있는데, → 재(財)인 자(子)수와 식상(食傷)인 신(申)금이 합(合), 일지(日支)로 들어오고 있다. 장모(丈母)를 모시고 산다. 일지에 신(申) 금이 있고, 시지(時支)에 자(子)수가 있어도 그 또한 마찬가지다.

◎ 재국(財局)이 잘 형성되어 있다면 어떠할까?

여기서도 전제 조건이 따른다. 사주가 능히 재(財)를 다스릴 능력(能力)이 있어야 한다. 처덕(妻德)이 있고, 처가(妻家)가 든든하고, 처(妻) 역시 똑똑하다.

○　辛　○　○　　　　⇨ 신금 일간이다. 지지를 살펴보자.

酉　丑　寅　亥　　지지(地支)에 → 금국(金局), 목국(木局)이다.

⇨ 금국(金局)을 형성하니 → 사주가 신강(身强)한 것이요, 목국(木局)을 형성하니 → 재국(財局)을 형성한다. 신왕(身旺)재왕(財旺)한 사주(四柱)다.

⇨지지(地支)가 순탄하니 원만한데 형(刑), 충(沖)을 당한다면 과연 어떤 결과가 나올까? 부부(夫婦)가 해로(偕老)하기 힘들어진다. 처가에 왕래(往來)를 잘 안하고, 사이도 안 좋다. 또 처가(妻家)가 부실해지고, 심하면 파산(破産)하기도 하고, 처가를 무시하고, 처가 식구들을 경시하는 경향이다.

❏ **재성(財星)이 형(刑), 충(沖)을 받을 경우.**

◯ **庚** ◯ ◯   ⇨ 유(酉)월의 경(庚)금 일간이다.

◯ **辰 酉 卯**   유(酉)는 경(庚)금의 양인(兩刃)이다.

➡ 경(庚) 금 일간(日干)이 강(强)하다. 재(財)인 묘(卯)목이 묘(卯)-유(酉)➡충(沖)을 당하고 있다. 유(酉)년이 또 온다면 ➡ 처(妻)인 묘(卯)목은 어떻게 될까? 어떻게 잘 넘어갔느냐? 는 인사 받기가 바쁘다. 견디기 힘든 것이다.

◉ 재(財)에 ➡ 급각살이나, 단교-관살 기타 안 좋을 경우는 어떤가?
재성(財星)에 이상이 있는 사주인데, 처(妻)의 신상(身上)에 이상이 있다. 크게 보면 처가(妻家)도 된다. 처가 식구 중 누구인가 이상이 있다고 추리.

◯ **庚** ◯ ◯   ⇨ 사(巳)월의 경(庚)금 일간이다.

◯ ◯ **巳** ◯   여름에 출생을 한 것이다.

⇨ 사(巳)월이니 여름인데, 묘(卯)-미(未)가 급각-살이다. 묘(卯)년 운(運)이 온다고 하면 어떨까? 거기에 ➡ 미(未) 월이라면 더 많은 고통이다.

❏ 계절별로 살펴보는 급각살.急脚殺(급각살)

❖ 월지(月支)를 기준, 일지(日支)와 시지(時支)를 판단해 본다.

봄----- 春生(1 . 2 . 3月) -- 亥,子

여름---- 夏生(4 . 5 . 6월) -- 卯,未

가을---- 秋生(7 . 8 . 9月) -- 寅,戌

겨울----冬生(10 .11 .12月) -- 丑,辰

⤷ 방정식의 암기법(편의상 보는 방법)--부분적이지만 편한 방법.

계절(季節)을 생(生) 하는 오행(五行)을 생각하면 된다.

❏ 급각-살의 작용으로 인한 변화(變化)와 길(吉), 흉(凶)-작용(作用).

✪ 일시(日時)에 급각(急脚)이면 신경통(神經痛), 상치, 풍치, 척추 장애 소아마비. 골 상신 등의 질액이 있어본다.

✪ 자손에 급각이면(時支나 六親. 子孫) 자녀 불구로 근심이 그치지 않는다.

✪ 유년(幼年)에 급각이면 역시 해당, 구병(久病)이 재발하기 쉽고, 여성은 산후병(産後病)에 조심해야.

❏ 재(財)에 탕화(湯火)-살(殺)이 올 경우?

탕(湯)이라는 의미는 단순하게 보면 된다. 그대로 직역(直譯)한다면 넘어진다는 의미인데, 흔히 하는 말로 자빠뜨린다는 말을 생각하면 된다. 그 상대가 불이라는 말이다. 불에 의해 곤욕을 치른다. 이것은 단순한 의미로 보는 것이고 폭넓게 본다면 물, 불, 화기, 약품 특히 (화공약품)이와 연관된 사항이다.

• 술의 경우를 예로 보자. 술은 분명히 액체인 물이지만 인체에 들어가면 불과 같은 역할을 한다. 혈압이 오르고, 정신이 혼미해지고, 간이 나빠지고, 건강을 해치고, 취

중(醉中) 실언(失言)이요, 판단 착오, 음주운전이라면 사고를 야기, 시작은 물로 하였지만, 그 폐해(弊害)는 엄청난 것이다.

• 물은 물이되, 물이 아닌 것이다. 물은 수(水)이지만 그 속에 포함된 많은 오행의 요소가 다 종합적으로 작용한다. 다만 겉으로 대표자라 바지사장 할 뿐이다. 그러나 실제로 물의 역할은 확실히 하고 있다. 사주가 신강(身强)하여 능히 견디고 나간다면 문제가 없지만 신약(身弱) 경우, 그 모든 사항을 더 심하게 감당해야 한다.

• 재(財)에 똑같은 탕화가 오더라도 강한 사람은 영향을 덜 받지만, 신약(身弱)한 사람은 더 받는 사항인데 똑같이 여럿이 차를 타고가다 교통사고를 당할 경우, 어떤 이는 사망까지 가고, 어떤 이는 멀쩡하고, 어떤 이는 중상이고, 경상이고, 이것이 다 그 이유다. 기름 사고, 화공약품사고, 가스 사고, 알코올 중독 등— 형체가 물과 불로 이루어진 모든 것이 해당. 수(水)와 화(火)의 합작이다. 수화(水火)-상전(相戰)도 이에 해당.

• 탕화(湯火)-살을 볼 적에 단순한 물, 불로 보는 것이 아니라 연관된 사항, 파급적인 사항, 물과 불의 총체적인 혼합, 상관관계, 여러 사항을 다 포괄(包括)해 보는 안목(眼目)이다.

□ 참고로 살펴보는 탕화살.

• 탕화살(湯火殺)은 → 寅, 午, 丑 (인, 오, 축)을 湯火局(탕화국)으로 본다.
축(丑) 일생 → 午, 未, 戌(오, 미, 술)을 만나거나 寅日 生 人(인일 생 인) → 巳, 申(사, 신)을 만나면 부부간에 다툼이 생기거나, 불미스러운 일로 문제가 생기면 비관하여 음독자살이 염려.

❖ 丑日生人(축일 생인)→ 본인이 地支(地支)에 이미 탕화를 깔고 있는 형상인데, → 未, 戌(미, 술)을 만나면 형살로 연결되고, → 오(午)는 탕화로 연결되고 결국 탕화인 → 축(丑)을 자꾸만 살살 건드린다. 가뜩이나 열 받아 있고, 매사 모든 것이 짜증스러운 판인데 에이! 하면서 울컥한 성질에 나도 모르게 행동으로 옮긴다. 구사일생으로 살아나면 하는 말이 "내가 왜 그랬지?" 하면서도 또 나중에 그런 생각을 하게 된다.

□ 죽자니 청춘이요, 살자니 고생이다.

壬	辛	己	戊	⇨	신축(辛丑) 일주의 사주. 지지에 형살이다.
辰	丑	未	戌		인수가 너무 왕한 사주. 인수에 종(從)할까?

⇨ 丑時(축시)라 → 깜깜해서 아무것도 구분 못 한다.

• 이럴 때는 불을 밝혀 기다리도록 해야 한다. 대게 약 먹는 사람들 보면 남들이 다 잠든 축시(丑時)나, 일어날 무렵인 인시(寅時)가 많은데 잠이 덜 깬 상태에서의 사고다. 그리고 벌건 대낮에 午時(오시) 한창 뜨거울 때 짜증에 못 이겨 약사발을 삼킨다. 결론은 → 약간의 시간을 끌어주면 해결된다. 밤중에 약 먹는 것은 나도 못 말린다. 조짐이 이상하면 옆에서 불침번을 서야 한다.

⇨ 인(寅) 일생 → 寅, 巳 刑(인사 형) 이요, → 寅, 申 沖(인신 충)으로 자꾸 인(寅)인 탕화를 건드려 약발을 올려 사고를 친다. 얼마 전에 자기의 불만을 표출하는 방법으로 고궁에 불을 지르고, 산에 방화하고, 주차 시비로 인한 불만을 엉뚱하게 다른 차들로 옮겨, 타이어를 전부 펑크 낸 사고 역시 이 탕화(湯火)로 보면 된다. 예전에는 농업에 많이 종사하여 농약 사고가 많았는데, 물론 지금도 가끔 생기기도 하지만 시대적인 차원이 달라져 그 분출하는 방법도 많이 달라졌다. 시대적인 변화에 따른 해석의 차이.

⇨ 간혹 자살사이트 운운 되는 뉴스를 접하면 이 역시 탕화(湯火)인데 조금만 참으면 될 것을 왜 그리할까? 탕화는 지나가는 바람과도 같은 면이 있다. 시간적인 면으로 살펴보자. 또 다른 특징을 살펴보면 탕화가 있는 사주의 소유자는, 물론 육친도 해당된다. 세상을 비관하여 극단적인 말을 잘한다.

• 탕화(湯火)살이 잘못 연결되면 순 악질이다. 예를 들어 남편이 바람을 피웠다고 하자. 가위 들고 잘라버린다고 나선다. "너 죽고 나 죽자!" 하면서 달려든다. 맛이 가면 대화가 불통. 상식적(常識的)인 면이 사라진다.

□ **재(財)에 → 귀문(鬼門)-관(官)일 경우.**

우선 귀문(鬼門)이란? 신경쇠약에, 신경질적이라 말하는 소리를 듣기만 해도 불쾌감
이 든다. 까다롭고 영리하여 엉뚱하고 괴팍하다. 사주에 귀문관이 있는 사람은 성격
이 한 마디로 뭐 같아서 비위 맞추고 살기 힘들다. 이 역시 사주가 강하면 내가 귀문
을 조정할 수 있지만, 사주가 약하면 내가 휘둘림을 당하니 반 정신병자가 된다. 돌아
버린다. 또 이런 사람이 술에 취하면 완전히 개인지, 사람인지 구별 못 한다.

○ **귀문관살은 일지에 있고, 년(年), 월(月), 시(時)의 어디에 있던 해당된다.**

___

□ **응용을 한 번 해보자.**

을(乙)　　　➪ 을해(乙亥) 일주다. 운(運)에서 진(辰)년이 왔다고 보자.

해(亥)　　　　진(辰)토는 을(乙)목 일간에게 재(財)가 된다.

➪ 진(辰)-해(亥)는 → 귀문(鬼門)-관살(官殺)에 해당. 그 작용은 어떤가?

• 금전(金錢)에 관한 문제다. 운(運)에서 오는 것이므로 외부(外部)의 작용이다. 금
전(金錢)의 압박(壓迫)이 시작된다. 이에는 여러 사연(事緣)이 있을 수 있다. 환장할
정도로 신경 쓰이게 된다. 부모(父母)로 연결해보자. 해(亥)수는 → 어머니요, 진
(辰)토는 → 아버지다. 아버지와 어머니가 서로 간의 신경전이 날카로워진다. 전체적
인 상황을 보아야 판단하는 것이지만, 간단히. 일간(日干)의 기운이 어느 정도 강
(强)하다 볼 경우 그런대로 해결해간다. 그러나 신약의 경우, 해(亥)수인 어머니의
도움이 필요하고, 을(乙) 목 일간이 어느 정도 나이가 든 사람이라면 일지(日支)인
처궁(妻宮)에서 도와준다. 아내가 힘쓰는 것이다. 또 다른 면으로. 안방에 어머니가
계시니, 어머니의 입김이 강하다. 가권(家權)을 어느 정도 갖고 계신 것이다. 어머니
가 물심양면(物心兩面)으로 힘을 써 주신다. 다른 경우를 생각해보자. 어머니가 힘을
못 쓰시는 경우인데,→ "얹혀사는 것이다." 생각해보자. 자식이 어려우니 아버지에게
도움을 주라고 부탁 보탬이 되는 경우다. 사주의 전반적인 흐름을 파악하고, 일단
강약(强弱), 주변의 상황을 빨리 파악해 그에 상응하는 진단을 한다.

• 어머니에게 도움을 청할 것인가? 아내에게 도움을 청할 것인가? 직접 해결할 것인
가? 년 운(運)이라면 → 월(月) 운을 보아 누구의 기운이 더 적합한가? 판단의 주요

사항이다. 그것이 눈치 빠른 통변이다.

• "올해는 금전-문제로 신경이 날카로울 때, 어머니에게 도움을 청하셔야 합니다. 급할 때만 그러지 말고, 평소에 신경을 써서 더욱 더 잘 하십시오!" 하고 권하는 것이다. 이것이다.

❏ 재성(財星)이 희신(喜神), 용신(用神)일 때 재운(財運)을 만나면 어떨까?

재운에 관한 한 하고 싶은 대로 해도 좋다. 그렇다고 미친 짓 해서는 안 되고. 재운(財運)이니 여복(女福))도 좋다.

| ○ | 丙 | ○ | ○ |
| ○ | 申 | 午 | 寅 |

↦ 오(午)월의 병(丙)화 일간이다.

사주의 강약을 우선 살펴야한다.

↦ 병(丙)화 일간이 지지(地支)의 기운을 받으니 자연 신강(身强) 사주다.

일지의 신(申) 금이 재(財)인데 용신(用神)이다. 경진(庚辰) 운(運)을 만난다면 어떻게 될까? 경(庚) 금은 → 재(財)인데 진(辰)인 → 식상(食傷)으로 변한다. 진(辰)은 일지(日支)의 신(申) 금과 합하여 → 식상(食傷)이 아닌 관(官)으로 변한다. 뜨거운 사주를 어느 정도 식혀주니 참으로 좋은 것이다.

• 여기에서 먼저 배운 식상(食傷)이 → 관(官)으로 변(變)하는 사항을 살펴보자. 재(財)가 → 용신(用神)인데 재(財)가 원인 재공을 해주고, 결과인 부산물에서 관(官)으로 화(化)하니 결실(結實)을 거둔다. 마이다스의 손으로 바뀐다. 건드리는 것마다 결과가 좋다.

• 진(辰) 토를 살펴보자. 지장간이 → 을(乙), 계(癸), 무(戊)다.

관고(官庫)인 → 계(癸)수다. 경(庚) 금은 → 편재(偏財)이다. 그런데 관고(官庫)를 놓고 있으니 환급금이나, 보상금이 생각지도 않았는데 나온다. 쓸모없는 땅이라 생각하였던 것이, 갑작스런 개발로 금싸라기가 된다. 그것도 보상금을 후하게 말이다. 횡재(橫財) 운이다. 이런 경우, 재(財) 용신(用神)에 → "재운(財運)이 살아서 들어오는 것."이라 표현한다. 이러한 운(運)에서는 어떤 일이 생길까?

➩ 흔히 하는 말로 운수대통이다. 복권이라도 한 장 사고 싶은 마음이다.

➩ 재(財)-년(年)이니 ➔ 여자가 나타난다. 그것도 옛날 애인 말이다.
　재물(財物)로 치면 묵은 돈이다.

➩ 재물(財物)은 ➔ 밥이요, 관(官)은 ➔ 운동이다. 재운이 오니 밥맛이 좋아지고,
그리고 나니 기운이 왕(旺) 해져 건강 증진이다.

➩ **처(妻)와 자식(子息)에게 경사다.**

재가 용신이니 ➔ 용신(用神)이 생(生) 하는 그 자체도 좋다. 물론 경우에 따라서
아닌 경우도 있지만, 일단은 그렇다.

➩ 재(財)인 아내가 자손(子孫) ➔ 잉태(孕胎)다.

총각의 경우,➔ 아내가 생기고, 자식을 얻는다.

➩ 재(財)는 인수(印綬)를 극(剋) 하는 기본적인 특성(特性)이 있다.

일반적으로 학생의 경우는 공부를 등한시하기 마련이다. 연구 분야에서 멀어진다.
그러나 재(財)가 용신(用神)일 경우는 재(財)가 필요하다.
그래서 ➔ 재(財)가 인수(印綬)를 극(極) 하도록 내버려두지 않는다.

➩ 재(財)가 용신(用神)일 경우 ➔ 장가를 일찍 보내는 것이 좋다.

➩ **재(財)가 흉신(凶神)일 경우는 어떤가?**

❏ 재성(財星)이 흉(凶)으로 작용한다. 또 재운(財運)을 만나면 어떨까?

甲　丙　辛　癸　　➩ 유(酉)월의 병(丙)화 일간이다.

午　申　酉　丑　　재(財)인 금(金)의 기운을 살펴보자.

➩ 병(丙)화 일간이 재성(財星) ➔ 금(金)의 기운이 지나치게 강(强)해 재다신약(財
多身弱)이다. 용신(用神)은 과연 무엇일까? 시지(時支)의 오(午) 화가 용신이다.

• 병(丙)화는 ➔ 꽃인데 금(金)인 가을을 맞아 찬 서리에 꽃봉오리가 채 피기도 전이
다. 중년까지 재(財)에 시달림을 받는다. 과연 자기의 이름으로 집이나 재산이나 갖
고 살 팔자인가? 인수(印綬)를 찾아보자. ➔ 시간(時干)에 있다. 말년에 있는데 ➔

뿌리는 비겁(比劫)에 있다. 결국, 나의 명의(名義)가 아니다. 남의 이름이다.
설사 집을 사도 재(財)의 기운이 강하니 아내의 이름이거나, 시지(時支)이니 자손
(子孫)의 명의다. 이 사주에서는 금(金) 운이 흉운(凶運).

□ 재운(財運)인 금(金)-운이 올 경우? 어떤 일이 생길까?

➲ 재(財)는 음식(飮食)과 연관.
내과-계통 이상이다. 위장병, 식중독, 위궤양 등 갑작스레 발병한다. 입맛 당겨먹으
면 영락없이 체하거나 복통(腹痛)이다. 이때 말년(末年)- 운(運)이 와서 흉사(凶
事)로 이어지는 경우 ➜ 음식을 먹은 것이 식도에 걸려 질식-사하는 경우다.
특히 ➜ 상문(喪門)-살이 들어 상가(喪家)에서 음식을 잘못 먹고 체하거나, 잘못되
어 즉사(卽死), 또는 잠자다가 조용히 세상을 뜨는 경우도 다 이에 원인이 있다.
➲ 재(財)를 여성(女性)으로 볼 경우.
널린 것이 여자니 꽃밭에 사는 것이다. 그런데 실상 따져보면 바쁘기만 하지 연
애다운 연애(戀愛)는 별로 없다. 낭만적이고, 추억에 남는 그리고 고이 간직하고
싶은 사랑은 없다.

추억이야 없을 리가 있겠는가만, 바쁘고 가지 나무
에 연 걸리듯 하고, ➜ 지나치게 재(財)가 많으면
이것 또한 다자무자(多者無者)에 걸리고, 정상적
인 이야기가 못 될 정도의 사랑이다. 치마만 두르
면 여자로 착각하는 성향이다.

• 연상(年上)의 여인(女人)과 못 이룰 사랑이요,
결국 내가 당하기만 하는 사랑이다. 상대방이 나를
갖고 즐기는데 일조(一助)하는 역할 뿐이다. 철드
는 시기가 매우 늦다.

➲ 금전(金錢)이 들어와도 구경 못 한다.
재운(財運)이니, 일단은 재물(財物)이 동(動)하여 움직인다. 처(妻)는 기운이 더욱

왕(旺) 해 돈 쓰고 다니기 바쁘다. 금전(金錢)이 부족한 상태인데, 필요 없이 움직이다 돈 나갈 문제만 일으킨다. 조금 있는 돈 불려본다고 펀드에 손댔다가 막차 타고 손해 보는 식이다. 열 받아 속상하다고 짜증이다.

○ 주객(主客)이 전도(顚倒)다.

일간(日干)인 병(丙)화가 주인인데, → 금(金)인 재가 많으니 재(財)가 오히려 다수라 주인 역할을 하게 된다. 밖으로의 시간이 많아지고, 전체를 대표(代表)하는 언행(言行)을 자주 하게 된다.

→ 결과는 어떨까?

재(財)가 많으므로 자체(自體)로 볼 때는 탈재(奪財) 현상이다. 어느 정도는 이루어지나 결국 손을 든다.

○ 재(財)가 많으면 재테크에 집념(執念)이 강(强)하다.

재(財)가 많으므로 모든 것을 → 재(財)와 연관을 짓는다. 돼지 눈 애는 돼지!
계산 역시 머리가 잘 돌아간다. 그러나 계산만 앞설 뿐, 준비와 실천은 부족하다. 항상 용두사미(龍頭蛇尾) 격이다. 종종 다리를 짚어도 헛다리요, 귀가 얇아 팔랑 귀다. 마음은 승부욕이 강한데 현실은 자꾸 실패요, 두 손을 드는 일이 잦아지니 원인분석에 앞서 탓하기가 먼저고, 성격 "또한 나빠진다.

○ 재(財)가 많은 사람. → 욕심(慾心)이 항상 앞선다.

재(財)가 많으면 자기 눈에는 모든 것이 재(財)로 보이는 것이다. 물론 그중에는 실로 재물(財物)로 연결되기도 한다. 그러나 다 그림의 떡이다. 여건(與件) 성숙(成熟)이 안 되거나, 주변 도움이 부족하거나, 본인이 미숙함으로 낭패를 본다. 욕심만 많았지 결국은 자기 것으로 못하는 것이다.

○재(財)인 아버지가 많으니 다자무자(多者無者)라 → 인연(因緣)이 약(弱)하다.

아버지가 많으니 자연 자식인 나를 구박하는 경향이 강하고, 관심이 멀어진다.

• 재(財)가 강(强)하면, 자연 학업의 연결이 길지 못하다. 도중하차 한다. 아버지의 경우는 사업하다가 부도나거나, 경제적으로 큰 곤란에 직면한다. 그런데 그것이 꽤 오래가는 경우가 있다.

➲ **재(財)가 지나치게 강(强)하면 → 종(從)한다.**

많다는 것, 지나치게 강하다는 표현은 가끔 혼동되는 경우가 있다. 종재격(從財格)에도 그 종류가 있는데 → 삼합(三合)과 육합(六合)이 제일 좋고, 그다음 → 방합(方合)이요, 동합(同合)이다.

• 종재격(從財格)은 → 재(財)에 종(從) 하는 것인데, 재(財)의 근원(根源)인 식상(食傷)이 있어야 재(財)의 뿌리가 되므로 제일 좋다.

◻ **종재격에 대한 설명이다.**

○ 丁 ○ ○　　↳ 유(酉)월의 정(丁)화 일간이다.

酉 丑 酉 巳　　지지(地支)에 → 사유축 금국(金局)이다.

↳ 정(丁)화 일간(日干)→ 금(金)은 재(財)이다. 그런데 지지(地支) 전체(全體)가 → 금국(金局)을 형성하고 있다. 정(丁)화 →용빼는 재주 없다.

• 오히려 아무 말 없이 항복(降伏)하고 종(從)하고 사는 것이 행복하다. → 신왕재왕(身旺財旺) 사주가 되어 복을 누린다. 과연 어느 운(運)이 길(吉)이고, 어느 운이 흉(凶)되는 것일까?

➲ 항상 형성된 기운의 전, 후는 → 그 영향력이 미치므로 좋은 것이고, 그에 반하여 → 대항하는 세력의 기운은 용서받지 못 한다.

✪ 좋은 운(運) → 토(土), 금(金), 수(水)

✪ 안 좋은 운 → 목(木), 화(火) 운이 안 좋다.(인수(印綬), **비견겁(比肩劫)**운.

종재격(從財格)은 재(財)에 종(從)하여 사는 것이 가장 좋은데, 비견(比肩)이나 비겁(比劫) 운이 올 경우, 나도 이제 기운이 생겼다고 신세 안 지고 독립한다고 설치다 쪽박 차는 경우가 있는데, 제일 위험한 상황이다. 어려운 사정 보고 거두어주었더니지 잘 났다고 설치는 경우다. 인간사에서도 이런 사람들이 간혹 나타나는데 대체로 다시 원위치하거나, 망(亡)하는 경우가 태반인데 그 이유는 무엇일까?

→재다신약(財多身弱)이 더욱 강화(強化)된 재다신약(財多身弱)이 되므로 심하면 거지 신세다.

합(合) 중에서 기운(氣運)의 순서를 보면, 금(金) ⇨ 수(水) ⇨ 목(木) ⇨ 화(火)의 순서다.

⮑ **재(財)에 종(從) 하여도 그 차이는 어떨까?**

삼합(三合) ⇨ 재벌이요, 갑부소리 듣는다. 방합(方合) ⇨ 부자 소리 그래도 듣는다.

⮑ **재물(財物)에 대한 개념(概念)의 이해.**

보통 재(財) 하면 재물(財物)로 보는데 그것도 종류가 있어서 통변 시 과연 어떤 것으로 설명해야 할 것인가? 하고 난감할 때도 있다. 간단해도 실수가 나온다.

✪ 재(財)--보통 현금을 일컫는다. 피부로 실감하는 재물이다.

✪ 인수(印綬)- 인수(印綬)는 주로 건물(建物)을 의미한다. 문서와 연관되는데 주로 빌딩이나, 아파트, 단독주택 식으로 건물을 지칭.

✪ 토(土)--부동산의 전형이다. 주로 토지(土地)를 나타낸다. 건물도 포함, 땅의 의미가 강하다.

◻ **오행(五行)상 살펴보는 재(財)의 처리방법.**

⮑ 목(木)일 경우. →장기(長期)전으로 임해야 한다. 키워서 잡아먹어야 한다. 키우면 무럭무럭 잘 자란다.

⮑ 화(火)일 경우. → 속전속결(速戰速決)이다. 결과가 빠르니 후다닥이다. 흥망(興亡)이 심하다.

⮑ 토(土)의 경우. → 모래성 쌓기로 다져지지 않는다. 흙도 습토(濕土), 조토(操土)가 있는데 당연히 습토(濕土)가 좋다. 엉기어 붙으므로 오래간다. 조토(操土)는 흩어지니 모이지 않는다. "바람과 함께 사라지다"가 된다.

⮑ 금(金)의 경우. → 현금이 많다. 전(錢)의 전쟁이다. 무거워 나가지 않는다. 단점은

가라앉다 보면 묻힌다.

➲ 수(水)의 경우. → 흐르니 돈놀이가 제격이다. 물은 고이면 썩는다. 활용하여 부지런히 굴려야 한다. 사채. 현물매매, 경매, 단기(短期)는 액수가 적은 것이고, 장기(長期)는 액수가 큰 것이다.

❏ 재성(財星)이 천간(天干)으로 투출(投出)과, 지지(地支) 득국(局)에 의한 구별과 표현의 차이.

➲ 천간(天干)으로 투출(透出).

천간(天干)으로 확연히 나타나는 것이다. "나로 소이다." 하고 자기의 존재(存在)를 분명히 해 자랑하는 것이다. 남들도 인정하는 존재다. → 장점(長點)으로 강(强)할 경우는 남이 고개를 숙이지만, 뿌리가 없거나 약(弱)할 경우는 가차 없이 그에 대한 대가(代價)가 돌아온다. 우습게 보는 것이다.

○　**丙　辛　庚**　　↳ 사(巳)월의 병(丙)화 일간이다.

○　**午　巳　午**　　천간(天干)으로 재(財)인 금(金)이 나타나 있다.

↳ 정재(正財), 편재(偏財)가 → 천간(天干)으로 다 투출(投出) 되어있다. 그런데 지지를 살펴보니 뿌리가 없다. 하늘에 떠 있는 뜬구름과 같은 존재(存在)다. 어느 순간 갑자기 사라지는 신기루와 같다.

➲ 지지(地支)의 득국(得局).

지지(地支)에 국(局)을 형성할 경우는, 그 뿌리가 든든하다. 천간(天干)으로 투출(透出)이 동시(同時)에 있다면, 그 이상 좋을 수 없고, 부자(富者)의 사주다.
나무로 친다면 자라기도 잘도 자라고, 꽃도 잘 피우고, 열매도 잘 열린다.

□ 재성(財星)과 다른 육친(六親)과의 변화(變化)-관계.

재성(財星)이 다른 육친(六親)을 만났을 경우, 변화(變化)하는 과정(科程), 변화한 후(後)의 상황이다. 꼭 재성(財星)뿐 아니라 다른 육친(六親)도 마찬가지다.

• 사람이 친구를 만났을 때, 윗사람을 만났을 때 태도(態度)가 달라지듯 만나는 상대에 따라, 환경(環境)의 변화에 따라 모든 것은 항상 변화(變化)하기 마련. 어제의 적(敵)이 오늘은 동지(同志)가 되고, 오늘의 동지가 내일의 적이 되는 경우가 빈번한 세상사의 한 부분과도 같다.

• 어렵게 산다고 항상 어려운 것이 아니요, 잘 산다고 항상 잘 산다는 법은 그 어디에도 없다. 일부 재벌의 세습적 부(富)의 잘못된 전달, 역시 그것이 영구한 것이 아니다. 과연 몇 대(代)를 갈 것인가? 영원한 권력(權力)이 없듯 부(富) 역시, 영원한 부(富)가 없다. 모든 것은 항상 변화(變化)하고 변(變)하는 것이다. 그것이 세상을 사는 이치요, 역(易)의 원리다.

□ 재성(財星)이 → 인수(印綬)가 될 경우.

재성(財星)이 변(變)하여 → 인수(印綬)가 되는 경우다. 재성과 인수는 서로가 상극(相剋)하는 견원지간(犬猿之間)의 사이인데, 재성이 어떻게 인수로 변화가 가능할까? 이 세상에는 안 되는 것도, 되는 것도 없다. 우리는 어떻게 통변 할 것인가?

□ 재성(財星)이 변(變)해 → 인수(印綬)가 되는 경우.

日干 일간	갑(甲),을(乙)	병(丙),정(丁)	무(戊),기(己)	경(庚),신(辛)	임(壬),계(癸)
	① ⇓	② ⇓	③ ⇓	④ ⇓	⑤ ⇓
재성	토(土)	금(金)	수(水)	목 (木)	화(火)
	↓	↓	↓	↓	↓
인성	수(水)	목 (木)	화(火)	토(土)	금(金)
가능성	○	⊗	○	○	○

➲ 목(木) 일간일 경우.

丙　乙　○　○　　↦ 축(丑)월의 을(乙)목 일간이다.

戌　亥　丑　○　　월지(月支) 축(丑)토 ➜ 재(財) ➜ 인수(印綬).

↦ 부모님이 자식의 사주를 들고 와서 이렇게 묻는다. 우리 자식인데 공부를 하겠습니까? 아니면 가망이 없는지요? 부모라면 누구나 다 자기 자식이 열심히 자기의 본분(本分)에 충실해 자기 앞가림 정도 하기를 바라는 것이 인지상정(人之常情)이다.

• 과연 가능할 것인가? 그 판단의 기준은 무엇일까? 지지(地支)에 ➜ 술(戌)해(亥) 천문성을 놓고 있고, 시지(時支)에 ➜ 병(丙) 화가 떠 있으니 가능하다. 그리고 공부와 인연이 있는 인수(印綬)는 어떠한가? 월지(月支)의 ➜ 축(丑) 토가 재(財)인데, 일지(日支)의 ➜ 해(亥)수인 인수(印綬)와 합(合)하여 ➜ 인수(印綬)로 바뀐다.

• 축(丑) 토는 소인데, 소가 공부를 한다? 아니다. 소가 공부를 하는데 어떻게 도움이 될까? ➜ 소 팔아서 학자금 대는 것이다. 젖소이면 우유를 파는 것이요, 비육우(肥肉牛)이면 몸을 팔아서 학업(學業)에 일조(一助)하는 것이다. 이것 역시 통변. 부모의 입장에서 가르친 보람이 있는 것이다. 문제는 지나치게 극성이면 안 된다. 극성이란? 성(成)을 ➜ 극(剋) 한다, 일을 망친다.

▢ 반대의 경우를 살펴보자.

丙　乙　○　○　　↦ 축(丑)월의 을(乙)목 일간이다.

子　亥　丑　○　　지지(地支)에 수국(水局)이 형성 되어있다.

↦ 축(丑)토가 재(財)이다. 재(財)가 ➜ 인수(印綬)와 합(合) ➜ 인수(印綬) 되었다. 을(乙) 목이 음지(陰地)의 나무인데 부목이요, 정처 없는 방랑자와 같은 삶이다. 소 팔아서 공부하라고 해봐야 소용없다. 시간(時干)의 병(丙)화가 용신(用神)인데 이미 불이 꺼져버렸다. 아무리 투자해도 활용할 수 없다. 헛농사다. 전구가 망가졌는데, 아무리 스위치 켜봐야 소용없다.

○	甲	○	○
○	子	辰	○

⇨ 진(辰)월의 갑(甲)목 일간이다.

진(辰)토가 자(子)수와 합➡수인 인수가 되었다.

⇨ 여기에서 진(辰) 토는 ➡ 무엇일까? 축(丑) 토는 ➡ 소이고, 진(辰) 토는 ➡ 기름진 토지다. 또한 진(辰) 토는 ➡ 흙이요, 용(龍)인데, 이에 부합하는 것이 무엇일까? 지렁이다. 토룡탕도 되고, 논 팔고, 밭 팔아서 공부하라 보태주는 것이다. 여기에서 월(月)이 중요하다는 것을 새삼 느낄 것이다. • 3월의 흙이라 참으로 쓸모 있는 흙이다. 일간이 ➡ 갑(甲) 목이므로 일지(日支)의 자(子)수와 ➡ 합(合)하여 넉넉히 갑(甲)목을 도와주고 있다. 습토(濕土)라 자양분(滋養分)을 잘 간직한다.

❏ 그런데 만약 자(子)월일 경우는 어떨까?

○	甲	○	○
○	辰	子	○

⇨ 자(子)월의 갑(甲)목 일간이다.

결론은 똑같이 ➡ 인수(印綬)국(局)을 형성한다.

⇨ 차이는 여기서 생긴다. ➡ 진(辰) 월과 자(子) 월의 차이다. 사주(四柱)에서 월(月)을 중요시하는 이유다. 똑같은 결론에 도달해도 근본이 한 사람은 성향이 이미 뿌리를 내리고 도움을 받는 것이고, 한 사람은 차가운 물에 그것도 꽁꽁 언 물위에 흙을 뿌려 농사를 짓는다.

• 결론은 이렇다. ➡ 봄기운이 무르익은 땅에 물을 주고, 나무를 가꾸니 줄수록 알아서 잘도 크는데, ➡ 얼어있는 물 위에 흙을 부어 토지로 만들어 나무를 키우는 격이다. 일의 순서도 바뀌고, 언 물에 흙 부으니 자칫 잘못하다가 흙도 얼어 버린다.

• 여기에서 반론을 한 번 생각하여보자. 월지(月支)만 중요하고, 정작 자기의 뿌리인 일지(日支)는 별 볼일이 없다는 말인가? 그런 것은 아니다. 시간적(時間的) 차이가 많다. 월지(月支)는 자라고, 성년(成年)이 되어 기본적(基本的)인 인간으로 가치를 인정받을, 능력을 평가받고, 기반을 다지는 시기이다. 그러기에 그만큼 중요하다.

➲ 기해(己亥)년을 맞이하였다면? (목(木) 일간의 경우이다.)

기(己) ----⇨ 천간(天干)은 기(己) 토 → 재(財)다.

해(亥) ----⇨ 지지(地支)는 해(亥) 수 → 인수(印綬)다.

운(運)의 흐름은 어떤가? 천간(天干)은 지지(地支)에 도달하기 위한 과정이다.

재(財)는 금전(金錢)이라, 인수(印綬)는 공부인데 어떤 경우?

➲ 공부를 위해 돈을 번다고 할 수 있다.

➲ 학업(學業)을 중단하고, 돈을 번다더니 결국 학업(學業)에 열중한다.

➲ 재(財)는 → 처(妻)이다. 인수(印綬)는 → 어머니이고, 처음에는 아내 같더니만 나중에는 어머니 같더라. 이성과 사귀는데 처음에는 순수한 여성으로만 생각하고 결혼 생각을 하였는데, 사귈수록 인자하고, 생각하는 면이 마치 너그러운 어머니 같고, 다정다감한 면에 의지하는 마음마저 생긴다.

➲ 재(財)는 → 돈이요, 인수(印綬)는 → 문서라, 돈을 벌어 집을 사는 것도 해당.

➲ 재(財)는 → 아버지요, 인수(印綬)는 → 어머니라, 아버지가 변해 어머니가 되는 것이다. 또 다른 면으로는 아버지가 보이더니, 나중에는 어머니만 남는다. 생사(生死) 면으로 본다면 → 부모 중 아버지가 일찍, 또는 먼저 돌아가시고, 어머니만 남는 경우다.

❏ **갑진(甲辰)이다. → 백호(白虎)대살이다.**

○ **甲** ○ ○　　⇨ 자(子)월의 갑(甲)목 일간이다.

○ **辰 子 申**　　진(辰)토는 재(財)이다.

⇨ 여기에서 일주(日柱)를 살펴보자. 일지(日支)에 → 진(辰)토가 재(財)라 → 아버지인데, 월지(月支)의 자(子)수와 년(年)지(支)의 신(申) 금과 합 → 신(申)-자(子)-진(辰) 수국(水局)을 형성하고 있다. → 일지(日支)에 있으니 항상 뒷바라지를 아내처럼 잘 해주시던 아버지다. 자상하셨다.

• 어느 날 보니 재(財)인 아버지가 인수(印綬)와 합 → 인수(印綬)가 되어버린 것이다. 자기의 본분을 망각하고 유람선을 탄 것이다. 지지(地支)가 물바다처럼 물이 갑자기 불어났다. 아버지가, 아버지 고유 역할을 해야하는 것인데, 그것이 사주의 기운

(氣運)상으로도 바람직한데, 그 희망을 저버리고 어머니로 화(化)한 것이다. 덕분에 아들은 멍하니 부목(浮木)과 같은 성향이 더욱 강해진 것이다. 재(財)가 백호(白虎)이고, ➔ 수국(水局)으로 화(化)하여 버리니, 가능성은 더 커진다.

➲ 재(財)인 ➔처(妻)가 엄니인 인수(印綬)로 바뀌니, 처가 어머니처럼 가르치기도 하고, 잘못을 저지르면 타이르며 꾸짖기도 한다. 아내에게도 배울 것은 배워야 한다.

➲ 재(財)는 처가(妻家)인데 ➔ 인수(印綬)는 집이라, 처가에서 집을 사준다고 볼 수도 있다. 그런데 여기에서 잘 살펴야 할 일이 있다.

⊢ **인수(印綬)가 용신(用神)일 경우**

용신(用神)이면 귀인(貴人)과 같은데, 재(財)인 처가(妻家)가 귀인으로 바뀌니 이 아니 좋을 수 있겠는가?

⊢ 반대로 인수(印綬)가 기신(忌神)일 경우는?

귀찮은 손님이다. 처가(妻家) 일을 도맡아 다 해주어야 한다.

➲ 재(財)인 돈이 변해 ➔ 집으로 바뀌는 것이다.

돈이 ➔ 집으로 바뀐 것이니 ➔ 돈 주고 집 산다. 돈이 ➔ 문서(文書)로 바뀐다. ➔ 매매(賣買)가 성립(成立)된 것이다.

○　癸　○　○　　⊢ 오(午)월의 계사(癸巳) 일주(日柱)이다.

酉　巳　午　寅　　재(財)가 인수(印綬)로 바뀐다.

⊢ 년(年), 월지(月支)의 화기(火氣)가 강(强)해 내심 부담이 가는데, 일지(日支)가 시지(時支)와 합(合) ➔ 인수(印綬)로 바뀌니 얼마나 고마운가?

• 일지(日支)의 사(巳)화마저 재(財)로 그 자리 유지하고, 재(財)의 힘이 막강해졌을 때 많은 곤란이 있다. 물론 재(財)에 종(從) 하는 경우도 있겠지만, 더부살이가 아닌가? 계사(癸巳) 일주가 ➔ 유(酉)년이나, 축(丑) 년이면 인수(印綬) 운인데, 재(財)가 합 ➔ 인수(印綬) 되니, 좌우지간 무엇을 사도 다 내 것으로 하는 것 아닌가? 반대로 ➔ 인수가 나쁘게 작용한다면, 인수(印綬) 운은 매매(賣買) 운이라 팔아먹는 것 아닌가?

➲ 재(財)는 유산(遺産)이다. 인수(印綬)는 문화(文化)이고, 고로 유산(遺産)으로 문화사업(文化事業) 한다. 가장 안전하고, 자기 재산을 지키는 하나의 방편으로도 지금은 이것이 악용되는 경우도 많다.

➲ 재(財)는 욕심(慾心)이요, 인수(印綬)는 청렴(淸廉)이라 사안(事案)에 대해, 처음에는 지나치게 욕심(慾心)을 갖고 대하더니, 결국 마음을 비우고 바꾸는 것이다. 개과천선(改過遷善)이다.

➲ 대체로 순박한 기질이 강한 사람은, → 일(日)과 시(時)에 인수(印綬)가 많 다. 세상을 순박하고 "그저, 내 마음 같겠지." 하고 살다 나이 들면서 하나하나 깨달으면서 늦게 철이 든다. 이런 경우 좋게 이야기한다면 대기만성(大器晩成)형이라고 할 수 있겠지만, 그동안 주변의 사람들이 답답한 세월을 보낸 것이다. 경제적(經濟的) 어려움, 기타 많은 부분에서 불편도 겪는다.

늦게 철들고 인생 공부한다. → 재다신약(財多身弱)의 경우가 많다.

➲ 인수(印綬)는 또 조상(祖上)인데 돈 주고 조상을 형성한다.

만드는 것으로도 본다. 좋게 말하면 무관심했던 조상 봉양을 잘하는 것이요, 돈 들여서 묘(墓) 위치나, 기타 선조에 관한 사항에 신경 써서 잘되기를 기원하는 것이다. 선거 때가 되기 전(前)이나, 무슨 특별한 목적(目的)을 이루려 명당(明堂)을 찾아 자리를 이전(移轉)하는 것도 다 같다. 순수한 이전이 아닌 자기의 사리사욕을 위한 목적이면, 조상이 발복(發福)하도록 돕겠는가?

➲ 처(妻)로 인해 고향(故鄕)을 찾는다.

재(財)인 → 처(妻)의 도움으로 고향을 찾는다. 처가(妻家)를 먼저 들린 후에, → 본가(本家)를 찾는다. 사주에 재성이 → 인수로 화(化)한 경우는, 대체로 이런 경향이 강하다.

▷ 재(財)의 기운(氣運)이 강(强)하니, 재(財)의 기운(氣運)을 따르는 것이다.

▷ 재(財)가 → 인수(印綬)로 변하니 → 처가(妻家)가 본가(本家)니, → 즉 내 집 같다.

⬥ 금전(金錢)을 차용(借用)해 준다.

돈이 나가고, ➔ 문서(文書)가 들어온다.

돈 빌려주고 차용증서(借用證書)를 받는다.

갑(甲)

진(辰) ---➭ 일주(日柱) 사람이 상담을 왔다고 하자.

• 을축(乙丑)년에 신수 보러온 것이다. 문제는 금전-관계다. 그러면 금전거래는 언제 있었는가? 을축(乙丑)년의 전년이 갑자(甲子)년이다. 갑진(甲辰)과 갑자(甲子)를 비교하자. 천간(天干)으로 ➔ 똑같은 갑이라 비견이다. ➔ 친구가 찾아온 것이다. 그런데 탈재(奪財) 작용이다. ➔ 갑자(甲子)년이니 ➔ 수(水)는 인수인데, 문서다. 친구가 와서 돈을 차용(借用)해 간 것이다. 그리고 차용증을 대신 받았다. 그리고 그 다음 해인 을축(乙丑)년에 상담 온 것이다. 언제 받을 것인가? 병인(丙寅)년을 살펴보자. 병(丙)화는 ➔ 식신(食神)인데 생재(生財)는 되니 돈을 만든다. 일단은 돈 받는다. 그런데 결과는 어떤가? 인(寅)목이다. 비견(比肩)이니 다 받지는 못한다. 나누어야 한다. 일부분을 받는다.

☐ 재성(財星)이 ➔ 비견(比肩), 비겁(比劫)이 되었을 경우.

• 재성(財星)이 변해 ➔ 비견(比肩)과 비겁(比劫)이 되는 경우다.

돈이란 더러운 것이다. 원래 더러운 곳에는 지저분한 파리나, 모기 등 곤충이 꼬이고, 인간으로 친다면 비굴한 사람들이 많이 생기는 법이다.

• 돈 앞에서는 모든 것을 버린다. 우리는 실생활에서도 흔히 보지 않던가 말이다. 돈으로 친구를 사귀는 경우도 이에 해당이다. 돈으로 자기 세력을 규합한다. 요즈음은 선거판에서도 돈이 없으면, 조직을 관리하지를 못한다. 금권선거다. 조폭의 세계에서도 자금력이 없으면 제대로 형님 대접 못 받는다는 이야기도 있다. 어디 이뿐이겠는가? 모든 것이 돈이다. 적응하지 못하면 낙오자다.

• 연로(年老)하신 부모들이 자기가 죽기 전까지는 절대로 재산(財産)을 자식에게 다 물려주지 말아야 한다는 소리가 당연한 이야기로 행해지는 현실인데, 이유는 무엇일까? 돈을 갖고 있어야 자식에게 대접받는다.

❒ 재성(財星)이 변(變)하여 견겁(肩劫) 되는 경우.

日干 일간	갑(甲),을(乙)	병(丙),정(丁)	무(戊),기(己)	경(庚),신(辛)	임(壬),계(癸)
	① ⇓	② ⇓	③ ⇓	④ ⇓	⑤ ⇓
재성	토(土)	금(金)	수(水)	목 (木)	화(火)
	↓	↓	↓	↓	↓
견겁	목 (木)	화(火)	토(土)	금(金)	수(水)
가능성	○	⊗	⊗	⊗	⊗

❒ 우선 목(木)일간을 기준으로 보자.

甲　甲　甲　甲　乙　乙　乙　乙　⇨ 천간(天干)이 목(木) 일간일 경우.

辰　戌　丑　未　辰　戌　丑　未　⇨ 지지(地支)가 재(財)일 경우.

⇨ 여기에서 성립 가능한 것은?

→ 갑진(甲辰), 갑술(甲戌), 을축(乙丑), 을미(乙未).

➲ 기묘(己卯) 운이 왔다.

을미(乙未) 일주의 지지인 → 미(未)와 합(合) → 목국(木局)을 형성(성립가능).

➲ 무인(戊寅), 기묘(己卯) 운이 왔다.

갑진(甲辰) 일주일 경우 → 인(寅)–진(辰) → 목국(木局)을 형성.

→ 묘(卯)–진(辰) → 목국(木局)을 형성.

❒ 과연 나에게 도움이 될 것인가? 아니면 해(害)가 될 것인가?

○　乙　○　○　⇨ 묘(卯)월의 을(乙)목 일간이다.

○　未　卯　○　지지(地支)에서 변화(變化)가 일어나는 것이다.

⇨ 일지(日支)의 미(未) 토 → 재(財)인데, → 묘(卯)–미(未) 합(合)하여 → 목(木)인 → 견겁(肩劫)으로 화(化)하였다. 변화(變化)의 파급효과는?

• 길(吉), 흉(凶)을 본다. → 재(財)인 처(妻)가 보이지를 않는다. 안방에 있어야 할 아내는 사라지고, → 형제(兄弟)들만 잔뜩 있다.

• 처(妻)의 입장은 ➔ 시댁 등쌀에 못 견디고 떠난다.

❒ 갑(甲)목 일간(日干)에게 ➔ 묘(卯)목은 양인(良人)이다.

| ○ | 甲 | ○ | ○ |

➪ 묘(卯) 월의 갑(甲)목 일간.

| ○ | 辰 | 卯 | ○ |

지지(地支)에 재(財)인 진(辰) 토를 놓고 있다.

➪ 진(辰) 토는 ➔ 재(財)인데 양인(良人)이 와서 합(合)하여 견겁(肩劫)의 역할을 하니 탈재(奪財)라도 강압적이고, 흉한 형태다. ➔ 도둑맞아도 강도다. 그것도 눈앞에서 말이다. 차라리 안 보는 사이에 도둑 당하는 것이 차라리 백 번 편하다. 진(辰)토는 재(財)이니 아내도 되는데 묘(卯)라 겁재(劫災)가 아닌가?

➪ 재(財)가 ➔ 겁재(怯財)와 ➔ 합(合)이 들어 탈재(奪財) 현상이 일어나니, 아내가 다른 놈하고 눈이 맞아 이혼(離婚)하자더니 위자료(慰藉料)도 챙겨 떠난다.

➪ 재(財)는 ➔ 아버지도 되는데, 재(財)가 없어지니 돌아가시는 것이요, 탈재 현상이니 장례를 치르느라 생각 외로 많은 돈이 나간다.

자식(子息)으로 당연히 해야 할 일인데, 들어오는 금전(金錢)이 적다. 지출이 많다.

❒ 화(火) 일간일 경우.

| 병(丙) | 병(丙) | 정(丁) | 정(丁) | ➪ 화(火) 일간 일 경우. |
| 신(申) | 유(酉) | 신(申) | 유(酉) | 지지(地支)가 재(財)일 경우. |

➪ 성립이 가능한 것은 ➔ 병신(丙申), 정유(丁酉)다.

➲ 경오(庚午) 운(運)이 왔다고 하자. 다른 경우의 예도 각자 해보자.

➔ 재(財)운이 와서 비겁(比劫)-운으로 끝나는 운(運)이다.

➔ 일지(日支) 자체와는 변화(變化)가 이루어지지 않는다.

❏ 토(土) 일주일 경우.

戊 戊 己 己 ⇨ 천간(天干)이 토(土) 일간일 경우.

亥 子 亥 子 　지지(地支)가 재(財)일 경우.

⇨ 성립이 가능한 것은 무자(戊子), 기해(己亥)이다.

⇨ 천간이 재(財)이고, 지지가 견겁(肩劫)인 것은?

壬　壬　壬　壬　癸　癸　癸　癸

辰　戌　丑　未　辰　戌　丑　未

➪ 여기에서 가능한 것은?

임진(壬辰), 임술(壬戌), 계미(癸未), 계축(癸丑)이다. 각각 대입해도 성립 안 된다.

❏ 금(金)일주 일 경우.

경(庚)　　경(庚)　　신(辛)　　신(辛)　⇨ 천간(天干)이 금(金)일간 일 경우.

인(寅)　　묘(卯)　　인(寅)　　묘(卯)　⇨ 지지(地支)가 재성(財星)일 경우.

⇨ 성립이 가능한 것은 경인(庚寅), 신묘(辛卯)이다.

➪ 갑신(甲申)운, 을유(乙酉)년이 왔다고 보자. ➔ 성립이 불가능 하다.

성립의 문제는 지지(地支)가 운(運)의 지지와 어찌 변하는가 보는 것이다.

❏ 수(水) 일주일 경우는 어떤가?

壬 壬 癸 癸 ⇨ 천간(天干)이 수(水) 일간일 경우.

巳 午 巳 午 ⇨ 지지(地支)가 재성(財星)일 경우.

⇨ 성립이 가능한 것은? 계사(癸巳), 임오(壬午)이다.

➪ 병자(丙子), 정해(丁亥)운이 왔다고 보자. 성립되지 않는다. 변화가 이루어지지
않는다.

□ 재(財)가 → 견겁(肩劫)으로 변화하였을 때의 재(財)에 대한 통변.

➲ 재(財)로 시작 → 견겁(肩劫)으로 끝이 났을 경우의 재(財)는 뜬구름과 같은 것이요, 사상누각(砂上樓閣)이요, 옆구리 터진 김밥이다. 있어도 있는 것이 아니다. 잠시 보관하는 것이지, 나의 것이 아니다. 식물인간이나 다름없다. 벽에 걸린 그림이다.

➲ 재(財)는 처(妻)인데 견겁(肩劫)으로 바뀌니 나와 동등(同等)해진다. 항상 다소 곳하더니 이제는 같이 어깨를 겨누며 맞먹는다. 좋게 말하자면, 자기권리 주장이다.

➲ 재(財)가 사라지고 견겁(肩劫)으로 바뀌니 아내가 없어지고 방해자요, 딴지 거는 사람으로 바뀐다. 결혼하여 신혼 때처럼 살기는 어렵다. 살다 보면 이런저런 사정으로 서로가 다투고, 싸우기 마련이다. 그러다 보면 급기야 이혼이라는 수순을 밟게 되는데, 이때부터는 서로가 앙숙이다. • 부부란? 갈라지면 남보다도 못하다 않던가? 그때부터는 재산문제요, 자녀 양육 문제로 시시콜콜 별의별 사연이 다 쏟아진다. 서로가 양보라는 것이 없고, 자기의 이권(利權)을 앞세우기 바쁘다. 여자란 무서운 존재다. 물론 남자도 마찬가지. 그러나 남자가 잘한다면 떳떳하지 않겠는가? 다 팔자지

➲ 재물(財物)이 모이지 않는다.

벌기는 열심히 벌은 것 같은데, 계산하면 매일 적자(赤子)다. 메우기 급급. 벌면 나갈 곳이 기다리고 있다. 요즈음 같은 경우, 벌어도 물가가 하도 비싸니 모든 것이 적자다. 물론 환경적인 영향이지만 이것도 다 운(運)이다. 크게 본다면 국가(國家)의 운(運)이 허덕이는 운이다. 세계적인 추세다. 특히나 코로나로 인한 영향이 크다.

➲ 목돈이 푼돈.

재(財)란 그 크기가 어느 정도인가? 가름하기가 참으로 어렵다. 보는 기준에 따라 작게, 크게 보이기 때문이다.→ 결론(結論)은 어찌하든 간에 그것이 쪼개지고, 나누어야 하고, 손해(損害) 보니 크기에 상관없이 갈라진다. 공중분해요, 물 건너다.

물건사면 항상 손해요, 바가지 운(運)이다. 물건을 팔아도 → 도로 변상하는 운(運)이다.

➲ 재산권자가 또 생겨 골치 아픈 사건이 발생.

자기 땅 이라며 말뚝을 박고, 내가 여기서 몇 년을 살았는데 이제 와 엄한 사람이 땅 주인이라 주장하는 거야! 나는 그동안 여기에서 살았던 것에 대한 권리, 건물에 대한 소송도 불사하겠소! 하면서 억지 주장을 한다. 이것은 법적(法的)으로 그 사람이 당연히 받을 권리도 있다.

➲ 의처증(疑妻症)이 점점 심해진다.

원래 사주(四柱)에 견겁(肩劫)이 많은 사람은 → 의처증(疑妻症)이 심한데, 운(運)에서 또 견겁(肩劫) 운이 온다면 미칠 것이다. 그것도 재성(財星)이 변해 견겁(肩劫)으로 바뀐다면, 더더욱 기승을 부린다. 마누라는 안 보이고, 기웃거리는 다른 놈들만 보인다. 남자 뒤에 숨어서 자기를 쳐다보는 것 같은 착각이다.

➲ 처가(妻家)에서 문제가 발생.

처가(妻家)와 관련된 사항은 → 다 재(財)에 귀속(歸屬)된다. 재(財)인 처(妻)가 속을 썩여 손해 보는 것이요, 처남(妻男)이 금전 융통하기를 청하기에 내키지 않는 기분이지만, 들어 주었더니 결국 모든 책임을 뒤집어쓰고, 손해 볼 일만 발생.

건강(健康) 면으로 보면 → 재(財)가 견겁(肩劫)으로 변하니 → 재가 견겁에 종(從)하는 것이나 마찬가지인데, 일간 본인이 → 견겁(肩劫)이 자꾸 많아지면 건강도 자연 쇠하여지는 것이라, 처(妻) 역시 건강이 안 좋다.

➲ 항상 나쁜 것만은 아니다.

재성(財星)이 → 견겁(肩劫)으로 바뀌면 항상 나쁜 일 인가? 항상 그런 것은 아니다. 예외적인 경우, 그렇다는 설명이지 → 무조건 적은 아니다. 그러나 일반적인 상황으로 볼 적에, 그런 경우가 많으니 항상 유념하라.

➲ 견겁(肩劫)으로 변해 좋아진다는 것은 → 그만큼 일간 본인이 신약(身弱)하다는 설명이다. 재(財)가 변해 힘이 되니 아내의 내조(內助)가 큰 것이요, 처가(妻家)의

도움이요, 아버지의 도움이다. 돈이 나를 살려준다. 금전 필요한 사람이 시기에 맞추어 조달되어 위기를 넘기는 것이다.

➲ 돈으로 나의 세력 확보요, 금전으로 친구 얻은 형상이다. 친구에게 돈 빌려주고 못 받아 고민하고 있는데, 친구가 돈을 잘 썼다며 그동안의 인내에 감사한다며 인사할 때, 돈도 받고 친구도 다시 찾는 것 아닌가? 남이 고통을 받을 때 나는 행복을 구가한다는 말이 있지 않은가?

➲ 보통 사람들은 고통을 겪지만, 지나치게 신약(身弱)하거나 이에 필요한 사람은 오히려 승승장구하는 운이다. 양(陽)이 있으면 음(陰)이 있듯, 찢어지게 가난한 사람도 햇빛을 본다 생각하면 될 것이다. 그러나 그것이 그리 오래가지 않는다는 점을 확실하게 알아야 한다. 대운(大運)이나, 세운(世運)에서 특별히 혜택받지 않는 한 수명(受命)이 짧다. 받아들이는 운(運)이다.

그리고 그만큼 주변(周邊)에서 희생(犧牲)이 강요되고, 헌신적인 노력(努力)이 있어야 한다.

➲ 이 경우는 크게 두 가지다.
첫째는 ➔ 운(運)에서 보태주는 것이요, 둘째는 ➔ 재(財)에 관한 육친(六親)의 도움과 희생(犧牲)이 동반(同伴)되는 것이다. 그 예로 ➔ 처가(妻家) 신세를 지는 것이다. 장가 잘 가 그 덕으로 호강한다.

• 대체로 이런 사람의 경우, ➔ 사주가 신강(身强) 하면 대체로 다 지키지만 신약(身弱)할 경우, ➔ 아내의 부정이나, 남편의 무관심으로 아내와 이혼(離婚)하기도 하고, 건강이 나빠 평생을 고생하는 경우가 많다. 명(命)줄이 짧은 사람은 고비를 넘긴다 해도, 어차피 다시 또 위험(危險)이 닥친다면 결국, 그 길이다.

❏ **지지(地支)에 재성(財星)이 둘이 있는데, 각자가 서로 다른 길을 가고 있다.**

○ 甲 ○ ○   ↦ 술(戌)월의 갑(甲)목 일간이다.

寅 辰 戌 酉   **지지에서 재(財)의 변화가 승패를 결정.**

↦ 갑(甲)목 일간 → 토(土)는 재성(財星).

각각 → 서로가 충(沖)하고 있다. 그러나 각자가 서로 갈 길을 확실히 해나가고 있다.
월지(月支)의 술(戌) 토는 → 년지(地)의 유(酉) 금과 합(合) → 금(金)으로 변하고,
일지(日支)의 진(辰) 토는 → 시지(時支)의 인(寅) 목과 합(合) → 목(木)으로 변한
것이다. 일간(日干)인 갑(甲) 목의 입장에서 살펴보자.

• 월지(月支)가 술(戌) 토다. → 가을의 나무다. 그런데 년지의 유(酉) 금과 합 →
금(金)으로 변화하였으니 더더욱 괴롭다. 부모(父母)와 조상(弔喪)도 나를 돌보지
않는다. 핍박을 받는다.

• 술(戌) 토는 → 식상(食傷)의 고(庫)니, 여기서
작용은 항상 조심성이 없고, 매사 경망스러움이 항
상 문제다. 능력을 발휘하려 해도 매사 여의치 않
다. 뒷받침이 필요한데 어디 등 비빌 곳이 없다.

• 첫째 → 여자인 술(戌) 토를 만났는데, 항상 본인을 억압하려 하는 자세라 정(情)이
가지 않는다. 이후 두 번째로 → 진(辰) 토인 아내를 만났는데, 술(戌) 토와의 쟁투
(爭鬪)에서 남편을 차지한다. 진(辰)중 계(癸)수가 있어 항상 근원이 되어주고, 나에
게 무엇인가를 느끼도록 하는 여성이다.

• 시지(時支)의 인(寅) 목과 합(合) 되어 나에게는 큰 힘이다. 진(辰) 토는 → 용(用)
이라 남편을 등에 태우고 다니는 아내다.

❏ **일지(日支)인 아내의 역할이 중요하다.**

○ 癸 ○ ○   ↦ 오(午) 월의 계(癸)수 일간이다.

酉 巳 午 寅   지지(地支)가 양분(兩分).

▷ 계(癸)수 일간이 → 왕(旺)한 화기(火氣)에 눌려 자라면서 곤욕을 치르고 있다. 다행히 결혼하여 → 아내인 사(巳)화를 맞아 새로운 인생을 산다. 돈과 여자에 시달리다가 정신 차린다. 가방끈도 긴 편은 못 된다. 사(巳)-유(酉)→ 금국(金局) 하여 인생을 새로 살도록 안내. 아내의 고마움이요, 내조(內助) 덕(德)이다.

□ **재성(財星)이 → 식상(食傷)이 되는 경우.**

재성(財星)이 → 식상(食傷)이 되는 경우, 식상(食傷)이 → 재(財)를 생 하는 것인데, 오히려 거꾸로 가는 경우다. 매사가 역행(逆行)한다는 간단한 원리(原理)다. 앞으로 가야 하는데 뒤로 가니 무엇인가 잘못된 것이다.

日干 일간	갑(甲),을(乙)	병(丙),정(丁)	무(戊),기(己)	경(庚),신(辛)	임(壬),계(癸)
	① ⇓	② ⇓	③ ⇓	④ ⇓	⑤ ⇓
재성	토(土)	금(金)	수(水)	목 (木)	화(火)
	↓	↓	↓	↓	↓
식상	화(火)	토(土)	금(金)	수(水)	목 (木)
가능성	○	⊗	⊗	⊗	⊗

□ **목(木)일주일 경우.**

甲　甲　甲　甲　乙　乙　乙　乙　　▷ 목 일간이다.

辰　戌　丑　未　辰　戌　丑　未　　▷ 지지에 재성이 놓인다.

▷ 이중 → 성립 가능한 것은?

갑진(甲辰), 갑술(甲戌), 을축(乙丑), 을미(乙未)이다. (변화가 가능하다.)

□ **지지(地支)에 재(財)를 놓고 있는 일주를 각각 대입하자.**

○　**甲**　○　○　　　▷ 오(午)월의 갑(甲)목 일간이다.

○　**戌**　**午**　○　　　재(財)가 변하여 식상(食傷)이 된다.

▷ 갑(甲)목 일간이 → 지지(地支)에 술(戌)토다.

월지(月支)의 오(午) 화와 → 합(合)을 하여 화국(火局)을 이루니 → 식상(食傷)으로 변한 것이다. 식상(食傷)은 → 지출(支出)이라 나가는 것이다. 그런데 그 대상이 돈이 아닌가? 돈이 나가기 바쁘다. → 들어와 모아도 시원치 않을 판인데, 저절로 나가니 이게 웬일인가?

❒ 화(火)일주 일 경우.

<table>
<tr><td>丙</td><td>丙</td><td>丁</td><td>丁</td><td>⇨ 천간(天干)이 화(火)일간일 경우.</td></tr>
<tr><td>申</td><td>酉</td><td>申</td><td>酉</td><td>⇨ 지지(地支)가 재(財)인 금(金)이 올 경우.</td></tr>
</table>

➲ 여기서 성립이 가능한 것은 ? → 병신(丙申), 정유(丁酉)다.
⇨ 천간(天干)이 → 재(財)이고, 지지(地支)가 → 식상(食傷)인 경우를 보자. 화(火)를 기준(基準)으로 한 것이다.

<table>
<tr><td>庚</td><td>庚</td><td>庚</td><td>庚</td><td>辛</td><td>辛</td><td>辛</td><td>辛</td><td>⇨ 천간(天干)이 재(財)일 경우.</td></tr>
<tr><td>辰</td><td>戌</td><td>丑</td><td>未</td><td>辰</td><td>戌</td><td>丑</td><td>未</td><td>⇨ 지지(地支)가 식상(食傷)일 경우.</td></tr>
</table>

↑ 여기에서 성립이 가능한 것은 ?

경진(庚辰), 경술(庚戌), 신축(辛丑), 신미(辛未)다. 재(財)가 들어와서 → 식상(食傷)으로 변화하였으나, 운(運)에서의 작용(作用)이지, 일간(日干)에게는 그 작용이 미치지 않는다. → 결론은 (성립이 불가하다.) 운(運)이 지나고 나면 그만이다.

<table>
<tr><td>○</td><td>丙</td><td>○</td><td>○</td><td>⇨ 어느 경우가 온다 해도, 성립되지 않는다.</td></tr>
<tr><td>○</td><td>戌</td><td>辰</td><td>○</td><td>지지고 볶는 형상이다.</td></tr>
</table>

❒ 토(土) 일주일 경우는 ?

<table>
<tr><td>戊</td><td>戊</td><td>己</td><td>己</td><td>⇨ 천간(天干)이 토(土) 일간일 경우.</td></tr>
<tr><td>子</td><td>亥</td><td>子</td><td>亥</td><td>⇨ 지지(地支)가 재(財)인 수(水)가 올 경우.</td></tr>
</table>

♋ 여기서 성립 가능한 것. → 무자(戊子), 기해(己亥)다.

⇨ 천간(天干)이 ➔ 재(財)이고, 지지(地支)가 ➔ 식상(食傷)인 경우를 살펴보자.
토(土)를 기준(基準)으로 한 것이다.

壬 壬 癸 癸   ⇨ 천간(天干)이 ➔ 재(財)인 수(水)일간일 경우.

申 酉 申 酉   ⇨ 지지(地支)가 ➔ 식상(食傷)인 금(金)이 올 경우.

❶ 여기에서 성립이 가능한 것은?

임신(壬申), 계유(癸酉)다.－－변화가 성립이 불가(不可).

다만 들어와서 변화하는 운(運)의 변화에 그친다.

❑ 금(金)일주 일 경우는 ?

경(庚)   경(庚)   신(辛)   신(辛)   ⇨ 천간(天干)이 금(金)일간일 경우.

인(寅)   묘(卯)   인(寅)   묘(卯)   ⇨ 지지(地支)가 재성(財星)일 경우.

⇨ 성립이 가능한 것은 경인(庚寅), 신묘(辛卯)다.

⇨ **천간(天干)이 ➔ 재(財)이고, 지지(地支)가 ➔ 식상(食傷)인 경우를 보자.**
금(金)을 기준(基準)으로 한 것이다.

甲 甲 乙 乙   ⇨ 천간(天干)이 ➔ 재(財)인 목(木)일간일 경우.

亥 子 亥 子   ⇨ 지지(地支)가 ➔ 식상(食傷)인 수(水)가올 경우.

❶ 여기에서 성립 가능한 것은?

갑자(甲子), 을해(乙亥)이다. －－➔ 변화가 성립 안 된다. 다만 들어와서 변화하는
운(運)의 변화다.

❑ 수(水) 일주일 경우는?

壬 壬 癸 癸 ⇨ 천간(天干)이 수(水) 일간일 경우.

巳 午 巳 午 ⇨ 지지(地支)가 재성(財星)일 경우.

⇨ 성립이 가능한 것은? 계사(癸巳), 임오(壬午)다.

⇨ 천간(天干)이 ➡ 재(財)이고, 지지(地支)가 ➡ 식상(食傷)인 경우를 보자.
수(水)를 기준(基準)으로 한 것이다.

丙 丙 丁 丁
⇨ 천간(天干)이 재(財)인 화(火) 일간일 경우.

寅 卯 寅 卯
⇨ **지지(地支)가 식상(食傷)인 목(木)이 올 경우.**

♁ 여기에서 성립이 가능한 것은?

병인(丙寅), 정묘(丁卯)이다. ➡ 변화가 성립 안 된다. 다만 들어와서 변화하는 운 (運)의 변화에 그친다.

▢ 재(財)가 변해 ➡ 식상(食傷)이 될 경우, 통변은?

➲ **매사 역행(逆行) 한다.**

일단 ➡ 매사 거꾸로 간다. 오행의 흐름에서 꼭 재 (財)만이 해당되는 것이 아니다. 인수(印綬)가 ➡ 관(官)으로 변하는 것도 이에 해당하고, 관(官)이 ➡ 재(財)로 변하는 것도 해당. 흐름이 역(逆)으로 변한다. 재(財)가 변(變)해서 ➡ 식상(食傷)을 생 (生)하니 불안하다. 그러나 이것이 오히려 전화위 복(轉禍爲福)이 되는 경우다.

➲ 식상(食傷)이 용신(用神)일 경우 ➡ 아주 좋다.
지나쳐 흘러가는 줄 알았는데 다시 되돌아오니 얼마나 기쁜가?
갑(甲)
술(戌) ––➡––오(午)　　⇨ 갑술(甲戌) 일주(日柱)가 오(午)운을 만났다.
⇨ 오(午)운을 만나니 ➡ 술(戌)토인 재(財)가 ➡화(火)로 변해 식상(食傷)이 된다.
➲ 갑(甲)목 일간이 처(妻)인 술(戌) 토가 오(午) 운이 오자, 화(火)로 변하더니 없 어져 버린다. 아! 이놈의 여편네가 어디로 간 거야! 아무리 찾아도 보이지 않는다. 식상(食傷)으로 변했으니 부지런히 밖으로 나돈다. 잠시 외도(外道)하는 것이다. 그

런데 그것이 참으로 걱정할 사안은 결코 아니다.

• 화(火)란 근본적인 성향(性向)이 → 토(土)를 생(生) 하는 것이다. 자기 자리인 재(財) 즉 → 토(土)를 위하여 분주히 노력한다. 자기의 본연(本然)의 자리로 돌아오기 위한 결실(結實)을 이룬다.

→ 처가 잠시 가출하였다거나, 남편을 인정하지 않으려 하는 태도를 보인다 해도 "잠시 한동안 기다리면 돌아올 것입니다." 하고 추명(推命)을 한다. 일차적인 추명은 재(財)가 식상(食傷)으로 변하였으니 "아이쿠 사단 났군요!" 하면 안 된다. 그다음을 보아야 한다. → 생재(生財) 하는 과정이다. 오히려 돈 벌어 들어온다.

➡ 똑같은 사항을 다른 각도에서 보자.

처(妻)인 재(財)가 →식상(食傷)으로 변하니 돈을 펑펑 써대는 것이요, 돈이 모이지가 않고 나가기만 한다. 그만 씀씀이를 줄이라고 해도 말을 안 듣는다. 알고 보니 재테크를 위한 작업이었다.

➡ 처(妻)가 재주가 많다 볼 수 있다. 식상(食傷)은 기능(機能)이요, 능력(能力)이요, 활동력(活動力)이다. 이런 여성은 음식솜씨가 뛰어나 식품업, 요식업에 종사하면 성공한다. 재(財)는 음식(飲食)이요, 식상(食傷)은 솜씨라, 이것이 생재(生財)작용을 하므로 돈 번다.

➡ 재(財)인 처(妻)가 → 식상으로 변하니 점점 더 젊어 보이는 것이요, 나이차이가 많은 아내를 얻는다. 아(我)인 내가 생(生) 하는 것이 → 식상(食傷)이니 한 단계 아래라 부모(父母)와 자식(子息) 간의 나이 차를 생각하면 될 것이다. 20-30년의 차이다.

➡ 식상(食傷)이 → 기신(忌神)일 경우, → 만사가 다 꼬이고, 관재(官災)에 구설(口舌)에 휘말린다. 재(財)가 식상(食傷)으로 변한다. 할 경우, → 행동의 주체는 재(財)인 처(妻)다. 식상이 일간 본인에게 어떤 상황인가 보아야 한다. 즉 →식상(食傷)이 길(吉)인가? 흉(凶)인가?

□ 식상(食傷)이 길(吉)인가? 흉(凶)인가 보자.

○	甲	○	○
亥	戌	午	午

↳ 오(午)월의 갑(甲)목 일간이다.

식상(食傷)의 기운이 강(强)하다.

↳ 식상(食傷)이 용신(用神)인가? 아닌가? 를 먼저 살펴보자.

재(財)가 또 거기에 한술을 더 뜨니, 감당이 안 된다. 재주가 많다 보니 하고 싶은 일도 많다. 이것도 해보고 싶고, 저것도 해보고 싶고, 돈을 쏟아부어도 신약(身弱)하니 하나도 챙기지 못한다. 밑 빠진 독에 물 붓는 격이다.

□ 왕한 수(水)의 기운을 화(火)가 잠재우는 격(格)이다.

○	甲	○	○
午	戌	亥	亥

↳ 해(亥)월의 갑(甲)목 일간이다.

인성이 강하니 식상이 필요한 사주이다.

↳ 천문성을 갖고 있다. 지지(地支)가 → 수화(水火)-상전(相戰)으로 고르게 분포된다. 이 사주(四柱)에서는 → 오(午) 화가 용신(用神)이다.

재(財)인 술(戌) 토가, → 용신(用神)인 오(午) 화와 힘을 합해 사주를 더욱 빛나게 하고 있다. 식상(食傷)이 필요하니 → 육영사업(育英事業)을 한다면 더욱 좋다.

➌ 재(財)로 인한 식상(食傷)으로의 변화이므로, 재(財)가 원인(原因) 제공(提供)을 하는 것인데, 식상(食傷)은 관(官)을 극(剋) 한다. 고로 관재수(官災數)가 발생하는 것이다. 재(財)에 해당하는 육친(六親)을 파악하여 해석.

↳ 처(妻)로 인한 → 관재(官災)일 경우.

처궁(妻宮)은 → 일지(日支)이니, → 일지에 수옥(囚獄) 살, 형살(刑殺)을 놓을 경우.

☪ 재성(財星) 자체에 형살(刑殺)이 걸릴 때.

⊃ 처(妻)와 장모(丈母)님과의 관계.

재성(財星)은 →처(妻)이다. 그리고 식상(食傷)은 → 장모님인데, 처가 장모님을 만나더니 보이지 않고, 장모님만 나타난다. 처가 장모님 뒤에 숨어 보이지 않는다. → 장모님을 앞에 세운다.

⊃ 돈 잃고 사람 바보 되고.

재(財)인 금전(金錢)이 나가고, 식상(食傷)으로 변해 나에게 돌아오니 돈 빌려 주고, 구설에 오른다. 좋은 일 한다고 어렵다기에 주었더니, 고리 이자를 받는다.

⊃ 여성(女性) 경우의 해석.

돈이 나가니 자손인 식상이 생긴다. 돈 주고 자손을 산다.

→ 입양(入養)하는 것도 이에 해당, 인공수정(人工受精)하여 자손을 얻는 것도 같은 맥락이다.

✱ 돈 나가고, 서방 빼앗긴다. → 식상(食傷)이 관(官)을 극(剋) 하므로.

✱ 금전 문제로 남편과 믿음에 금이 간다.

사업자금 대주었더니 남편이 다 날렸다. 이에 아내는 바가지를 긁는다. 남편이 하는 말! 누구나 다 잘하려고 하지 못하려고 하는 사람이 어디 있겠느냐? 항변하면서 조금만 더 참으라 하지만 이미 엎질러진 물 아닌가? → 돈 잃고 남편을 잃는 격이다.

⊃ 천간(天干)에 나타나는 재(財)의 기운이 과연 나에게 어떤 영향을 미치는가도 살펴야 한다.

천간이 → 재요, 지지가 → 식상이라, 지지가 → 천간을 생 한다. 이때 천간으로 투출(投出) 된 재(財)가 어떤 작용을 하고, 길흉관계가 어떠한가? 살펴야 한다. • 재(財)가 식상(食傷)으로 끝나는 것이 운(運)이지만, 그동안 천간(天干)의 재(財)가 지지인 식상(食傷)의 생(生)을 받아 어떤 행동을 하는가? 살펴야 한다.

☐ 재성(財星)이 → 재성(財星)이 되는 경우.

재성(財星)이 변해 재성(財星)이 되니 재성이 일단, 그 세력(勢力)이 더욱 확산. 이에 해당하는 육친(六親)이 빛을 발한다. 그 결과, 일간(日干)에 어떻게 작용하는가?

日干 일간	갑(甲),을(乙)	병(丙),정(丁)	무(戊),기(己)	경(庚),신(辛)	임(壬),계(癸)
	① ⟱	② ⟱	③ ⟱	④ ⟱	⑤ ⟱
재성	토(土)	금(金)	수(水)	목 (木)	화(火)
	↓	↓	↓	↓	↓
재성	토(土)	금(金)	수(水)	목 (木)	화(火)
가능성	○	○	○	○	○

♋ 똑같은 것의 변화라 해도 변화는 변화다. 작은 것이 커지고, 큰 것이 더욱더 커지는 것이니 길(吉)이면 더욱 길(吉)이요, 흉(凶)이면 아주 흉(凶)한 것이다. 되는 집은 아주 잘 되고, 망하는 집은 쫄딱 망하는 것이다.
➲ 같은 것의 덩어리가 이루어지는 것이므로, → 방합(方合)으로 이루어지는 것이 특징이다. 삼합(三合)이나 육합(六合)은 성립되지 않는다.
➲ 이 경우는 굳이 오행(五行)별로 살펴볼 필요도 없다.

☐ 재성(財星)이 변해 → 재성(財星)으로 변할 경우.

재성(財星)이 재성(財星)으로 변하는 것이므로 성격상의 다른 변화는 없다. 다만 그 크기에 따른 변화다. 여기서 주의할 것은 그 반대 급부적인 사항이다. 단순히 같은 사항이라 단순히 생각하고, 통변 하다 실수한다. 재(財)가 기운이 왕(旺) 해지면, 인수(印綬)는 반대로 위축.
• 항상 모든 것이 음(陰), 양(陽)의 원리에 의한다는 것을 명심. 좋아지면 나빠지는 것이 있고, 나빠지면 좋아지는 것이 있다. 이 경우 그 격차가 크게 나타나는 것이

특징.

➲ 재산이 늘고, 변화가 생긴다. 사람의 태도가 바뀌는 것이다.

사람이란 재물이 많아지면 많아질수록 거만해지고, 위아래를 모르는 것이 사실이다. 자기 자신도 모르게 그렇게 변한다. 돈, 재물이란 것이 그렇게 만드는 것이다. 이유인즉 인성(印星)을 극(剋) 하기 때문이다. 돈이 없을 때는 여기저기 아쉬운 소리를 하고 다녀야 한다. 그러면서 면박도 받고, 속 상하는 일도 많이 당하기 마련이다. 그런 후에 어느 정도 안정을 찾고 여유가 생기면 사람이 달라지기 시작하는 것이다. 언제 그랬느냐는 식으로다.

➲ **아내의 변동수.**

재(財)인 ➜ 처(妻)의 변동이 생기기 시작한다. 처(妻)의 기운이 점점 강해지니 안하무인(眼下無人)이다. 그리고 재(財) 자체로 볼 때는 ➜ 견겁(肩劫)이 더 늘어나는 것이므로 탈재(奪財) 현상이다. 아내의 씀씀이가 심하다.

• 처(妻)가 억세어지는 것도 특징이다. 처가(妻家) 또한 결속력이 강(强)해지고, 상황에 따라 길(吉), 흉(凶)으로 구분.

• 재성(財星)이 강(强)해질 때, 일간 자체가 신약(身弱)하면 일간에 좋을 것 하나 없다. 다스릴 기운이 부족한데, 점점 재(財)의 기운이 강해지면 부담만 가중된다. 남편인 일간의 말을 듣지 않는다. 오히려 남편을 갖고 놀려는 생각이다.

➲ 재(財)의 기운이 강해 인수를 극(克) 하니 ➜ 이사수요, 변동(變動) 수 인데, 강압(强壓)에 의한 이동인지, 자의(自意)에 의한 이동인지 전체적인 상황을 보고 판단. 득(得)이 되는 경우. ➜ 기쁜 마음으로 옮기는 것이요, 실(失)이 되는 경우. ➜ 타의(他意)에 의한, 환경(環境)에 의한 이동수.

➲ 돈이 돈을 만드는 것이요, 불어나는 것이다.

이것은 무엇일까? ➜ 돈놀이요, 주식이나, 펀드, 유가증권, 기타 금전으로 화(化)할 수 있는 모든 것이 이에 해당. 이자에 이자가 불어나는 복리 계산식의 방법이다. 돈이 돈을 달고 다닌다. 용신(用神)일 경우, 달고 들어오는 것이고, 아닐 경우는 달고 나간다.

➲ 여자가 자꾸 늘어나는 결과다.

사주가 어느 정도 강하더라도 재(財)가 ➔재국(財局)을 형성한다면 여란(亂)이 생기는 것이다. 여자 문제로 골치다. 그것이 금전일 경우는 ➔ 금전에 휘둘린다. 재(財)가 용신(用神)일 경우는 ➔ 더욱더 좋은 일로 구분.

➲ 신강(身强)과 신약(身弱)의 차이.

신강(身强)일 경우는 ➔ 어느 정도 감내(堪耐)하고, 그 복(福)을 다 받아먹는다.

신약일 경우는 ➔ 오히려 역으로 서게 된다. 봉급이 오르는 경우, 신강(身强)이면 기쁨에 해당, 신약(身弱)이면 오히려 감봉(減俸)의 결과다.

➲ 재생관(財生官)이 이루어지는가?

재(財)를 재(財)로만 논하는 것이 아니다. 재(財)가 많이 늘어날수록 그것의 퇴로(退路)나, 행로(行路)가 보장되어 있는가를 살펴야 한다. 흐름이 어떠한가?

• 재(財)가 흐른다면 썩지 않을 것이요, 재(財)로 효용(效用) 가치(價値)가 있다. 만약 재생관(財生官)이 이루어지지 않는다면 재(財)는 썩고 만다. 자기 혼자 움켜쥐고 만다. 쓰지 않는 경우다. 묶여 있는 땅, 맹지, 버린 땅, 쓸모없는 재물이다.

• 재생살(財生殺)로 이어질 경우, 재(財)로 인한 관재수(官災數)요, 흉사(凶事)가 생긴다. 신약(身弱)일 경우, 영락없다.

□ 재성(財星)이 ➔ 관성(官星)으로 화(化)할 때.

자연 발생적인 흐름이다. 그런데 여기서 주의할 사항이 하나 생긴다. 관성(官星)이라 해도 그것이 살(殺)로 작용하는가? 관(官)으로 작용하는가? 구별해야 한다. 재성(財星)이 ➔ 관성(官星)으로 화(化)하는 것인데, 재생관(財生官)이냐, 재생살(財生殺)이냐? 라는 이야기.

日干 일간	갑(甲),을(乙)	병(丙),정(丁)	무(戊),기(己)	경(庚),신(辛)	임(壬),계(癸)
	① ⇓	② ⇓	③ ⇓	④ ⇓	⑤ ⇓
재성	토(土)	금(金)	수(水)	목 (木)	화(火)
	↓	↓	↓	↓	↓
관성	금(金)	수(水)	목 (木)	화(火)	토(土)
가능성	○	○	○	○	○

❏ 목(木)일주 일 경우.

甲　甲　甲　甲　乙　乙　乙　乙　　⇨ 목 일간이다.

辰　戌　丑　未　辰　戌　丑　未　　⇨ 지지에 재성이 놓인다.

⇨ 이중 성립이 가능한 것은?

갑진(甲辰), 갑술(甲戌), 을축(乙丑), 을미(乙未)이다. (변화가 가능하다.)

❏ 지지(地支)에 재(財)를 놓고 있는 일주를 대입하자.

○　乙　辛　○　　　⇨ 유(酉)월의 을(乙)목 일간이다.

寅　丑　酉　○　　　　재(財)가 변하여 관성(官星)이 된다.

⇨ 을(乙)목 일간이 지지(地支)에 축(丑)토다. 관고(官庫)다. 월지(月支)의 유(酉)
금과 합(合) → 금국(金局)을 이루니 관성(官星)으로 변한 것이다.

→ 천간으로 신(辛)금이 투출 그 기세가 왕(旺)하
다. 재(財)가 → 살(殺)이 된 경우다. 제살태과격
(制殺太過格)이다. 양쪽으로 공격받으니 정신이
없다. 신약(身弱)한 경우니 더더욱 그럴 수밖에.

❏ 화(火)일주일 경우.

丙　丙　丁　丁　　⇨ 천간(天干)이 화(火)일간일 경우.

申　酉　申　酉　　⇨ 지지(地支)가 재(財)인 금(金)이 올 경우.

➲ 여기에서 성립이 가능한 것은 ? → 병신(丙申), 정유(丁酉)이다.

⇨ 천간(天干)이 재(財)이고, 지지(地支)가 관성(官星)인 경우를 보자. 화(火)를 기준(基準)으로 한 것이다.

庚　庚　辛　辛　　⇨ **천간(天干)이 재(財)일 경우.**

亥　子　亥　子　　⇨ 지지(地支)가 관성(官星)일 경우.

➲ 여기에서 성립이 가능한 것은 ?

경자(庚子), 신해(辛亥)이다. (성립이 가능하다.) 재(財)가 들어와서 관성(官星)으로 변화하였으나, ➜ 운(運)에서의 작용(作用)이지만 일간(日干)에 그 작용이 미친다.

○　丙　○　○　　⇨ 오(午)월의 병(丙)화 일간이다.

子　申　午　寅　　시지(時支)의 자(子)수와 합(合).

⇨ 병(丙)화 일간이 화기(火氣)가 왕(旺)하여 기운을 억제할 필요가 있다.

➜ 일지(日支)의 신(申) 금이-시지(時支)의 자(子)수와 합(合) ➜ 관국(官局)을 형성한다. 재(財)인 신(申) 금이 관(官)인 자(子)수와의 관계는 ➜ 재생관(財生官)이다. 사주(四柱)가 신강(身强), 관국(官局)이 형성되므로. ➜ 이쁘니 재생관(財生官)이요, ➜ 미우면 재생살(財生殺)이다.

□ **토(土) 일주일 경우?**

戊　戊　己　己　　⇨ 천간(天干)이 토(土)일간일 경우.

子　亥　子　亥　　지지(地支)가 재(財)인 수(水)가 올 경우.

➲ 여기서 성립이 가능한 것은? 무자(戊子), 기해(己亥)다.

⇨ 천간(天干)이 재(財)이고, 지지(地支)가 관성(官星)인 경우를 보자.

토(土)를 기준(基準)으로 한 것이다.

壬　壬　癸　癸　　⇨ 천간(天干)이 재(財)인 수(水)일간일 경우.

寅　卯　寅　卯　　　지지(地支)가 관성(官星)인 목(木)이 올 경우.

➜ 여기에서 성립이 가능한 것은?

임인(壬寅), 계묘(癸卯)이다.−➜ 변화가 성립된다. 들어와서 변화하는 운(運)의 변화에 그치는 것이 아니라, 일간(日干)에 직접적인 영향을 미친다.

○　己　乙　○　　⇨ 묘(卯)월의 기(己)토 일간이다.

○　亥　卯　○　　일지 재(財)인 해(亥)수→ 관(官)으로 변한다.

⇨ 재(財)인 해(亥)수가 → 관(官)인 묘(卯)와 합하여 → 관국(官局)을 형성.
관(官)의 기운이 강(强)한데, 재까지 힘을 합해 일간을 괴롭힌다.

• 이것 역시 → 재생살(財生殺)이다. 아들이 아비의 말을 안 듣고 제멋대로인데 어미마저 아들의 편을 들어주니 자식은 더욱 기세가 등등, 망나니가 되고, 집안에서 아버지는 완전히 왕따다. 음지(陰地)−전답(田畓)이요, 지형−천리−이다.

❒ 금(金)일주 일 경우는 ?

경(庚)　　경(庚)　　신(辛)　　신(辛)　⇨ 천간(天干)이 금(金)일간일 경우.

인(寅)　　묘(卯)　　인(寅)　　묘(卯)　　　지지(地支)가 재성(財星)일 경우.

⇨ 성립이 가능한 것은 →경인(庚寅), 신묘(辛卯)이다.

⇨ 천간(天干)이 →재(財)이고, 지지(地支)가 → 관성(官星)인 경우를 보자.
　금(金)을 기준(基準)으로 한 것이다.

甲　甲　乙　乙　　⇨ 천간(天干)→ 재(財)인 목(木) 일간일 경우.

巳　午　巳　午　　　지지(地支)→ 관성(官星) 화(火)가 올 경우.

⊃ 여기에서 성립이 가능한 것은?

갑오(甲午), 을사(乙巳). ---- 변화가 성립.

○ **庚 甲** ○   ⇨ 천간(天干)→충(沖)이요, 지지(地支)→합(合).

○ **寅 午** ○   재(財)가 → 관(官)과 합(合)을 형성.

⇨ 경(庚)금 일간 → 지지(地支)에 재(財)를 놓고 있다.

경(庚)금 일간이 오히려 당하고 있다. → 재생살(財生殺)의 형국.

◻ 수(水) 일주일 경우는 ?

壬 壬 癸 癸   ⇨ 천간(天干)이 → 수(水) 일간일 경우.

巳 午 巳 午   ⇨ 지지(地支)가 → 재성(財星)일 경우.

⇨ 성립이 가능한 것은? 계사(癸巳), 임오(壬午)이다.

⇨ 천간(天干)이 →재(財)이고, 지지(地支)가 → 관성(官星)인 경우를 살펴보자.
   수(水)를 기준(基準)으로 한 것이다.

丙 丙 丙 丙 丁 丁 丁 丁   ⇨ 재(財)인 → 화(火)일간일 경우.

辰 戌 丑 未 辰 戌 丑 未   ⇨ 관성(官星)인 → 토(土)가 올 경우.

∩ 여기서 성립이 가능한 것은?

병진(丙辰), 병술(丙戌), 정축(丁丑), 정미(丁未) -- 변화가 성립 안 된다.

○ **癸** ○ ○   ⇨ 미(未)월의 계(癸)수 일간이다.

○ **巳 未** ○   지지(地支)가 → 재국(財局)을 형성.

⇨ 관(官)이 와도 지지(地支)와 합(合)하여 관국(官局)을 형성하지 않는다.

그러나 이것은 일차적이고, 이차방정식을 찾아보자. 화(火)인 →재(財)는 관(官)을
생(生) 하게 되어있다. 외형상으로는 재국(財局)을 형성하지만, 결국 관을 생 하니
관국을 형성하는 것이다. 엄밀한 의미에서는 아니지만 결국 성립되는 것이다. 다른

경우를 보자.

○	壬	○	○
○	午	戌	○

지지 ➜ 오술 합(合), 재국(財局)을 형성.

⇨ 관(官)이 ➜ 재(財)로 변화한 형국.

⇨ 관(官)이 재(財)로 변하였지만, 결국은 관(官)으로 가니 똑같은 결론이다.

□ 재성(財星)이 ➜ 관성(官星)으로 변할 경우의 통변.

• 재성이 ➜ 관성이 된다는 것은, 일간의 입장세서는 대체로 크게 환영할 일이 못된다. 사주가 신강(身强), 능히 다스릴 정도면 가능하나 그런 사주는 그리 많은 편이 못되니, 일반적인 사항이다.

• 재(財)란 일단 일간의 기운, 즉 ➜ 다스림을 필요로 하는 기운인데, 억압받으니 반기를 들고 일간(日干)에게 대항하고, ➜ 일간을 극(剋) 하는 관(官)과 합작한다. 반란을 도모하는 것이다. 여기서 일간이 기운이 약하면 꼼짝없이 당한다. 그러나 일간이 기운이 강하면 오히려 도움이 되어 편안해진다. 기운이 남아돌아 미칠 지경인데 이것 참 잘 되었구나 하고 힘을 적당히 사용한다.

• 사주가 균형을 이룬다. 기운(氣運)이 모자라 역습받는 경우, ➜ 재생살(財生殺)이요, 기운(氣運)이 남아 균형을 이루는 것은 ➜ 재생관(財生官)이다.

➲ 남자에게 ➜ 관(官)은 자식(子息)이다. ➜재(財)란 금전(金錢)이니 금전을 모아 관을 생(生) 하므로 자식에게 주는 것이다. 좋게 보면 투자요, 기반을 닦아주는 것이요, 돈으로 자식을 키우는 것이다.

• 그러는 사이 일간(日干)인 ➜ 아버지 본인은 죽어난다. 허리가 휘는 것이다. 여자의 경우는 ➜ 관(官)이 남편(男便)이므로 열심히 벌어서, 남편 뒤 닦아 주는 것이다. 결국, 자식 좋은 일만 시키고, 남편만 좋은 일 시켜주는 꼴이다. 일간 본인은 그에 대한 달콤함을 못 느낀다.

➲ 돈 상납 ➜ 취직하고, 벼슬한다. 매관매직(賣官賣職)이다.

➲ 돈을 번 후 명예가 따르고, 벼슬을 취한다.(재생관(財生官)에 해당할 경우.)

➲ 재관동림(財官同臨)과 일맥상통(一脈相通) → 결혼 후 자손이 바로 생긴다.

➲ 처가(妻家)에서 취직시켜준다. 처가에서 뒤를 밀어준다.(승진을 위하여, 남편을 위하여 물심양면으로 도움 준다.)

➲ 여자가 돈벌이하려고 생활전선에 나서다 → 관(官)인 애인이 생긴다.

➲ 여자가 돈으로 인해 애인이 생긴다. 남자의 재물에 현혹되어 애인 노릇한다. 다시 말하면 돈에 눈이 멀어 바지 따라나선다.

➲ **재생살(財生殺)에 해당이 될 경우.**

여자를 잘못 건드려 → 관(官)인 자손이 생겨 곤욕을 치른다. 총각일 경우, 괜찮은데 유부남일 경우는 문제가 발생한다.

✽ 혼인빙자 간음도 해당. 돈을 노린 부정행위로 관재수(官災數)다.

✽ 여자는 재(財)인 음식 대접위해 나섰다, 불륜관계로 오해받는다.

✽ 얼마 전에 생긴 일인데, 여성이 술에 취하여 운전을 할 수 없자 대리운전을 시켰는데, 기다리던 남편이 내연의 관계로 오해, 폭행한 적이 있는데 이것도 이에 해당하는 사항이다.

➲ 재(財)가 관(官)으로 둔갑하므로 처(妻)가 살(殺)로 보인다.

이럴 경우, 남자는 집에 들어가기가 싫다. 아내가 무서운 것이다. 밤이 무서운 남자처럼 말이다. 샤워하는 물소리만 들어도 기가 죽는다. 거기에 자식까지 덩달아 아내의 편을 드니 괴로운 것이다. 능력에 관한 문제가 생기면 꼬랑지를 내린다. 돈으로부터 문제가 발생하니 꼼짝 못 한다.

➲ 여자, 돈 소리만 들어도 몸이 시큰거린다.

재다신약(財多身弱)의 경우,→ 욕심은 많은데 이루는 것이 별로 없다. 여자가 생기면 마음고생이요, 돈 걱정이다. 결혼해도 금전에 대한 욕심(慾心)으로 결혼을 한다. 사랑이 우선이 아니다. 까짓거 살면서 맞추면 돼! 하는 사고방식이다. 실상 결혼하면 성격 차이로 후회하는 사람들이 많다. 대체로 재다신약(財多身弱)일 경우, 남성들이 이런 경우가 많다.

➲ 재(財)는 → 음식(飮食)인데, 잘못 먹고 탈 나는 경우도 해당.

특히 인절미처럼 식도가 막혀 질식사하는 경우가 많은데, 특히 상가, 결혼식 등에 참석한 후 대접하는 떡을 잘못 먹고 집에 와서 잠을 자면서 안락사(安樂死)처럼 조용히 세상을 뜨는 경우를 우리는 "밤새 안녕!"이라는 표현을 하는데, 이도 해당.

➲ 좋으면 관(官)이요, 나쁘게 작용을 하면 살(殺)인데, 여성에게 재(財)는 시어머니다. 재(財)인 시어머니가 살(殺)로 작용하면 고부(姑婦)간에 골이 깊어진다. 여기서는 직접적인 위해를 가한다. 남편과 이혼 강요하고, 언어폭력에 심하면 무력도 행사한다. 거기에 시댁 식구들이 가세 하는 경우도 해당. 여성에게 있어서는 안 좋은 경우다. 관재수(官災數)라 조용히 몸조심이 최고다.

➲ 처(妻)가 배신(背信).

→ 재생살(財生殺)로 작용. 정부와 짜고 하는 경우도 있고, 요즈음은 보험 관련 사고가 많다. 보험금을 노린 사건이다. 재생관(財生官)으로 생기는 것이다.

○	庚	丙	○
酉	寅	午	未

⇨ 오(午)월의 경(庚)금일간이다.

재생관(財生官)의 과정을 보자.

⇨ 가뜩이나 관(官)이 많아 골치 아픈데, → 일지(日支)의 인(寅) 목인 재(財)마저 무정하게 돌아서 버린다. 아내마저 못 믿을 팔자다. 재생살(財生殺)로 연결된다. → 처(妻)가 문제요, 돈이 원수다. 아내에게 돈 벌어서 자식 잘 가르치라고 하였건만, 엉뚱한 짓거리로 사고치고 그림자도 보이지 않는다.

• 남자 사주가 재생살(財生殺)의 성향이 강할 경우. → 항상 조심해야 한다.

결국, 당하는 것은 남자다. 그렇다면 여성은 안 당하는가? 아니다. 여성도 당하는데 시집 식구들한테 당한다. 시집살이다. 시달리다, 견디지 못하고 뛰쳐나온다. 남자던, 여자든 돈이라면 누구나 싫어할 사람은 없다.

• 그러나 이런 성향이 강(强)한 사람은 항상 금전과 연관된 만남이라든가, 자리는 항상 조심해야 한다. → 반대로 남성이 여성을 사귈 경우, 이런 성향의 사주라면 그야

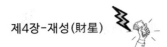

말로 껌 하나 갖고도 작업을 진행한다. 세상에 공짜는 없다. 아차 ! 하는 순간에 코를 베이는 것이다.

제5장

관성(官星)

❏ 관성(官星)

우선 글자를 살펴보자, 관(官)이란 벼슬이다. 관청(官廳)이요, 공무를 집행하는 곳이다. 공무(公務)란 많은 사람 들을 위한 업무(業務)다. 권장(勸獎)도 하고, 애써 일하는 것이다. 여기에서 권장한다는 의미는 부탁이라는 의미도 있지만, 강요하는 뜻도 포함(包含)되어 있다. 당연히 지켜야 하는 규범(規範)과 같은 의미다.

❏ 사주(四柱)의 강약(强弱)에 따른 관살(殺)의 구분.

무엇이든 마찬가지, 내가 능력 있고, 강함을 나타낼 때 모두 나의 편이 되지만, 반대로 나약하고 무능하고, 허약할 때는 등을 보이고 돌아서는 것이 세상사(世上事)의 이치다. 이러한 면에서는 관살(官殺)도 마찬가지다. 강(强)하면 귀(貴)하고, 복(福)스럽고, 길(吉)한 존재(存在)지만, 약(弱)하면 살(殺)이요, 해(害)하고자 하는 흉(凶)한 존재다.

❏ 성격적(性格的)인 면으로 살펴보는 관성(官星).

명예(名譽)를 상징하고, 정직(停職)함과 책임감(責任感)을 나타낸다. 권력(權力)이요, 견고(堅固)함이요, 경고(警告)성이요, 복종(僕從)과 강압(强壓)을 요구한다. 외모로 본다면 수려(秀麗)함이요, 극치다.

❏ 육친(六親)관계로 보는 관성

남편(男便)이요, 부군(夫君)이다. 정부(情婦)도 되고 숨겨둔 남자다. 자손이요, 여성에게는 시댁(媤宅)이요, 시댁의 식구(食口)다.

• 관성(官星)이란 나를 다스리려 하고, 억압하고, 통제하고, 부려먹고, 온갖 방법을 동원하여 괴롭히고, 피곤하게 하는 성향(性向)이 강하다. 이것은 안 좋은 부정적(否定的)인 의미이고, 긍정적(肯定的)인 면으로 본다면 영전(榮轉)하는 것이요, 좋은 결과요, 남의 추앙을 받는 것이요, 세상에 태어나 그야말로 한 번 멋지게 살아가는 것이다. 여기에는 항상 조건이 따라붙는다. 정도(正道)다.

• 올바르지 아니한 편도를 가면서 편법을 자행한다면 관성(官星)은 귀신이요, 염라

대왕이 되어 준엄한 심판을 내린다. 저승사자와도 같다. 잘 나가면 충신(忠信)이요, 못 나가면 역적(逆賊)이다.

❑ 정관(正官)과 편관(偏官)에 대하여.

정관(正官)이란 정도(正道)로 행해지는 관성(官星)이요,

편관(偏官)이란 편도(偏道)로 행해지는 관성(官星)이다.

여기서 말하는 정도(正道)와 편도(偏道)의 차이는 여러 의미로 해석 할 수 있는데, 편도도 편도(偏道)와 편도(便道)로 구분되어 진다. 편의상 편도(偏道)로 사용함을 양지한다. 정도(正道) 역시 그 종류가 많음을 미리 설명.

• 직업적(職業的)인 면으로 본다면 정관(正官)은 정통관료로 주로 행정관(行政官)을 뜻하는데, 말직(末職)부터 승진하는 경우, 정관으로 → 장관이 되려면 30년은 족히 걸리는 것이요, → 편관으로 신왕(身旺)-관왕(官旺)이면 하루아침에 발탁되어 장관이 되는 것이다. • 물론 기본적으로 편관(偏官)이라도 어느 정도는 정관(正官)의 길을 가기도 한다. 편관(偏官)은 군인, 무관, 법관, 경찰, 검찰, 형무관, 별정직, 임시직 등. 정관도 많으면 편관의 역할을 하는 것이요, 편관도 많으면 정관의 역할을 한다.

➲ 여성의 사주에서 남편(男便)의 자리는?

여성에게 있어서 → 남편은 관(官)이다. 관이 어디에 있는 가 보는 것이다. 여성의 사주에서 → 남편은 년(年), 월(月)에 있는 것을 보는 것이다. 시지(時支)에 있는 경우도 있으나, 해석(解釋)이 여러 가지로 나온다. 왜 → 년(年), 월(月)을 보는가? 이유는 여러 가지다. 대체로 → 남편은 아내보다 군림하는 위치에 있다.

• 가장(家長)이라는 직책을 갖고 가정을 이끄는 사람이므로 자연 일간(日干)인 여성 본인보다는 위인 월(月)이나, 년(年)에 있는 것이다.

➲ 시(時)에 있을 경우.

관(官)이 보이지 않고 시(時)에만 보일 경우,→ 남편(男便)으로 본다. 관(官)이 중복 될 경우는 → 시(時)의 관(官)을 정부(情夫)로 본다. 남편의 나이가 어리거나, 철이 덜 들었다 본다.

□ 년간(年干)의 경(庚)→ 을(乙)목 일간과 합되어 좋은 관계다.

○ 乙 辛 庚   ⇨ 천간(天干)으로 관(官)이 둘이나 보인다.

○ 亥 巳 辰   지지(地支)를 살펴보자.

⇨ 월간(月干)의 신(辛)금 → 을(乙)-신(辛)→충(沖)이요, → 지지(地支)가 사(巳)-해(亥) → 충(沖)으로 영 맞지 않는다. 항상 불화(不和)가 심하다. 을(乙) 목 여성은 현재 누구와 살고 있겠는가? 월간(月干)의 신(辛) 금과 살고 있다. 년간(年干)의 경(庚) 금은 → 신(辛) 금이 가로막고 있어 갈 수 없다. 을(乙)-경(庚) → 합(合) 하려 해도 신(辛) 금이 중간에서 을(乙)-신(辛) → 충(沖)으로 두들겨 팬다. → "내가 있는데 감히 어디를 가려고!" 하면서 "내가 사랑해 줄 것이니 군소리 말고 나를 따라와!" 하면서 끌고 간다.

→ 년 간(年干)의 경(庚) 금은 왜 이루어지지 않을까? 진(辰)-해(亥)→ 원진(元嗔)이니 인연(因緣)이 없다. 그리고 신(辛) 금이라는 방해자가 항상 버티고 있다. 경(庚) 금과는 서로가 좋아 죽을 정도지만, 신(辛) 금에게는 항상 구박받고 산다. 그러니 항상 옛 생각 하면서, 첫사랑을 생각.

□ 월(月)에 남편 → 신(辛)금이 있다. 시(時)에 경(庚)금 → 관(官)이 있다.

庚 乙 辛 ○   ⇨ 이 경우는 어떨까?

○ ○ ○ ○   시(時)에 있는데, 그것도 천간(天干).

⇨ 을(乙)목 일간의 여성(女性)은 어떻게 할 것인가?

남편과는 뜻이 잘 통하지 않아 충돌(衝突)이 잦다, 반면에 밖에서 만나는 경(庚) 금과는 죽고 못 산다. 내연(內緣)의 관계를 유지하고 지낸다. 물론 전체적인 상황을 보아야 알겠지만, 그리 보는 것이다. 그럼 결혼할 때는 어떻게 했겠는가?

→ 편관(偏官)이다. 갑작스럽게 이루어진 혼사(婚事).

번갯불에 콩 볶아 먹는 상황이다. 억지 결혼이다. 마음 내키지 않은 결혼이다. 거의 반강제적인 혼인이다. 편관(偏官)은 영원한 편관이다. 정관(正官)이 나타나 있거나, 운(運)에서 나타난다면 영락없이 사고를 친다. → 정관(正官)과는 합이 들기 때문에, 편관(偏官)은,→ 편관일 수밖에 없다.

➲ 여자의 사주에서 정관(正官)은 남편(男便)인데, 정관이 둘이면 어느 정관을 본 남편으로 보아야 하는가?

丙	辛	丙	○
子	○	○	○

⇨ 신(辛)–금(金) 일간 여성(女性).

월(月), 시(時)에 정관(正官)이 둘이 있다.

⇨ 이 경우는 → 월간(月干)의 병(丙) 화를 본 남편으로 보고, → 시간(時干)에 있는 병(丙)화를 정부(情夫)로 본다.

• 시지(時支)의 자(子)수가 시간(時干) 병(丙)화의 자손이다. 유부남(有婦男)이다. 합(合)이 많다고 좋은 것은 아니다. 그만큼 문란(紊亂)하다. 여기서 일주(日柱)를 보고 판단하는 방법을 살펴보자.

병(丙)
인(寅) ⇨ 지지(地支)에 인성(印星)을 놓고 있으니, 능력 있고, 매너도 좋다.
병(丙)
신(申) ⇨ 지지(地支)에 재(財)를 놓고 있으니 자기 부인(婦人) 안 버린다.
병(丙)
술(戌) ⇨ 화개(華蓋)성이니 종교(宗敎)에 심취하고, 그쪽 사람 좋아한다.
병(丙)
진(辰) ⇨ 회기가 되니 무능력하다. 쓸데없이 기운 낭비(浪費)하는 사람.

➔ 충(沖)이란 무엇인가?

관(官)에서, 필히 나오는 것이 있으니 ➔ 충(沖)이다. 간혹 곡해(曲解)하는 부분이 생기는데, 그것은 극(尅)과 충(沖)을 확실하게 구분해야 한다. 방위(方位)의 대립(對立)이다. 동(東), 서(西), 남(南), 북(北)의 대립이다. 가로, 세로의 각 각의 선에서 마주 보고 충돌. 같은 선상에서 서로 부딪히는 것이니, 피할 수 없다.

⊙ (음(陰)은 음(陰)을, 양(陽)은 양(陽)을 ➔ 충(沖).)
서로의 성향을 잘 알고, 서로가 양보가 없으므로 충(沖)이 발생할 경우, 그 타격은 크다.

	북(北) : 임(壬), 계(癸)	
서(西) : 경(庚), 신(辛)	←──↕──→	동(東) :갑(甲) 을(乙)
	남(南) : 병(丙), 정(丁)	

❑ 일간(日干)의 기운(氣運)이 약(弱)하면, 즉 신약(身弱)이면 살(煞) 작용을 한다고 하였는데, 아주 약한 그것도 한없이 약(弱)할 경우는, 살(煞)이 지나치다 보니 귀(鬼)의 작용을 한다.

➔ 귀(鬼)의 작용(作用)은 무엇으로 나타나나?
귀(鬼)는 귀신(鬼神)이다. 관살(官殺)이 많으면 접신이 잘 된다, 그 이유는 무엇일까? 관살이 많으면 일단 사주(四柱)가 신약(身弱)이다. 관(官)이 국(局)을 형성하고 있다면 그것은 이야기가 또 달라진다. 운동선수를 한다던가, 나름의 재능이다. 여기서 말하는 관(官)이 많다는 것은 오합지졸(烏合之卒)이다. 주눅 들어 사는 것이다. 관(官)의 지배(支配)를 받으니 항상 기(氣)가 약(弱)한 것이요, 눈치 보고 사는 인생이다. 남의 다스림에 익숙하여진 것이다. 관살(官殺)이 많으니 항상 아픈 곳이 많다.
• 정관(正官)도 많으면 편관(偏官) 역할을 하니 사람이 엉뚱해진다. 기가 약하니 소

위 말하는 빙의니 뭐니 하는 소리가 나온다. 이런 사람들의 성격이나, 심리상태를 보면 내성적이고, 발표력이 약하고, 남에게 미안하다는 소리를 잘 못 하고, 괴팍한 스타일의 성격이 많고, 우울증이나, 정신-분열증 등 정신적인 문제가 많다. 최면도 기(氣)가 강한 사람은 절대 최면에 걸리지 않는다. "나는 최면에 절대로 걸리지 않는다."라고 하면서 자기암시를 주어보라, 절대로 최면에 걸리지 않는다. 그리고 왜 최면에 걸린다는 말을 하는가? 걸린다는 것은 무슨 뜻일까? 곰곰 생각해보자. 일단 분위기에 적응하려 하고, 최면을 거는 사람의 의도에 따라 노력하려고 해보라, 그러면 최면에 쉽게 걸린다.

➲ **관살은 규율(規律)이요, 법(法)이다.**

※ 신강(身强)이라면 자기가 스스로 환경을 지배하고, 법(法)도 다스릴 정도다.
"내 말이 법이다."라고 할 정도로 자기주장 또한 강(强)하므로 오히려 "규율(規律) 따위?" 하면서 무시하는 경향마저 보이므로 지배자(支配者)의 위치에 서게 된다.
※ 신약(身弱)이라면 항상 당하는 입장이므로, 지배를 받는다.

➲ **투간(透干)된 경우의 통변.**

투간(透干)이 되었다 함은 ➜ 천간으로 투출(透出) 되었음을 나타낸다. 겉으로 완전히 드러난 상태다. 공공연한 입장을 나타내는데, 공식적으로 발표하고, 남에게 떠벌리고, 자랑하고, 까-발린다.

• 남자의 사주에서 재(財)가 천간(天干)에 투간(透干) 되었다면 자기 마누라 자랑하기 바쁜 사람이요, 투간(透干)의 반대는 암장(暗葬)인데, 지지(地支) 속에 천간(天干)을 갖고 있다. 암장일 경우는 마누라 자랑 안 한다.

• 여자 사주에 ➜ 관(官)이 투간(透干)되어 있다면 남편 자랑 잘하는 아내요, 암장

(暗葬)으로 있다면 →그 반대다.

➲ 관(官)이란 무엇을 의미하는가?

관(官)이란 나이에 따라서, 성별에 따라서, 환경에 따라서 그 의미가 달라진다. 물론 다른 육친 경우도 마찬가지다.

• 일반적인 해석을 한다면 →규율(規律)이요, 법(法)이요, 직업(職業)이요, 명예(名譽)요, 권력(權力)이요, 이와 유사한 것을 통틀어 말한다. 관운에는 →직장을 갖는 것이요, 취업하는 것이다. 여자에게 관은 남편인데 왜 그럴까? 관(官)은 직장인데 남편을 맞는다는 것은, → 평생직장을 갖는 것이다.

• 관(官)이란 →곧잘 장(長)으로 연결된다. 중책(重責)을 맞는다. 물론 관(官)이 사주(四柱)에서 길(吉)로 작용할 경우다. 인수와 연결되면서 장(長)으로 연결이 되면 →종친회장이요, 의회 의원이요 비견, 겁으로 연결이 되면서 →장(長)으로 연결된다면 동문회장이요, 친목회장이요, 동호회 회장이요,

→식상(食傷)으로 연결되면서 장(長)이 되면 → 육영, 육아 사업이나, 사회사업 같은 곳의 장(長)이다. → 공직(公職)으로 본다면 사회 복지부, 보사부도 괜찮고, 비영리 법인의 장(長)이다.

➲ 남성의 경우 → 관(官)이 자손(子孫)인데 아들과 딸의 구별.

양(陽)일 경우는 아들로 보고, 음(陰)일 경우는 딸로 본다. 관인(官印)−상생(相生)이 잘 이루어지면 → 자식(子息)이 기대 이상으로 발전하고, 부모(父母)에게도 잘한다.

➲ 오행(五行)의 수리(數理)로 살펴보는 남녀(男女)관계.

관(官)에 해당하는 오행(五行)이 무엇인가 살펴본다. 남녀 간에 있어서 →재(財)를 살핀다면 남자(男子) 사주요, → 관(官)을 살펴본다면 여자(女子) 사주다. 관(官)을 살피는데 → 관(官)이 수(水)가 될 경우라면? 1과 6이다.

⇨ 1년 아니면 6년이다. 그 과정을 살펴보자.

◉ 1년 동안은 둘이 잘 지낸다. → 수(水)이니 잘 흐른다.

⊙ 2년째는 화(火)이므로 ➔ 둘이 미친다.

⊙ 3년째는 기운이 빠진다. ➔ 수생목(水生木) 이므로,

⊙ 4년째는 그리워하며 생각을 하는 기간이다. ➔ 금(金)이니 인수(印綬)니까,

⊙ 5년째는 토(土)이므로 ➔ 미워하고, 토라지고, 보기도 싫어진다.

⊙ 6년째는 다시 큰 강물을 이루면서 만나는데, ➔ 그사이 미운 정(情), 고운 정(情)이 다 든 것이다.

➲ **신왕관왕(身旺官旺)일 경우는 어떤가?**

신왕관왕(身旺官旺)일 경우는 ➔ 일간(日干)이 왕(旺)하면서 관(官)도 기운(氣運)이 충분하다. 길명(吉命)의 사주로 국가의 부름을 받는 사람이다.

▢ **국가(國家)의 록(祿)을 먹는다.**

丙	庚	○	○
戊	寅	酉	丑

⇨ 병(丙)－경(庚)성(星)을 갖추니 목소리가 우렁차다.

신왕관왕(身旺官旺)한 경우이다.

⇨ 일지(日支) 인(寅)목이 ➔재(財)인 처(妻)이다. 재생관(財生官)의 역할을 잘한다. 더욱이 ➔ 관(官)과 관(官)으로 합(合)을 이루니 대단한 여성(女性)이다.
쇠가 제련(製鍊)이 잘되니, 그 소리가 만천하에 울린다.

➲ **신약(身弱)하고 관살(官殺)이 혼잡(混雜)한 사주(四柱)일 경우?**

乙	乙	○	庚
酉	卯	申	辛

⇨ 신(申)월의 을(乙)목 일간(日干)이다.

지지(地支)가 어지럽다.

⇨ 습목(濕木)이요, 관(官)의 기운이 너무 강(强)하다.
충(沖)에다, 귀문(鬼門)－관살(官殺)이 혼합(混合)되어 있으니 그야말로 정신(精神)없는 사람이다. ➔신약(身弱)에서도 최(最)－약(弱)의 상황.

❂ 혼잡(混雜)하다 함은 ➔ 탁격(濁格).

진흙탕 물이다. 식수(食水)도, 공업용수(工業用水)로도 사용이 불가(不可)한 것이

다. 아무 쓸모가 없다.

✪ 천격(賤格)으로 밑바닥이다.

직업을 택해도 3D 업종에, ➔ 그나마 그것도 하늘의 별 따기다.

✪ 사람과의 인연.

한 마디로 사고무친(四顧無親)이다. 아무리 둘러보고 찾아보아도 나를 이해하고 같이 진지한 대화를 나눌 사람이 없다. 친척과의 인연도 없다.

❖ 태어날 때부터 가난한 집안에서 태어났고, 조금 형편이 나은 집안에서 태어났다 해도 낳자마자 집안이 기울기 시작한 것이다.

❖ 탄생의 기쁨을 맛보지 못하고 태어난다. 그러다 보니 자라면서도 천덕꾸러기요, 밖에 나가면 동네북이요, 가는 곳마다 왕따다.

❖ 어디 하찮은 곳이라도 필요로 찾아주기 기다려도 아무 곳에도 쓸모 없다며 반기지를 않는다.

인간사 사는 것이 가끔은 허망하고, 왜 사는 가? 하고 스스로 의문을 갖는다.

❖ 성장하면서도 참다운 사랑 한 번 제대로 받아보지 못하고 자라난다.

오매불망 그리운 것이 사랑이요, 정(情)이다. 누가 부드러운 말 한마디만 해도 그저 고맙고 반가운 사람이다. 조금이라도 도움을 준다면 간이고, 쓸개고 다 빼줄 것만 같은 그런 사람이다. 그러다 보니 후에 성장하여 배우자를 구한다면 남자는 치마만 둘러도 좋고, 여자는 바지만 입고 있으면 된다.

❖비요즉빈(非夭則貧)이라 일찍 명줄이 끊어지거나, 곤궁한 삶을 지낸다.

서럽게 태어나 한 많은 인생을 사는 사람인데 밑바닥 인생이요, 천하게 삶을 사니 자기의 명(命)줄은 그런대로 유지한다. 그런데 이런 사람이 욕심을 부려 한밑천을 두둑이 잡았다면 어떤 현상이 나올까? 재물(財物)인 재(財)가 많이 모이니 자연 재생살(財生殺)이라 가뜩이나 관(官)에 고통이 심한데, 한 짐을 더 얹는다. 팔자에 없는 재물이 많이 생겨도 잠시 잠깐이지, 어디 그것이 나의 것이 되겠는가?

• 흔히들 우리는 주변에서 이런 사람들을 가끔 볼 것이다. 고생고생해서 재물을 어느 정도 모아서 "아! 이제는 먹고 살 만 하겠구나."하고 생각하는 순간 세상을 하직 한다. 주변에서는 "아이고! 그리 고생 고생하여 이제는 고생을 면하고 행복(幸福)이란 소

리 들고 살겠구나." 했는데 "참! 지지리도 복 없는 사람이야!" 목숨과 재물을 바꾼 사람이다. 오래 살려면 재물을 버려야 하는 사람이다. 하늘은 사람에게 두 가지를 한꺼번에 주지를 않는다. 간혹 그런 경우가 있으나, 그것은 선택받은 사람이다.

❖ **관재수(官災數)에 걸려 문제가 생길 경우,**

• 모르쇠로 일관하는 것이 제일 상책이다. 경찰이나, 검찰에 소환이 되었을 경우 유도 심문에 쉽게 넘어간다. 관살(官殺)이 왕(旺) 하니 항상 주눅 들어 지내니, 조금만 겁주는 소리를 해도 금방 포기하고 두 손 들고 만다.

• 무엇을 물어 와도 그저 기억이 없다던가, 생각이 잘 안 난다던가, 글쎄요? 라든가 하여튼 모르쇠로 일관하는 것이 사는 길이다. 그리고 부득이한 경우라면 차라리 모든 것을 까발리어 차라리 "법대로 하소서" 하는 식으로 나간다. 어차피 포기한 일이면 말이다.

❖ 누명 잘 쓰고, 배신당하고, 이용당하고, 토사구팽(兔死狗烹)의 전형이다.

운(運)에서 ➜천간(天干)으로 충(沖)이요, ➜ 지지(地支)로 충(沖)일 경우는 위로 터지고, 밑으로 깨지고, 정신없는 운(運)이다. 이런 운(運)에는 세상 사는 것을 조심 해야 한다.

• 아내는 실컷 해주어야 좋은 소리 안 한다. 항상 부족하단다. 이것 같고 되겠어요? 다른 집들은 −. 비교하는 것이 안 좋은 일인데 그런 것 상관이 없단다. 부족하고, 모자라는 남편만 닦달한다. 결국, 배신하고 여자는 안녕을 고한다. 집 팔아 챙기고, 패물, 현금 다 챙기고, 남편을 빈손으로 남겨두고 떠나간다. 가면서 하는 말, "당신이 지금까지 한 것이 뭐가 있어! 그동안 살아준 것도 고마워 할 줄 알아야지! "재수(財數) 없어 감옥 간다 해도 바지사장 하다 억울하게 책임지고 다 뒤집어쓰고 들어간다.

❖ **직장(職場)의 변화(變化)가 심하다.**

다자무자(多者無者)라고 관(官)이 많으니 직장(職場)이 많다. 일자리가 많다보니 한 곳에 진득이 있지 못한다. 결국 일할 곳이 없다. 이유는 주변머리 없고, 무능하고, 시켜야 움직이니, 답답해서 "내일 부터는 집에서 쉬십시오.! " 하고 권고(勸告)성 해 직 인사다. 말단(末端)직에서 겨우 자리 지키고, 승진한다 해도 부하직원으로부터 무시를 당하고, 추월(追越)당해 스스로 자리를 박차고 나온다. 관(官)은 자손이다.

• 사람은 나이가 들면 관인 자손에게 기댈 수밖에 없다. 자식이 커갈수록 부모는 관의 기운에, 모든 면에서는 감당하기 힘들어진다. 그러니 관(官)인 직장(職場)에서도 자연 퇴출되고 밀려나는 것이 흐름이다. 인정할 줄 알아야 한다.

◉ 요즈음 나이가 들어 정년퇴직(停年退職)이나, 명퇴하여 다른 직장(職場)을 찾는 사람들이 의외로 많다. 또 나이가 들었어도 건강을 위해, 자신을 위해 일자리를 요구하는 연세 드신 분들도 많다. 이런 분들이 상담 왔을 경우, 어떤 방법으로 상담하는 것이 좋을까? 일종(一種)의 변화(變化)다. 변화에 중점을 두어야 한다.

• 예를 들어 51세인 사람이 직업의 변화를 꾀한다고 하자. 물론 같은 계열이나 직종이면 상담하는 방법이 또 달라진다. 그러나 다른 직업으로의 전환이 많은 편이다. 우선 자연으로 비유하자. 51세이므로 나무로 친다면 50년생의 나무다. 이 나무를 다른 곳으로 옮기는 것이다. 옮기려고 하면 일단 옮길 장소를 물색하고, 그곳의 토질(土質)은 어떤가? 배수는 어떤가? 일조량은 어떤가? 풍량은 어떤가? 기타 생존의 여러 환경을 면밀히 검토한다. 나무와의 역학적(力學的) 관계를 엄밀히 따져보아야 한다. 상담하면서 많은 대화(對話)가 필요하다는 것이다. 물론 상담 시 대화야 하겠지만 핵심사항을 짚어야 한다.

• 직업과 적성, 나이, 보수 관계 및 여건, 환경, 장래성, 체력적인 문제 등등 젊은 사람도 아닌데 무엇을 따지느냐고 할지 모르지만, 오히려 더 자세한 상담이 필요한 것이다. 써주는데도 별로 없는데 아무 곳이라도 좋다면 이것은 문제다. 일에 대한 긍지다. 꼭 한다는 사명의식도 필요하다. 그렇지 않으면 대다수가 오래가지 못한다. 어느 정도 가능성이 확인된다면 그다음은 옮기는 것이다. 특히 오래된 나무이므로 굵기도 문제이지만 그 뿌리가 문제다. 한곳에 오래 있어 뿌리가 굵어진 나무이니 잔뿌리는 얼마나 많겠는가? 심적으로도 타격이 큰 것이요, 여러 감회가 새로울 것이다. 결국, 잔잔한 잔뿌리는 많이 희생된다. 굵은 뿌리를 중심으로 하여 옮긴다.

• 여기에서 잔뿌리는 감정이요, 회한이요, 여러 가지다. 다 통틀어 과거라 치자. 큰 뿌리를 중심으로 옮겨졌어도 새로운 자리에 적응하려면 또 시간이 걸린다. 잘못하면 고사(枯死)하는 수도 있으니 더욱 신경 써야 한다. 어린 묘목(苗木) 같으면 옮기

기도 쉽고, 관리도 쉬운 일이지만 고목(古木) 일수록 더 까다롭다.

• 잔뿌리부터 내리기 시작하여 확고한 자리를 지탱하기 위해서는 몇 년이라는 시간을 보내야 할 것이다. 인고(忍苦)의 시간이다. 그래서 한 번 자리를 옮기면 많은 시간이 필요한 것이다. 관(官)이 많아 직장을 자주 옮기게 되는 사람들은 참고 인내하는 습관을 키우도록 노력해야 하는 것이다. 노력하여 안 될 일이 어디 있는가?

❖ **가정적(家庭的)으로 왕따다.**

관(官)이라 자식의 힘이 막강하니 자식(子息) 보기 겁난다. 오늘 핸드폰 망가져서 새로 하나 구입해야 할 것 같은데 돈 좀 주세요! 묵묵부답이다. "아! 내가 돈만 잘 번다면 팍팍 줄 터인데--" 자식 앞에 떳떳이 나서기도 힘이 들어 고민이 많다. 아내 역시 "도대체 뭐 하고 다니는 사람인가요?" 매일 직장은 나간다고 하면서 월급은 개 콧구멍만큼 가져오고 살자는 거요? 말자는 거요? 이래저래 터지고 사는 인생이다. 아! 내가 왜 사는가?

✪ **모처불합(母妻不合)이다.**

처(妻)와 어머니인 ➜ 인수(印綬)와 재(財)의 관계를 살펴보자. 재살(財殺)이 왕(旺) 하므로 인수인 어머니는 며느리 눈치를 보느라 맥을 못 춘다. 처(妻)가 어머니를 무시하고 따지기 일쑤다. 자식도 좀 똑똑한 자식을 낳지 원! 처(妻)를 얻어도 악처(惡妻)를 얻는다.

✪ **타자양육(他子養育)이다.**

자식(子息)인 관(官)이 많다 보니 ➜ 어느 자식이 내 자식인지 구별 안 간다. 자식(子息)이라고는 있어도 부모(父母)의 마음을 헤아리는 자식이 없다. 남의 집 잘하는 자식들이 부럽다. 재혼할 경우, 씨 다른 자식을 데리고 오니 남의 자식 키우는 것이다. 살면서도 심적 고통이다.

✪ **양처득자(兩妻得子)다.**

재살(財殺)이 혼잡이니 처(妻)도 많고, 자식(子息)도 많다. 그러다 보니 이혼(離婚)하고 재혼(再婚), 또다시 자식을 낳는다. 자식들로부터 존경받는 아버지가 되지 못한다.

✪ **사업(事業)하면 백전백패(百戰百敗)다.**

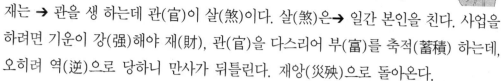

재는 → 관을 생 하는데 관(官)이 살(煞)이다. 살(煞)은→ 일간 본인을 친다. 사업을 하려면 기운이 강(强)해야 재(財), 관(官)을 다스리어 부(富)를 축적(蓄積) 하는데, 오히려 역(逆)으로 당하니 만사가 뒤틀린다. 재앙(災殃)으로 돌아온다.

• 일간(日干)이 약(弱)하므로 재물(財物)도 나의 것으로 만들지 못하고, 관리도 능력이 없어 못 한다. 사업은 아예 접는 것이 좋다.

庚 己 丙 甲
午 亥 子 寅

▷ 자(子)월의 기(己)토 일간이다.

오행(五行)의 구성은 일단 다 있다.

▷ 일간(日干)인 기(己) 토가 신약(身弱)하고, 동토(凍土)로 얼어있는 흙이다. 용신(用神)은 시지(時支)의 오(午) 화다. 월간(月干)의 병(丙)-화는 꺼져가는 불이다. 실질적인 기운(氣運)은 수(水)가 당권(當權)하고 있다. 인수(印綬)인 용신(用神)이 맥을 못 추고 있다. 이런 사람이 사업을 계획하고 하려 한다면? 재(財)가 강(强)하니 • 일단 계산은 빠르고, 나름대로 욕심은 있다. 그리고 무엇이 돈이 될 것인가도 어느 정도는 판단한다. 문제는 신약(身弱)으로 관리능력(管理能力)이 부족(不足)하다.

➲ 자식 낳고, 되는 일이 없다.

관(官) → 자식(子息)이 더 늘어나니 관(官)에 치이는데, 또 치인다. 자연 재산(財産)도 감소된다.

○ 甲 庚 ○
卯 申 申 酉

▷ 신(申)월의 갑(甲)목 일간이다.

관(官)이 과하면서 흉(凶)으로 작용을 하고 있다.

▷ 충(沖)에, 귀문(鬼門)-관살(官殺)의 연속이다.

• 사람이란 순리(順理)에 맞게 사는 것이 인생(人生)의 도리다. 팔자(八字)에 없는 자식을 억지로 수단과 방법을 안 가리고 낳았다 하자. 과연 그것이 행복을 찾는 길일까?

• 아들을 얻게 되면 그 시간부터 모든 것의 흐름이 뒤틀린다. 일에 자신이 안 생기고 직장도 떨어지고, 매사가 두렵기만 하고 활동성이 갑자기 줄어든다. 대인기피증이 갑자기 생기고, 우울증에 시달린다. 다 업보(業報)다.

➲ **업보(業報)로 살펴보는 육친(六親)의 쏠림.**

❖ 인수(印綬)가 많아서 ➜ 흉(凶)작용 할 때.

할아버지가 두 분이라서 ➜제사상 싸움한다.

❖ 비견(比肩)과 비겁(比劫)이 많아서 ➜ 흉(凶)작용을 할 때..

비견(比肩)과 비겁(比劫)이 많다는 것은 ➜ 형제가 많다.

아버지가 씨를 많이 뿌린 것이다. ➜ 업보(業報)를 내가 받는다. 여자를 울린 죄다.

❖ 식상(食傷)이 많아 ➜ 흉(凶)으로 작용할 경우.

식상(食傷)은 할머니다. 할머니가 많은 것이 업(業)이다. 한(恨)이로세.

❖ 관살(官殺)이 많아 ➜ 흉(凶)일 경우.

고조할아버지 대(代)에서 업(業)으로 작용(作用)한다. 그 업(業)이 나에게로 떨어진 것이다.

◻ **관살(官殺)에 대한 통변과 해석.**

➲ **관살(官殺)은 ➜ 인수(印綬)를 생(生)한다.**

✪ **관인(官印)상생(相生)**

관성(官星)은 인수(印綬)를 생(生) 한다. 일단 사주가 신강(身强) 해야 성립되는 말이다. 복(福)도 다 내가 건강하고, 능력이 있어야 찾아 먹고, 받는다. 관(官)이 ➜ 인수(印綬)를 생(生) 하니 인수(印綬) 또한 절로 ➜ 아(我)인 일간(日干)을 생(生)하여 일간을 튼튼하고, 건강하게 한다.

• 관성(官星)은 근본적(根本的)으로 일단은 일간(日干)을 극(剋) 하려고 하는 것이 생리(生理)다. 이때 일간(日干)이 허약(虛弱)하면 공격을 받는다. 그러나 일간(日

干)이 건강하고, 튼튼하면 관성(官星)은 일간(日干)을 쉽사리 공격하지 못한다. 망설이면서 기회를 엿-보는데, 이때 자기의 본분인 인수(印綬)를 생(生) 하는 것을 하게 된다. 그러다 보면 관성(官星)의 기운이 점차로 순화(純化), 일간을 극(剋) 하려는 기운(氣運)도 자체적으로 감소(減少).

● 관-인(官印)-상생(相生)이 잘되는 사람은 협상의 명수요, 기회를 잘 활용하는 사람이다. 적을 나의 편으로 나의 사람으로 십분 활용.

✪ **살(煞)-인(印)상생(相生)**

사주가 신약(身弱)할 때 쓰이는 용어다.

● 관성(官星)은 일간(日干)이 약(弱)한 것을 알고 일단 먼저 건드려본다. 일간은 여기서 꼼짝 못 한다. 이때 인수는 관(官)에 무엇 하고 있느냐? 빨리 인수(印綬)를 생(生) 하라 독촉한다. 마지못해 인수(印綬)를 생(生) 하면, 인수는 일간을 생조(生助)한다.

● 그러나 이미 상처를 입은 일간은 시간이 더디다. 인수가 일간을 생 하는 사이, 관(官)은 살(煞)이 되어 또 일간을 극(剋) 한다. 병 주고, 약 주고 하니 일간(日干)에는 아무런 도움이 안 된다. 정신만 더 산란해지고 일이 엉망이다.

❑ **음(陰)과 양(陽)의 비율이 반 반 으로 나누어진다.**

| 甲 | 丙 | 壬 | 壬 | ⇨ 자(子)월의 병(丙)화 일간이다. |
| 午 | 寅 | 子 | 申 | 지지(地支)가 수화(水火) 상전(相戰)이다. |

⇨ 여기에서 어떻게 판단 내릴 것인가? 월(月)의 기운(氣運)이 제일 강(强)하고 젊은 시절 모든 것이 어느 정도 윤곽이 드러날 때까지 흐르는 기운(氣運) ➜ 수(水)인 관(官)의 기운이 강하다. 항상 앞으로의 운(運)을 본다. 대운(大運)을 배제하고 일단 원국(原局)을 중심으로 한다.

● 정하여진 운(運)을 보는 것이다. 선천적(先天的)인 운(運)이다. 짜여진 틀을 보는 것이다. 이것이 일차방정식(一次方程式)이다. 이차방정식(二次方

程式)은 대운을 대입하여 다시 본다. 그러나 일차적인 면을 중시하지 않고 서둘러 대운(大運)을 대입하여 전체를 판단하는 것은 섣부르다.

● 일차적인 면을 더 살펴보자. 병(丙)화 일간을 어느 한 중소기업(中小企業)이라 하자. 수(水)인 대기업(大企業) 상대 경쟁자들의 기운(氣運)이 강하다. 기획(企劃)력에서부터, 자금(資金)력 이라던가 모든 면에서 병(丙)화 기업을 압도하고 있다. 병(丙)화 중소기업 입장에서 지금 중소기업들이 힘을 합해 대기업에 대항해야 하는데, 아직 대기업의 하청(下請)을 받아 나름대로 명맥(命脈)을 유지하는 수준이라 서로가 다 힘들다.

● 병(丙)화 일간이 지지(地支)의 인(寅) 목에 의지하여 3. 8목으로 3개월을 버티자 조금씩 자금난으로 휘청거리기 시작한다. 앞으로 4, 5, 6개월이 문제다.

● 이때 인성(印星) → 인(寅) 목을 앞세워 수(水)인 대기업(大企業)과 담판(談判)을 짓는다. 우리는 세부적(細部的)인 면에서 특출한 기획(企劃)력, 기술(技術)을 보유하고 있다. 당신들 대기업도 서로의 경쟁 상대가 있을 것이 아닌가?

● 지금 우리가 이 기술을 갖고 당신의 경쟁기업으로 유출(流出)한다면 엄청난 피해를 입을 것이요, 그러니 우리가 현재 자금력이 약간 부족하니 도와준다면 기술의 일부를 당신들이 사용하도록 할 것이니 의향이 어떠신지요? 하고 담판 짓는다. 이에 승낙하고 어음의 결제를 도와준다. 그리하여 무난히 난국(亂國)을 해결하고 다시 정상적인 환경을 조성한다. 이런 경우는 가능성이라던가, 기력이 있는 경우다.

☐ **합(合)과 충(沖), 형(刑)이 어우러진 사주다.**

辛 丙 壬 壬 　　⇨ 자(子)월 병(丙)화 일간이다.

卯 子 子 申 　　관(官)의 기운(氣運)이 지나치게 강하다.

⇨ 관살(官殺)이 너무 많아 파격(破格) 사주다. 병(丙)화 일간(日干)이 수(水)-극(剋)-화(火)로 곤욕 치루고 있다. 시지(時支)의 묘(卯)목은 습목(濕木)이요, 형(刑)을 당해 아무런 도움이 못 된다. 오히려 연기만 더 피울 뿐이다. 아무도 믿을 사람이 없다. 홀 홀 단신(單身)으로 운명(運命)을 개척해야 한다.

□ 인수(印綬)가 지나치게 많을 경우는 어떨까?

○ 甲 辛 ○   ⇨ 해(亥)월의 갑(甲)목 일간이다.

○ 子 亥 亥   관(官)인 신(辛)금이 수다금몰(水多金沒)이다.

⇨ 신(辛) 금이 남편인데 물속에 잠겨있는 형국이다. 일간(日干)인 갑(甲) 목도 부목(浮木)이라 부평초(浮萍草) 같은 인생이다. 기생 팔자다. 웃음, 몸으로 먹고산다.

□ 여자(女子)가 관살(官殺)이 태왕(太王) 하면 어떨까?

➲ 여자가 이런 팔자라면 태어나면서부터 구박받는다. 안 태어날 운명인데 태어났다고 말이다. 작업한 놈들은 누구인데 공연히 죄 없는 아이한테 뒤집어씌우나? 여건이라던가, 환경이 에매하다. 축복 속에서 태어나는 아이가 아니다.

➲ 여자(女子)의 사주에 관(官)이 많으면, 신약(身弱)하니 건강(健康)이 안 좋다. 툭하면 몸이 아프고 특별한 증세가 나타나는 것도 아닌데 몸이 실없이 자주 아프다. 신약이니 도움 주어야 할 인수(印綬)만 옆에 있거나, 가까운 친구를 만나거나, 형제와 같이 있으면 그래도 낫다.

• 친정집에 있으면 편안하니, 여자들 특히 관(官)이 많은 여자들은 툭하면 친정을 찾는다. 시집 식구들을 안 보면 그렇게 편안하다. 인수(印綬)는 심리적(心理的)으로 편안(便安)함을 주는 곳이다. 곧 친정(親庭)이 보금자리다.

➲ 남편(男便)—복(福)은 이미 없다. 다른 데 가도 마찬가지다.

"서방 복 없는 년 팔자가 다 그렇지 뭐!" 가끔 들어보는 사연 많은 아낙의 넋두리다. 누구는 그런 복을 타고난 것일까? 관(官)은 직장(職場)이요, 일이요, 업(業)이다. 신왕(身旺)할 경우는 좋지만, 신약(身弱)할 경우 ➜ 관(官)이 많은 것이 좋은 것은 못 된다.

❖ 매도 맞으면 단련된다. 구박도 하도 받으면 만성이 된다.

"너는 지껄여라, 나는 귓구멍으로 흘려보낸다." 하는 식으로 발전이다. 신약(身弱)하고 관성(官星)이 많을 경우. ➜ 주변에 남성들이 자주 모여든다. "신약(身弱)하니 내가 당신을 보살펴주어야 한다." 하면서 남자가 관(官)의 위용(威容)을 보여주겠다!

한다. 그런데 대게 실상은 꺾으려는 것이지, 두고 보려고 하는 남성은 없다.

• 팔자(八字)가 그러니까는 이런 여성들은 대체로 얼굴이 아주 미인(美人)형은 아니지만 나름대로 다 특색 있는 얼굴이다. 남성(男性)들의 호기심(好奇心)을 끌만은 하다는 이야기다. 관(官)이 많은 여성은 남편의 경우, 자기와 같은 남정네가 많으니 자연 의처증(疑妻症) 증세다.

❖ 신약(身弱)하면서 관(官)이 용신(用神)일 경우, 이럴 때는 관이 용신이므로 남자를 만날수록 좋다. 다른 쪽으로 오해는 하지 않으시도록. 일로써 남자를 만나거나. 남자들이 많은 곳이나. 남자를 상대로 하는 직업도 괜찮다. 대체로 남성들이 많은 곳에서 일하는 여성들은 결혼할 적령기가 되면 누가 업어가도 업어간다.

❖ 신약(身弱)하고 관(官)이 용신(用神)일 경우 ➔ 좋은 남성을 만나는데, 관(官)이 용신(用神)이 아닐 경우 ➔ 결혼(結婚)이 늦어진다. 여기서 결혼을 서두르면 만나도 뭐 같은 남자를 만난다. 그리고 하는 말이 내가 눈이 삐어도 한참 삐었지, 골라도 하필 저런 인간을 골랐을까? "내가 돌았지 돌았어!" 하면서 자책(自責)하는 것이다. 눈알을 빼야 해! 소리 나온다.

• 편관(偏官)이 많은 여성의 주된 소리가 있다. 남자들이 완전히 자기한테 맛이 갔다는 것이다. "내가 꼬드기는 데 안 넘어가는 남자 없다."는 것이다. 관살이 많은 팔자는 시집을 여러 번 가도, "다 그놈이 그놈인 것"이다.

• 팔자(八字)는 벗어나지 못한다. 재(財)가 많은 남성의 경우 "다 그년이 그년인 거야" 하면서 "어지간하면 그냥 살지 뭐!"하고 옆에서 다독거린다. 관(官)이 많아서 정신질환을 앓거나, 귀신(鬼神)이 왔다면 다 시집 식구들 때문이다.

❏ 오행(五行)별로 보는 관(官)이 많은 팔자(八字)의 통변.

➲ 목(木) 일간이 관(官)이 많을 때.

관(官)은 ➔ 자연 금(金)이 되는데 금(金)은 결실(結實)이라 목인 나뭇가지는 가늘고 약한데 열매만 주렁주렁 열린다. 가지가 찢어진다. 아파도 금(金)-목(木) 상전(相戰)이라 ➔ 통(痛)자 계통의 병을 많이 앓는다. 두통, 치통, 생리통, 신경통, 골다

공증 등---

➲ **화(火)-일간(日干)일 경우.**

관(官)은 수(水)인데, 화(火)는 ➜ 불인데 물이 많으니 항상 가물가물한다. 항상 물 속에서 헤매고 있다. 뭐 좀 할 만하면 장마로 쓸어가듯 다 쓸어버린다. 흔적도 없이. 머리를 감고 말리지 않은 듯의 형상으로 그야말로 "물귀신 !" 소리를 듣는다. 혀는 화(火)에 속한다. 숨이 막혀 혀가 나오면서 헉헉거리고 산다.

➲ **토(土) 일간일 경우.**

목(木)이 관(官)이 된다. 목(木)은 나무인데 토(土)는 흙이라, 나무의 뿌리가 흙을 완전(完全) 분해(分解), 쓸모없는 부스러기 흙이요, 사막의 모래처럼 바람에 휘날린 다. 황사현상이다. 눈앞이 보이지 않는 다. 눈을 뜰 수도 없는 지경이다.

➲ **금(金) 일간(日干)일 경우.**

관(官)은 ➜ 화(火)이다. 쇠가 녹아나는 것이다. 금(金) ➜ 뼈다. 뼛골이 쑤시도록 일해도 먹고 살기 어렵다.

➲ **수(水) 일간(日干) 일 경우.**

토(土)가 관살(官殺)이 되는데 물길을 막는다. 인체(人體)에서 물길은 무엇인가 오 줌을 싸는 것이다. 볼일을 볼 시간도 없다. 내 것도 쳐다볼 시간도 없다. 물이란 흘러 야 하는데, 토(土)인 둑이 높으니 흐르지 못하고 고이는데, 물이란 고이면 썩는 법. 냄새가 지독하다. 이 사람이 나타나면 무언가 구린내가 난다. 물이란 청(淸)한 것을 인정하는데, 흙이 지나치니 흙탕물 즉, 탁수(濁水)다. 아무짝에도 쓸 수 없는 물이요, 구정물에서 놀고 있다. 수(水)는 지혜(知慧)인데 깨끗하지 못하니 생각하고, 행동을 해도, 잡스럽고, 더러운 생각이다.

➲ **체질적(體質的)으로 ➜ 관(官)이 많은 여성의 심리(心理)상태(狀態).**

❖ 남자에 대한 일종의 기피 현상이다.

❖ 체념하고 순순히 팔자로 받아 들인다.

❖ 한 가지에 집중하지 못하고, 산만하다.

❖ 체질적(體質的)으로 마른 형태의 사람들이다.

❖ 신경질(神經質)적이고, 자기 방어(防禦)-본능(本能)이 강하다.

❖ 똑똑한 것 같은데도, 어리석다.

❖ 눈꼬리에 점이 있는 경우가 많다.

❖ 쉽게 포기하고 버릴 때는 미련을 갖지 않는다. 후회가 길지가 않다.

❖ 자기(自己)-착각(錯覺)에 환상적(幻想的)인 꿈에 자주 젖어 본다.

❏ 관살(官殺)은 ➡ 견겁(肩劫)을 극(剋) 한다.

➲ 비견(比肩)과 비겁(比劫)이 많아 신왕(身旺)할 경우, 제일 첫째는 관살(官殺)로 그 기운(氣運)을 억누르는 것이 기본.

자기의 주장(主張)이 유달리 강(强)하고, 편협(偏狹)된 사고방식을 가진 사람들은 논리적(論理的)이고, 합리적(合理的)인 사고방식을 가진 사람들과 대화(對話)를 피곤해한다. 타당성 면에서 특히 할 말이 없다. 비견, 겁이 관살을 만나면 ➡ 절지가 되어 견겁(肩劫) 자체가 피상 되므로 대기(大忌)하나 견겁(肩劫)이 지나치게 왕(旺)하면 ➡ 쓸데없이 만용 부리는 견겁(肩劫)을 제거 ➡ 오히려 길(吉)로 작용.

어느 왕권이든 새로 권력(權力)을 취득하면 개국-공신(開國功臣) 들 중 일부는 반드시 총대를 메고 희생(犧牲)양처럼 사라진다.

• 지나친 주변의 힘에 의한 부조리, 부작용을 미리 제거하는 것이다. 그것이 금방 안 될 경우, 시간의 흐름을 보아가면서 하나, 둘씩 제거하여 스스로 권위를 유지했다. 그것이 관살(官殺)의 작용.

• 힘이 필요할 때는 한없는 응원군(應援軍)이 되지만, 목적을 이루고 그 힘이 지나칠 경우는 어느 기준의 잣대가 있어야 한다. 제거하는 기준이다.

○　壬　壬　壬　　↦ 임(壬)수 일간(日干)의 사주다.

○　○　○　○　　　견겁(肩劫)이 왕(旺)하다.

↦ 일간(日干)의 임(壬)-수가 위치(位置)상으로 제일 아래다.

경쟁자들과의 관계에서 항상 쳐진다. 무엇이든 내 순서는 꼴찌다. 넘버 3다. 관살(官殺)이 귀한 손님이요, 도움이다.

❒ 관살(官殺)과 견겁(肩劫)과의 관계.

관살(官殺)과 비견(比肩), 겁(劫)과는 서로가 긴밀한 관계를 유지하는데, 길(吉)과 흉(凶)이 확연히 나타난다. 합(合)과 충(沖)으로서 그 관계(關係)를 분명히 한다. 여기서 나오는 용어가 있는데 그 내용을 살펴보자.

⊙ **거살유관**(去煞留官)

➲ 살(殺)인 편관(偏官)을 없애버리고,➔ 관(官)을 남겨둔다. 결국 정관(正官)과 관계를 유지.

⊙ **거관유살**(去官留煞)

❒ **정관**(正官)**을 치워버리고, 살**(煞)**인 편관**(偏官)**을 남겨 ➔ 살**(煞)**과 산다.**

甲 戊 庚 乙 ⇨ 무(戊)토에게 을(乙)목은 관(官)이다.

○ ○ ○ ○ 경(庚)금이 중간에서 을(乙)목과 합(合)한다.

⇨ 을(乙)-경(庚) 합(合)으로, 관(官)인 을(乙)-목이 관(官)의 본성을 상실 사라진다. 무(戊)-토의 입장에서는 ➔ 정관(正官)인 을(乙)목을 경(庚)-금에게 부탁하여 없애버리고, 편관(偏官)인 갑(甲)-목을 남겨 갑(甲) 목과 같이 사는 형상(形象). 여기서 무(戊)-토 일간(日干) 에게 ➔ 첫사랑이 정관(正官)인 을(乙)-목이다. 어렸을 때의 첫사랑이다. 그런데 그 사랑은 계속 이어지지 않는다.

• 중간에 경(庚) 금이 나타나 나와 합(合)해야 한다며 어디론가 데리고 가버린다. 금극목(金克木)하여 꼼짝 않게 한 후, 을(乙)-목을 완전히 금(金)으로 변화시켜 사라지도록 한 것이다. 합거(合去)라는 용어(用語)가 나온다. 합(合)하여 사라지도록 하는 것이다. 거(去)란, 가버리는 것이요, 떠나는 것이요, 배반이다. 눈에 안 보인다.

✠ 나이 차이가 많은 남편은 거절, 젊은 남편감을 맞는 것이요,

✠ 시기(時期)로 본다면 늦게 혼인하는 것이요,

✠ 기회(機會)를 적시(適時)에 못 하고 놓쳐, 늦게 하는 것이요,

✤ 처음의 → 을(乙)-목 보다 → 나중의 갑(甲)-목이 더 마음을 끄는 것이요,

✤ 첫사랑 을(乙)-목을 일찌감치 북망산으로 보내는 것이다.

❏ 합거(合去)로 인한 → 득(得)과 실(失), 그리고 길(吉)과 흉(凶).

戊　戊　甲　己　　　⇨ 술(戌)월의 무(戊)토 일간이다.

午　戌　戌　卯　　　화(火)-토(土) 중탁(重濁) 사주.

⇨ 관(官)의 다 변화(變化)다. 관이 → 화(火)로 변화하고, 토(土)로의 변화다. 무(戊) 토 일간에 귀속(歸屬)되고 만다.

• 제기능 못하고 종속(從屬)된다. 무릇 모든 육친은 각자 자기의 역량을 발휘할 수가 있어야 한다. 경우에 따라 가만히 모른 척, 지내는 것이 좋을지 모르나 기본적인 성향은 전체에서 부분적으로 나타나는 것이 좋다. 남자 알기를 자기의 일부분으로 아는 사람이다. 거기에 화토(火土)-중탁(重濁)이라 남자를 거부하는 성격이다. 움켜쥐고 넣을 줄만 알지 주는 것을 모르는 사람이다. 상대를 존경할 줄 알아야 내가 대접받는다. 다 오는 것이 있어야 가는 것이 있다.

❏ 관살(官殺)은 재(財)로부터 생(生)을 받는다.

재생살(財生殺) : 신약(身弱)일 경우.

재생관(財生官) : 신강(身强)일 경우.

재생살(財生殺), 재생관(財生官)에 대한 사항은 재성(財星)-편을 참조 .

➲ 관(官)이 관(官)을 만나면 국(局)을 이루는데 그것은 방합(方合)다.

재삼 강조 하지만 관(官)은 항상 신약(身弱)일 경우는 → 살(殺)이 되는 것이요, 강(强)할 경우는 관(官)이다. 그렇다면 사주가 약(弱)한 사람은 평생 관운(官運)이 없다는 말인가? 아니다. 변화(變化)라는 것이 생긴다.

• 거살유관(去煞留官)이라던가, 관(官)이 합(合)하여 다른 변화(變化)를 보이는데, 결과가 나에게 길(吉)로 작용할 경우, 남아 있던 관(官)이 관(官) 기능을 제대로 한

다.

● 일차방정식은 일단, 신약(身弱) 사주의 경우 → 관운(官運)이 온다 해도 별로 반가운 것이 아니다.

● 이차방정식의 경우는 → 관운(官運)이오니 괴로울 것이라는 전제하에 그래도 무슨 변화가 생기지 않을까? 하는 세심함을 갖고 더 보는 것이다. 그러다 보면 무엇인가 나온다. 변화(變化)란 단순한 변화도 있지만, 가끔은 그 이름값을 한다. 여기서 통변(通辯) 하는 이유다.

□ 관(官)은 식상(食傷)으로부터 극(剋)을 받는다.

◉제살태과격(制殺太過格) : 관살(官殺)이 부족(不足)하고 식상(食傷)이 너무 많을 때 관살이 용신(用神) 이다.

◉ 식신제살격(食神制殺格) : 식상(食傷)이 부족(不足)한데, 관살(官殺)이 많을 경우. 식상(食傷)이 용신(用神) 이다.

◉ 관식투전(官食鬪戰) : 식상(食傷)과 관(官)이 항상 서로 자웅(雌雄)을 겨루는 형상이다.

➲ 관살(官殺)은 관식-투전이라는 용어가 많이 등장한다.

항상 균형(均衡)을 이루면 서로 견제되어, 중화(中和)된 상태를 유지, 평온함을 보이는데, 한쪽으로 기운이 쏠리어 과(過) 할 경우 → 한쪽은 자연 기울기 마련이다. 강함을 보인다는 것은 긍정적(肯定的)인 면도 있지만, 항상 문제가 발생할 요소가 있다. 억압(抑壓)받는 쪽에서는 항상 기회를 엿보며 국면을 전환(轉換)시키려 노력한다.

● 부(富)를 넉넉히 소유한 사람들을 보면, 빈한(貧寒)한 자(者) 입장에서 공연히 심술(心術)이 나고, 미워지고, 질투심(嫉妬心)이 생기면서 시기하고 경원(敬遠)시하는 마음이 생긴다.

● 부유(富裕)한 자들이 평소에 그들의 부(富)를 같이 공유(共有)하는 마음의 자세나 행동(行動)을 보였으면 그런 마음은 덜 생길 것이다. 사주가 어느 한쪽이 그것도 서로가 극(剋) 하거나, 견제하는 경우, 그것이 더 심하다. 가만히 있어도 그 기운에 억눌려 반감이 생긴다.

● 나는 소형차 타는데, 중형이상의 외제 차를 타고 다니는 사람들을 보면 물론 그만한 위치에 있으니 그렇겠지 하지만, 그것은 잠시뿐이고, 얼마나 뒤로 해쳐 먹었으면 ---, 얼마나 남겨 처먹거나, 등쳐먹었으면 하는 식으로 평가절하하기 마련이다. 그들과의 직접적인 연관 관계가 없으면서도 말이다.

● 사람 심리란 그런 것이다. 사촌이 땅 사면 배가 아프듯 말이다.

학창시절 잘나지도 못한 친구가 성공하여 거들먹거리는 모습을 본다면 누구나 다 그럴 것이다. 저, 병신 학교 다닐 때는 빌빌거리더니 출세했네! 하고 빈정댈 것이다.

● 여성 경우는 "서방 잘 만나 개폼 재고 있네!" 하고 손 가락질 할 것이다. 그러나 이차방정식으로 본다면 그동안 얼마나 노력을 하고, 자기 관리에 참으로 충실하였던 사람이구나 하고 한 번쯤 생각하는 아량도 가져야 한다. 사주(四柱)에서 기운(氣運)도 그리 나타난다.

◆ 관식투전(官食鬪戰)의 일차적(一次的)인 통변은 ?

❖ 관재(官災), 송사(訟事)가 끊이지 않는다. 매 맞고 산다.

❖ 골육상쟁(骨肉相爭)이 일어난다. 요즈음은 흔한 일이라 별로 그리 놀랍지도 않다. 정신병원(精神病院)에 보내기도 하고, 살인(殺人)도 마다 않는 사람도 있으니 말이다. 다 그 당시에는 재(財)에 귀문관살(鬼門官殺)이 있어 그리되는 것이다. 기본적(基本的)으로 사주에 그런 성향이 강(强)해도 수양(修養)하면 얼마든지 다 잠재울 수 있는 기운(氣運)이다.

❖ 여자는 서방과 자식이 항시 싸우는 것과 같아, 하루가 편한 날이 없다. 그 중간에서 누구 편을 들어야 옳은 것인지 고민이다.

❖ 무엇인가 하려고 하면 꼭 잘 나가다가 마(魔)가 낀다. 일을 할 맛이 안 난다.

❖ 관식-투전(官食鬪戰)이면 항상 편한 날이 없고, 심리적으로 불안해 공연히 시비(是非) 거는 사람 형상이다.

➲ 관살(官殺)이 태왕(太旺) 할 경우, 부족할 경우 변화.

관살이 태왕(太王) 할 경우, 사주에 식상(食傷)이 있다면? 일간(日干)을 극(剋)하는 관살을 억제 ➜ 보호 해주니 길(吉)로 작용.

□ 반대로 관(官)이 부족할 경우, 흉(凶)으로 작용한다.

戊 丙 壬 壬　　⇨ 자(子)월의 병(丙)화 일간(日干)이다.

戊 戌 子 申　　　관(官)인 수(水) 기운이 강하다.

⇨ 수(水)인 → 관(官)의 기운이 강(强)해 병(丙)화 일간(日干)이 몰릴 것만 같다. 식상(食傷)인 토(土)의 기운이 만만치 않다. 일간과 식상을 합하니 비슷하여진다. 쉽사리 무시하고 억누르지 못한다. 식신제살격(食神制殺格)이다.

○ 甲 庚 戊　　⇨ 신(申)월의 갑(甲)목 일간이다.

○ 午 申 申　　　관(官)이 왕(旺)하고, 식상(食傷)이 부족하다.

⇨ 경(庚)금 → 일간 갑(甲)목을 → 충(沖)하고 있다.

● 그것도 지원군의 확실한 지원을 받으면서. 관(官)을 물리칠 식상이 → 오(午) 화인데 홀 홀 단신(單身)이다. 커다란 쇳덩이를 녹이는 화력(火力)이 부족하다.→ 식신제살격(食神制殺格)이다. 식상의 기운이 부족한데도 → 왕(旺) 한 관(官)을 대항하는 형상이라, 결국, 제 살 깎아 먹기다. → 식신제살격(食神制殺格)이다.

➲ 신(申)금 관(官)이 → 갑(甲)목 일간의 식상(食傷)인 화(火)기운에 밀린다.

○ 甲 丙 ○　　⇨ 신(申)월의 갑(甲)목 일간이다.

午 午 申 ○　　　관(官)이 식상(食傷)의 기운에 밀린다.

⇨ 관(官)이 역할을 못하고 있다. → 이것이 제살태과격(制殺太過格)이다.

❖ 신왕관왕(身旺官旺)이 아니더라도 관살(官殺)과 식상(食傷)이 균형(均衡)을 이루고 있으면 신왕관왕(身旺官旺)과 같다.

➲ 식거선(食居先) 살거후(殺居後), 살거선(殺居先) 식거후(食居後)에 대하여.

庚 甲 丙 丙　　⇨ 관(官)이 앞장을 서고 식상(食傷)이

寅 午 申 申　　　뒤에 나타나는 것이다.

↦ 식상(食傷)인 화(火)의 기운이 만만치 않아, 관(官)인 남편이 ➔ 아내인 갑목 일간(日干)을 마음대로 휘두르지 못한다. 서로를 의식 예(禮)를 지키고, 존중하며 산다. 살거선(殺居先) 식거후(食居後) 격(格)이다.

□ 살(殺)이 보이더니, 금방 사라지고, 식상(食傷)만 보인다.

庚 甲 丙 丙   ↦ 신(申)월의 갑(甲) 목 일간.

午 午 申 午   관(官)이 코너에 몰려있다.

↦ 살거선(殺居先) 식거후(食居後) 격(格)이다. 유명무실(有名無實)이다.
실질적인 기운은 식상이 전체를 좌지우지(左之右之).

● 7월의 나무 갑(甲) 목이 ➔ 화(火)인 식상(食傷)이 왕(旺) 하니, 꽃은 잔뜩 피어 만개한 기분에 젖어 시간 가는 줄 모른다. 열매를 맺어 결실을 보려는데 너무 뜨겁기만 하니 열매 금(金)이 조금 자라다 그만 곯는다.

● 관이 빛을 보지 못하는 사주다. 벌리기만 잘하지 마무리가 약한 사람이다. 결실인 금(金)이 보이나 속 빈 강정이다. 실속이 없다. 소문난 잔치 먹을 것 없다. 다 된 밥에 코 빠트리는 격이다.

壬 乙 辛 癸   ↦ 유(酉)월의 을(乙)목 일간이다.

午 未 酉 丑   처음에는 관(官)이요, 다음에는 식상(食傷)이다.

↦ 전반(前半)에는 관(官)이 강(强)하고, 후반(後半)에는 식상(食傷)이 강(强)하다.
선(先)은 ➔ 살(殺)이요, 후(後)는 ➔식상(食傷)인 식(食)이다.
선(先)은 ➔ 년(年)과 월(月)이요, 후(後)는 ➔ 일(日)과 시(時)다.

● 전체적인 상황은 금(金), 수(水)가 강(强)하고, 목(木), 화(火)가 약(弱)하다. 금극목(金克木)으로 일간(日干)인 을(乙)목을 압박한다. 화극금(火克金)으로 바로 응징(膺懲)을 할 것인가? 수생목(水生木)을 받아서 대응할 것인가? 수(水) ➔ 인수(印綬)의 중계를 받아 힘을 적절히 빼도록 할 것인가?

● 용신(用神)을 찾는 방법이다. 어느 쪽을 택하는 것이 좋을까?

물론 사람마다 선택하고, 행하는 방법에 있어 성격이라던가, 취향, 환경에 따라 다르다. 일반적이고 보편타당성이 있는 쪽을 택하자. 사람이란 가끔 두뇌를 써서 일 처리하는 방법이 필요하다.

● 힘이 강하면 완전히 제압하지만, 불안하거나 모자랄 때는 우회적인 방법을 사용, 식상(食傷)인 상식(常識)을 이용하여 순리적으로 처리한다. 이에는 여러 방법이 있는데 차차 논하자.

□ 관살(官殺)과 식상(食傷)이 균형(均衡)을 이루지 못하고 있다.

壬 乙 辛 癸　　⇨ 일주(日柱)가 을유(乙酉)일 경우는 어떨까?

午 酉 酉 丑　　금(金)수(水)인 음(陰)의 기운이 너무 강하다.

⇨ 아무리 생각해보아도 답이 안 나온다. 그러나 답은 있다.

● 지금의 경우는 관식투전(官食鬪戰)인데 식상(食傷)의 기운이 약(弱)하다 보니 관(官)을 극 할 수 없다. 그러니 편관(偏官)인 신(辛) 금이 대표자로 나서서 일간인 을(乙)목을 시(時)도 때도 없이 억압하고, 괴롭힌다.

● 화(火)는 식상(食傷)이라 자식(子息)인데, 아직 어리니 엄마가 아빠에게 구박받으면 옆에서 같이 우는 것밖에 어찌할 방법이 없다.

도움을 청할 곳은 친정밖에는 없다. 친정에서 와서 하는 말이 "자네가 기운이 남아도는 모양인데, 정당한 곳에 써야지 연약한 처자식(妻子息)에게 쓰면 사내대장부의 할 일이 아니지 !"하며 타이르면 조금 듣는데, 매번 그러기도 고역(苦役)이다.

● 형제(兄弟)나 친구(親舊)가 와서 뭐라고 한마디 하면 오히려 더 역효다. 남의 가정사에 "왜, 콩 나라 팥 나라" 하냐며 더 열 받는다. 그래도 어른이라고 어머니인 장모(丈母)가 말하면 고분고분 잘 듣는다. 그러나 장모도 기력(氣力)이 쇠하여 둘러보기도 힘이 든다. 다 없는 죄다. 이런 사주의 소유자는 한번 약 오르면 물불을 안 가린다. 이판사판. 힘이 약하다 보니 남는 것은 악밖에 없다. 뿌리도 약하니 이래 사나 저래 사나 한평생이다. 특히 관식투전(官食鬪戰)이니 목숨 걸고 싸우는 스타일이 된다.

• 이런 사주의 주인공은 못해도 "그래 다음에 잘할 수 있어" 하면서 타일러야 한다. 잔소리하면 속으로 앙심(怏心)을 품는 사람이다. 편관(偏官)이 충(沖)을 하니 매 맞는다. 요즈음은 남자도 맞고 산다는데 참–. 결론 ➔ 관(官)인 남자가 많으니 그렇다. 아무리 열심히 일하고 노력해도 결과가 시원치 않다. 다 남 좋은 일만 시키고, 손에서 땀만 난다.

➲ 사주에서 관살(官殺)이 많고 식상(食傷)이 적으면, 식신제살격(食神制殺格)인데 견겁(肩劫)과 식상(食傷)이 한 편이 되어 관살(官殺)에 대항(對抗)한다. 반대로 관살(官殺)이 적고, 식상이 많으면 제살태과격(制殺太過格)인데 재(財)와 관(官)이 한 편이다. 결국, 한 편이 된다는 것은, 힘을 합해 사주의 기운(氣運)을 중화(中和)시키려 노력한다. 용신(用神), 희신(喜神)이 된다. 그 운(運)이 와야 형편이 나아진다.

❑ 묘(卯)-유(酉) ➔ 상충(相沖)이다.

乙　己　乙　戊　　⇨ 묘(卯)월의 기(己)토 일간이다.

丑　酉　卯　寅　　관(官)의 기운(氣運)이 왕(旺)하다.

⇨ 일지(日支)와 월지(月支)가 ➔ 충(沖)이니, 생활 근간(根幹)이 흔들리고 있다. 관(官)의 기운이 왕(旺) 해 식상(食傷)이 그 기운을 잠재워야 하는데 식상(食傷)인 금(金)이 묘(卯)-유(酉) ➔ 충(沖) 당해 쓸모가 없다. 작은 톱으로 큰 나무를 베려 하니 어디 가당한 일인가? 유(酉)금 ➔ 남편(男便) 궁인데, 남편과의 불화가 심하다. 을(乙) 목이라 ➔ 기(己) 토에게는 편관(偏官)이다. 구박이 심하다. 심하면 손이 올라오고, 몽둥이가 올라 온다.

• 묘-유(卯酉)충 ➔ (沖)이라 자궁(子宮)-폐쇄(閉鎖)-증(症)이 있어 자손이 없다. 자손이 꼭 필요한 집안인데, 조카라도 데려다 키워라.

□ 종합적(綜合的)으로 풀어보는 관살(官殺)의 관계와 통변.

□ 식상(食傷), 관(官)이 → 균형(均衡)을 이루어 아름다운 사주.

丙 甲 辛 戊　⇨ 전형적인 살거선(殺居先) 식거후(食居後)격.

寅 午 酉 辰　　8월의 나무에 꽃이 만개(滿開)한 사주다.

⇨ 꽃이 피고, 열매가 가득한 나무다.

보통들 아주 좋은 사주요, 신왕관왕(身旺官旺)과 같아 장(長), 차관(次官) 팔자라고 하지만, 이 사주의 주인공은 나름대로 안 보이는 사연도 많다. 호사다마(好事多魔)라고 사람이 모든 것을 다 공유할 수는 없다.

• 육친 중 잘 보이지 않는 것을 찾자. 고(庫)에 해당하는 부분을 살펴보자.

대체로 식상(食傷)과 관(官)이 균형을 이루면, → 사주 자체는 일간이 신약(身弱)하다. 형제가 있어도 형제와 연이 약한 것이요, 어머니와도 연(連)이 박한 것이 특징이다. 성격이 활발하고, 재능도 많으나 고지식하고, 고집 강한 것이 대체적인 특징이다. 두뇌는 명석한 편이다.

□ 재관이덕(財官二德).

❖ 재관이덕(財官二德)이라 함은　⇨ 재(財)와 관(官)
　　　　　　　　　　　　　　　⇨ 관(官)과 인(印)을 말하는데

이것도 사주가 신왕(身旺)할 때나 해당이 되는 말이지, 사주가 신약(身弱)하면 필요 없다. 자격이 없다. 사주에서 제일 좋은 경우는 재(財), → 관(官), → 인(印) 하여 부(富)와 권력(權力), 명예(名譽)를 말하는데 이것을 전부 튼튼하게 갖추고 있는 경우, 제일 좋은 것으로 본다.

• 삼반물(三盤物)이라 하여 삼기(三奇)라 칭하는데, 사람이 살아가면서 갖추어야 할 삼대(三大)-요소(要素) 요, 누구나 갖고 누리고 싶어 하는 것이다. 부(富)와 권세(權勢)에 눈이 멀기도 하고, 탐욕(貪慾)에 가득 찬 마음으로 세상을 살아가는 것이

우리 못난 인간이기도 한 것이요, 한 번쯤은 다 한없이 누리고, 행하고 싶어 하는 것이 인간의 욕망.

□ **명관과마**(明官跨馬)

○　辛　丙　○　　⇨ 인(寅)월의 신(辛)금 일간이다.

丑　酉　寅　○　　　재(財)와 관(官)을 눈여겨보자.

⇨ 병(丙)화가 정관(正官)인데, 지지(地支)인 인(寅)목의 생(生)을 받아 기운이 생생하다. 또한 일간(日干)과 합(合)이 드니 편안하다.

● 일간 신(辛) 금 ➔ 기운이 왕(旺) 하니, 모든 것을 취하고 능히 행(行)할 수 있다. 또한 병(丙)화인 관(官)이 직장인데, 직장이 없어져도 인(寅) 목인 재(財)가 버티고 있으니 자기의 소신껏 일을 행할 수 있다.

● 이러한 것을 명관과마(明官跨馬)라고 하는데, 천간(天干)에 투출(投出)된 관(官)이 재(財)의 생(生)을 잘 받고 있다.

□ **일단은 사주**(四柱)**가 금수냉한**(金水冷寒)**이다.**

丙　庚　壬　丁　　⇨ 자(子)월의 경(庚)금 일간이다.

戊　寅　子　亥　　　식상(食傷)이 왕(旺) 하다.

⇨ 합(合)과 충(沖)이 많은 사주다. 굴곡(屈曲)이 많은 사주다.

관(官)에 대한 사항이니 일단 관(官)을 살펴보자. 년간(年干), 시간(時干)에 ➔ 관(官)이 둘이 있다.

● 년간(年干)의 관(官)인 정(丁)화 ➔ 정(丁)－임(壬) 합(合)하여 자기의 길을 가버린다. 첫사랑이 떠나버린 것이다.

● 정(丁)화의 환경을 보니 사방이 물로 덮여 있다.

정(丁)화인 불이 물로 꺼져버린다. 경(庚)금 일간(日干)에게 ➔ 아무런 쓸모없는 관(官)이다. 비록 ➔ 정관(正官)이어도, 정관 구실 못한다. 어렵고, 힘들고, 도움이 필요할 때 별로 도움이 못 되는 사람이다. 이미 경(庚) 금과는 인연(因緣)이 없는 사람이다.

● 편관(偏官)인 병(丙)화는 어떤가?

지지(地支)에 인(寅)-술(戌) ➔ 화국(火局)이다. 자기의 기반(基盤)이 확실하다. 인물이 똑똑하고, 자기 개성(個性)이 강(强)하다.

● 일간 경(庚) 금이 춥다면 따뜻하게 안아주고, 감싸주는 사람이다.

사주에서 보면 관(官)인 ➔ 화(火)가 용신(用神)인데, 첫사랑 정(丁)화는 물귀신 되어 사라져 버리고, 나중에 만나는 병(丙)화가 확실하게 자신을 지켜주고 안아준다. 그것도 모든 것을 겸비(兼備), 충족(充足)시켜준다.

● 거관유살(去官留煞)이다. 관(官)이 용신(用神)인데, 용신이 용신(用神)같아야 한다. 결국은 두 번째 남자를 만나 행복하게 잘 산다는 이야기다. 남자 선택에 있어 됨됨이란 결국, 능력(能力)이다.

● 이때는 정관, 편관이 필요 없다. 비슷할 경우는 정관(正官)이 좋지만 차이가 심할 경우, 신중히 선택해야 한다. 정, 편관이 혼잡할 경우, 굳이 정관(正官)에 집착하는 것이 아니다.

□ 누구를 선택할 것인가?

己　戊　己　甲　　⇨ 무(戊)토 일간인데 견겁(肩劫)이 많다.

○　○　○　寅　　관(官)이 보이는데 나에게 차례가 올까?

⇨ 년간(年干)의 갑(甲) 목이 편관(偏官)인데 천간(天干)에 투출(投出)되어 있다. 과연 내가 차지할 수 있을까? 일단 거리가 멀어 힘들어 보이는데 그래도 찾아보자. 지지(地支)에 인(寅) 목이 있으니 뿌리는 튼튼하다. 그런데 월간(月干) 기(己) 토가 겁재(劫財)인데 ➔ 편관(偏官)과 눈이 맞아 사랑을 나눈다. 그리고 떠나는 것이다. 아 아까운 사람인데 놓친 것이다. 그런데 팔자가 자기 차례는 안 오는 것이다. 설사 억지로 차지해도, 결국 바람나서 떠난다.

➔ 일단 편관(偏官)이 사라졌으므로 거살유관(去煞留官)이다.

➋ 거살유관(去煞留官), 거관유살(去官留煞)의 특징은 무엇일까?

❖ 보낼 것은 보내고, 남길 것은 남기고, 정리(整理)를 잘하는 것이다.

직장에서 감원 시, 이런 사람을 그 요원으로 앉히면 기가 막히게 잘한다.

인사(人事)란? 이런 것을 보고하는 것이다.

❖ 이런 성향의 사람은 출세 지향적이고, 자기의 목적을 위해서는, 상대방 또는 자신의 희생을 감수하면서도, 수단과 방법을 가리지 않는다.

❑ 관살(官殺)이 많을 경우의 통변.

❑ 관(官)이 너무 많다 보니, 없는 것이나 같다.

戊 壬 己 戊 ⊨ 미(未)월의 임(壬)수 일간이다.
申 戌 未 戌 　관(官)이 지나치게 왕(旺)하다.

⊨ 무엇이든 많으면 없는 것이다.

● 즉 다자무자(多者無者)다. 이런 경우 사람들은 스스로 관(官)복이 엄청 많은 것으로 착각한다. 착각 속에 사는 것이 인생이니까. 사주가 지나치게 신약(身弱)하니 항상 고달픈 인생살이다.

● 흙은 많고 물은 적으니 호수에 물이 없어 바닥이 다 보이는 형상.

고갈된 호수이다. 흙이 쩍쩍 갈라지고 보기가 흉(凶)하다. 어쩌다 물이 조금 있어도 수심(水深)도 얕고, 흙탕물이다. 탁수(濁水) 물이 제대로 흐르지도 못한다. 유색(流塞) 본인이 샘가에서 흐르는 적은 물이라면, 주변에서 물을 막으려고 포클레인을 동원한 격이다. 주변의 따돌림에 왕따는 기본으로 따르는 수순이다.

❑ 관(官)과의 합(合)이 많을 경우. ➔ (음란(淫亂)하다.)

○ 癸 戊 ○ ⊨ 술(戌)월의 계(癸)수 일간. 관(官)이 많은데
○ 巳 戊 ○ 　또 관(官)과 합(合)이 잘 이루어진다.

⊨ 관(官)과 합(合)이 이루어지는 것은 일단 좋다고 볼 수 있는데, 관(官)과의 합

(合)이 많을 경우는 문제다.

● 여성이 관(官)과 합(合)이 많을 경우는, 결혼하고도 또 다른 남성과의 복잡한 관계로 정상적인 가정생활을 영위하기 어렵다. 더구나 일지에 사(巳)-술(戌) 같은 귀문이 있을 경우는 더더욱 그렇다. 다른 남성에게 미쳐서 가정이고, 자식이고 없다.

● 본 남편과도 연애할 때 그렇게 미치더니, 또 다른 남성과도 마찬가지다.
암장(暗葬)으로도 또 관(官)이 있으니, 한 남성으로는 만족 못 하는 것이다. 심하게 이야기한다면 성(性)의 노예다.

◻ 선장이 둘이다.(이것도 팔자다.)

辛 乙 辛 ○   ⇨ 유(酉)월의 을(乙)목 일간이다.

巳 丑 酉 巳   관(官)이 지나치게 왕(旺)하다.

⇨ 을(乙)목 일간인데 ➜ 사방이 관(官)으로 둘러싸여 있다.

● 관(官)에 종(從) 하는 사주인데, 문제는 천간(天干)으로 관(官)이 둘이 투출(投出). 팔자가 기구하여 남자 없이는 못사는 팔자다. 여기서 어떤 추명이 가능할까? 종(從)-하더라도 선장이 둘이니 여기저기 종(從)-한다.

● 먹고 사는 데는 지장 없다. 종(從)하는 팔자니까, 그러나 관(官)이 지나치게 많아 천하의 바람둥이다. 남정네들이 서로 먹여 살린다고 난리다. 죽을 고비도 몇 번을 넘기고, 다 인명(人命)은 재천(在天)이라 했던가?

◻ 관(官)이 많아도, 인수(印綬)에 묶여 중화(中和)를 이루기가 쉽다

○ 丙 癸 癸   ⇨ 해(亥) 월, 병(丙)화 일간(日干)이다.

○ 寅 亥 亥   관(官)과 인수(印綬)와의 관계.

⇨ 관(官)이 지나치게 많으니 ➜ 일간(日干)인 병(丙)화는 곤혹스럽다.

● 어디엔가 도움을 청해야 하는데 해결책은 없을까? 방법은 있다.
화(火) 일간 중 병(丙)화가 일간일 경우, ➜ 지지에 해(亥)가 많으면 인수(印綬)에

묶여 중화(中和)를 이루기 쉽다 하였는데 그 이유는 무엇일까?

● 병(丙)화 일간의 지지(地支)에 올 수 있는 인수(印綬)인 목(木)은 인(寅), 묘(卯)인데, 그중 인(寅)목이 가능하다. 인(寅)-해(亥) 합(合 → 목(木)이 성립된다. 관(官)인 해(亥)수를 → 목(木)으로 변화시켜 중화(中和)하는 것이다.

❖ 그럼 정(丁)화는 안 되는 것일까?

→ 정(丁)화는 지지(地支)에 묘(卯)가 오게 된다.

● 그런데 문제는 해(亥)-묘(卯)하여 → 목국(木局)을 형성하는 것이 문제가 아니다. 해(亥)중 임(壬) 수가 있는데, → 일간인 정(丁)화와 암합(暗合)을 한다.

● 지조(志操)가 없는 헤픈 여자다. 관(官)이 많은 것이 문제가 아니고, 중화(中和)가 문제가 아니다. 방향이 엉뚱한 곳으로 전개된다. 거기에 천간(天干)으로 관(官)이 있으니 문제가 심각하다. 다른 오행(五行) 경우도 각자 대입 해보라.

□ 종살격(從殺格)의 경우.

● 종살격(從殺格)이란? → 관(官)에 종(從)한다는 뜻으로, 나 자신을 버리고 항복(降伏)하는 육친(六親)에 따라가는 것으로, 나 자신을 버리고 일종의 개명(改名)이요, 양자(養子)로 간다.

● 제일 나쁜 것은 나를 도와준다고 하는 운(運)이나, 나를 강(强)하게 하여주는 운(運)이 나쁜 것이다. 남의 집에 가서 잘사는 사람을 공연히 바람 넣어가지고 나오라 충동질한다. 결과는 → 배은망덕(背恩忘德)의 대가(代價)다. 그저 종(從)할 경우는 종(從)하고 사는 것이 최고다. (종살격(從殺格)의 예를 오행(五行)별로 본 것이다.)

● 종살(從殺)에도 필요한 사항이 있다.

살(殺)에 종(從)-하려면 살(殺)이 더 확실한 것이 좋다. 이왕지사(已往之事) 의지할 바에는 건강하고 튼튼한 것이 안 좋은가?

무엇일까? 재(財)의 뒷받침이 있어야 한다. 삼합(三合)이 이루어지면 그 문제는 해결된다. 그래서 삼합이 제일 좋다. 각각 찾아보자. 재(財)가 관(官)을 생(生)-한다.

○	乙	○	○
酉	丑	酉	巳

▷ 을(乙)목 일간이라 관(官)은 금(金)이 된다.

지지(地支)가 완전 금국(金局)이다.(재는 축(丑)토)

○	丙	○	○
子	申	子	辰

▷ 병(丙)화 일간이라 관(官)은 수(水)다.

지지(地支)가 수국(水局)이다.(재는 신(申)금)

○	己	○	○
亥	卯	亥	未

▷ 기(己)토 일간이라 관(官)은 목(木)이 된다.

지지가 완전 목국이다.(재는 해(亥)수)

○	庚	○	○
午	午	寅	戌

▷ 경(庚)금 일간이라 관(官)은 화(火)가 된다.

지지(地支)가 화국(火局)이 된다.(재는 인(寅)목)

➲ 수(水)일간은 종살격(從殺格)이 없다.

▷ 관(官)인 토(土)는 국(局)이 없으므로.

➲ 여기서 중요한 것은? 지지가 → 순수한 삼합(三合)-국이 되어야 좋다. 방합(方合)이나, 동합(同合)은 좋지 않다. 잡동사니처럼 모여 있다고 본다. 결속력이 없다. 오합지졸(烏合之卒)이요, 주워서 모아놓은 형국(形局)이다.

➲ **관살이 많을 경우의 해결방법. 통변 시 답변.**

✪ 인수(印綬)를 이용(利用) → 살인상생(殺印相生)을 한다. 직접적(直接的)인 방법이 아닌 간접적(間接的)인 방법(方法)이다. 내가 전면(前面)에 나서지 않고 우회적(迂廻的)인 방법을 사용한다. 중간(中間)에 해결사(解決士)를 보낸다. 인수(印綬)가 해결사다. 일종의 협상(協商)인데, 관(官)과 일간(日干) 사이에 인수(印綬)를 참여시킨다. 관(官)은 인수(印綬)의 부탁을 거절하지 못한다. 그것이 관(官)의 약점(弱

點)이다.

▷ **살인상생(殺印相生)이란?**

살인상생(殺印相生)이란? 살(殺)인 관살(官殺)과 인수(印綬)가 각각 생(生)을 행(行)하는 것이다.

❖ 관(官)은 ➜ 인수(印綬)를 생(生)하고,

❖ 인수(印綬)는 ➜ 일간(日干)인 아(我)를 생(生) 한다.

✪ **양인(羊刃)으로 ➜ 관살(官殺)을 제거한다.**

● 양인(羊刃)은 비겁(比劫)을 말하는데, 양인(羊刃)과 살(殺)이 합(合)하도록 하여 일간(日干)을 극(剋) 하지 못하도록 하는 방법이다. 이러한 방법을 양인(羊刃)-합살(羊刃合殺)이라 한다. 이와 같은 방법으로 소위 미인계(美人計)를 쓴다는 표현을 한다.

○ **甲 乙 庚**   ▷ 대표적인 양인합살(羊刃合殺)의 예.

○ ○ ○ ○   경(庚)금이 갑(甲)목을 충(沖)하려 한다.

▷ 갑(甲) 목은 비겁(比劫)인 을(乙) 목을 내세워, 중간에서 경(庚) 금과 합(合)하도록 한다. 일종의 미인계(美人計)라지만 듣기가 거북하다. 내가 살기 위하여 남을 희생(犧牲)한다는 의미도 있다.

➲ 인수(印綬), 양인(羊刃)도 없을 경우는? 식상(食傷)을 이용하여 직접적(直接的)으로 살(殺)을 물리쳐야 하는 방법이다.

● 식상(食傷)을 이용하여 관살(官殺)을 응징(膺懲)하는 것이다. 식신제살격(食神制殺格)인데 격퇴(擊退)법으로 처리를 하는데, 좋은 일을 많이 해야 한다.

음덕, 보시를 쌓아서 나쁜 기운인 살(殺)을 억제한다..

● 관살(官殺)이 나쁘게 연결 ➜ 전생(前生)의 업(業)이다.

이승에서 어찌 다 풀고 갈 것인가?

➲ 관재수(官災數)에 걸리는 것도 살(殺)의 작용(作用)이다.

口 위치(位置)별로 판단하는 관살(官殺)의 통변.

육친(六親)은 그 처해 있는 위치(位置)에 따라 각각의 해석이 달라진다. 달리 설명한다면 어른은 어른의 자리에 있어야 하고, 아이는 아이의 자리에 있어야 한다. 기능과 역할, 신분 및 기타 본연의 자리에 있어야 제일 바람직하다.

• 나무는 산에 있어야 제일 살기 좋고 또한 보기도 좋다. 물고기는 물에서 살아야 하는 것이고, 채소는 밭에서 자라는 것이 순리다. 각자가 자기의 자리를 찾아 제자리를 지킬 때 가장 아름답고, 숭고한 것이요, 바람직하다. 그러나 모든 것이 원리와, 원칙대로만 되는 것이 아니다.

• 차량이 혼잡한 시간을 생각해보자. 본인의 의사와는 상관이 없이 지켜야 하는, 신호등 관계로, 밀리는 차량으로, 어쩔 수 없이 그 흐름에 따를 수밖에 없는 상황도 연출된다. 이미 정하여진 운명인 것을 낸 들 어쩌란 말인가? 이제 각각의 바람직한 위치와 그 역할, 그리고 처해 있는 상황(狀況)에 따른 통변을 보자.

➡ 관살(官殺)의 위치(位置)에 따른 통변(通變).
◉ 년(年)에 위치할 경우,－선조(先祖)－대(代)에 벼슬을 하였다.
◉ 월(月)에 위치 할 경우.－ 부모(父母)－대(代)에 관직(官職)에 종사(從事).
　❖정관 : 인품이 준수하고, 모범생이요, 약속, 규율, 법규 잘 지키고, 책임감
　　　　　 강하고, 명령계통에는 상명하복, 기본적인 그릇은 된다.
　❖ 편관 : 환경부실이요, 문제성이 있다, 고향을 떠난다.
◉ 일(日)에 위치할 경우.
　부부(夫婦) 이별(離別)이요, 악(惡)한 배우자로 고생.
◉ 시(時)에 위치할 경우.
　자손이 공직(公職)에 임하고, 자손(子孫)－대(代)에 발영(發榮)한다.

➡ 여성의 경우, 위치(位置)에 따른 해석(解析).
◉ 년주(年柱)에 관(官)이 있을 경우.

❖ 관(官)이란? 남편(男便)이다. 나이 차이가 많은 남편.(노랑 : 老郎)

❖ 지나간 사랑이다. 첫사랑처럼 흘러간 이성(異性).

❖ 년(年)에 관(官)이 있다는 것은? 여성 자체가 정신 연령이 높다는 것을 의미한다. 일찍이 이성(異性)에 눈을 뜨는 경우도 해당.

◉ **월주(月柱)에 있는 경우.**

남편이 아내보다 나이가 많은 것이 정상적인 관계다.

그것은 경제적(經濟的)인 면이나, 정신적(精神的)인 연령(年齡)으로 볼 때 이상적(的)이기 때문이다.

◉ **일주(日柱)나, 시주(時柱)에 있는 경우.**

일주(日柱)에 있는 경우, 얼핏 생각하면 제자리에 있는 것이 아닌가? 하고 생각할지 모르나 중년(中年)-이혼(離婚)일 가능성이다.

❖ 시주(時柱)에 있는 경우.

연하(年下)의 남성(男性)이거나, 정부(情夫)가 될 수도 있고, 재혼(再婚)한다. 사주 전체의 상황을 보아야 알겠지만 합(合)이 들 경우는 가능성이 많다.

❒ **2008.07.23일 당시 이혼서류를 접수한 상태이다.**

甲 己 壬 壬 　　⇨ 인(寅)월의 기(己)토 일간(日干)이다.

子 亥 寅 子 　　현재 이혼(離婚) 수속 중이다.

⇨ 요즈음은 이혼(離婚)을 신청해도 바로 처리 안 된다.

3개월의 시간을 준다. 그동안 생각을 해보라는 의미다. 시주(時柱)를 살펴보자. 일주와 비교해보자. 천간(天干)과 지지(地支)가 합(合)이다. 좋아서 어쩔 줄 모른다. 만약에 천간(天干)으로 합(合)이고 ➔ 지지(地支)가 형(刑)이면 어떨까? 합으로 시작, 형으로 끝나는 것이니 시작은 좋은데 결과는 안 좋다. "헤어져도 사랑만은! 하지만 불미스럽게 끝난다.

● 다른 곳의 관(官)을 살펴보자. 해(亥)중 갑(甲)-목이요, 인(寅)중 갑(甲)-목이라 전부 암합(暗合)도 된다. "다시금 생각도 해보겠다." 이야기하지만 이미 물 건너

간 사이다.

□ **지지(地支)에 → 재(財)가 지나치게 많은 것이 흠이다.**

乙　丁　丁　癸　⇨ 위 사주 여성의 남편(男便)이다.

巳　巳　巳　丑　　지지(地支)가 재국(財局)을 형성하고 있다.

□ **시간(時干)으로 을(乙)목 뿌리가 든든하다.**

乙　戊　辛　壬　⇨ 해(亥)월의 무(戊)토 일간이다.

卯　午　亥　辰　　여기서는 도화(桃花)가 등장한다.

⇨ 시주(時柱)를 보자. 중(中)-말년(末年)에 만나는 사주다. 인(寅)-오(午)-술
(戌)에 → 묘(卯)이니 관(官)-도화(桃花)다.

□ **똑똑한 남편(男便)을 만나는 사주.**

○　己　丙　○　⇨ 기(己)토 일간(日干)의 사주이다.

○　○　寅　○　　관인(官印)상생(相生)이 이루어진다.

⇨ 일간(日干)인 기(己)토가 인(寅)중 갑(甲)목과 연애하여 결혼하였다.

● 월간(月干)의 인수(印綬)인 → 병(丙)화를 생(生)하고, → 병(丙)화는 다시 일간
(日干)인 → 기(己) 토를 생(生) 한다. 관인(官印)-상생(相生)이 이루어지고 있다.
⚖ 지금의 경우에서 만약에 월주(月柱)가 갑오(甲午)라고 할 경우는?

➌ **관(官)과 인수(印綬)가 자리가 바뀐 것이다.**
그래도 천간(天干)으로는 영원한 합(合)이 아닌가? 뿌리가 없으니 능력(能力)에 문
제가 생긴다. 무조건 당신이 하는 것은 다 예쁘고 잘하는 짓이야! 로 끝나는 사람이
다. 아내도 부족(不足)한 면이 있어도, 그것으로 만족하는 것이다. 사랑하니까.

☐ **관살(官殺)에 이상(異狀)이 있는 경우,**

이상(異狀)이라고 하면 → 흉살(凶殺)이나, 기타 복잡한 사연이 발생하는 경우다.

➲ **관살에 → 형, 충, 공망, 백호대살 등 흉살(凶殺)이 있는 경우.**

❖ **남성(男性)의 경우.**

자손(子孫)과 연관이 되는 사항이므로, 자손(子孫)에 흉사(凶事)다.

❖ **여성(女性)의 경우.**

남편(男便) 궁에 흠이 있는 것이므로, 다치거나, 건강에 이상이 있거나, 신체에 이상이 있는 것이고, 심하면 상부(喪夫)다. 직업(職業)전선에 직접 나가 가정(家庭)을 이끄는 경우도 생긴다.

☐ **귀문관살(鬼門官殺)일 경우는 ?**

| ○ | 己 | ○ | 壬 | ⇨ 기(己)토 일간이다. |
| ○ | 卯 | ○ | 申 | ⇨ 지지(地支)에 귀문관살(鬼門官殺)이 보인다. |

⇨ 일지(日支)의 자리는 남편(男便) 궁(宮)인데, 그 자리에 귀문관살(鬼門官殺)이 작용하고 있다.

● 귀문관살 그 자체도 그렇지만 신(申) 금과 묘(卯)목은 식상(食傷)과 관(官)이다. 결국, 관식투전(官食鬪戰)이다.

● 관식투전(官食鬪戰)에 귀문관살(鬼門官殺)이 겹치니 빠져나갈 방법이 없다. 남자 때문에 돌아버릴 정도다.

● 복잡한 남자 문제로 자기가 살던 고향을 등지고, 타향으로 거처를 옮긴 예전 분의 사주다. 서로가 약점(弱點)을 잡아 괴롭힌다. 마치 제비족, 공갈범의 형태다. 근본 원인은 본인에게 있지만, 일단 여자의 입장에서 보면, 남자로 인한 사고다. 거시기가 무엇인지----

➲ 급각-살이나, 단교관살이 관(官)에 해당된다면, 해당하는 사항을 점검한다........
다른 경우도 마찬가지.

❑ 관살(官殺)운의 길(吉), 흉(凶)에 대하여.

❑ 관살(官殺)운(運)이 좋게 작용 할 경우는 어떨까?

○	壬	壬	○
午	戌	子	申

↦ 자(子)월의 임(壬)수 일간이다.

신강(身强)한 사주이다.

↦ 무술(戊戌)년이 왔다고 보자. 임인(壬寅)-운도 대입해보라.

● 관운(官運)이 온 것인데, 편관(偏官)-운이다.

사람이란? 자극(刺戟)을 받아 반응하는 것은 당연하다. 고통을 받아보아야 편안함과
안락함의 기쁨을 알고, 더욱 분발하고, 정신 바짝 차린다.

● 편관(偏官)이라 일자리가 생기는 것이요, 직급(職級)이 갑자기 상승(上昇)되어
벼락감투를 쓴 기분이다. 자기의 수준보다 높은 직책을 맡다 보니, 중압감에 오히려
부담이다. 난관을 넘어가려면 부단히 노력하고, 공부해야 한다.

➲ 관운이 오면 쉽게 취직하고, 영전(榮轉)도 어렵지 않다.

➲ 관(官)도 힘이 있어야 좋은 곳으로 간다.

● 관(官)이 하나 움직이면 10급요, 합(合)이 되어 셋이 움직이면 5- 3 급이다.(자
기의 위치를 기준 했을 경우.)

● 관(官)이 국(局)을 형성하면 운동선수도 국가대표(國家代表)요, 졸업과 동시 외
국으로 스카우트다. 시골이나, 외진 곳에 근무하다 중앙부서나, 서울로 발령.

➲ 관운(官運)이 길(吉)로 작용(作用)하면 ➔ 재수(財數) 있다.

관성은 비견, 겁을 극 하므로 탈재-현상이 없어진다. 고로 금전(金錢)이 생겨도, 이
권(利權)이 생겨도, 혼자서 독식(獨食)-한다.

➲ 무술(戊戌)이 조토(操土)가 되는데 ➔ 임(壬) 수 일간(日干)에 조토(操土)다.
황무지 같은 땅인데, 이것이 물과 같이 조화(造化)를 이루니 물기를 머금은 습토(濕

土)로 변해 옥토(沃土)된다. 거기에 관(官)으로 작용하니 국가에서 개발로 보상이 나와도, 기대치 이상으로 횡재다. 편관(偏官)이니 큰돈이다.

➲ **결실(結實).**

오행(五行)으로는 금(金)이 결실인데, 육친(六親)으로 본다면 무엇이 결실(結實)일까? 관(官)이란 결실이다. 기회가 온 것이다.➜ 추수(秋收).

○　壬　壬　○　　⇨ 용신(用神)은 화(火)가 되는데,

午　戌　子　申　　무술(戊戌)운 다음은 기해(己亥), 경자(庚子)다.

⇨ 금(金), 수(水)운으로 흐른다. 용신이 화(火) 운인데, 금(金), 수(水)로 용신인 화(火)가 꺼진다. 마무리는 용신(用神) 기운이 쇠하기 이전에 해야 한다. 그러므로 모든 것을 무술(戊戌) 운에 마무리. 이같이 통변을 할 때, 항상 올해의 운(運)을 보러 왔다 해도 그 전(前)이나, 다음의 운(運)을 전부 파악해야-한다.

• 이 사주에서 문제는 일간(日干)인 임(壬)수의 견겁(肩劫)이 지나치게 많다. 견겁(肩劫)이 많으면 항상 근심, 걱정이 떠날 날 없다. 야채를 키워도 수경(水耕)재배다. 토(土)인 밭에서 키울 기회다, 얼마나 좋은가?

• 흙냄새가 그리운 것이다. 바다에서 생활하는 시간이 많은 선원들이 제일 반가운 것은 항구에 도착할 때이다. 심하면 그냥 아무 섬이라도 정박할 곳이라면 그리 좋을 수 없다. 그만큼 육지가 그리운 것이다. 물이 지나친 사주는 흙이 그립다.

❑ **관살(官殺)운 ➜ 흉(凶)으로 작용 할 경우.**

관살(官殺)-운이 흉(凶)으로 작용한다는 것은 기신(忌神)-작용이요, 오히려 나타나지 않았으면 할 경우다. 있어도 형(刑), 충(沖), 파(破), 해(害) 기타 흉(凶)-작용을 해 있어도 없는 만 못하다.

• 쓸모없는 합이나. 엉뚱한 작용으로 긁어 부스럼을 만드는 것도 마찬가지다.

기운(氣運)이 강(强)하면 강한 대로, 약하면 약한 대로, 전체적인 흐름에 따라야 하는데 그 흐름을 거역하는 것이다.

□ 수(水)일간을 예로 들어보자.

丁 壬 戊 丙 ⇨ 술(戌)월의 임(壬)수 일간이다.

未 子 戌 午   일간(日干)이 뿌리는 있어도 복잡하다.

⇨ 합(合)이요, 충(沖)이요, 이것저것 참 복잡하다.

물이 갇혀 있는 형국이다. 물이란 흘러야 하는데, 흐르지를 못하니 나의 뜻을 펴기 힘들어진다. 관의 기운에 억눌려 패기(覇氣)가 부족이다. 탁수(濁水)요, 깊이가 얕은 물이다. 속이 뻔히 들여다보이니 수(手)가 너무나 약(弱)하다. 거짓말하기도 힘들다. 기준(基準)이 흔들리니, 믿고 무엇인가 맡기기도 힘든 사람이다.

➲ 직장을 다녀도 오래 다니지 못 한다.

관(官)인 상관(上官)이 많으니 이래저래 핍박이다. 스스로 물러서는 것이다. 도둑이 제 발이 저린 것도 아닌데 말이다. 말단(末端)직이라도 조금 오래 있나 싶으면, 구조 조정, 기타 삭감, 감원이 있을 때는 선착순이다.

➲ 능력에 문제가 생긴다.

관(官)이 왕(旺)하니 자연 신약이 되는데 몸은 약한데 무거운 짐을 지고 가는 인생이라 참으로 고통 속 인생이다. 체력이 딸린다. 건강에도 이상이 자주와 병원을 들락날락하고, 약봉지를 달고 다니는 사람이다.

□ 그 위세(威勢)가 대단하다.

庚 己 甲 癸 ⇨ 기(己)토 일간인데 관(官)이 너무 왕(旺)하다.

午 亥 寅 亥   재(財)의 조력(助力)을 받아 재까지 흡수한다.

⇨ 일간(日干)인 기(己) 토가 정관(正官)인 갑(甲) 목의 사랑을 듬뿍 받아 부러울 것 없다.

• 남편이 사장이라면 사장단의 모임에도 나가고, 승용차로 기사까지 대동하고 다닐 정도다. 그러나 끝나고 나면 항상 스스로 자책에 빠진다. 아! 나는 왜 이리 못났을까? 왜 이리 떳떳하지도 못하고, 남편 옆에서 의젓하게 그에 어울리는 행동과 모든 것을 자연스럽게 못 하나? 결국, 자기처럼 못난 남자를 찾아 떠난다. 이러한 류(流)의 사주나, 신약(身弱) 하여 관의 사랑을 지나치게 받는 사람들은 의외로 많다. 남들은 복에 겨워서 그런다 는 소리 하지만, 사실 알고 나면 그런 속사정도 있다. 이와 다른 경우로, 인형의 집이다.

➲ 관(官)은 억압(抑壓)의 상징(象徵)이다.

신약(身弱)하면 당하는 것이요, 신강(身强)하면 역(逆)으로 다스리는 것이다.

당하는 것도 종류가 많다. 가정에서는 남자일 경우, 처(妻), 자식(子息)에게 당한다. 여자의 경우, ➔시댁(媤宅)과 그 식구들에게 당하는 것이요, 직장에서는 상사(上司)에게 당하는 것이요, 업무(業務)를 감당하지 못하는 것이요, 사회적으로는 구속(拘束)이요, 건강으로는 병(病)에 시달리는 것이요, 능력으로는 무능력(無能力)이요, 어려서부터 맞고만 들어오는 일이요, 커서는 공갈(恐喝), 협박(脅迫)에 시달리는 일이요, 늙어서도 마찬가지다.

➲ 병(丙)에 약(弱)하고, 몸을 자주 다친다.

신약(身弱) 하니 병(病)에 자주 걸린다. 면역성(免疫性)이 약하다. 다쳐도 정도가 남보다 심하다.

➲ 일상적(日常的)인 생활면(生活面)으로 살펴보자.

기억 감퇴가 되고, 대인기피증이다. 자빠져도 코 깨진다고, 재수없고, 실수를 자주 한다. 여자인 경우는 이혼을 강요당하고, 남자의 경우는 자식에게 심한 모멸(侮蔑)감 같은 것을 느끼고, 부모를 돌보지 않는 불효자를 두는 결과가 된다.

➲ 업무(業務)를 추진해도 걸림돌이 수시로 생긴다.

간섭하는 사람이 많고, 발을 거는 사람이 지나치게 많다. 방해자가 많다. 우호적(友好的)인 사람이 적다. 항상 쫓기는 강박관념에 시달린다.

□ 관살(官殺)이 다른 육친(六親)을 만났을 때의 변화(變化)

육친(六親) 간의 변화에 대한 설명.

● 관(官)이란 육친(六親) 중에서도 그 강도(强度)가 강(强)하다. 차지하는 기운(氣運)의 정도가 심하다. 물론 어느 육친(六親)이나 그 강도가 없는 것이 있으랴만, 특히 관(官)과의 변화에는 더욱 신경 써야 할 것이다. 일간(日干)인 나를 다스리는 육친(六親)이므로 그 여파(餘波)가 크다.

□ 관살(官殺)이 ➡ 인수(印綬)가 될 경우.

日干 일간	갑(甲),을(乙)	병(丙),정(丁)	무(戊),기(己)	경(庚),신(辛)	임(壬),계(癸)
	① ⇓	② ⇓	③ ⇓	④ ⇓	⑤ ⇓
관살	금(金)	수(水)	목 (木)	화(火)	토(土)
	↓	↓	↓	↓	↓
인수	수(水)	목 (木)	화(火)	토(土)	금(金)
가능성	○	○	○	⊗	○

□ 오행(五行)별로 각각의 경우.

➲ 목(木) 일간일 경우.

○ **甲** ○ ○　　　↳ 자(子)월의 갑(甲)목 일간이다.

○ **申** **子** ○　　　일지(日支)의 관(官)이 인수(印綬)로 변한다.

↳ 일지 신(申) 금이 관(官)인데 월지의 자(子)수를 만나 인수(印綬)로 화(化)한다. 여기에서는 월지(月支)의 자(子)수가 얼어있는 물인데 일지(日支)의 관(官)마저 얼어버리니 부목(浮木)이다.

⊃ **화(火) 일간(日干)일 경우.**

◯ 丁 ◯ ◯   ↦ 인(寅)월의 정(丁)화 일간이다.

◯ 亥 寅 ◯   인(寅)−해(亥) 합(合) 목(木)이다.

↦ 정(丁)화 일간인데, ➜ 일지에 관(官)인 해(亥)수가 있다.

• 월지(月支)의 인(寅) 목과 합(合)하여 ➜ 인수(印綬)인 목(木)을 형성한다.

여성의 경우. ➜ 해(亥)수인 관(官)은 남편이다.

그런데 월지(月支)의 인수(印綬)인, 인(寅) 목과 합(合)이 들어 같이 안방에 있게

된다. 결국, 남편인 해(亥)수가 장모인 인(寅)목을 모시고 산다. 정(丁)화 일간 본인

은 더욱 신나고, 기운이 펄펄 넘친다.

□ **합(合)과 극(剋)이 뚜렷한 사주(四柱)다.**

壬 丁 丙 庚   ↦ 술(戌)월의 정(丁)화 일간이다.

寅 亥 戌 戌   관(官)이 인수(印綬)로 변화하는 사주다.

↦ 관(官)이 시간(時干)에 보인다. 연하의 남성이 죽자 살자 했다는 사연이 있는 분

이다. 영어−강사를 하고 있는데 일(日)과 시(時)가 천간(天干), 지지(地支)로 합.

⊃ **토(土) 일간(日干)일 경우.**

◯ 戊 ◯ ◯   ↦ 오(午)월의 무(戊)토 일간이다.

◯ 寅 午 ◯   일지에 인(寅)목인 관(官)이 있다.

↦ 일지의 관(官)이 항상 어머니인 인수(印綬) 오(午)화와 합이 든다.

인(寅)목에게 오(午) 화가 식상(食傷)이다. 항상 베풀어야 한다. 무(戊) 토 일간에

엄격해도, 어머니인 장모님이 오면, 남편은 대접하느라 정신없다. 그래서 장모(丈母)

는 사위를 좋아하는가 보다.

◐ 금(金) 일간(日干)일 경우.

○ **庚** ○ ○　　⇨ 경오(庚午) 일주(日柱)다.

○ **午** ○ ○　　　합(合)이 되는 경우를 보자.

⇨ 오(午) 화와 합이 되는 경우는, 사(巳)-오(午)-미(未), 인(寅)-오(午)-술(戌), 이다. 변화해도 결국, 화(火)인 관(官)이다. 변화(變化)가 성립 안 된다.

◐ 신(辛)금 일간(日干)일 경우를 살펴보자.

○ **辛** ○ ○　　⇨ 신사(辛巳) 일주(日柱)가 성립된다.

○ **巳** ○ ○　　　합(合)의 변화(變化)를 보자.

⇨ 사(巳)화일 경우, 사(巳), 오(午), 미(未), ✈ 사(巳), 유(酉), 축(丑)으로 변화가 이루어지는데, 화(火)와 금(金)의 변화다. 관(官)이나, 견겁(肩劫)으로 변화만 성립.

◐ 수(水) 일간(日干)의 변화(變化).

○ **壬** ○ ○　　⇨ 월지(月支) 신(申)금의 임(壬)수 일간이다.

○ **戌 申** ○　　　합(合)하여 금(金)인 인수(印綬)로 변한다.

⇨ 관(官)이 인수를 만나 ➜ 인수(印綬)로 변한 것이다.

평상시 항상 합(合)이 들어 다정다감(多情多感)한데, 인수(印綬)인 어머니를 만나면 더욱 그 사랑이 꽃핀다.

❏ 관(官)과 인수(印綬)가 합(合), 인수(印綬)가 된 경우.

❏ 길(吉)과 흉(凶)의 판단.

❖ 길(吉)로 작용 할 경우.

○ **戊** ○ ○ ↦ 사(巳)화가 올 경우, 인(寅)-사(巳)형(刑)이 되어

○ **寅 午** ○ 성립이 필요 없다.

↦ 관(官)이 인수(印綬)되어 길(吉)이 될 경우. → 업무로 인한 집이나, 문서가 생기는 경우이므로 → 공관, 관저가 생긴다. 직무로 나의 위치가 상승되고, 승승장구. 예전으로 친다면, 과거시험에 합격하여 금의환향(錦衣還鄕).

❖ **흉(凶)으로 작용을 할 경우.**

전체적인 상황을 보고 판단한다. 길(吉)로 볼 경우는 사주가 강(强)해지는 것이고, 흉(凶)으로 보는 경우는 사주가 약(弱)해지는 경우다.

❏ **실질적(實質的)인 통변의 경우.**

➲ 직장이나 국가에서 나를 공부 시켜 주고.(국비유학, 기관 연구,)

➲ 남편이 공부시켜주고, 사랑이 더욱 깊어진다.

➲ 남편이 학문연구자, 숭고한 학자요, 선비타입.

　(여성의 사주 구성이 이런 경우 대체로 남편이 교수, 선생님 소리 듣는 사람.) 본인은 자연 사모님 소리 듣는다.

➲ 친정어머니를 모시고 사는 경우다. 남편 입장에서 처가살이도 해석 가능하고, 아닐 경우는 모시고 산다. 여기서도 참고할 것이 있는데 관(官)의 기운이 지나칠 경우, 처가에 아무리 잘해도 반응이 별로다.

➲ 관(官)인 남편이 친정어머니처럼 자상하고, 사랑으로 감싸는 것이다.

➲ 관(官)이라 저당과도 연결, 인수(印綬)로 무엇인가가 항상 걸려 있는 집이다.

➲ 국, 공립학교와 인연이고, 사주 원국에 인수가 없거나 약하면 본교가 아닌 분교나 지방대 인연이 많다. 인수(印綬)는 의상(衣裳)이라 관이 변해 인수가 되니, 정장(正裝)을 좋아한다. 자유분방한 옷차림을 별로 좋아하지 않는다.

➲ 억압하는 것은 원수요, 도와주는 사람은 은인이다.

관(官)인 원수(怨讐)가 ➔ 인수(印綬)인 은인(恩人)으로 변한다. 화(禍)가 복(福)으로 변하는 경우다. 전화위복(轉禍爲福)이다.

➲ 공공기관에서 인수인 부모나 가족, 고향을 찾아주거나, 방문하도록 도와주고, 알선하고, 표창받는다. 상사로부터 인정받는 것이요, 내리사랑이다. 공시지가가 올라 가만히 앉아서 재산 불리는 경우다.

❑ 관살(官殺)이 변하여 견겁(肩劫)이 될 때.

관(官)이 ➔ 견겁(肩劫)이 된다는 것은 ➔ 관이 없어지고, 견겁(肩劫)이 된다는 의미이니 견겁(肩劫)은 나와 같은 존재이니, 나누어야 하는 문제다. 관(官)이 좋은 역할을 할 경우, 손해가 감소 되고(빼앗으려는 견겁(肩劫)을 극(剋)), 흉(凶)의 역할을 하여 살(殺)일 경우, 흉(凶)함이 더 가중되니 해롭다.
(환자에게 일을 시키는 격이다.)

日干 일간	갑(甲),을(乙)	병(丙),정(丁)	무(戊),기(己)	경(庚),신(辛)	임(壬),계(癸)
	① ⇓	② ⇓	③ ⇓	④ ⇓	⑤ ⇓
관살	금(金)	수(水)	목 (木)	화(火)	토(土)
	↓	↓	↓	↓	↓
견겁	목 (木)	화(火)	토(土)	금(金)	수(水)
가능성	⊗	⊗	⊗	○	○

□ 오행(五行)별로 각각의 경우를 살펴보자.

⊃ 목(木) 일간일 경우.

○　甲　○　○　　　↦ 목(木)일간에 지지(地支)에 관살이 있을 경우인데,

○　申　○　○　　　　　신(申)금의 변화를 살펴보자.

↦ 신(申) 금의 경우는 신(申), 자(子), 진(辰), ➔ 신(申), 유(酉), 술(戌) 하여 수(水)와 금(金)의 변화다. 견겁(肩劫)인 목(木)으로의 변화는 이루어지지 않는다. 그렇다면 다른 일간(日干) 즉 음(陰)인 을(乙) 목일 경우는 어떨까?

○　乙　○　○　　　↦ 을유(乙酉)가 되는데 유(酉)금의 변화를 보자.

○　酉　○　○　　　　　육합, 방합, 삼합

↦ 진(辰)-유(酉), 신(申)-유(酉)-술(戌), 사(巳)-유(酉)-축(丑)
유(酉) 금의 변화는 금(金)으로의 변화만 성립.

⊃ 화(火) 일간(日干)일 경우.

○　丙　○　○　　　↦ 관(官)인 수(水)의 변화다.

○　子　○　○　　　　　자(子)의 변화를 보는 것이다.

↦ 해(亥)-자(子)-축(丑), 신(申)-자(子)-진(辰)하여 ➔ 수국(水局)으로 변화(變化)가 이루어진다. 화(火)의 변화는 성립 안 된다.

↦ **정(丁)화의 경우는 어떨까?**

○　丁　○　○　　　↦ 정(丁)화의 경우, 관(官)으로 해(亥)수가 온다.

○　亥　○　○　　　　　해(亥)수의 변화를 보자.

↦ 해(亥)-자(子)-축(丑), ➔ 해(亥)-묘(卯)-미(未)하여 ➔ 수(水)와 목(木)의

변화(變化)가 이루어진다. 성립(成立)➡안 되는 것이다.

➲ 토(土)의 경우.

○　**戊**　○　○　　　↳ 무(戊)토 일간일 경우, 인(寅)목이 오게 된다

○　**寅**　○　○　　　　인(寅)목의 변화(變化)다.

↳ 인(寅)-묘(卯)-진(辰), ➔ 인(寅)-오(午)-술(戌)하여 ➔ 목(木)과 화(火)의 변화다. 성립 ➔ 안 된다.

↳ **기(己)토 일 경우.**

○　**己**　○　○　　　↳ 기(己)토일 경우, 묘(卯)가 온다.

○　**卯**　○　○　　　　묘(卯)의 변화를 보자.

↳ 묘(卯)의 변화는 ➔ 인(寅)-묘(卯)-진(辰), 묘(卯)-술(戌),해(亥)-묘(卯)-미(未)하여 목(木), 화(火)의 변화(變化)가 이루어진다. 성립 ➔ 안 된다.

➲ 금(金)의 변화(變化).

○　**庚**　○　○　　　↳ 경(庚)금 일간의 관(官) ➔ 오(午)화가 온다.

○　**午**　○　○　　　　오(午)화의 변화(變化)다.

↳ 오(午)화의 변화는 ➔ 인(寅)-오(午)-술(戌), 사(巳)-오(午)-미(未) 하여 화국(火局)인 관(官)의 변화(變化)가 이루어진다. 성립 ➔ 된다.

↳ **신(辛)금의 경우.**

○　**辛**　○　○　　　↳ 신(辛)금의 경우는 사(巳)화가 온다.

○　**巳**　○　○　　　　사(巳)화의 변화다.

↳ 사(巳)-오(午)-미(未), 사(巳)-유(酉)-축(丑) ➔ 화(火)와 금(金)의 관계를

형성한다. ➜ 성립되는 것이다.

○　辛　○　○　　↳ 신(辛)금 일간(日干)인데 일지의 관(官)을 본다.

酉　巳　○　○　　　지지(地支)의 변화(變化)다.

↳ 일지의 관(官)인 ➜ 사(巳)화가 ➜ 시지의 유(酉)금과 ➜ 합(合)하여 금(金)인
견겁(肩劫)으로 변(變)한 것이다.

● 시지(時支)의 유(酉)금은 나보다 손아래 견겁(肩劫)이다.

● 그런데 일지(日支)로 합(合)하여 그것도 남편(男便)과 말이다. 안방으로 들어온
다. 남편(男便)의 자리에 다른 여자가 들어와 있고, 남편은 보이지 않는다. 남편은
다른 여자의 치마폭에 가려져 보이지 않는 것이다.

● 남편이 두 집 살림이다. 그러니 금전이 모이지 않고 나간다. 이래저래 손해 보는
것이다. 사랑도 빼앗기고, 모두 말이다.

↳ 축(丑)일 경우는? 어떤 변화(變化)를 예측(豫測)할 수 있을까?

○　辛　○　○　　↳ 축(丑)일 경우다.

丑　巳　○　○　　　지지(地支)에 ➜ 금국(金局)이 형성(形成)된다.

↳ 축(丑)은 인수(印綬)이다. 관(官)과 인수(印綬)가 합(合)하여 견겁(肩劫)이 된
다. 앞서 설명한 관(官)이 변(變) ➜ 인수(印綬)가 된 과정이다. 남편이 문서를 들고
왔는데 점포를 계약한 것이다. 그런데 잘못 속아서 한 것이다. 업자의 농간에 놀아난
것이다. 권리금(權利金) 및 기타 손해가 막심하다. 영업이 되지도 않는 곳이다. 속상
하고 미안해서 보이지도 않는다. 또 다른 경우의 해석도 나올 수 있으나 각자의 설정
에 의한다.

➲ 수(水)의 변화를 살펴보자.

○　壬　○　○　　↳ 임(壬)수 일간에게는 진(辰), 술(戌)이 된다.

子　辰　○　○　　　술(戌)의 변화(變化)를 보도록 하자.

▷ 신(申)−유(酉)−술(戌), 묘(卯)−술(戌), 인(寅)−오(午)−술(戌)하여 금(金)과 화(火)의 변화가 이루어진다. → 성립되는 것이다. 남편인 진(辰)토가 물에 휩쓸려 보이지 않는다. 임진(壬辰)이 괴강살이다.

▷ **남편이 안 보이는 이유는 무엇일까?**

○　癸　○　○　　▷ 일지의 축(丑)이 관살인데, 합되어 보이지 않는다.

子　丑　○　○　　　흙이 물에 휩쓸린다.

▷ 백호(白虎)살에 동토로 꽁꽁 얼어붙은 흙이다.

☐ 관살(官殺)이 견겁(肩劫)으로 변(變) 할 때의 통변.

➲ 남의 말에 지나치게 의존하지 말아야 한다.

○　乙　○　○　　▷ 인(寅)월의 을(乙)목 일간이다.

○　亥　卯　寅　　　신묘(辛卯)년이 왔다고 하자.

▷ 신묘(辛卯)년이라 하면, 관살(官殺)에서 견겁(肩劫)으로 흐르는 운(運)이라는 설명인데, 일단은 을신(乙辛)으로 충(沖)이라 편관(偏官)−운이니 시작이 좋지 않다. 계획된 일이 아니다. 충동적(衝動的)인 성향이다. 묘(卯)목 친구가 일지(日支)와 합(合)을 이룬다. 친구가 좋은 곳이 있다며 직장을 한 번 옮겨보는 것이 어떠냐고 권하기에 글쎄? 하고 망설이다 그래! 하고 승낙해버렸다.

• 일단은 신(辛) 금인 관(官)이 묘(卯)목 위에 있으므로, 그 관계를 살펴야 한다. 신(辛) 금이 절지(絶地)에 있는 것이다. 제 기능을 발휘하지 못하는 것이다.
게다가 목(木)−기운(氣運)이 지나치게 강하여 금(金)인 관(官)이 맥을 못 춘다.
• 남의 말만 믿다가는 직장 날리고, 오라는 데 없는 낙동강 오리 알 신세가 되는 것이다. 이처럼 경망스러운 사람이야 없겠지만 이런 운(運)에서 이직(離職)을 상담하러 왔다면 어떻게 상담을 할 것인가? 새로운 직장에 출근하고, 사표를 내라고 조언.

• 견겁(肩劫)의 기운(氣運)이 강(强)할 때는, 일단은 먼저 움직이고 난 다음에, 상황을 보아가며 결론을 내려야 한다는 것이다. 취직할 경우, 일단 먼저 갈 곳을 확인하고, 직접 여러 가지를 살펴보고 입사 결정하라.

➋ 관(官)으로 인한 손재(損財)가 발생(發生).

법규위반이라던가, 서류의 미비, 허가 사항의 변경, 도로 진입 변경 등 뜻하지 않은 상황으로 인하여 일에 지장을 초래하게 된다는 설명인 것이다.

➋ 남편이 친구처럼 보인다.

가까울수록 지킬 것은 서로가 잊지를 않고 지켜주는 것이 진정한 가까움의 고마움을 느끼도록 하는 것이다. 아내는 남편에 대한 예의가 더욱 필요한 것이다.

남편이 친구처럼 느껴진다고 야! 하면서 대하다가는 결국 나만 손해를 본다는 것이다. 선물 받을 것도 기분 나빠서 안 사온다.

➋ 자식이 재산-문재로 속 썩인다.

관(官)인 자식들이 견겁(肩劫)으로 변하니 자식들이 재물(財物)을 축내고, 피해(被害)를 준다. 유산문제로 고성이 오가는 경우도 해당 . 부모가 섭섭하다며 찾아오지도 않는 경우도 마찬가지다. 자손이 불효(不孝)-하는 경우도 해당-된다. 자식이 한창 -때이거나 속을 썩일 때면, 사고로 인하여 경찰서에 있다고 연락이 온다.

➋ 남편이 무능하여 백수다.

관(官)인 남편이 민폐를 끼치고 있다. 실질적인 수입이 줄어든다. 손재이니 까먹고 있다. 남편이 이럴 경우는 잘 다니던 직장에서 사표 내고 나오던가, 명퇴 던 가 하는 운(運)이다.

➋ 나의 공든 탑이 무너진다.

애써 일구어놓은 나의 공식적인 업적(業績)에 대한 혹평과, 그에 따른 손실이 생겨 매사에 급급 하는 상황이 연출된다. 동료나 기타 경쟁자들, 타인이 나의 공(功)을 가로채어간다. 경쟁(競爭)다.

잊고 있던 세금이나, 공과금 기타 납부금 문제로 인하여 망신을 당하고, 그에 대한 막대한 손실을 입는다. 업무처리에 있어서 법적(法的)인 문제에 하자가 발생하거나 하여, 그 손실을 감당하여야 하는데 모든 책임을 내가 덮어 쓴다.

● 직장(職場)이나, 공적(公的)인 일, 기타 유사(類似)한 일을 부탁하거나 의뢰하였을 경우 사기를 당하거나, 배신을 당하고, 바가지다.

● 여성의 경우 관이니 약혼을 하거나, 결혼해도 속아서 실속 없는 일이다. 거짓 속임수에 당한다. 결국은 파혼으로 치닫는다.

⇨ 남자는 비겁(比劫)운에, 여자는 상관(傷官)운에 속아 결혼한다.

남자는 재(財)를 극(剋)하고, 여자는 관(官)을 극(剋) 하는 운(運)이기 때문이다.

□ **반대하는 결혼(結婚)을 한 여성의 사주이다.**

乙 乙 辛 甲　　⇨ 미(未)월의 을(乙)목 일간이다.

酉 丑 未 寅　　**관(官)을 유심히 살펴보자.**

⇨ 2007년 결혼한 여성 사주다.

월간(月干)의 편관(偏官) 신(辛) 금이 남편이다. 그런데 시지(時支)의 유(酉) 금이 일지(日支) 축(丑) 토와 합(合)을 하여 금국(金局)을 형성하며 일지를 차지한다. 결국, 이혼(離婚)한다.

• 월간(月干)에 있는 신(辛)금은 을(乙)목인 본인과는 그리 사이가 좋지가 않은 것이다. 무엇인가 공개하기 힘든 사연이 있는 것이다. 일지(日支)에 관고(官庫)를 놓고 있다.

❑ 관살(官殺)이 변(變)해서 식상(食傷)이 될 경우.

관살(官殺)이 식상(食傷)으로 변(變)한다는 것은 상(上), 하(下)가 바뀌는 것이요, 흐름이 거꾸로 가는 것이다. 변화(變化)가 그만큼 크다.

日干 일간	갑(甲),을(乙)	병(丙),정(丁)	무(戊),기(己)	경(庚),신(辛)	임(壬),계(癸)
	① ⇊	② ⇊	③ ⇊	④ ⇊	⑤ ⇊
관살	금(金)	수(水)	목 (木)	화(火)	토(土)
	↓	↓	↓	↓	↓
식상	화(火)	토(土)	금(金)	수(水)	목 (木)
가능성	⊗	⊗	⊗	⊗	○

❑ 오행(五行)별로 각각의 경우를 살펴보자.

➲ 목(木) 일간일 경우. (금(金)이 화(火)로 변하는 경우.)

○ 甲 ○ ○   ⇨ 목(木)일간에 지지(地支)에 관살이 있을 경우

○ 申 ○ ○   신(申)금의 변화를 살펴보자.

⇨ 신(申)금의 경우는 신(申)-자(子)-진(辰), 신(申)-유(酉)-술(戌)하여 수(水)와 금(金)의 변화가 있을 뿐이다. 식상(食傷)인 화(火)로의 변화가 이루어지지 않는다. 그렇다면 다른 일간(日干) 즉 음(陰)인 을(乙)목일 경우는 어떨까?

○ 乙 ○ ○   ⇨ 을유(乙酉)가 되는데 유(酉)금의 변화를 보자.

○ 酉 ○ ○

⇨ 진(辰)-유(酉), 신(申)-유(酉)-술(戌), 사(巳)-유(酉)-축(丑)➔유(酉)금의 변화는 금(金)으로의 변화만 성립. 식상(食傷)으로의 변화는 없다.

◉ **목(木)일주가 경오(庚午)운을 만났다면 어떨까?**

경오(庚午) 운은 경(庚) 금인 관살(官殺)로 시작을 하여 오(午) 화인 식상(食傷)으로 끝나는 운(運)이다. 운(運)에서 왔다가, 가기만 하는 것이다.

➲ **화(火) 일간(日干)일 경우.**

○ **丙** ○ ○　　⇨ 관(官)인 수(水)의 변화를 살펴보는 것이다.

○ **子** ○ ○　　　자(子)의 변화를 보는 것이다.

⇨ 해(亥)-자(子)-축(丑), 신(申)-자(子)-진(辰)하여 수국(水局)으로의 변화(變化)가 이루어진다. 토(土)로의 변화(變化)는 성립이 안 된다.

⇨ **정(丁)화의 경우는 어떨까?**

○ **丁** ○ ○　　⇨ 정(丁)화의 경우, 관(官)으로 해(亥)수가 온다.

○ **亥** ○ ○　　　해(亥)수의 변화를 살펴보자.

⇨ 해(亥)-자(子)-축(丑), 해(亥)-묘(卯)-미(未) ➔ 수(水), 목(木)의 변화(變化)가 이루어진다. 식상(食傷)으로의 변화(變化)는 성립(成立)이 안 되는 것이다.
◉ 운(運)에서 성립(成立)이 이루어지는 것은 임술(壬戌)년 이다.

➲ **토(土)의 경우를 살펴보자.**

○ **戊** ○ ○　　⇨ 무(戊)토 일간일 경우는 인(寅)목이 오게 된다

○ **寅** ○ ○　　　인(寅)목의 변화(變化)를 살펴본다.

⇨ 인(寅)-묘(卯)-진(辰), 인(寅)-오(午)-술(戌) ➔ 목(木)과 화(火)의 변화가 이루어진다. 성립이 안 된다. 식상(食傷)인 금(金)의 변화가 없다.

⤑ **기(己)토 일 경우를 살펴보자.**

○　己　○　○　　　⤑ 기(己)토일 경우는 묘(卯)가 온다.

○　卯　○　○　　　　묘(卯)의 변화를 보자.

⤑ 묘(卯)의 변화는 인(寅)-묘(卯)-진(辰), 묘(卯)-술(戌),해(亥)-묘(卯)-미(未)하여 ➜목(木), 화(火)의 변화(變化)다. 성립 안 된다.

◉ 기유(己酉)년을 만나면 관(官)이 식상(食傷)으로 변하는 운(運)이다.

➲ **금(金)의 변화(變化)를 살펴보자.**

○　庚　○　○　　　⤑ 경(庚)금 일간의 관(官)은 오(午)화가 온다.

○　午　○　○　　　　오(午)화의 변화(變化)를 본다.

⤑ 오(午)화의 변화는 인(寅)-오(午)-술(戌), 사(巳)-오(午)-미(未) ➜ 화국(火局)인 관(官)의 변화(變化)가 이루어진다.
식상(食傷)인 수(水)의 변화(變化)가 성립 안 된다.

⤑ **신(辛)금의 경우를 보자.**

○　辛　○　○　　　⤑ 신(辛)금의 경우는 사(巳)화가 온다.

○　巳　○　○　　　　사(巳)화의 변화를 보는 것이다.

⤑ 사(巳)-오(午)-미(未), 사(巳)-유(酉)-축(丑) ➜ 화(火)와 금(金)의 관계를 형성한다. 성립이 안 되는 것이다.

◉ 병자(丙子)운이 오면 관(官)이 식상(食傷)으로 변(變)하는 운이다.

변화(變化)란 운(運)에서 오는 변화가 아닌, 일간(日干) 자체에 직접적(直接的)으로 영향을 주는 변화이어야 한다는 것이다.

➲ 수(水)의 변화를 살펴보자.

| ○ | 壬 | ○ | ○ | ⇨ 임(壬)수 일간에게는 진(辰), 술(戌)이 된다. |
| ○ | 戌 | ○ | ○ | 술(戌)의 변화(變化)를 보도록 하자. |

⇨ 신(申)-유(酉)-술(戌), 묘(卯)-술(戌), 인(寅)-오(午)-술(戌)➔ 금(金)과 화(火)의 변화가 이루어진다. 양(陽)은 성립 안 된다. 임술(壬戌)이 괴강살이다.

⇨ 남편이 안 보이는 이유는 무엇일까?

| ○ | 癸 | ○ | ○ | ⇨ 일지의 미(未)가 관살인데, 합이 되어 |
| 卯 | 未 | ○ | ○ | 보이지 않는다. 토(土)가 木으로 변한 것이다. |

⇨ 미(未) 토인 관(官)이 남편이다. 합(合)이 되어 목(木)인 자손(子孫)으로 둔갑하는 것이다. 관(官)이 식상(食傷)으로 변화하는 것이 성립.

◉ 변화(變化)란 성립이 되는 것이 있고, 안 되는 경우도 있다.

그러나 일단 성립되는 경우, 성립(成立)되는 것으로 본다.

❏ 관(官)이 식상(食傷)으로 변(變)할 때의 통변.

➲ 관(官)이 식상(食傷)으로 연결이 된다면 관(官)으로 인하여 활동력(活動力)이 생기는 것이다. 내 능력(能力)을 발휘하여 재물(財物)을 모으는 기회를 얻는 것이다. 식상(食傷)은 밥줄이다. 관(官)으로 인하여 활동(活動)을 재개한다. 영세민을 위한 취로사업(就勞事業)에 나가 일을 한다. 식상(食傷)이 좋게 연결이 될 경우다. 부도에 몰렸으나 정책적인 관계로 구제금융(救濟金融)으로 다시 재기(再起)할 수가 있는 경우도 해당된다.

➲ 직장(職場)-관계로 본다면 ?

상급에서 하급으로 내려오는 것이니 좌천이다. 중앙에서 변두리로 내려가는 경우.

➲ 흐름이 거꾸로다.

• 흐름이란 항상 순행(順行)을 해야 옳다. 열심히 일하면 재물을 모으는 것이요, 재물(財物)이 많다 보면 정치(政治)에 관심이 생기는 것이고, 정치에 입문(入門)하면 오래도록 권력(權力)의 맛에 취하고 싶은 것이 사람의 심리다. 그러다 시간이 흐르고 나면, 아 ! 다 헛것이었구나! 하고 생각하면서 자신의 명예(名譽)의 소중함을 느낀다. 그러나 그때도 그런 것을 깨우치지 못한다면 개만도 못한 인생을 살다 가는 것이다. 누구나 다 그런 것은 느낀다. 그러나 그렇게 살다 가지 못하는 것이 불쌍한 인생인 것이다. 아!, 내가 무엇을 위하여 살았고, 무엇을 위해 노력을 하였고, 나는 무엇을 남겼는가? 다 배부른 소리라 할 런지 몰라도, 인간은 누구나 가끔 이런 생각을 할 시간이 있어야 한다. 실제로 살다 보면 다 그리하지 못하고 가는 것이 인생이다. 업(業)만 잔뜩 남기고 가는 것이 인생(人生)이다.

그래서 모자라는 것이 인간이라고 하지 않던가? 아쉬움만 남기고 가는 것이 인간의 삶이다. 이처럼 흐르는 데로 살아도 못하고 가는 인생인데, 이것을 거꾸로 흘린다면 그것은 참으로 안타까운 일이다.

• 교직은 신성한 것이요, 고귀한 것이요, 선비인 것이다. 인성에 해당하는 것이다. 종교 또한 신성불가침이라 존경받는 인성이다. 명예(名譽)를 항상 존중하고, 예(禮)를 중시하는 도덕군자(道德君子)다.

• 대학교수라면 그래도 학자(學者)급에 들어가는 사람인데 아래인 정치판에 끼어들어서 망신을 당하는 경우를 우리는 많이 본다. 흐름을 거꾸로 한 것이다.

• 인성(印星)에 도달하면 자기 자신의 덕(德)을 쌓는데 노력하는 것이 순리(順理)인데, 거꾸로 권모술수(權謀術數)가 판치는 정치(政治)판에 끼어 들어가니 청순한 선비가 중상, 모략뿐인 싸움판에 끼어드는 것이다.

• 종말(終末)은 다 망신(亡身)살에 창피한 것이다.

그래도 부끄러운 줄 모르고 한세월을 풍미했느니, 어쩌니, 자화자찬(自畵自讚)을 아끼지 않는다. 거꾸로 된 흐름을 잊고 사는 사람들인 것이다.

□ 목(木)화(火)가 당권(當權) 하고 있는 사주.

丙	乙	丙	丁	⇨ 오(午)월의 을(乙)목 일간이다.
戊	未	午	未	관(官)이 보이지 않는 사주이다.

⇨ 을(乙) 목 일간(日干) 에게는 관(官)이 금인데, 왕(旺) 한 화기(火氣)에 없어진다. 견딜 재간이 없다. 식상(食傷)이 왕(旺) 하여 관(官) 지나치게 극(剋) 하니 관(官)이 발붙일 곳이 없다. 혼자 살거나, 같이 산다 해도 떨어져서 살아야 하는 팔자다.

• 일간(日干)과 합(合)이 되는 운(運)을 찾아보자. 경오(庚午)년 이라면 어떨까? 천간(天干)과 지지(地支)가 합(合)이다. 처음에는 좋았는데 결과가 걱정이다. 천간으로 금인 관운이 온다 하여 좋아했는데, 갈 때가 되니 관(官)이 사라져 버린다. 그것도 완전히 녹아서 흔적도 없이 사라져 버린다. 경(庚) 금이 뼈인데, 뼈도 못 추리고 녹아나서 없어진다. 북망산(北邙山)으로 가는 것이다.

• 요즈음으로 친다면 복상사(腹上死)에도 해당. 금(金)은 전선인데 화인 동력이 지나치게 강하니 전선이 과(過)─부화로 터진다. 금은 피를 생산하는 곳이라 피가 마르고, 고갈되니 혈액순환이 안 되는 것은 당연하다. 또 다른 경우는 순환되는 가운데 화(火)인 혈압(血壓)이 상승하니 혈관(血管)이 터져 순식간에 안녕(安寧)을 고(告)하는 것이다.

➲ 임오(壬午) 일주(日柱), 여자(女子)면 언제 결혼하게 될까?
언제가 제일 좋을까? 관운(官運)이 좋을 것이다. 그리고 식상(食傷)으로 변해야 결혼하고 잉태(孕胎)하는 것이다. 무인(戊寅)년이 좋을 것이다.

➲ 식상(食傷)은 지출(支出)이라, 관(官)으로 인한 지출(支出)이 성립된다.

➲ 본의 아닌 행동이 나타날 수 있다. 예기치 않은 일이 발생한다. 관(官)이란 정도(正道)를 가는 것인데, 정도(正道)를 가다 식상(食傷)인 편도(偏道)를 택하니 일이 이상하게 꼬인다. 정상적인 것이 비정상적(非正常的)인 상황으로 전개되는 것이다.

➲ 식상(食傷)이 흉(凶)으로 작용할 경우는 함정(陷穽)으로도 연관된다. 일의 시작의 원인이 관(官)이므로, 남편이 될 경우도 있다. 아내를 의심하는 경우, 흥신소나

심부름센터를 통한 뒷조사 등, 함정을 파놓는 것이다. 정부(情夫)일 경우도 해당된다. 못된 짓을 하려 하는 것이다. 심하면 몸 버리고, 돈 뺏기는 상황도 가능한 것이다.

➲ 여성 사주에 식상이 많으면 남자가 되는 일이 없다.

식상(食傷)은 관(官)을 극(剋) 하므로 남편 알기를 우습게 안다. 도와줄 생각이나 내조라는 것에 대하여 무관심이다. "자기가 알아서 해야지 내가 뭘 어떻게 하라구?" 하는 식이다. 그리고 하는 말이 남자가 불쌍해서 살아준다는 표현을 한다. 마치 자기가 다 먹여 살리는 식으로. 그래도 아쉬울 때는 제일 먼저 남편을 찾는다. "뒀다가 어디에 쓰나, 아쉬울 때나 써야지!" 재수 없는 여성이다. 이때 남자는 자연 밖으로 나돌 수밖에, 혼자 돌아다니기는 심심하니 또 바람을 피운다.

➲ 식상(食傷)은 자식(子息)이요, 관(官)은 남편인데 상부(喪夫)요, 이별(離別)이다. 관(官)이 식상(食傷)으로 변하니 자식이 남편을 잡아먹은 것이다. 이때 일간인 여성은 관(官)인 남편(男便)의 입장을 옹호할 수가 없다. 어차피 아내와 자식은 한편이니 말이다.

계미(癸未) 일주가 병석에 남편이 앓고 있다고 보자.

병원에서는 가망이 없다고 한다. 그래도 아내 입장은 하루라도 건강한 모습을 더 보고 싶은 것이 바람이다. 기묘(己卯) 운이라면 어떨까?

기(己) 토는 계(癸)수에게는 관(官)이다. 관(官)운이라 약간은 바램의 희망은 있다. 그러나 결국은 식상(食傷)으로 흐르니 희망이 절망으로 바뀌는 것이다.

➲ 식상(食傷)이 많은 사람은 항상 구설(口舌)이 떠나지 않는다.

식상(食傷)은 관(官)을 극(剋)하고, 많으니 항상 설치고 다니니 부딪히는 경우가 많다. 자의든, 타의든 자연 척(戚)을 지는 사람이 생길 수밖에 없다. 식상(食傷)이 화(火)일 경우는 타 오행(五行)보다도 그 경향이 더 강하다.

❑ 관살(官殺)이 재성(財星)으로 변화(變化)되는 경우.

➲ 관살은 재의 생(生)을 받는 것이 순리다.

재(財)의 생을 받는 것이 아니라 오히려 재성(財星)과 뜻을 같이한다. 관(官)은 일이요, 직장이요, 재(財)는 돈인데 일보다 돈이 앞장을 선다. 재성(財星)이 강(强)한 사람은 학벌(學閥)에 연연하지 않는다.

• 공적인 성취보다는 개인적인 성취를 중시하고, 명예보다 금전이 앞서고, 체면(體面)이나 체통(體統)보다는, 항상 실리(失離)가 앞서는 사람이다. 이상적(理想的)인 사고방식 보다 현실적(現實的)인 사람이다.

日干 일간	갑(甲),을(乙)	병(丙),정(丁)	무(戊),기(己)	경(庚),신(辛)	임(壬),계(癸)
	① ⇊	② ⇊	③ ⇊	④ ⇊	⑤ ⇊
관살	금(金)	수(水)	목 (木)	화(火)	토(土)
	↓	↓	↓	↓	↓
재성	토(土)	금(金)	수(水)	목 (木)	화(火)
가능성	⊗	⊗	⊗	⊗	○

❑ 오행(五行)별로 각각의 경우를 살펴보자.

➲ 목(木) 일간일 경우. (금(金)이 토(土) 변하는 경우.)

○ **甲** ○ ○   ⇨ 목(木)일간에 지지(地支)에 관살이 있을 경우.

○ **申** ○ ○   신(申)금의 변화를 살펴보자.

⇨ 신(申) 금의 경우는 신(申)-자(子)-진(辰), 신(申)-유(酉)-술(戌) ➔ 수(水)와 금(金)의 변화다. 재성(財星)인 토(土)로의 변화가 이루어지지 않는다. 그렇다면 다른 일간(日干) 즉 음(陰)인 을(乙) 목일 경우는 어떨까?

❑ 유(酉)금의 변화는 금(金)으로의 변화만 성립이 된다.

○ **乙** ○ ○   ⇨ 을유(乙酉)가 되는데 유(酉)금의 변화를 보자.

○ **酉** ○ ○

⇨ 진(辰)-유(酉), 신(申)-유(酉)-술(戌), 사(巳)-유(酉)-축(丑)➔재성(財星)

으로의 변화는 없다. 진(辰), 술(戌), 축(丑), 미(未)를 각각 대입해보자.

◉ 운(運)에서의 성립(成立)을 살펴보자.

천간(天干)으로 금(金)이요, 지지(地支)는 토(土)다. 경술(庚戌), 경진(庚辰), 신미(辛未), 신축(辛丑)이 가능하다. 경(庚) 금 일간은 지지(地支)와 같이 다 금(金)인 관(官)으로 변해 해당 안 되고, 신축(辛丑) 역시 관에서 관으로 흐르고, 신미(辛未)만이 운(運)으로 성립되나, 다 운(運)에서 오는 흐름이다.

• 신미(辛未) 운은 신(辛) 금인 관살(官殺)로 시작하여 미(未) 토인 재성(財星)으로 끝나는 운(運)이다. 운(運)이 지나가면 그만이다. 결국 관(官)으로 시작, 재성(財星)으로 끝난다.

➲ 화(火) 일간(日干)일 경우.

○ **丙** ○ ○   ⇨ 관(官)인 수(水)의 변화를 살펴보는 것이다.

○ **子** ○ ○   자(子)의 변화를 보는 것이다.

⇨ 해(亥)-자(子)-축(丑), 신(申)-자(子)-진(辰)하여 수국(水局)으로 변화(變化)가 이루어진다. 재성(財星)인 금(金)으로의 변화(變化)는 성립 안 된다.

⇨ 운(運)에서의 성립(成立)을 살펴보자.

임신(壬申), 계유(癸酉)인데 임신(壬申)은 지지가 합하여 수(水)인 관(官)으로 변하고, 계유(癸酉)는 재(財)의 역할은 하나 운(運)에서도 길(吉)의 역할은 못한다.

⇨ 정(丁)화의 경우는 어떨까?

○ **丁** ○ ○   ⇨ 정(丁)화의 경우는 관(官)으로 해(亥)수가 온다.

○ **亥** ○ ○   해(亥)수의 변화를 살펴보자.

⇨ 해(亥)-자(子)-축(丑), 해(亥)-묘(卯)-미(未)수(水)와 목(木)의 변화(變化)다. 재성(財星)으로의 변화(變化)는 성립(成立) 안 된다.

◉ 운(運)에서 성립(成立)이 이루어지는 것은?

지지에 대입하여보자. 경진, 경술, 임신, 계유이나 임신(壬申)운은 관(官)인 임(壬)수가 천간(天干)의 정(丁)화와 합(合)을 한다.

• 계유(癸酉)는 천간(天干)으로 충(沖)이요, 지지(地支)는 재(財) 역할을 한다. 이 역시 운(運)이 지나고 나면 그만이다. 경진(庚辰)과 경술(庚戌)은 운(運)에서는 성립된다.

➲ **토(土)의 경우를 살펴보자.**

○ **戊** ○ ○   ⇨ 무(戊)토 일간일 경우는 인(寅)목이 오게 된다

○ **寅** ○ ○   인(寅)목의 변화(變化)를 살펴본다.

⇨ 인(寅)-묘(卯)-진(辰), 인(寅)-오(午)-술(戌)하여 목(木)과 화(火)의 변화가 이루어진다. 성립 안 된다. 재성(財星)인 수(水)로의 변화가 없다.

◉ **운(運)에서의 변화(變化)를 보자.**

갑자(甲子), 을해(乙亥)가 성립된다. 을해(乙亥)의 경우는 인(寅)-해(亥) 합(合)목으로 변하여 관(官)에서 시작, 관(官)으로 끝난다. 갑자(甲子)만이 운(運)에서는 성립된다.

⇨ **기(己)토 일 경우를 살펴보자.**

○ **己** ○ ○   ⇨ 기(己)토일 경우는 묘(卯)가 온다.

○ **卯** ○ ○   묘(卯)의 변화를 보자.

⇨ 묘(卯)의 변화는 인(寅)-묘(卯)-진(辰), 묘(卯)-술(戌),해(亥)-묘(卯)-미(未) 하여 ➜ 목(木), 화(火)의 변화(變化)가 이루어진다. 성립 안 된다.

◉ **운(運)에서의 변화(變化)를 보자.**

• 갑자(甲子), 을해(乙亥)가 성립된다. 을해(乙亥)의 경우는 해(亥)-묘(卯) 합 목(木)으로 변하여 관(官)에서 시작, 관(官)으로 끝난다. 갑자(甲子)만이 운(運)에서는 성립된다. 천간(天干)-합이요, 지지(地支)-형이라 안 좋은 결과다.

⊃ 금(金)의 변화(變化)를 살펴보자.

○ **庚** ○ ○　　↦ 경(庚)금 일간의 관(官)은 오(午)화가 온다.

○ **午** ○ ○　　　　오(午)화의 변화(變化)를 본다.

↦ 오(午) 화의 변화는 인(寅)-오(午)-술(戌), 사(巳)-오(午)-미(未) → 화국 (火局)인 관(官)의 변화(變化)가 이루어진다. 재성(財星)인 목(木)으로의 변화(變化)가 성립 안 된다.

◉ 운(運)에서 성립(成立)이 가능한 것은 무엇일까?

병인(丙寅), 정묘(丁卯)가 된다. 병인(丙寅)은 인(寅)-오(午) 하여 → 화(火)로 변하여 관(官)으로만 작용한다. 정묘(丁卯)는 묘(卯)가 재(財)로 작용해도 자(子)-묘(卯) 형살(刑殺)이라 흉(凶)으로 작용.

↦ **신(辛)금의 경우를 보자.**

○ **辛** ○ ○　　↦ 신(辛)금의 경우는 사(巳)화가 온다.

○ **巳** ○ ○　　　　사(巳)화의 변화를 보는 것이다.

↦ 사(巳)-오(午)-미(未), 사(巳)-유(酉)-축(丑)하여 화(火)와 금(金)의 관계를 형성한다. 성립 안 되는 것이다.

◉ 운(運)에서의 변화(變化)를 보자.

천간(天干)으로는 화(火)요, 지지(地支)는 목(木)이다.

◉ 운(運)에서 성립(成立)이 가능한 것은 무엇일까?

병인(丙寅), 정묘(丁卯)가 된다. 병인(丙寅)은 인(寅)-사(巳)형(刑)하여 운(運)에서 작용해도 흉(凶)으로 작용한다. 정묘(丁卯)는 묘(卯)가 재(財)로 작용한다. 운(運)에서의 작용이다.

✪ 변화(變化)란 운(運)에서 오는 변화가 아닌, 일간(日干) 자체에 직접적(直接的)으로 영향을 주는 변화(變化)이어야 한다.

➲ 수(水)의 변화를 살펴보자.

○ **壬** ○ ○　　⇨ 임(壬)수 일간에게는 진(辰), 술(戌)이 된다.

○ **戌** ○ ○　　　술(戌)의 변화(變化)를 보도록 하자.

⇨ 신(申)−유(酉)−술(戌), 묘(卯)−술(戌), 인(寅)−오(午)−술(戌)하여 ➜ 금(金)과 화(火)의 변화다.

◉ 운(運)에서의 변화(變化)를 보자.

천간(天干)으로는 토(土)요, 지지(地支)는 화(火)다.

◉ 운(運)에서 성립(成立)이 가능한 것은 무엇일까?

무오(戊午), 기사(己巳)가 된다. 무인(戊寅)은 관(官)에서 재(財)로 화(化)하여 변화가 이루어진다. 기사(己巳) 경우도, 재(財)로의 작용이 이루어지나 인(寅)−사(巳) ➜ 형(刑)으로 흉(凶)이다. 변화가 성립되는 것이다. 변화가 이루어질 경우는 길(吉), 흉(凶)이 관계가 없다.

❂ 변화(變化)란 운(運)에서 오는 변화가 아닌, 일간(日干) 자체에 직접적(直接的)으로 영향을 주는 변화(變化)이어야 한다는 것이다. 수(水)일간일 경우는 관(官)에서 재(財)로 변화(變化)가 성립.

❑ 수(水)일간을 중심으로 변화(變化)를 살펴보자.

○ **壬** ○ ○　　⇨ 술(戌)월의 임(壬)수 일간이다.

子 申 戌 午　　수화(水火) 상전(相戰)이 이루어진다.

⇨ 일간(日干)이 신왕(身旺)하여 재(財)를 충분히 취할 수 있다.

관(官)인 술(戌)−토가 변해 재(財)로 화(化)하였다. 남편이 돈으로 둔갑하였다. 관(官)이 재(財)로 화하였으나, 결국 관(官)을 다시 생(生) 하게 된다. 자식 때문에 온다는 설명도 된다. 자식을 끔찍이 생각하는 남편이다.

• 술(戌)을 종교인(宗敎人)으로 본다면 종교(宗敎)를 앞세워 돈을 버는 것이다. 남자일 경우는 자식인 술(戌)−토가 돈으로 보이니, 자식에게 돈 벌어오라고 하는

것이다. 다 자식을 위해 하는 것이다. 관청이니 공기업이나, 국가를 상대로 사업하면
좋은 결과가 나온다.

□ 관살(官殺)이, 재성(財星)으로 변(變)할 때의 통변.

➲ 관성(官星)이 재성(財星)으로 변할 때의 통변.
육친(六親) 가운데서 제일 활용도가 많고, 관심이 많은 부분의 변화다.
➲ 직장(職場)에서 사내(社內)-결혼(結婚)을 한다.
사내결혼을 하는 경우가 이에 속한다. 직장에 다니면서 남 앞에서 돋보이는 것을 좋
아한다. 여성이 많이 근무하는 곳을 가는 경우가 많다. 남성들만 있는 곳에서는 일의
능률(能率)이 안 오를 정도다. 이런 성향의 사람은 부서를 배정하여도 여성이 많은
곳에 배치해야 한다.
➲ 관(官)에 의하여 돈이 생기고, 떡이 생기고, 여자(女子)가 생긴다.
술(戌)은 토(土)이다. 부동산 가운데에서도 땅과의 인연(因緣)을 깊이해야 한다. 다
살이 되고 피가 된다.
➲ 금융권과의 관계가 유관하다.
지지(地支)에 재(財)가 합(合)을 이루고 있으므로, 금전 대출이나, 자금 융통에는
일가견이 있다. 사주가 신강(身强)-하면 더욱 길(吉)로 작용한다. 신왕재왕(身旺財
旺)의 경우가 성립되는 수도 있다. 부호의 소리를 듣는다. 요사이는 부자 소리 들으려
면 최소한 100억대는 있어야 하는 모양이다.
➲ 자식(子息)으로 인하여 결혼(結婚)이 이루어진다.
총각 때는 부모에게 자식을 안겨주기 위하여, 재혼 할 경우는 자식의 장래를 위하여,
직업도 자식에게 누(累)가 된다면 과감히 바꾸는 사람이다. 가정(家庭)에서 아내보
다도 자식(子息)이 우선인 사람이다.
• 처가를 가는 것도 자식이 있어 간다. (신약(身弱)일 경우는 재(財)가 강하므로 친
가(親家)를 우습게 본다, 처가(妻家)의 식구도 많고, 처가와의 관계는 마음이 있으면
서도 여의치 않다.)

➲ 돈, 돈, 돈이다.

금전이 앞선다는 것이 눈에 나타난다. 돈이 되는 물건(物件)을 잘 고르는 사람이다. 안목(眼目)이 있는 사람이다.

➲ 기다려주어야 할 사람이다.

일단은 역행(逆行)일지라도 결국 순행(順行)하는 사람이다. 철이 늦게 드는 경우가 많다. 젊은 시절 덧없는 인생을 살았다고 항상 그렇게 평가하지 마라. 언제인가 정신을 차리면 그동안 하지 못한 일을 다 한다.

• 청개구리 인생의 일면(一面)이 보인다. 재(財)는 아내요, 아버지다. 항상 나이가 들면 아내, 아버지에 아쉬움이 샘솟는 인생이다.

➲ 관(官)이 변해 재(財)가 된 후 다시 재생관(財生官)이 이루어지면 명관과마(明官跨馬)라 그 위력(威力)이 대단하다. 그러나 운(運)에서 그런 기운(氣運)이 따라주지 않는다면 다 부질없는 삶이 되고 만다. 사주도 어느 정도는 신강(身强) 해야 한다.

• 신약(身弱)의 경우도 운(運)에서 따라주면 뒷받침되는데, 본인의 많은 노력과 깨우침에 대한 변화가 있어야 한다. 늦게 깨우치는 경우 만학(晚學)도요, 늦게 명성을 얻는다.

• 기인(奇人)의 소리를 듣는 사람 중 이런 사주의 성향의 사람이 많은 편이다. 작품을 만들어도 처음에는 생활고(生活苦)로 돈이 앞서나, 결국에는 작품에 생명(生命)을 불어넣는 일에 몰두하여 많은 후학(後學)이 따른다.

☐ 관살(官殺)이, 관살(官殺)로 변화(變化)되는 경우.

➲ 결국 돌고, 돌아도 제자리다.

신강(身强)이면 길(吉)로 작용하는데, 신약(身弱)이면 흉(凶)으로 작용한다. 항상 엎친 데 덮치는 격이다.

日干 일간	갑(甲),을(乙)	병(丙),정(丁)	무(戊),기(己)	경(庚),신(辛)	임(壬),계(癸)
	① ⇓	② ⇓	③ ⇓	④ ⇓	⑤ ⇓
관살	금(金)	수(水)	목 (木)	화(火)	토(土)
	↓	↓	↓	↓	↓
관성	금(金)	수(水)	목 (木)	화(火)	토(土)

☐ 관살(官殺)이, 관살(官殺)로 변(變)할 때의 통변.

➲ 관성(官星)이 그대로, 관성(官星)이다.

모두가 방합(方合)으로 연결이 된다. 힘이 더욱 강해진다.

➲ 가봐야 거기가 거기다.

방합(方合)으로 이루어지는 관계이므로, 가까운 거리다. 삼합(三合)이면 여러 합
(合)이므로 거리가 멀다. 직장(職場)을 옮겨도 사내(社內)이동이다.

➲ 관(官)이란 일이다. 일에 또 일이니 지친다.

업무(業務)가 지나치면 만사가 다 귀찮다. 길(吉)로 작용하면 좋지만, 대체로 흉(凶)
으로 작용하는 경우. 산 넘어 산이다.

➲ 자식(子息), 남편(男便)으로 인한 병(病).

남자(男子)에게는 자식(子息)이요, 여자(女子)에게는 남편(男便)이다. 다 나를 피곤
하게 하므로 병(病)의 원인(原因)이 된다. 심신(心身)이 괴롭다. 지나치면 항상 나를
억압하는 것을 지나 살(殺)이 된다. 그것도 흉신(凶神)으로 변해 항상 따라 다닌다.

➲ 관(官)이 지나치다 보니 관(官)으로 인해 병(病)든 사주(四柱)다.

丙　庚　辛　乙　　⇨ 사(巳)월의 경(庚)금 일간이다.

戌　午　巳　巳　　화(火)인 관(官)이 왕(旺)하다.

⇨ 자식(子息)도 소용이 없는 여성(女性)이다. 관(官)이 지나치다 보니 매 맞고 사는
인생이다.

◑ 관(官)이 지나치게 왕(旺)하니, 관(官)에 치인다.

庚　庚　丙　丁　⇨ 오(午)월의 경(庚)금 일간이다.

辰　午　午　未　　관(官)이 지나치게 왕(旺)하다.

⇨ 결혼이 늦어지고, 경(庚)금 일간이 화(火)에 맥을 못 추니, 골격(骨格)이 나이에 비하여 지나치게 약(弱)하다.

◑ 관(官)이 습목(濕木)이라 관(官)이 제 역할을 못한다.

癸　己　乙　己　⇨ 해(亥)월의 기(己)토 일간이다.

酉　未　亥　卯　　관(官)이 습목(濕木)이다.

⇨ 나에게 힘이 되는 기운은 없다.

제5장-관성(官星)

색인표 (Index)

색인표(Index) – 가나다 순

판권

통변-말문을 터트려라.

엮은이 / 한명호
펴 낸 이 / 한원석
펴 낸 곳 / 두원출판미디어
강원도 춘천시 효자3동612-2
☎ 033) 242-5612,244-5612 FAX 033) 251-5611
Cpoyright ⓒ2021 , by Dooweon Media Publishing Co.

판권 본사
소유 의인

이 책의 내용은 저작권법에 따라 보호받고 있습니다.

판권은 본사의 소유임을 알려드립니다.
등록 / 2010.02.24. 제333호
♣ 파본, 낙장본은 교환하여 드립니다.
홈페이지: www.dooweonmedia.co.kr
:   유튜브-한명호(댄스법사)
♣ E-mail :doo1616@naver.com

초판 1쇄 2022. 01. 01   ISBN 979-11-85895-28-4

정가 25,000 원

종(從) 감사합니다.